La médiation
À l'épreuve de la pratique

La médiation
À l'épreuve de la pratique

Christiane Féral-Schuhl
Avocate au Barreau de Paris et médiatrice
Ancienne Bâtonnière de Paris
Ancienne Présidente du Conseil national des barreaux (CNB)

Michèle Jaudel
Avocate au Barreau de Paris et médiatrice
Déléguée à la médiation sous le bâtonnat de Christiane Féral-Schuhl
Responsable de la création de la première École de la médiation
au Barreau de Paris

Delmas express

À JOUR AU
31 mai
2022
PARIS

Dans la collection Delmas express

Aller aux prud'hommes 2020|2021, 5ᵉ éd.
Kebour-Rejasse A., Guérinot S.

Location, mode d'emploi 2022|2023, 16ᵉ éd.
Rouquet Y.

Micro-entrepreneur/Auto-entrepreneur 2021|2022, 5ᵉ éd.
Delpech X.

Procédures d'appel 2022/2023, 2ᵉ éd.
Lhermitte Ch.

Protéger un majeur vulnérable 2019|2020, 3ᵉ éd.
Pécaut-Rivolier L., Péqueur E.

Dans la collection Encyclopédie Delmas

Agent immobilier 2021|22, 21ᵉ éd.
Moyse J.-M.

Copropriété 2019|2020, 23ᵉ éd.
Sabatié C.

Fonds de commerce 2020/21, 19ᵉ éd.
Delpech X.

Marchand de biens 2021|22, 13ᵉ éd.
Delesalle Th., Cruvelier E.

Permis de construire 2021|22, 3ᵉ éd.
Boulisset Ph., Cardi S., Consalvi S., Thiele R.

Réparation du préjudice corporel 2021|22, 3ᵉ éd.
Mor G., Clerc-Renaud L.

Service relations clients
+33 (0)1 40 92 20 85
serviceclient@dalloz.fr
Cet ouvrage est paginé
de 1 à 506

ISBN 978-2-247-21663-5
ISSN 0750 3431
Dépôt légal
Juillet 2022
Delmas express est une
collection des Éditions Dalloz
31-35, rue Froidevaux
75014 PARIS
75685 PARIS CEDEX 14
www.editions-DALLOZ.fr
@Dalloz_Action

Avant-propos

Un droit de la médiation en devenir

La médiation, de plus en plus encadrée par les textes, entre dans la culture du justiciable et des acteurs du monde de la justice avec, comme valeurs fondamentales, la confidentialité du processus, la neutralité, l'impartialité et l'indépendance du médiateur.

Elle est incontournable dans certaines matières (droit de la famille notamment) et de plus en plus sollicitée dans le milieu des affaires.

Ce sont les innovations, à titre expérimental pour certaines, insufflées par les juges et par le législateur, les pratiques sur le terrain menées par les médiateurs et par les conseils des justiciables, qui transforment les usages en textes de loi.

Le décret du 25 février 2022, pris en application de la loi du 22 décembre 2021 pour la confiance dans l'institution judiciaire, constitue un point de bascule essentiel en « *favorisant le recours à la médiation* », comme mode amiable de règlement des différends (MARD) au cœur du processus judiciaire[1]. L'avocat y prend toute sa place, notamment avec l'acte contresigné par les avocats de chacune des parties, revêtu de la formule exécutoire avec son enregistrement au greffe ou encore la consécration de l'injonction faite aux parties par le juge de rencontrer un médiateur aux fins d'information sur l'objet et le déroulement d'une mesure de médiation.

En parallèle, une formation unifiée et adaptée, dispensée aussi bien dans les écoles d'avocats qu'à l'École nationale de la magistrature (ENM), devrait permettre aux futurs avocats et magistrats de maîtriser les techni-

1. Décr. n° 2022-245, 25 févr. 2022 favorisant le recours à la médiation, portant application de la loi pour la confiance dans l'institution judiciaire et modifiant diverses dispositions, *JO* 26 févr., texte 27 ; L. n° 2021-1729, 22 déc. 2022 pour la confiance dans l'institution judiciaire, *JO* 23 déc., texte 2.

ques et les rouages du processus de la médiation, au même rang que les règles de procédure.

La médiation est aujourd'hui une réalité. Il nous reste à la faire grandir harmonieusement.

C'est au gré de notre expérience de terrain que nous découvrons quotidiennement ce que les textes ne prévoient pas encore. Par exemple, comment coexisteront demain la publicité de la jurisprudence (*open data*) et la confidentialité des accords de médiation qui sont de nature à remettre en question les décisions judiciaires ?

Nous empruntons les voies que nos réflexes – ceux de deux avocates aguerries à la procédure et au conseil, médiatrices aussi depuis plus de quinze ans – nous conduisent à choisir pour nous adapter au fil de l'eau ; ce qui reste indestructible, ce qui doit le rester, ce sont la souplesse et la flexibilité qui garantissent l'efficacité du processus.

Cet ouvrage a d'abord pour objectif de répondre à toutes ces questions auxquelles la loi, les juges, les avocat(e)s, les médiateurs et les médiatrices, les justiciables, n'ont pas forcément de réponses. Ce sont pourtant ces dernières qui donnent crédibilité et force à la médiation.

Sommaire

1 Entrer en médiation 13

11 Y a-t-il un bon moment pour entrer en médiation ? 14

12 Dans quels cas, la médiation est-elle obligatoire ? 19

13 Faut-il généraliser le recours à la médiation obligatoire ? 30

2 Choisir la médiation 35

21 Comment se différencie la médiation des autres MARD ? 36

22 Comment choisir entre la conciliation et la médiation ? 51

23 Dans quels cas a-t-on recours à la médiation conventionnelle ?.. 58

24 Dans quel cas a-t-on recours à la médiation judiciaire ?.. 61

25 Comment recourir à la médiation lorsqu'on bénéficie de l'aide juridictionnelle ?.. 65

26 Dans quels cas faut-il opter pour la co-médiation ?.. 73

3 Le rôle de l'avocat.. 87

31 Quel rôle peut jouer l'avocat dans une médiation ? 88

32 Est-ce que l'avocat peut se substituer à ses clients dans les réunions de médiation ?.. 98

33 De quels outils dispose l'avocat pour diagnostiquer et prescrire une médiation ?.. 102

4 Le choix du médiateur 107
41 Comment désigne-t-on le médiateur ? 108
42 Quelles sont les différentes catégories de médiateurs ? 115
43 Quelles différences entre un médiateur facilitateur et un médiateur aviseur ? 127
44 Comment est rémunéré le médiateur ? 130
45 Pour quels motifs peut-on récuser le médiateur ? 137
5 Les règles spécifiques à certaines médiations 143
51 Médiation préventive 144
52 Médiation intra-entreprise 148
53 Médiation de projet 153
54 Médiation de la consommation 156
55 Médiation de groupe dite « collective » 173
56 Médiation prud'homale 179
57 Médiation familiale 189
58 Médiation pénale 199
59 Médiation administrative 207
6 La médiation au-delà des frontières nationales 223
61 Les règles générales 224

62 La médiation familiale internationale. 238
63 Le médiateur européen. 243
64 Les spécificités de la médiation
dans l'espace OHADA 252

7 La médiation à l'heure du numérique 263
71 Peut-on recourir à une médiation « en ligne » ? 264
72 Peut-on recourir à une médiation « à distance » ? 274
73 Comment sécuriser des formalités et des actes
dématérialisés de la médiation ? 279

8 Le déroulement de la médiation 287
81 Quel est le point de départ de la médiation ? 288
82 Quelles formalités incombent au médiateur
au démarrage de la médiation ? 291
83 Dans quels cas opter pour une réunion en plénière
ou en aparté ? 298
84 Est-ce que des tiers peuvent ou doivent intervenir
pour les besoins de la médiation ? 303
85 Sur la confidentialité 311
86 Dans quels cas la responsabilité du médiateur
est-elle engagée ? 323
87 Dans quels cas le médiateur ou les parties
peuvent-ils saisir le juge ? 331
88 Existe-t-il une durée maximale
pour une médiation ? 337

9 Le rôle du juge 341
91 Quel est le rôle du juge dans le déclenchement
d'une médiation ? 342

92 Rôle incitatif du juge avec l'injonction de recevoir une information sur la médiation 348

93 Quel est le rôle du juge en fin de médiation ? 358

10 Fin de la médiation 361

101 À quel moment doit-on considérer que la médiation est terminée ? 362

102 Peut-on avoir un accord partiel en médiation ? 367

103 Quel est le sort de la procédure judiciaire pendant la médiation ? 370

104 À quel moment la procédure judiciaire peut-elle reprendre son cours ? 373

105 Quels sont les effets produits par la fin de la médiation sur la procédure judiciaire en cours ? 375

106 Quelles sont les spécificités respectives d'un accord de médiation et d'une transaction ? 377

107 Comment exécute-t-on un accord de médiation ? 388

108 Quelles sont les suites du constat d'échec d'une médiation ? 392

11 Compléments 397

111 Exemples d'actes 398

112 Mini-code des procédures de médiation 460

Principales abréviations utilisées 485

Index thématique alphabétique 489

Delmas express

mode d'emploi

LES PARAGRAPHES débutant en petites capitales peuvent signaler une mise en garde contre un risque ; un conseil ; un extrait d'une décision de justice particulièrement utile ; un texte officiel (notamment article d'un code, d'une loi, d'un décret).

Pour trouver plus facilement les réponses à ses questions, figurent fin d'ouvrage des Compléments :
– des exemples d'actes,
– des schémas de synthèse,
– un mini code,
– un glossaire,
– un index thématique alphabétique.

1
Entrer en médiation

11 Y a-t-il un bon moment pour entrer en médiation ? 14
12 Dans quels cas, la médiation est-elle obligatoire ? 19
13 Faut-il généraliser le recours à la médiation obligatoire ? 30

11

Y a-t-il un bon moment pour entrer en médiation ?

> Domaine de la médiation judiciaire

> Domaine de la médiation conventionnelle

« Dès lors qu'il y a litige et que les parties ont la libre disposition de leurs droits, le recours à la médiation est possible. »[1]

Ou encore :

« Il n'y a pas de meilleur moment pour aller en médiation, le bon moment c'est quand les parties décident ensemble d'engager le processus. »[2]

L'escalade du conflit, selon le professeur Friedrich Glasl[3], est un modèle qui peut aider à mieux analyser les conflits et, donc, à mieux choisir « le bon moment » pour entrer en médiation.

> Domaine de la médiation judiciaire

11.11 Recours à la médiation à tous les stades de la procédure judiciaire. En illustration des propos cités ci-dessus du professeur Charles Jarrosson, le législateur offre la possibilité de faire intervenir le médiateur à tout moment de la procédure judiciaire.

Le juge peut[4] :

– soit proposer aux parties de tenter une médiation, les parties restant libres de décider d'accepter d'entrer dans le processus ou non[5] ;

– soit faire injonction aux parties de rencontrer un médiateur ; l'objectif, dans ce cas, est davantage incitatif et pédagogique. Il s'agit d'une information que le médiateur donnera aux parties sur l'opportunité de recourir à la médiation. Les droits procéduraux du justiciable restent intacts, soit en refusant d'entrer en médiation, soit en engageant le processus, avec le droit d'en sortir à tout moment, sans préjudice de ses droits[6].

Le justiciable se pose souvent la question de savoir si le juge peut lui tenir rigueur :

– de son refus de la médiation et de son choix de poursuivre la procédure judiciaire[7] ;

1. Ch. Jarrosson, « Médiation et conciliation : définition et statut juridique », *Gaz. Pal.* 1996. 952.
2. Propos tenus par Ch. Jarrosson à l'occasion de l'animation d'une formation organisée par Eurojuris le 19 mars 2010.
3. Fr. Glasl, « Les 9 étapes de l'escalade d'un conflit », https://projectmanagement.guide/fr.
4. C. pr. civ., art. 127 et 127-1.
5. V. s^s n° 91.01.
6. V. s^s n°s 92.01 s.
7. V. s^s n° 91.03.

– ou du fait que la médiation qu'il a acceptée ait échoué.

Sur le principe, les parties restent toujours libres de leur choix. Ce dernier relève de leur liberté d'accès à la justice par le moyen qu'elles jugent le plus et/ou mieux approprié, sauf dans les cas où :

– la médiation est obligatoire avant tout recours au juge, que ce soit du fait de l'existence d'une clause de médiation[1] ;

– ou dans les cas de certains contentieux expressément visés par les textes légaux et réglementaires pour lesquels une tentative de règlement amiable préalable à toute demande en justice est obligatoire[2].

Le juge ne devrait donc pas en tenir rigueur au justiciable car, hormis les cas où le recours préalable à la médiation est obligatoire, il doit s'adapter à la volonté des parties et les laisser libres de choisir elles-mêmes l'éventuel « bon moment » d'entrer dans le processus de médiation. Il s'agit d'y recourir :

– soit le plus en amont possible de la procédure judiciaire ;

– soit après le prononcé de la décision des premiers juges ou dans un délai rapproché de l'appel interjeté ;

– soit après les plaidoiries, en cause d'appel et même devant la cour d'appel de renvoi après cassation et avant le prononcé de la décision de la cour ; les parties considèrent en effet, non sans pertinence, qu'elles ont fait le « job » après avoir argumenté et « s'être essayées à la guerre jusqu'au bout » ; elles n'ont plus rien à perdre en tentant d'emprunter la voie de la paix et d'éviter une rupture définitive, sachant que, si la médiation échoue, le délibéré sera prononcé sans délai, les plaidoiries ayant été précédemment entendues par le juge ;

1. V. s[s] n° 12.12.
2. V. s[s] n° 12.31 s. En effet, l'exigence de la mention des diligences entreprises en vue d'une résolution amiable du litige est, à cet égard, parlant. Afin de satisfaire à cette disposition figurant au 5° de l'article 54 du Code de procédure civile, il est nécessaire pour le plaideur souhaitant soumettre au tribunal judiciaire ses prétentions, de savoir si sa demande doit, ou non, être précédée d'une tentative de conciliation, de médiation ou de procédure participative. La réponse est apportée par la maîtrise de l'article 750-1 du Code de procédure civile et des articles R. 211-3-4 et R. 211-3-8 du Code de l'organisation judiciaire. Informés précisément sur le montant fixé à 5 000 € en deçà duquel ces diligences sont obligatoires ainsi que sur les demandes liées à certains conflits de voisinage soumises à ces prescriptions, le justiciable et les avocats peuvent se trouver moins avertis sur les cas de dispenses listés à l'article 750-1 du Code de procédure civile.

– soit même au stade de la Cour de cassation[1] où l'on peut imaginer que les protagonistes se retrouvent lassés par de longues années de procédure ou ont pu prendre du recul, surtout s'il y a eu des décisions contradictoires entre les différents degrés de juridiction. Ainsi, engager une médiation au niveau de la Cour de cassation peut permettre d'éviter un renvoi devant une cour d'appel qui statuera de nouveau. La Cour de cassation a désigné en 2021, pour la première fois, un médiateur dans un dossier qui s'est conclu positivement. Depuis le décret du 25 février 2022, le recours à la médiation devant la Cour de cassation est expressément prévu et encadré[2] ;

– soit encore après une décision de justice, qu'elle soit judiciaire ou arbitrale, afin de faciliter les conditions et les modalités de l'exécution[3].

Ainsi, aller en médiation après ou même en cours de procédure judiciaire est tout à fait possible. C'est même une solution adaptée au cas de traitement d'un point particulier, isolé, qui peut trouver sa solution en dehors de la procédure en cours[4].

> Domaine de la médiation conventionnelle

11.21 **Recours à la médiation selon le libre choix des parties.** Dans ce cas de figure, les parties disposent librement du recours à la médiation, en accord avec chacune d'elles et dans les conditions qu'elles décident ensemble, en concertation.

Le législateur n'intervient pas sur la définition du « bon moment » et les propos du professeur Charles Jarrosson, en tête du présent chapitre, sont pleinement adaptés à ces situations.

Il est usuel, en médiation conventionnelle, que les parties y recourent alors que le litige n'est qu'en gestation, à peine né et avant toute saisine des juridictions.

1. Rapp. C. cass., « La médiation devant la Cour de cassation », 2021, www.courdecassation.fr ; S. Amrani-Mekki, « La médiation au stade de la cassation : incongruité ou opportunité ? », *Gaz. Pal.*, 3 nov. 2020 ; « Médiation devant la Cour de cassation. Possibilité, modalités et opportunité », *JCP*, n°s 30-34, 26 juill. 2021.
2. Décr. n° 2022-245, 25 févr. 2022, préc. ; C. pr. civ., art. 1012, al. 3.
3. V. s^s^ n°s 91.02 et 57.11.
4. Les parties peuvent toujours s'accorder pour limiter le nombre de réserves faisant l'objet d'une expertise immobilière.

C'est également au stade de la prévention des risques d'escalade dans le conflit et de la formalisation d'un processus contentieux que les personnes concernées, souvent à l'initiative de l'une d'elles, engagent le processus de médiation avec l'accord de toutes les autres personnes concernées.

12

Dans quels cas, la médiation est-elle obligatoire ?

> En présence d'une clause de médiation

> De manière générale, dans certains contentieux

La médiation est obligatoire du fait de la volonté des parties (en présence d'une clause de médiation), ou du fait de la loi qui prévoit l'obligation de justifier d'une tentative de médiation avant toute saisine du juge dans certains contentieux.

> En présence d'une clause de médiation

12.11 L'incitation contractuelle[1]. Selon les chiffres communiqués par le Centre de médiation et d'arbitrage de Paris (CMAP) pour l'année 2020, 60 % des médiations seraient déclenchées par une clause les prévoyant, avec un taux de succès de l'ordre de 63 %. C'est dire l'efficacité d'une clause de médiation, d'autant que les parties ne sont pas privées de la possibilité d'engager une action judiciaire, en cas de non-aboutissement à un accord, et qu'elles bénéficient de la suspension de la prescription[2].

12.12 La médiation doit être préalable à la procédure judiciaire. La médiation est obligatoire en présence d'une clause prévoyant le recours à la médiation avant toute procédure judiciaire.

Les parties peuvent en effet avoir prévu, préalablement à tout litige, de recourir à la médiation. Le contrat qui les lie doit contenir, dans ce cas, une clause de médiation qui désigne le médiateur (soit une personne physique, soit une personne morale, en général un centre de médiation, qui sera saisie en cas de différend) ou, à défaut, doit préciser les modalités de sa désignation[3].

La médiation constitue dans ce cas une étape préalable voulue par les parties aux termes d'une disposition contractuelle liant les parties.

Cependant, si les parties ont l'obligation de mettre en œuvre une médiation, celle-ci est une obligation de moyens pour que ces dernières fassent diligence pour mettre fin à leur différend ; il ne s'agit pas d'une obligation de résultat, les parties n'ayant pas d'obligation de conclure un accord.

1. C. Cordier-Vasseur, S. Grin, « La clause de médiation préalable : une précaution opportune ? », n° 831, *Journal du Management Juridique*, p. 25 s ; V. Lasserre, « Validité et portée des clauses de conciliation ou de médiation », *JCP G*, n° 29, 20 juill. 2020. 1381.
2. C. civ., art. 2238, al. 1. ; pour le point de départ de la prescription, v. s^s n°s 81.21 s.
3. Com. 3 oct. 2018, n° 17-21.089, NP.

12.13 **La clause de médiation s'impose aux parties et au juge.** Dès lors qu'une telle clause est opposée par une partie, elle s'impose au juge qui est tenu de faire respecter la force obligatoire des contrats, conformément à l'article 1103 du Code civil[1].

Sauf exception – il s'agit des actions fondées sur l'article 145 du Code de procédure civile[2] – comme toutes les irrecevabilités, elle peut être soulevée à tout moment de la procédure[3], même pour la première fois en appel[4].

Le non-respect de la clause de recours à la médiation constitue une fin de non-recevoir et non une exception de procédure. C'est ce que confirme la cour d'appel d'Aix-en-Provence, dans un arrêt rendu le 28 janvier 2021[5]. Précédemment, la Cour de cassation[6] avait posé en principe que le non-respect de la clause entraîne l'irrecevabilité de la demande portant sur le même objet et que le recours à un tiers, en vue de favoriser le règlement amiable, n'est pas susceptible d'être régularisé.

Cependant, dans le cas du refus d'une partie de faire jouer le processus de médiation contractuellement prévu, l'autre partie pourra démontrer avoir fait les diligences requises de tentative amiable pour pouvoir engager une

1. H. Kenfack, « La reconnaissance des véritables clauses de médiation ou de conciliation obligatoire hors toute instance », *D.* 2015. Chron. 384.

2. C. pr. civ., art. 145 : « *S'il existe un motif légitime de conserver ou d'établir avant tout procès la preuve de faits dont pourrait dépendre la solution d'un litige, les mesures d'instruction légalement admissibles peuvent être ordonnées à la demande de tout intéressé, sur requête ou en référé.* » ; v. s[s] n° 12.32.

3. Cass., ch. mixte, 14 févr. 2003, n°s 00-19.423, 00-19.424, P.

4. Com. 22 févr. 2005, n° 02-11.519, NP, *RTD civ.* 2005. 450, obs. R. Perrot ; *JCP* 2005. I. 183, n° 3, obs. S. Amrani-Mekki.

5. Aix-en-Provence, pôle 01, ch. 04, 28 janv. 2021, RG n° 17/06194 : « *Le cahier des clauses générales du contrat* [...] *concernant le recours à une médiation en cas de litige "avant toute procédure judiciaire", en indiquant que le moyen soulevé par la société* [...] *était une fin de non-recevoir et non une exception de procédure pouvant donc être soulevée en tout état de cause, en estimant que, compte tenu du contexte de l'affaire, la société* [...] *n'était pas fautive pour l'avoir invoquée tardivement, en déclarant en conséquence irrecevables les demandes formées par le maître de l'ouvrage à l'encontre de cette société d'architecture et en déboutant la* [...] *de sa demande de dommages-intérêts formée contre elle, le premier juge a fait une juste analyse des faits de la cause, appliqué à l'espèce les règles de droit qui s'imposaient et pertinemment répondu aux moyens des parties pour la plupart repris en appel.* »

6. Cass., ch. mixte, 12 déc. 2014, n° 13-19.684, P, *D. actu.* 6 janv. 2015, obs. M. Kebir ; *D.* 2015. 298.

procédure judiciaire. Elle pourra, dans ce cas, faire constater par le juge le manquement ou la mauvaise foi de son contradicteur qui encourt de ce fait des condamnations au titre de frais irrépétibles, tels que l'article 700 du Code de procédure civile[1]. Certains magistrats ont même exprimé, lors de diverses conférences, qu'il conviendrait de procéder, dans des cas de recours en justice manifestement abusifs, à la condamnation à une amende civile au profit du Trésor public[2]. Sans aller jusque-là, on peut relever ce jugement ayant condamné la partie qui avait renoncé à la médiation à verser à son adversaire « *la somme de 5 000 euros au titre de l'article 700 du Code de procédure civile, outre la prise en charge des dépens, comprenant notamment les frais d'expertise et de médiation* »[3].

12.14 **La rédaction de la clause doit être précise.** Attention toutefois car, seuls les litiges dont la nature est précisée par la clause peuvent être soumis à la médiation préalable. À titre d'illustration, une clause qui prévoit une médiation préalable pour les litiges concernant l'extinction d'un contrat déterminé ne s'applique pas à un litige né de la rupture d'une relation commerciale ayant débuté entre les parties plusieurs années avant ce contrat[4].

Plus récemment, au sujet d'une clause prévoyant le recours préalable à un conciliateur, la Cour de cassation[5] a considéré que celle-ci était rédigée de manière elliptique en termes très généraux, constituant une « clause de style » ne permettant pas d'invoquer l'irrecevabilité de la demande. Le même raisonnement aurait été tenu pour une clause prévoyant le recours préalable à une médiation.

De manière générale, la Cour de cassation[6] décide que la clause de recours à la médiation, préalablement à tout recours contentieux, même si sa rédaction se révèle ambiguë, ne prive pas le juge de son pouvoir souverain d'appréciation pour juger irrecevable et non régularisable le recours judiciaire. La Cour précise qu'une fin de non-recevoir peut être soulevée pour la

1. Groupe de travail Le Mans Université et cour d'appel Paris, « La promotion et l'encadrement des modes amiables de règlement des différends », rapp., mars 2021.
2. Sur la sanction de l'abus d'ester en justice v. C. pr. civ., art. 32-1.
3. Rennes, 4e ch., 27 sept. 2018, RG n° 16/04976.
4. Com. 12 juin 2012, n° 11-18.852, NP, *CCC* oct. 2021, comm. 232, obs. N. Mathey (écartant la clause de médiation ainsi libellée) ; *RJDA*, 8-9/12, n° 805.
5. Civ. 3e, 11 juill. 2019, n° 18-13.460, NP, *D.* 2020. 576, obs. N. Fricero ; *AJDI* 2019. 919.
6. Com. 24 juin 2020, 18-15.249, NP.

première fois en cause d'appel, mais que, toutefois, si l'irrecevabilité est soulevée, comme c'était le cas dans l'espèce concernée, cinq années après l'introduction de l'instance judiciaire, le juge peut condamner la partie « négligente » à des dommages-intérêts (10 000 euros dans le cas d'espèce).

Aussi, les contractants doivent veiller à écarter toute difficulté d'interprétation. Les centres de médiation proposent à cet effet des modèles de clause rédigés avec le souci d'éviter que celle-ci soit source de conflit avant même la mise en œuvre de la médiation[1].

Par ailleurs, les contractants doivent également préciser les conditions de mise en œuvre de la clause pour éviter toute contestation relative à la date de reprise du cours de la prescription[2]. À défaut, la cour d'appel de Paris a pu juger que « *la clause contractuelle prévoyant une tentative de règlement amiable, non assortie de conditions particulières de mise en œuvre, ne constitue pas une procédure de règlement amiable obligatoire préalable à la saisine du juge, dont le non-respect caractérise une fin de non-recevoir* »[3].

> De manière générale, dans certains contentieux

12.21 **Possibilité pour le juge de proposer la médiation.** Il convient de préciser préalablement que, hors les cas énumérés ci-après pour lesquels la demande en justice initiale doit être obligatoirement précédée d'une tentative de règlement amiable, le juge, sans pouvoir toutefois l'imposer, peut toujours « *proposer aux parties, qui ne justifieraient pas de diligences entreprises pour parvenir à une résolution amiable du litige, une mesure de conciliation ou de médiation* »[4]. Il s'agit bien d'une « proposition » qui donne de la flexibilité à la forme choisie (par tous moyens : de vive voix à l'audience, voire avant l'audience, par écrit par l'intermédiaire des avocats des parties, par le Réseau privé virtuel avocat (RPVA), par mail ou par courrier, etc.).

1. V. EXEMPLE D'ACTE s[s] n° 111.28, Clause prévoyant le recours à la médiation (CMAP). De manière plus développée et dans l'hypothèse où les parties ne souhaitent pas retenir à l'avance un centre de médiation en particulier, V. EXEMPLE D'ACTE s[s] n° 111.27, Clause de recours à la médiation.
2. C. civ., art. 2234.
3. Paris 11 mai 2021, pôle 05, ch. 1, RG n° 19/00977.
4. C. pr. civ., art. 127.

Cette démarche du juge ne constitue pas une formalité obligatoire, sous peine d'irrecevabilité.

Par ailleurs, le décret du 25 février 2022 a consacré la faculté pour le juge d'enjoindre aux parties de rencontrer un médiateur aux fins d'information sur l'objet et le déroulement de la mesure de médiation[1].

>> Dans les cas visés à l'article 750-1[2] du Code de procédure civile

12.31 **Tentative préalable de règlement amiable obligatoire.** À peine d'irrecevabilité que le juge peut prononcer d'office[3], la tentative de règlement amiable doit intervenir préalablement à toute demande en justice visant :

– à obtenir le paiement d'une somme n'excédant pas 5 000 euros ;

– ou l'une des actions mentionnées aux articles R. 211-3-4 et R. 211-3-8 du Code de l'organisation judiciaire[4] : il s'agit notamment des conflits de voisinage, des actions de bornage, des actions relatives à la distance prescrite par la loi et par les règlements particuliers et par l'usage des lieux pour les plantations et l'élagage d'arbres ou de haies, etc.[5] ;

– à statuer sur tout trouble anormal de voisinage[6], quel que soit le montant de l'enjeu financier, ce qui peut conduire à constater, à titre d'exemple, que

1. C. pr. civ., art. 127-1 ; décr. n° 2022-245, 25 févr. 2022.
2. Décr. n° 2019-1333, 11 déc. 2019, réformant la procédure civile, *JO* 12 déc., n° 3.
3. Sanction issue de L. n° 2016-1547, 18 nov. 2016 de modernisation de la justice du XXIe siècle, dite loi J21, *JO* 19 nov., texte 1, art. 4. On notera à ce sujet que la mention des diligences entreprises en vue d'une résolution amiable est prescrite à peine de nullité, étant précisé que la nullité ne peut pas être invoquée d'office par le juge et que, s'agissant d'une nullité de forme, le défendeur doit démontrer qu'elle lui cause grief (sur ce point, v. . Civ. 2e, 14 avr. 2022, n° 20-22 886, P).
4. Il s'agit des actions de bornage, actions relatives à la distance prescrite par la loi et par les règlements particuliers et par l'usage des lieux pour les plantations et l'élagage d'arbres ou de haies, etc.
5. C. pr. civ., art. 750-1 ; L. n° 2016-1547, 18 nov. 2016, préc., art. 4 ; décr. n° 2019-1333, 11 déc. 2019, art. 4, préc.
6. A.-L. Pineau, « Île-de-France rurale, la dure cohabitation entre rats des villes et rats des champs », 27 mai 2022, l'auteure relève une importante judiciarisation de ces sujets liés notamment à l'installation grandissante des citadins dans les campagnes avec des effets sur les relations de voisinage et, en même temps, un développement des règlements amiables sur ces difficultés, de nombreux contentieux donnant lieu à des désistements.

des nuisances attachées à la construction d'éoliennes à proximité d'habitation relèvent d'une tentative de règlement amiable préalable prévue par l'article 750-1 du Code de procédure civile[1].

Aussi, la partie qui introduit l'instance doit-elle préciser, dans l'acte introductif d'instance, qu'il s'agisse d'une requête ou d'une assignation, les diligences entreprises en vue d'une résolution amiable du litige ou la justification de la dispense d'une telle tentative.

12.32 **Dérogations à l'obligation de tentative préalable de règlement amiable.** Il n'est possible de s'affranchir de l'obligation de tentative préalable de règlement amiable que si l'on est en mesure de justifier de l'un des cas de dérogations visés à l'article 750-1, alinéa 2 du Code de procédure civile :

« *1° si l'une des parties au moins sollicite l'homologation d'un accord ;*

2° lorsque l'exercice d'un recours préalable est imposé auprès de l'auteur de la décision ;

3° si l'absence de recours à l'un des modes de résolution amiable mentionnés au premier alinéa est justifiée par un motif légitime tenant soit à l'urgence manifeste soit aux circonstances de l'espèce rendant impossible une telle tentative ou nécessitant qu'une décision soit rendue non contradictoirement soit à l'indisponibilité de conciliateurs de justice entraînant l'organisation de la première réunion de conciliation dans un délai manifestement excessif au regard de la nature et des enjeux du litige ;

4° si le juge ou l'autorité administrative doit, en application d'une disposition particulière, procéder à une tentative préalable de conciliation ;

5° si le créancier a vainement engagé une procédure simplifiée de recouvrement des petites créances, conformément à l'article L. 125-1 du Code des procédures civiles d'exécution. »

La mise en œuvre de cette obligation de tentative préalable de règlement amiable est dès lors source de contentieux, étant précisé que la jurisprudence a évolué dans son appréciation, au fil de l'évolution du texte[2].

S'agissant plus particulièrement du juge des référés, on peut observer que la cour d'appel de Riom a jugé que les demandes qui « *relèvent* [...] *de la compétence du juge des référés* [...] » n'entrent pas dans les cas de dérogation énoncés à l'article 750-1[3].

1. L. n° 2021-1729, 22 déc. 2021, préc.
2. C. pr. civ., art. 750-1.
3. Riom, ch. com., 17 mars 2021, RG n° 20/01181.

Tel n'est pas l'avis de la Cour de cassation qui a retenu, dans un arrêt du 14 avril 2022, que « *la tentative de résolution amiable du litige n'étant pas, par principe, exclue en matière de référé, l'absence de recours à un mode de résolution amiable dans une telle hypothèse peut, le cas échéant, être justifiée par un motif légitime au sens de l'article 750-1, alinéa 2, 3°, du Code de procédure civile* »[1]. Dans cette affaire dans laquelle il était demandé au juge des référés de constater « *l'irrecevabilité de la société pour défaut de médiation préalable* », le Président du tribunal judiciaire de Paris avait considéré que l'assignation était entachée de nullité en l'absence de précision relative aux diligences entreprises en vue de la résolution amiable du litige. C'est cette décision qui a été cassée et annulée par la Cour de cassation.

Il convient donc de procéder à une analyse au cas par cas du « motif légitime » invoqué, la réponse relevant du pouvoir souverain d'appréciation des juges.

Une demande de mesures d'instruction pour préserver des preuves sur le fondement de l'article 145 du Code procédure civile constituerait certainement un motif légitime pour déroger à l'obligation de tentative de règlement amiable.

Peut-on considérer que l'existence de « pourparlers » antérieurs, qui n'ont pas abouti, constitue un « motif légitime » ? Tel est l'avis du tribunal judiciaire d'Amiens qui, par jugement du 24 juillet 2020[2], a constaté que l'adversaire s'était opposé de façon catégorique aux demandes formulées par voie de mise en demeure de l'avocat de l'autre partie. Il en a déduit que « *compte tenu de cette opposition ferme et sans appel, il est manifeste que la résolution amiable du litige était impossible. Dès lors* [le demandeur] *justifie d'un motif légitime pour s'exonérer de la tentative de résolution amiable.* »

12.33 **La question de la suspension et de l'interruption des délais de procédure.** La tentative préalable de conciliation, médiation ou procédure participative soulève une difficulté, car elle n'opère de suspension et d'interruption des délais que lorsque le processus de mode amiable lui-même a été engagé au même titre que la demande en justice, telle que visée à l'arti-

1. Civ. 2e, 14 avr. 2022, n° 20-22.886, P ; v. C. Bléry, « Amiable préalable et excès de pouvoir : contribution à deux édifices en construction », 12 mai 2022, www.dalloz-actualite.fr

2. TJ Amiens, 24 juill. 2020, n° 11-20-000327.

cle 2241 du Code civil, qui elle seule produit les effets de suspension et d'interruption des délais.

Jusqu'au décret du 11 octobre 2021[1], pour contourner cette difficulté, les avocats saisissaient le juge par voie de requête. Cette demande aux fins de tentative préalable de conciliation, sur le fondement de l'article 820 du Code de procédure civile, permettait de suspendre les délais d'interruption et de prescription.

Depuis l'entrée en vigueur de ce décret, cette voie n'est plus possible pour les cas dans lesquels s'applique l'article 750-1[2].

> PRÉCONISATIONS. Pour ne pas prendre le risque de se voir opposer la prescription d'une action judiciaire, il faut rapporter la preuve d'une manifestation de volonté non équivoque des deux parties de leur souhait de rentrer dans un processus amiable de résolution du litige.
>
> Dans l'hypothèse où les parties décident, d'un commun accord, de recourir à un processus de médiation conventionnelle, la suspension des délais d'interruption et de prescription ne s'opère que, en l'absence d'un écrit, lorsque se tient la première réunion de médiation[3]. Il peut en conséquence être opportun d'introduire une action devant le tribunal compétent afin de préserver ses droits d'accès à la justice, dans l'hypothèse où cette première réunion de médiation ne se tiendrait pas avant la date de prescription de l'action judiciaire. Il pourrait s'agir, en cas d'urgence, d'une action en référé (urgence manifeste) ou encore d'une action sur le fondement de l'article 145 du Code de procédure civile pour voir désigner un expert et, ce faisant, interrompre les délais de prescription.

Le délai biennal permettant d'agir sur le fondement de la garantie des vices cachés est un délai de forclusion[4], ce qui prive le justiciable du bénéfice des dispositions de l'article 2238 susvisé, dans l'hypothèse du choix des par-

1. Décr. n° 2021-1322, 11 oct. 2021, relatif à la procédure d'injonction de payer, aux décisions en matière de contestation des honoraires d'avocat et modifiant diverses dispositions de procédure civile, *JO* 13 oct., texte 51.
2. V. s[s] n° 12.31.
3. C. civ., art. 2238.
4. Civ. 3e, 5 janv. 2022, n° 20-22.670, P ; comm. S. Barry, « Délai biennal de la garantie des vices cachés : forclusion ! », 14 avr. 2022 ; sur la suspension des délais de prescription, v. ég. s[s] n°s 81.11 et 81.21 s.

ties de recourir à un processus de médiation conventionnelle. Ainsi, ce délai ne sera pas suspendu du fait de recours à une médiation conventionnelle.

Comme le préconise Monsieur Fabrice Vert, premier Vice-Président au tribunal judiciaire de Paris, « *pour favoriser le développement de la médiation conventionnelle notamment en matière de conflits de construction, il est souhaitable d'étendre le périmètre de ces dispositions aux délais de forclusion ou de permettre aux parties de saisir le juge pour mettre en place une mesure de médiation comme devant les juridictions administratives* »[1].

> PRÉCONISATIONS. Un accord écrit non équivoque entre les parties est susceptible de suspendre ledit délai, dans l'hypothèse où la tenue de la première réunion de médiation (qui interrompra les délais de prescription[2]) risque de se tenir tardivement par rapport aux échéances de prescription. Encore faut-il que la partie qui se trouve en défense à la demande de médiation accepte de bonne foi ce procédé de manifestation non équivoque d'engagement du processus de médiation.
>
> Il n'est pas rare de rencontrer des défendeurs qui acceptent un processus de règlement amiable avec l'intention délibérée de ne pas parvenir à un accord, leur seul objectif étant de gagner du temps et/ou de sonder l'efficacité des arguments.

>> Plus particulièrement, dans les contentieux familiaux

12.41 **La médiation est obligatoire dans un certain nombre de cas.** L'article 7 de la loi du 18 novembre 2016 a instauré, à titre expérimental, un recours à la médiation familiale obligatoire, à peine d'irrecevabilité[3].

1. F. Vert, « Médiation conventionnelle et délai de forclusion : pour une modification de l'article 2238 du Code civil », 22 avr. 2022, LinkedIn ; F. Vert préconise que ce sujet fasse l'objet de propositions du Conseil national de la médiation (publication du 1er mai 2022). S'agissant de la médiation conventionnelle en matière administrative, v. s^s n° 59.21.
2. V. EXEMPLE D'ACTE s^s n° 111.26, Acte non équivoque de tentative de recours à médiation.
3. L. n° 2016-1547, 18 nov. 2016, préc., art. 7. Cette expérimentation instaurée à l'origine jusqu'au 31 décembre 2019, a été étendue à la sixième année suivant celle de la promulgation de la loi de 2016 ; v. s^s n° 57.14.

>> En matière de droit de la consommation

12.51 **Étape préalable à la saisine du juge.** Dans certains cas, en matière de droit de la consommation, il existe une obligation légale de tenter une médiation préalablement à la saisine d'un juge judiciaire[1].

>> En matière administrative

12.61 **Médiation préalable obligatoire pérennisée avec la loi du 22 décembre 2021 pour la confiance dans l'institution judiciaire et son décret d'application du 25 mars 2022.** En matière administrative, la médiation préalable à la saisine du juge est obligatoire depuis la loi du 18 novembre 2016[2].

1. V. s[s] n°s 54.11 s.
2. V. s[s] n°s 59.51 s. ; « Médiation administrative : bilan de son application depuis 2017 », 29 avr. 2022.

13
Faut-il généraliser le recours à la médiation obligatoire ?

Selon certains, il faudrait à terme généraliser l'obligation de règlement amiable avant tout procès, aussi bien en droit civil qu'en droit des affaires. L'objectif serait de « déjudiciariser » le règlement des conflits pour réduire le nombre de procès et ainsi désengorger les tribunaux.

Si l'intention est louable, une telle réforme n'est pas recommandée dans l'hypothèse où elle ne serait motivée que par des raisons principalement budgétaires. La médiation deviendrait un mode de règlement des conflits de substitution et non plus un mode alternatif, seul ce dernier mettant en évidence le choix possible entre le contentieux et l'amiable, dans le seul intérêt d'une bonne administration de la justice.

Le sujet reste ouvert, suscitant de nombreux débats et controverses.

13.01 **Recherche d'un compromis.** La loi du 23 mars 2019 de programmation 2018-2019 et de réforme pour la justice a renforcé la place de la médiation comme mode alternatif de règlement des différends (MARD) jusqu'à donner au juge le pouvoir, dans toutes les procédures, d'obliger les parties à rencontrer un médiateur qu'il désigne.

La tentative obligatoire de résolution amiable préalable à la saisine de la juridiction a été élargie, notamment à toute demande n'excédant pas un certain montant (5 000 €). À défaut de justifier de la mise en œuvre d'une conciliation, médiation ou procédure participative antérieurement à la saisine du tribunal, le juge pourra prononcer d'office l'irrecevabilité de la demande.

Des expérimentations ont également été mises en place pour tester l'efficacité de la médiation obligatoire dans certains types de litiges[1]. Ces expérimentations, si elles devaient être généralisées, pourraient s'avérer néfastes et contre-productives pour plusieurs raisons :

– la première raison est d'ordre pratique : si aucune des deux parties ne souhaite trouver de solution à l'amiable, chacune ira à la médiation préalable pour « se débarrasser » de cette étape obligée et pouvoir engager un véritable procès. Après quoi, le juge pourra toujours tenter de proposer le recours à une médiation judiciaire... vainement, car, dans l'esprit des parties, cette médiation aura déjà eu lieu, même si elle est intervenue dans de mauvaises conditions. Le juge perdra donc un outil précieux pour régler certains conflits ;

– la deuxième raison touche à une question de confidentialité. L'existence même d'un processus de médiation doit pouvoir rester confidentielle afin

1. V. s^{s} n°s 11.11 s.

que chacune des parties puisse avancer de manière constructive dans la recherche d'une solution au différend, sans que quiconque puisse être informé de l'existence d'un litige entre elles[1] ;

– la troisième raison tient au fait que tout procès induirait l'échec des discussions préalables dans le cadre de la médiation, ce qui se traduirait par un message négatif adressé à toutes les parties impliquées ;

– la quatrième raison pourrait être l'augmentation du coût total et de la durée globale de la procédure résultant de cette phase préalable obligatoire.

In fine, le risque serait alors de voir ce mode de règlement des litiges délaissé, notamment par les entreprises, alors qu'il donne de très bons résultats et répond de façon adéquate à leurs besoins.

ANALYSE CRITIQUE. Néanmoins, pour promouvoir le recours à la médiation, il faut rechercher un compromis entre le caractère obligatoire du recours aux MARD et une démarche volontaire[2].

Dans cet objectif, au moins deux voies doivent être encouragées :

– l'injonction de rencontrer un médiateur doit être développée afin d'être perçue par les justiciables et leurs avocats comme une opportunité[3]. Elle leur permet en effet de recevoir une information utile sur l'intérêt du processus de règlement amiable. Cette voie a été consacrée par le décret n° 2022-245 du 25 février 2022 qui insère un nouvel article 127-1 dans le Code de procédure civile ;

– les formations initiales et continues, chez les avocats comme les magistrats, doivent inclure les MARD comme faisant partie des instruments de procédure. On rappellera la résolution du Conseil national des barreaux en date du 18 décembre 2020 qui recommande aux avocats de recourir aux MARD et de mieux les intégrer dans leurs réflexes[4].

La modification de la rédaction de l'article 8.2 s'inscrit dans cette optique :

1. Sur la confidentialité, v. s^s n°s 85.11 s.
2. Dir. 2008/52/CE, Parlement et Conseil, 21 mai 2008, sur certains aspects de la médiation en matière civile et commerciale, *JO* 24 mai : souligne que la médiation doit être un processus volontaire (art. 3).
3. V. s^s n° 92.01 s.
4. M. Jaudel, *Lexbase avocats,* n° 311, 4 févr. 2021, « *La médiation ne sera pas obligatoire ou elle ne sera pas…* », résol. CNB, 18 déc. 2020, portant mod. RIN, *Lexbase,* n° Z947691A.

> « *8.2 RÈGLEMENT AMIABLE : Avant toute procédure ou lorsqu'une action est déjà pendante devant une juridiction, l'avocat peut, sous réserve de recueillir l'assentiment de son client, prendre contact avec la partie adverse ou la recevoir afin de lui proposer un règlement amiable du différend. À cette occasion, il rappelle à la partie adverse la faculté de consulter un avocat et l'invite à lui en faire connaître le nom. Il s'interdit à son égard toute présentation déloyale de la situation et toute menace. Il peut néanmoins mentionner l'éventualité d'une procédure.*
>
> *L'avocat, mandataire de son client, peut adresser toute injonction ou mise en demeure à l'adversaire de ce dernier.*
>
> *La prise de contact avec la partie adverse ne peut avoir lieu qu'en adressant à cette partie une lettre, qui peut être transmise par voie électronique, en s'assurant préalablement de l'adresse électronique de son destinataire, rappelant la faculté pour le destinataire de consulter un avocat et l'invitant à lui faire connaître le nom de son conseil. Ces règles s'appliquent également à l'occasion de toute relation téléphonique, dont l'avocat ne peut prendre l'initiative.* »[1]

On précisera que dans les travaux préparatoires de la loi pour la confiance dans l'institution judiciaire du 22 décembre 2021[2], le Garde des Sceaux a fait rejeter l'amendement de Mme Maryse Carrère. Cet amendement proposait de préciser les contours de la réunion d'information incitant les parties à entrer en médiation conventionnelle ou judiciaire et à prévoir des sanctions pour celles qui ne défèreraient pas à cette injonction du juge. À cette occasion, il a précisé : « *Je pense qu'il n'est pas opportun de sanctionner ceux qui ne veulent pas se rendre à une réunion d'information sur la médiation…* ».

Le législateur a clairement confirmé le principe consistant à inciter plus largement le justiciable à recourir à un mode amiable de règlement des différends, sans toutefois l'y contraindre de façon généralisée, ni le sanctionner s'il n'y recourt pas.

1. V. s[s] n°s 11.11 s. ; résol. CNB, 21 déc. 2020, adopt. déc. à caractère normatif n° 2020-004, relative aux MARD dans le RIN.
2. L. n° 2021-1729, 22 déc. 2021, préc.

2

Choisir la médiation

21 Comment se différencie la médiation des autres MARD ? 36

22 Comment choisir entre la conciliation et la médiation ? 51

23 Dans quels cas a-t-on recours à la médiation conventionnelle ? 58

24 Dans quel cas a-t-on recours à la médiation judiciaire ? 61

25 Comment recourir à la médiation lorsqu'on bénéficie de l'aide juridictionnelle ? 65

26 Dans quels cas faut-il opter pour la co-médiation ? 73

21

Comment se différencie la médiation des autres MARD ?

> Quelles sont les spécificités de la médiation ?
> Quelle est la différence entre la médiation et les autres formes de MARD ?
> Le cas particulier de la procédure de « med-arb »

La médiation est un concept qui remonte loin, aux premières civilisations.

Le « cosi afghan » en Asie, l'« arbre à palabre » en Afrique, le « pacere corse » en Europe, le « wali », le « Sheik », le « Addal » en Asie... sont autant de processus qui poursuivent le même objectif : régler les conflits afin de préserver la paix et la cohésion sociale.

Ces techniques présentent des points communs et des particularités propres, mais toutes procèdent d'une tentative de règlement amiable des différends, ce dont tous les professionnels du droit ne peuvent que se réjouir.

> Quelles sont les spécificités de la médiation ?

21.11 **Des définitions apportées progressivement par les textes législatifs et réglementaires.** La loi du 8 février 1995 relative à l'organisation des juridictions et à la procédure civile, pénale et administrative a introduit le processus de médiation judiciaire dans le Code civil, sans pour autant lui donner de définition. Elle précise seulement que « *Le juge peut designer, avec l'accord des parties, un médiateur judiciaire pour procéder à une médiation, en tout état de la procédure, y compris en référé. Cet accord est recueilli dans des conditions prévues par décret en Conseil d'État* »[1].

C'est avec son décret d'application du 22 juillet 1996 que l'on trouve pour la première fois une définition de la médiation judiciaire : « *le juge saisi d'un litige peut, après avoir recueilli l'accord des parties, désigner une tierce personne, afin d'entendre les parties et de confronter leurs points de vue pour leur permettre de trouver une solution au conflit qui les oppose* »[2]. C'est seulement avec l'ordonnance du 16 novembre 2011[3] portant transposition de la directive « médiation » du 21 mai 2008[4] que la médiation, au sens large, reçoit

1. L. n° 95-125, 8 févr. 1995 relative à l'organisation des juridictions et à la procédure civile, pénale et administrative, *JO* 9 févr., art. 22.
2. Décr. n° 96-652, 22 juill. 1996, relatif à la conciliation et à la médiation judiciaires, *JO* 23 juill., n° 170, codifié à C. pr. civ., art. 131-1 (mod. par décr. n° 2022-245, 25 févr. 2022, préc., art. 2).
3. Ord. n° 2011-1540, 16 nov. 2008, portant transposition de la directive 2008/52/CE, Parlement européen et Conseil, 21 mai 2008 sur certains aspects de la médiation en matière civile et commerciale, *JO* 17 nov., texte 10, art. 1, mod. art. 21, L. 95-125, 8 févr. 1995, préc.
4. Dir. 2008/52, Parlement et Conseil, 21 mai 2008, préc.

une définition plus précise. Elle « *s'entend de tout processus structuré, quelle qu'en soit la dénomination, par lequel deux ou plusieurs parties tentent de parvenir à un accord en vue de la résolution amiable de leurs différends, avec l'aide d'un tiers, le médiateur, choisi par elles ou désigné, avec leur accord, par le juge saisi du litige* ».

Avec le décret du 25 février 2022[1], la définition gagne encore en précision : « *Le juge saisi d'un litige peut, après avoir recueilli l'accord des parties, ordonner une médiation.*

Le médiateur désigné par le juge a pour mission d'entendre les parties et de confronter leurs points de vue pour leur permettre de trouver une solution au conflit qui les oppose.

La médiation peut également être ordonnée en cours d'instance par le juge des référés. »[2]

21.12 **Un processus volontaire librement choisi par les parties.** La médiation constitue une alternative au contentieux. En effet, quelle que soit sa qualité juridique, la voie judiciaire ne répond pas toujours aux besoins des deux parties et même parfois d'une seule !

La médiation permet quant à elle de chercher des solutions en dehors du périmètre défini par les parties. En effet, si le juge est lié par les demandes des parties – une demande de paiement par exemple – le médiateur peut quant à lui inviter les parties à explorer des solutions en dehors de ce périmètre, notamment un nouveau contrat permettant de renouer des relations commerciales.

Elle présente l'avantage de permettre aux parties de choisir leur propre solution plutôt que de laisser à un juge le soin de décider à leur place.

Ainsi, la clé du succès de la médiation réside dans le fait que la solution n'est pas « punitive » et qu'elle résulte d'un processus volontaire[3].

Elle constitue également une alternative à l'arbitrage. Aller en médiation après ou même en cours de procédure d'arbitrage est tout à fait possible[4]. C'est même une solution adaptée au cas de traitement d'un point particulier, isolé, de l'arbitrage, qui peut trouver sa solution en dehors de la procédure en cours, ou encore si l'arbitrage se transforme en médiation. Dans certains

1. Décr. n° 2022-245, 25 févr. 2022, préc.
2. C. pr. civ., art. 131-1.
3. C. pr. civ., art. 1528.
4. V. s[s] n° 21.31.

cas, la médiation est obligatoire du fait de la volonté des parties (présence d'une clause) ou du fait de la loi qui prévoit l'obligation de justifier d'une tentative de médiation avant toute saisine du juge[1].

21.13 Un processus structuré. La négociation raisonnée[2] guide les divers processus de règlement amiable des différends, mais c'est dans la médiation, qui fait intervenir un tiers neutre, impartial, indépendant et formé à la pratique de la médiation, que les parties sont le plus « aidées » à renouer le lien et à construire un accord. En effet, le médiateur n'épouse pas la position d'une partie ou de l'autre, ne conseille pas et n'impose pas. C'est sa personnalité et la technique qu'il a acquise dans sa formation qui lui permettent d'utiliser les bons outils pour faire avancer le processus. Plus exactement, le médiateur ne recherche pas une solution mais aide, guide les parties, les accompagne afin de renouer le dialogue, comprendre leur désaccord et pour qu'elles puissent ainsi trouver une solution adaptée à leurs besoins.

Le guide de la médiation de la Commission européenne pour l'efficacité de la justice (CEPEJ), élaboré conjointement avec le Conseil des barreaux européens (CBE), décrit le médiateur comme un « *mécanicien de négociation. Lorsque le moteur de négociation patine ou cale, le médiateur, grâce à son expérience en médiation et sa boîte à outils de techniques, le fait redémarrer et, comme c'est typiquement le cas en médiation, celui-ci fonctionne alors de manière optimale. Toute médiation porte en elle le désir de trouver une solution optimale*[3] ».

D'où l'importance de la personnalité du médiateur qui est déterminante dans la recherche d'une solution à un conflit.

1. V. s[s] n°s 12.11 s., 12.21 s.
2. V. Th. Garby, D'accord ! Négociation/médiation au 21e siècle, *Ch. com. int.* (ICC), 1er févr. 2016 ; v. ég. l'extrait d'une intervention de Th. Garby : « *La négociation raisonnée est une méthode de négociation qui consiste essentiellement à distinguer les positions des intérêts : les positions peuvent être assimilées aux demandes qui seraient formées en justice, les intérêts correspondent à ce dont les parties ont réellement besoin. Les positions sont vécues comme des agressions. Au contraire, les intérêts sont toujours légitimes. L'idée consiste donc à négocier sur les intérêts plutôt que sur les positions et à rechercher ainsi des solutions mutuellement satisfaisantes. Le médiateur guidera les parties à travers les étapes de cette méthode pour y parvenir* », in « Médiation et performance économique », *JCP E*, n° 5, 4 févr. 2021, 1059, Ét. coord. V. Lasserre.
3. CEPEJ, « Boîte à outils pour le développement de la médiation. Assurer la mise en œuvre des lignes directrices de la CEPEJ sur la médiation », 30e réun. plén., Strasbourg, 27 et 29 juin 2018, complétée lors de la 31e réun. plén., 3 et 4 déc. 2018, p. 65.

> Quelle est la différence entre la médiation et les autres formes de MARD ?

21.21 Les catégories de MARD. En dehors de la médiation qui est devenue un mode à part entière de règlement des différends, on identifie principalement quatre grandes catégories de MARD : la conciliation, la négociation assistée d'un avocat, le droit collaboratif et la procédure participative.

Tous ces processus ont vocation à accompagner les parties dans la recherche d'une solution amiable mettant fin à leur différend.

Chacun d'eux présente cependant des caractéristiques qui permettent de les distinguer de la médiation[1].

21.22 Conciliation[2]. Comme pour la médiation, la conciliation fait intervenir un tiers, pour aider à la recherche d'un accord. C'est un mode de résolution des conflits très ancien qui s'est imposé avec la création du statut des conciliateurs de justice[3].

Le conciliateur de justice est un auxiliaire de justice bénévole[4] qui a fait ses preuves. Ce sont, courant 2021, 2 290 conciliateurs de justice qui ont reçu 250 000 visites, ayant donné lieu à 150 000 saisines avec un taux de réussite de 51 %[5].

Au tribunal judiciaire de Paris, aux audiences de droit commun des référés, dans la dynamique de ce qui a été mis en place par le premier Vice-Président, Monsieur Fabrice Vert[6], un conciliateur et un médiateur assurent une permanence, ce qui favorise le réflexe du recours aux solutions amiables avec l'aide d'un tiers formé et certifié[7].

1. S. Amrani-Mekki (dir.), M. Defix, B. Javaux, et *al.*, *Guide des modes amiables de résolution des différends*, 2020-2021, LexisNexis, p. 326, 2020.
2. Ch. Arens, N. Fricero, « Médiation et conciliation : modes premiers de règlement des litiges ? », *Gaz. Pal.* 25 avr. 2015, n° 222, e8, p. 13.
3. Décr. n° 78-381, 20 mars 1978 relatif aux conciliateurs de justice, *JO* 23 mars, art. 1.
4. F. Vert, V. Lasserre, « Pour une nouvelle justice de paix ? », *Ouest France*, 29 avr. 2021, amp.ouest-france.fr
5. « La conciliation et le conciliateur de justice en France », 3 août 2020, www.village-justice.com
6. F. Vert, « Inquiétudes des conciliateurs de justice sur la prochaine création du Conseil national de médiation : la chancellerie répond ».
7. F. Vert et M. Chapuis, « Un moyen disruptif pour réduire les stocks des tribunaux : et si on essayait l'amiable ? », *D. actu.*, 1er mars 2021.

On peut constater qu'une confusion entre ces deux outils est entretenue par les dispositions légales qui ne les différencient pas : « *La médiation et la conciliation* [conventionnelles] [...] *s'entendent* [...] *de tout processus structuré, par lequel deux ou plusieurs parties tentent de parvenir à un accord, en dehors de toute procédure judiciaire en vue de la résolution amiable de leurs différends, avec l'aide d'un tiers choisi par elles* [...] »[1]. La distinction reste toutefois pertinente tant au regard du régime applicable que du profil des tiers intervenants.

Cependant, dans certains types de médiation, le médiateur, comme le conciliateur, doit proposer une solution aux parties que celles-ci sont libres d'accepter ou non. C'est notamment le cas du médiateur désigné dans le cadre du droit de la consommation[2].

21.23 **Négociation assistée par avocat.** La négociation assistée par avocat présente des similitudes avec le processus de médiation en ce qu'elle peut intervenir en dehors de tout procès.

Par ailleurs, comme dans la médiation, elle peut se faire alors qu'un procès est engagé, les parties pouvant « *se concilier, d'elles-mêmes ou à l'initiative du juge, tout au long de l'instance* »[3]. Elles pourront également « *toujours demander au juge de constater leur conciliation* »[4].

La principale différence réside dans le fait que les parties et leurs avocats négocient en frontal, sans l'intervention d'un tiers médiateur neutre et impartial, à même de prendre le recul nécessaire pour accompagner les parties dans la recherche d'une solution conforme à leurs intérêts communs. La médiation offre une souplesse dans le mode de communication entre les parties, par exemple en permettant des échanges non contradictoires. Une partie peut ainsi révéler au médiateur des informations qui permettent de faire avancer le débat, sans qu'elles soient nécessairement portées à la connaissance de l'autre partie.

Par ailleurs, si l'avocat peut, dans la médiation comme dans la négociation, assister ou représenter son client dans le processus, la bonne pratique de la médiation exige la présence et l'intervention des parties en première ligne.

1. C. civ., art. 1530.
2. V. s^s n° 54.44.
3. C. pr. civ., art. 128.
4. C. pr. civ., art. 129-1.

Enfin, le processus de négociation se déroule en dehors du cadre structuré de la médiation.

On ajoutera que si les échanges entre avocats sont confidentiels par nature, les échanges entre les parties hors la présence de leurs avocats ne le sont pas, sauf signature d'un engagement de confidentialité.

Si la confidentialité est une garantie pour les parties, on rappellera que celles-ci pourraient avoir besoin, préalablement à l'engagement d'une action judiciaire, de justifier d'une tentative de recherche de solution amiable[1].

21.24 **Droit collaboratif.** Initié aux États-Unis dans les années 1990 par l'avocat Stuart Webb[2], le droit collaboratif consiste en une méthodologie propre excluant le recours au tribunal, basée sur la recherche d'une solution concertée entre les parties. Ce processus a connu une large diffusion aux États-Unis, avec la *Uniform Collaborative Law* (UCLA), avant de se développer au Canada et en Australie, puis en Europe.

Introduit en France en 2007, le droit collaboratif n'a jamais été codifié. En revanche, il a donné naissance à l'Association Française des Praticiens du Droit Collaboratif (AFPDC[3]) en 2009 puis à l'Association des Professionnels Collaboratifs Interrégionale (ADPCI) en 2011.

Le processus collaboratif présente plusieurs similitudes avec la médiation.

Il se présente comme une forme libre de négociation de bonne foi afin de parvenir au règlement amiable du différend. Les discussions sont confidentielles entre les parties et à l'égard des tiers.

De même, il exige une formation spécifique[4] des avocats afin de leur permettre d'utiliser des outils adaptés à cette forme de négociation dite « raisonnée », par opposition à la négociation classique « sur positions » qui est celle habituellement pratiquée pour le contentieux.

Enfin, l'accord de participation formalise la volonté des parties et de leurs avocats de créer un cadre sécurisé leur permettant de s'exprimer en toute confiance. Les échanges et déclarations sont confidentiels. Si les processus

1. V. s[s] n°s 12.31 s.

2. « Droit collaboratif », https://fr.wikipedia.org/wiki/Droit_collaboratif

3. https://www.droit-collaboratif.org

4. N. Fricero (dir.), *Le guide des MARD* 2017/2018, 3e éd., « Guides Dalloz », p. 645 s., par Ch. Butruille-Cardew.

sont très proches[1], on note cependant plusieurs différences avec la médiation.

La principale tient bien sûr à l'absence de médiateur. Il n'y a en effet aucune intervention d'un tiers neutre.

Par ailleurs, les avocats dont la présence n'est pas indispensable dans le cadre d'une médiation, jouent un rôle essentiel dans le processus collaboratif. Leur présence est même obligatoire.

Enfin, la particularité du processus collaboratif réside dans le fait que les parties et leurs avocats acceptent de s'engager « contractuellement »[2]. Dans ce cadre, ils s'interdisent de recourir au juge pendant toute la durée des négociations, à l'exception du juge de l'urgence qui pourra être sollicité par exemple, pour ordonner des mesures conservatoires (mise sous séquestre, saisies, etc.). Ce dispositif a pour conséquence une forte implication des avocats dans le processus afin de faire émerger une solution. En effet, au terme d'une clause dite de « désistement » ou de « déportation », ils s'engagent, en cas d'échec, à ne pas accompagner leur client dans une suite judiciaire éventuelle. C'est aussi pour cette raison que toutes les parties sont incitées à travailler en équipe pour trouver un accord. Le processus collaboratif semble donner de bons résultats, surtout en droit de la famille, avec un taux déclaré de réussite de 90 %[3]. Il est vrai que les parties qui s'engagent dans ce processus sont nécessairement très motivées pour trouver un accord, par exemple, pour la garde des enfants ou pour la répartition des biens en cas de séparation.

21.25 **Procédure participative.** Comme pour la médiation, la procédure participative visait initialement[4] à permettre aux parties de s'engager à œuvrer conjointement et de bonne foi à la résolution amiable de leur différend.

1. Selon l'auteur américain Ch. Rose, le droit collaboratif et la médiation sont « *des frères et sœurs, non des rivaux* », *in* « The Creative Solution : Sibling Non-Rivalry », 2003, www.mediate.com
2. L. Junod-Fanget, « Avocat.e.s, emparez-vous du droit collaboratif ! », 9 janv. 2020, www.village-justice.com
3. N. Fricero (dir.), *Le guide des MARD,* préc.
4. La procédure participative a été introduite en droit français par L. n° 2010-1609, 22 déc. 2010, relative à l'exécution des décisions de justice, aux conditions d'exercice de certaines professions réglementées et aux experts judiciaires, *JO* 23 déc., texte 1, art. 37.

Cependant cette procédure, importée des pays de droit anglo-saxon, se différencie de la médiation sur plusieurs points essentiels.

D'une part, la particularité de la procédure participative repose sur un contrat, la convention de procédure participative signée par les parties et leurs avocats. Cette convention précise et encadre le déroulement des négociations, dans un délai convenu, sans pouvoir saisir le juge tant que les négociations sont en cours[1]. Ainsi, elle s'applique à la plupart des litiges n'ayant pas encore donné lieu à une saisine de la justice, y compris en matière prud'homale.

D'autre part, depuis 2016[2], son champ d'application a été étendu à la mise en état du litige. La procédure participative constitue depuis un instrument de mise en état conventionnelle devant toutes les juridictions de l'ordre judiciaire. À l'audience d'orientation, le juge invite les parties à signer une convention de procédure participative de mise en état. Les parties restent libres d'y recourir ou non.

Dans la mesure où elle peut être mise en œuvre à tout moment de l'instance, que la juridiction vienne d'être saisie et que la mise en état n'ait pas commencé ou qu'elle soit déjà en cours, la procédure participative de mise en état permet aux avocats de continuer à faire avancer leurs dossiers hors l'intervention du juge. Elle peut donc être utilisée, en amont de la saisine du juge, pour encadrer des négociations précontractuelles et parvenir à un accord sur le fond.

Lorsque les parties justifient avoir conclu une convention de procédure participative de mise en état, le juge peut, à leur demande, fixer une date d'audience de clôture et de plaidoirie à bref délai. En cas d'échec, les parties pourront saisir prioritairement le juge[3].

Enfin, les négociations ne sont pas confidentielles. Plusieurs dispositions du Code de procédure civile prévoient que la convention de procédure participative sera soumise au juge, en cas d'échec (engagement de la procédure judiciaire ou poursuite judiciaire) comme en cas de succès (demande d'homologation)[4].

1. C. civ., art. 2065.
2. L. n° 2016-1547, 18 nov. 2016, préc. ; décr. n° 2017-892, 6 mai 2017, préc. ; C. civ., art. 2062, 2067, al. 1 ; C. pr. civ., art. 1546-1 et 1546-2.
3. C. pr. civ., art. 1559.
4. C. pr. civ., art. 1557, 1560, 1562.

Cette convention doit contenir un certain nombre de précisions, à peine de nullité : le terme de la convention, l'objet du différend et les pièces et informations nécessaires à la résolution du différend ou à la mise en état du litige ainsi que les modalités des échanges[1].

Cette procédure peut être engagée par toute personne assistée de son avocat sur les droits dont elle a la libre disposition, à l'exception des différends concernant les droits dits indisponibles ou extrapatrimoniaux, c'est-à-dire liés à une personne physique (filiation, délégation de l'autorité parentale, etc.), ou encore à l'exception des procédures de divorce et de séparation de corps[2].

On rappellera que cette procédure relève du monopole des avocats.

S'il n'existe pas d'obligation de formation pour eux, comme pour les autres MARD (médiation, droit collaboratif, etc.), une formation adaptée permet de maximiser l'utilisation de cet outil.

Les formations mettent en évidence les différences entre la convention de procédure participative (CPP) et le droit collaboratif[3] :

– la CPP est directement inspirée du processus collaboratif « *mais avec des adaptations pour marquer que les avocats remplissent ici leur fonction traditionnelle.* [...] *Cette procédure négociée devient une procédure pré-judiciaire* [...] » ;

– la loi du 22 décembre 2010[4] et le décret du 20 janvier 2012[5] ont fixé les conditions de mise en œuvre de la procédure participative en amont de la saisine du juge. La loi du 18 novembre 2016[6] de modernisation de la justice du XXIe siècle a étendu la CPP à la mise en état du litige ;

– l'article 2062 du Code civil définit la convention de procédure participative comme « *une convention par laquelle les parties à un différend s'engagent à œuvrer conjointement et de bonne foi à la résolution amiable de leur différend ou à la mise en état de leur litige* » ;

1. C. civ., art. 2062 et 2063.
2. C. civ., art. 2064 et 2067.
3. S. Guinchard, « L'ambition raisonnée d'une justice apaisée », rapp., 30 juin 2008, propos rapportés *in* Entretien avec L. Junod-Fanget, « Avocat.e.s, emparez-vous du droit collaboratif ! », propos recueillis par N. Hantz, 9 janv. 2020 : www.village-justice.com
4. L. n° 2010-1609, 22 déc. 2010, préc.
5. Décr. n° 2012-66, 20 janv. 2012 relatif à la résolution amiable des différends, *JO* 22 janv., texte 9.
6. L. n° 2016-1547, 18 nov. 2016, préc., art. 4.

– les parties sont obligatoirement et exclusivement assistées par un avocat ;

– les parties vont donc coopérer afin de gérer ensemble la mise en état, au rythme qu'elles déterminent et établir des actes contresignés par avocats pour :

• constater les faits qui ne l'auraient pas été dans la convention ;

• déterminer les points de droit auxquels elles entendent limiter le débat, dès lors qu'ils portent sur des droits dont elles ont la libre disposition ;

• convenir des modalités de communication de leurs écritures ;

• recourir à un technicien ; à titre d'exemple, les parties peuvent avoir recours à un technicien choisi d'un commun accord, fixer sa mission, la durée et le coût. Après le dépôt du rapport, les parties peuvent à nouveau s'engager à œuvrer pour trouver un accord ;

• désigner un conciliateur de justice ou un médiateur[1] :

– à l'issue de la CPP, soit il y a un accord qui peut être soumis à homologation judiciaire, soit il subsiste un désaccord que le juge tranchera en fixant l'affaire à bref délai ;

– à la grande différence du processus collaboratif, en cas de désaccord, les avocats n'ont pas à se retirer du dossier et peuvent représenter leur client devant le juge ;

– la CPP fixe un cadre procédural, mais ne constitue pas un mode de résolution du différend ;

– il est probable et recommandé que les avocats formés à la négociation raisonnée, à la médiation notamment, utilisent et optimisent la CPP. Ils disposent actuellement d'un monopole dont un certain nombre d'autres professions souhaiteraient bénéficier[2].

Par ailleurs, il existe d'ores et déjà des outils conçus et réalisés, constamment mis à jour, par le Conseil national des barreaux (CNB) pour faciliter le recours par les avocats à la procédure participative dématérialisée[3].

1. C. pr. civ., art. 1546-3.
2. Le CNB a le projet de mettre en place une formation e-learning avec le soutien actif du président R. le Breton de Vannoise, qui a travaillé activement et initié le processus dans le cadre des travaux Delmas-Goyon sur la prépa. de L. n° 2016-1547, 18 nov. 2016, préc.
3. Tuto. formation CNB, https://youtu.be/OyjP3W_yZl8 ; Utilisez l'outil de procédure participative développé par le CNB : https://connexion.avocat.fr/my.policy

Les parties peuvent désormais conclure une procédure participative de mise en état à tout moment de l'instance[1].

Elles peuvent purger ou non les exceptions de procédure et les fins de non-recevoir[2]. Il n'y a donc plus de purge automatique.

En accompagnement de cet outil procédural contractuel, l'acte contresigné par avocats contribue à l'administration amiable de la preuve, conjointement, amiablement et de bonne foi entre les parties.

Tous ces outils nés de la volonté conjointe des avocats et des magistrats de favoriser le recours aux modes amiables, totalement ou partiellement, en support de la procédure judiciaire, accélèrent les délais de résolution des différends.

Dans le développement de la procédure participative de mise en état, on peut souligner que l'avocat est bien au cœur du dispositif.

Le législateur participe à la montée en puissance du rôle de l'avocat en modifiant, aux termes de la loi du 22 décembre 2021 pour la confiance dans l'institution judiciaire[3], l'article L. 111-3 du Code des procédures civiles d'exécution ainsi complété : « *Seuls constituent des titres exécutoires :* [...] *7° Les transactions et les actes constatant un accord issu d'une médiation, d'une conciliation ou d'une procédure participative, lorsqu'ils sont contresignés par les avocats de chacune des parties et revêtus de la formule exécutoire par le greffe de la juridiction compétente.* »

> Le cas particulier de la procédure de « med-arb »

21.31 **Une procédure d'inspiration anglo-saxonne.** D'influence anglo-saxonne, la procédure de « med-arb »[4] (contraction de « médiation-arbitrage ») est une procédure de résolution des litiges alliant la souplesse du processus de médiation et le caractère décisionnel de la procédure d'arbitrage. Les parties doivent la prévoir dans une clause précisément et clairement rédigée

1. C. pr. civ., art. 1546-1.
2. C. pr. civ., art. 1546-1.
3. L. n° 2021-1729, 22 déc. 2021, préc., art. 4.
4. « Les Règles méd-arb de l'IAMC sont maintenant disponibles ! », https://adric.ca/fr ; v. ég. : « Le Guide de la médiation et de l'arbitrage du CMAP », https://www.cmap.fr

(lieu de la médiation, langue, durée, etc.[1]) afin d'éviter de se voir opposer une fin de non-recevoir, dans la mesure où la clause ne serait pas valable.

L'originalité de cette procédure hybride tient au fait que sont mis en œuvre, de manière concomitante ou successive, deux modes alternatifs de règlement des différends, la médiation et l'arbitrage.

21.32 **Les avantages.** La procédure de « med-arb » présente des avantages certains, notamment en matière de contentieux commercial. En effet, il existe un certain scepticisme des entreprises à l'égard de la médiation, à laquelle il est reproché de ne pas offrir d'issue certaine, puisqu'en l'absence d'accord entre les parties, le litige perdure.

Contrairement à la médiation, la procédure de « med-arb » offre la garantie qu'une solution sera donnée au conflit, le cas échéant par le biais d'une sentence arbitrale, tout en préservant la possibilité de parvenir à une solution amiable (sauf cas de la « *non-binding med arb* », voir ci-après).

Par ailleurs, ce processus permet une meilleure maîtrise des délais, puisqu'il est limité dans le temps soit par les parties elles-mêmes, soit par le règlement auquel elles décident d'adhérer. À titre d'exemple, le règlement de med-arb simultanés du CMAP[2] prévoit que la procédure ne peut excéder une durée totale de trois mois. Les parties ont ainsi la certitude qu'à l'issue du délai fixé une solution définitive aura été apportée à leur conflit. Ce mécanisme a ainsi pour effet d'inciter les parties à négocier de bonne foi afin de parvenir à un accord amiable, l'alternative étant le prononcé d'une sentence arbitrale qui pourrait leur être défavorable.

Le dernier avantage tient au fait que, même si les coûts ne sont pas négligeables – un médiateur et au moins un arbitre devront être rémunérés – les parties sont fixées à l'avance sur le montant des sommes à engager dans le cadre de cette procédure.

21.33 **Les différents types de processus combinant médiation et arbitrage.** La mise en œuvre du processus de med-arb résulte de l'exécution d'une clause ou d'une convention issue de la volonté des parties. Elles peuvent ainsi envisager une multitude de combinaisons alliant médiation et arbitrage, telles que :

1. V. s[s] n° 12.14.
2. V. EXEMPLE D'ACTE s[s] n° 111.31, Clause CMAP de med-arb, art. 8.

– les procédures de « med-then-arb » ou « med-arb simultanés » : le processus se décompose en deux phases successives, la procédure de médiation et, si elle échoue, la procédure d'arbitrage ;

– la procédure d'« arb-med » : le processus débute par une procédure d'arbitrage qui est ensuite suspendue pour permettre aux parties de trouver un accord via une médiation. Si la médiation échoue, l'arbitrage reprend son cours et une décision définitive est rendue ;

– le processus de « post arbitration mediation » : la médiation se déroule après l'arbitrage, mais avant que l'arbitre ne fasse connaître sa décision (cachetée dans une enveloppe) qui ne sera communiquée aux parties que si la médiation échoue ;

– la procédure de « *non-binding med arb* » : mode de règlement proche de la « med-arb », dans laquelle l'arbitre, en cas d'échec de la médiation, rend un simple avis ne liant pas les parties ;

– les procédures de « medaola » (mediation and last-offer arbitration) : dans cette hypothèse, lorsque la médiation échoue, chaque partie devra proposer une dernière offre chiffrée à un tiers qui devra opérer un choix entre les offres sans pouvoir en modifier les termes. Ce processus présente l'avantage d'inciter les parties à faire l'offre la plus raisonnable possible ;

– la procédure de « co-med arb » : dans cette procédure, médiateur et arbitre interviennent tous deux dès l'origine, mais l'arbitre n'assiste pas aux caucus[1] ;

– la procédure de « shadow mediation » : il s'agit d'une procédure d'arbitrage à laquelle participe un médiateur muet auquel les parties peuvent décider d'avoir recours, etc.

Ces combinaisons ne sont pas toutes couramment mises en œuvre en France. À ce jour, seules les procédures de « med-arb simultanées », permettant d'engager les deux procédures en même temps, et celles de « med-arb successives », impliquant une médiation préalablement à l'arbitrage ou une médiation au sein de la procédure d'arbitrage, sont utilisées.

21.34 **Une séparation stricte des modes de règlement.** Bien que certains États[2], comme le Canada ou les États-Unis, admettent que le médiateur

1. Réunion confidentielle de l'une des parties avec le médiateur, à l'exclusion de tout autre partie ; v. s^{s} n°s 81.21 s.

2. Règles med-arb de SIAC (Singapour), V. EXEMPLE D'ACTE s^{s} n° 111.32, Clause de med-arb de Singapour.

puisse ensuite devenir l'arbitre du litige soumis à la procédure de « med-arb », tel n'est pas le cas en France. En effet, une telle possibilité contreviendrait au principe du contradictoire qui régit la procédure d'arbitrage, puisque le médiateur devenu arbitre aurait recueilli certaines informations en aparté, à savoir de façon non contradictoire et confidentielle[1]. La sentence prononcée, sur le fondement de déclarations placées sous le respect du principe de confidentialité inhérent à la médiation et n'ayant de fait pas pu être débattues contradictoirement, serait susceptible d'annulation[2].

Par ailleurs, si le médiateur a vocation à devenir arbitre, les parties seront inévitablement moins enclines à partager des informations qui pourraient leur être préjudiciables dans le cadre de l'arbitrage, mais qui seraient pourtant utiles à la recherche d'une solution amiable. L'indépendance des procédures et l'impossibilité de désigner un médiateur-arbitre participe ainsi à renforcer leur efficacité.

Les procédures de « med-arb », qu'elles soient successives ou simultanées, impliquent à juste titre une séparation stricte des modes de règlement qu'elles mettent en œuvre. À titre d'illustration, le règlement du CMAP indique clairement que : « *la médiation et l'arbitrage se déroulent indépendamment l'une de l'autre* »[3]. Le règlement va même plus loin en précisant que le centre ne communique pas l'identité du médiateur à l'arbitre et vice-versa et leur interdit, s'ils venaient à se connaître, de discuter de l'affaire.

1. D. Tricot, « Colloque Droit et commerce – Où sont passés les contentieux ? Le règlement des différends entre sociétés commerciales : évolution ou révolution », *Gaz. Pal.*, 28 juin 2007, n° 179, p. 122.
2. C. pr. civ. art. 1492.
3. V. EXEMPLE D'ACTE s[s] n° 111.31, Clause CMAP de med-arb, art. 9.

22

Comment choisir entre la conciliation et la médiation ?

L'article 1530 du Code de procédure civile définit, sans les distinguer, la médiation et la conciliation conventionnelles comme « *tout processus structuré, par lequel deux ou plusieurs parties tentent de parvenir à un accord, en dehors de toute procédure judiciaire en vue de la résolution amiable de leurs différends, avec l'aide d'un tiers choisi par elles qui accomplit sa mission avec impartialité, compétence et diligence* »[1]. Certains pensent que les deux processus se confondent, car relevant de processus de règlement d'un litige.

Pourtant, les deux notions ne se confondent pas et ne doivent pas l'être, leur finalité étant distincte[2].

22.01 **Indifférenciation dans les textes : une évolution prévisible.** Si l'on retrouve dans le Code de procédure civile de nombreux articles consacrés à la conciliation[3] et la médiation[4], aucune définition ne permet de les distinguer.

Par ailleurs, plusieurs dispositions ajoutent à l'indifférenciation de ces modes amiables de règlement des différends, en faisant référence simultanément à la conciliation et à la médiation. Dans les deux cas, le juge peut proposer l'une ou l'autre, à tout moment, au titre de sa mission de conciliation des parties : « *hors les cas prévus à l'article 750-1, le juge peut proposer aux parties qui ne justifieraient pas de diligences entreprises pour parvenir à une résolution amiable du litige une mesure de conciliation ou de médiation.* »[5] Il en résulte inévitablement une confusion fréquente opérée par les acteurs judiciaires entre ces deux modes amiables. À titre d'exemple, l'article 127 du Code de procédure civile prévoit que le juge « [...] *peut proposer aux parties qui ne justifieraient pas de diligences entreprises pour parvenir à une résolution amiable du litige une mesure de conciliation ou de médiation* ». Dans certains cas, le recours à ces modes amiables constitue un préalable obligatoire à toute saisine du juge[6]. La tentative de médiation, de conciliation ou de procédure participative préalable obligatoire à la saisine du juge a été étendue aux troubles anormaux du voisinage, quel que soit le montant de

1. C. pr. civ., art. 1530.
2. J. Joly-Hurard, « Conciliation et médiation judiciaires », PU Aix-Marseille, 2003, chap. prél. « conciliation et médiation judiciaires, formes de conciliation » ; Ch. Jarrosson, « Médiation et conciliation : essai de présentation », *Dr. et patr.* 12/1999. 41.
3. C. pr. civ., art. 128 à 131.
4. C. pr. civ., art. 131-1 à 131-15.
5. V. aussi, pour le juge aux affaires familiales : C. pr. civ., art. 1071.
6. C. pr. civ., art. 750-1.

l'enjeu financier[1]. Lesdites actions visées par l'obligation d'une tentative de règlement amiable préalable concernent les différends sur les bornages, la distance prescrite par la loi, les règlements particuliers et l'usage des lieux pour les plantations ou l'élagage d'arbres ou de haies, les constructions et travaux mentionnés à l'article 674 du Code civil, le curage des fossés et canaux servant à l'irrigation des propriétés ou au mouvement des usines et moulins… ou encore les contestations relatives à l'établissement et à l'exercice des servitudes instituées par les articles L. 152-14 à L. 152-23 du Code rural et de la pêche maritime, 640 et 641 du Code civil ainsi qu'aux indemnités dues à raison de ces servitudes.

22.02 **Choix souvent peu explicite.** Parfois, les textes visent l'un ou à l'autre de ces modes amiables, sans pour autant expliciter l'option retenue.

L'article 129 du Code de procédure civile, en ses alinéas 1 et 2, prévoit le recours à la conciliation à l'initiative du juge. Ce dernier peut « *enjoindre aux parties de rencontrer un conciliateur de justice qui les informera sur l'objet et le déroulement de la conciliation* […] »

En dehors de ce cas général de conciliation, le juge peut déléguer sa mission de conciliation à un conciliateur de justice en vertu de dispositions particulières :

– devant le tribunal paritaire des baux ruraux[2] ;

– devant le tribunal judiciaire[3] ;

– devant le tribunal de commerce[4] où une procédure de conciliation est prévue pour prévenir les difficultés des entreprises[5].

Le décret du 25 février 2022 favorise aussi le recours à la médiation en prévoyant que le juge peut enjoindre aux parties, « *à défaut d'avoir recueilli l'accord des parties prévu à l'article 131-1* […] *de rencontrer, dans un délai qu'il détermine, un médiateur chargé de les informer de l'objet et du déroulement d'une mesure de médiation* […] »[6].

En matière familiale, la loi du 23 mars 2019[7] a supprimé quant à elle toute référence à la conciliation issue de la loi du 8 février 1995 relative à l'organi-

1. L. n° 2021-1729, 22 déc. 2021, préc., art. 46.
2. C. pr. civ., art. 887.
3. C. pr. civ., art. 821 s., art. 827.
4. C. pr. civ., art. 860-2.
5. C. com., art. L. 611-4.
6. C. pr. civ., art. 127-1 (créé par décr. n° 2022-245, 25 févr. 2022, préc., art. 1).
7. L. n° 2019-222, 23 mars 2019, préc.

sation des juridictions et à la procédure civile, pénale et administrative. Elle a ainsi abrogé l'article 252 du Code civil qui imposait une tentative préalable de conciliation obligatoire en matière de divorce.

Ce n'est donc plus la conciliation, mais la médiation qui est retenue pour les litiges qui relèvent du juge aux affaires familiales. Elle constitue même un préalable obligatoire, à peine d'irrecevabilité de la demande[1] : « *saisi d'un litige,* [le juge] *peut proposer une mesure de médiation et, après avoir recueilli l'accord des parties, désigner un médiateur familial pour y procéder* [...] »[2].

On retrouve encore le recours à la médiation préalable obligatoire dans le décret du 25 mars 2022 relatif à la procédure de médiation préalable obligatoire applicable à certains litiges de la fonction publique et à certains litiges sociaux[3]. L'article L. 213-7 du Code de justice administrative prévoit également la faculté pour les juridictions concernées d'ordonner une médiation avec l'accord des parties[4].

Le Code du travail fait également référence à la médiation. Le bureau de conciliation et d'orientation ainsi que le bureau de jugement peuvent, quel que soit le stade de la procédure, soit désigner un médiateur, soit enjoindre aux parties de rencontrer un médiateur[5].

22.03 **Nombreuses similitudes entre la médiation et la conciliation.** En pratique, les deux modes amiables présentent de nombreux points de similitudes.

Dans les deux cas, le processus est entièrement confidentiel[6].

La conciliation, comme la médiation, visent un même objectif : trouver, dans des délais restreints et à moindre coût, un accord amiable alternatif à une décision judiciaire.

Elles peuvent être mis en œuvre devant toutes les juridictions judiciaires comme administratives ou pénales, dans tous les domaines du droit, qu'il s'agisse de litiges de droit privé, de droit public, de droit pénal, de droit

1. L. n° 2016-1547, 18 nov. 2016, préc., art. 7.
2. C. pr. civ., art. 1071, al. 2 ; C. civ., art. 373-2-10, C. civ., art. 255.
3. Décr. n° 2022-433, 25 mars 2022 relatif à la procédure de médiation préalable obligatoire applicable à certains litiges de la fonction publique et à certains litiges sociaux, *JO* 27 mars, texte 25.
4. V. ss nos 59.11 s. et plus spéc. ss n° 59.21.
5. C. trav., art. R. 1471-2, 1° et 2°.
6. C. pr. civ., art. 131-14 (médiation) et C. pr. civ, art. 129-4 (conciliation).

prud'homal, indépendamment des sommes en jeu, et de la qualité des parties qui peuvent être des particuliers, des professionnels ou des personnes morales.

Ils prévoient dans les deux cas l'intervention d'un tiers – le médiateur ou le conciliateur de justice – impartial et diligent.

Les parties restent toujours libres de conclure ou non un accord total ou partiel pour mettre un terme définitif à leur litige.

On notera enfin que dans les deux cas :

– en matière conventionnelle, « *la prescription est suspendue à compter du jour où, après la survenance d'un litige, les parties conviennent de recourir à la médiation ou à la conciliation ou, à défaut d'accord écrit, à compter du jour de la première réunion de médiation ou de conciliation* [...] »[1] ;

– en matière judiciaire, « *la demande en justice, même en référé, interrompt le délai de prescription ainsi que le délai de forclusion* [...] »[2].

22.04 **Différences importantes entre la médiation et la conciliation.** Si les deux modes amiables présentent des similitudes, ils présentent également des différences essentielles qui peuvent motiver le recours à l'un ou à l'autre, lorsque le législateur ne l'a pas imposé[3].

Le conciliateur[4] est une émanation du juge :

– soit il s'agit d'un tiers bénévole désigné par le juge qui officie gratuitement au titre du service public de la justice. Il s'agit alors d'un auxiliaire de justice assermenté, nommé après examen de sa candidature par les premiers présidents de cour d'appel pour une durée d'un an, renouvelable pour une durée de trois ans. Il a souvent une expérience judiciaire (ex. : ancien magistrat) et il est soumis à des obligations qui lui sont propres[5] ;

– soit c'est le juge lui-même qui fait office de conciliateur dans le cadre de sa mission[6]. La médiation est une prestation assurée par un tiers indépendant. Si elle donne lieu à rémunération, il convient de préciser qu'elle est, comme la conciliation, gratuite, au moins pour l'une des parties, dans un certain nombre de cas. En effet, le Code de procédure civile prévoit que, dans

1. C. civ., art. 2238 ; v. s[s] n°s 103.01 s.
2. C. civ., art. 2241 ; pour plus de précisions, v. s[s] n°s 103.01, 104.01.
3. J. Joly-Hurard, « Conciliation et médiation judiciaires », préc.
4. Les conciliateurs ont été institués en 1978 (décr. n° 78-381, 20 mars 1978, préc.).
5. Décr. n° 78-381, 20 mars 1978, préc., art. 3 ; C. pr. civ., art. 126 à 131-15 et 1536 à 1541.
6. C. pr. civ., art. 21.

certaines matières, lorsque la médiation est obligatoire, elle est gratuite[1]. Tel est le cas, par exemple, en matière de droit de la consommation, en vue de la résolution amiable d'un litige opposant un consommateur à un professionnel[2]. Les professionnels ont l'obligation d'adhérer à un dispositif de médiation de la consommation en mettant en place un médiateur institutionnel et d'en informer leurs clients[3]. De ce fait, il existe des services de médiation gratuits pour le consommateur, dans de nombreux domaines : le tourisme, les communications électroniques, le e-commerce, l'énergie, la banque, la téléphonie, etc.

La médiation est également gratuite pour les différends entre un usager et une administration ou un service public (fisc, Organismes sociaux, Pôle emploi, collectivités publiques[4], etc.). À titre d'exemple, les habitants de Paris, ceux qui y travaillent, les agents de la ville de Paris, comme les touristes qui la visitent ont la faculté de faire appel gratuitement au Médiateur de la ville de Paris en cas de litige, en le saisissant via le site : mediation.paris.fr, par courrier postal ou en prenant rendez-vous avec l'un de ses représentants[5].

La médiation est également gratuite pour les entreprises qui peuvent saisir le Médiateur des entreprises[6].

Cependant, la principale différence réside dans la démarche. Le conciliateur de justice, après avoir écouté les parties et analysé leur point de vue, leur propose une solution pour régler leur différend. Il travaille essentiellement à partir des positions respectives des parties pour leur proposer un rapprochement et un compromis pour les concilier. Le médiateur, quant à lui, choisi par les parties ou désigné par le juge, avec l'accord des parties, s'il doit écouter les positions respectives des protagonistes, ne donne pas son avis. Il doit seulement les aider à trouver eux-mêmes une solution pour mettre fin à leur différend. L'objectif est ici de rétablir un lien entre les parties.

1. C. pr. civ., art. 750-1.
2. Ord. n° 2015-1033, 20 août 2015, relative au règlement extrajudiciaire des litiges de consommation, *JO* 21 août, texte 43, transposant la directive européenne du 21 mai 2013 (2013/11/UE), relative au règlement extrajudiciaire des litiges de consommation et modifiant le règlement (CE) n° 2006/2004, *JOUE* 18 juin.
3. C. consom., art. L. 612-1 ; v. s[s] n° 54.11 s.
4. CGCT, art. L. 1112-24.
5. V. s[s] n°s 42.31 s.
6. Service national placé auprès du ministre de l'Économie français, venant en aide à toute entreprise, organisation publique ou privée, qui rencontre des difficultés dans ses relations commerciales avec un partenaire (créé en janv. 2016) ; v. s[s] n° 42.51.

La médiation s'intéresse au conflit et à la relation, la conciliation au litige. Dans le litige, les faits doivent être qualifiés en droit, dans la médiation les faits en tant que tels importent moins que la façon dont ils ont été compris, vécus, ressentis. Le savoir-faire et le processus mis en place sont très différents dans l'une et l'autre des hypothèses. La formation du conciliateur et du médiateur, distincte l'une de l'autre, est essentielle.

23
Dans quels cas a-t-on recours à la médiation conventionnelle ?

La médiation conventionnelle intéresse tous les différends privés par principe, qu'il s'agisse de différends en matière civile, commerciale, sociale[1] ou rurale[2]. La médiation permet ainsi de résoudre des conflits entre particuliers, entre particuliers et professionnels et entre professionnels.

La médiation conventionnelle est également possible en matière administrative.

Par opposition à la médiation judiciaire, qui constitue elle aussi, une alternative au contentieux judiciaire et arbitral, la médiation conventionnelle est introduite à l'initiative d'une ou des parties, hors contrôle du juge.

23.01 **Médiation conventionnelle entre professionnels.** Les conflits commerciaux sont de nature très diverse : concurrence déloyale, parasitisme, différends liés à des contrats de distribution, de sous-traitance, inexécution de contrats, recouvrement de créances ou encore différends entre associés, actionnaires et partenaires.

Plusieurs services de médiation sont prévus pour accompagner les chefs d'entreprise confrontés à des problèmes susceptibles d'être réglés avec l'aide de médiateur. Ils peuvent ainsi saisir gracieusement le Médiateur des entreprises[3], rattaché au ministère de l'Économie, des Finances qui désigne des médiateurs bénévoles, le plus souvent d'anciens juges honoraires ou d'anciens fonctionnaires issus de l'administration. Ils peuvent également saisir le Médiateur du crédit[4] pour les aider à trouver des financements.

Quelle que soit la forme de médiation choisie, on retiendra que « *la médiation permet aux opérateurs économiques une meilleure utilisation de leur capital relationnel, humain, financier, d'énergie, de compétences et de temps pour développer leur entreprise, leur activité, multiplier les contrats, trouver des clients, développer des marchés, inventer des produits, des processus, imaginer*

1. Depuis la loi n° 2015-990, 6 août 2015, pour la croissance, l'activité et l'égalité des chances économiques, dites loi Macron, *JO* 7 août, texte 1, les parties à un litige en droit du travail peuvent librement décider de recourir directement à la médiation conventionnelle sans saisir le tribunal. L'art. 258 a abrogé l'art. 24 de la loi n° 95-125, 8 févr. 1995, préc., qui limitait la possibilité d'avoir recours à une médiation conventionnelle et de solliciter l'homologation d'un accord issu de cette médiation, aux seuls litiges individuels du travail présentant un caractère transfrontalier.

2. C. pr. civ., art. 1529.

3. V. s[s] n° 42.51 ; « médiateur des entreprises », www.economie.gouv.fr

4. V. s[s] n°s 42.61 s.

des synergies avec d'autres opérateurs économiques, diminuer leurs coûts et augmenter leurs profits et marges… L'entreprise y gagne donc économiquement doublement : directement par la diminution des coûts et indirectement en transformant les coûts en facteurs et en capacité d'investissements »[1].

En matière sociale, la médiation conventionnelle facilite la recherche de solutions dans les conflits au travail, qu'il s'agisse de la rupture du contrat de travail, de discriminations au travail, de conflits syndicaux et de grèves, d'accidents du travail, de plaintes pour harcèlement, etc[2].

23.02 **Médiation conventionnelle entre particuliers ou entre particuliers et professionnels.** La médiation conventionnelle permet de trouver des solutions pour régler des conflits très divers : copropriété, location, construction, assurance, voisinage, patrimoine, succession, divorce, etc.

Dans le domaine très particulier du droit de la consommation, la médiation conventionnelle est encadrée spécifiquement[3].

23.03 **Médiation conventionnelle prohibée.** La médiation conventionnelle est prohibée :

– en matière pénale[4] ;

– dans les matières contraires à l'ordre public[5] : les accords sur le corps humain, la sépulture… portant atteinte à la dignité humaine (exploitation d'esclaves, réseau de prostitués, maison de tolérance, etc.) ou visant à entraver le libre exercice du commerce et de l'industrie, etc. ;

– lorsque l'objet du différend porte sur un contenu illicite[6] : contrebande, fraude fiscale, exploitation de matériaux non autorisés, etc.

1. V. Lasserre, « Médiation et performance économique », préc. ; C. Peulvé, « Entreprises face à la crise, imprévu et médiation : un socle commun de principes fondateurs », LexisNexis, Avocats, Innovation et Prospective, Newsletter, *Revue pratique de la prospective et de l'innovation*, mai 2020, #22.
2. V. s^s^ n°s 51.03, 52.01 s. et 56.11 s.
3. V. s^s^ n°s 54.11 s.
4. V. s^s^ n° 58.11 ; L. 95-125, 8 févr. 1995, préc., art. 23.
5. V. s^s^ n°s 101.11, 107.01, 64 s.
6. C. civ., art. 1128 ; V. s^s^ n°s 51.01 s.

24

Dans quel cas a-t-on recours à la médiation judiciaire ?

> Toujours sous le contrôle du juge

La médiation judiciaire[1] est une alternative à la procédure judiciaire qui n'exclut pas le juge.

Elle s'inscrit dans le processus judiciaire.

Le juge peut suggérer la voie de la médiation, avec plus ou moins d'incitation sans toutefois l'imposer aux parties, hors les cas prévus par la loi de tentative préalable de règlement amiable[2].

En homologuant l'accord trouvé par les parties, le juge reste également le garant du respect de l'ordre public. Il convient de rappeler ici que depuis la loi n° 2021-1729 du 22 décembre 2021 sur la confiance dans l'institution judiciaire, la force exécutoire peut également être obtenue lorsque l'accord est contresigné par les avocats et la formule exécutoire apposée par le greffe[3].

Si la médiation est un mode alternatif de règlement des litiges, elle ne doit en aucun cas devenir un substitutif de règlement des différends.

> Toujours sous le contrôle du juge

24.11 **Principales caractéristiques.** La médiation judiciaire est une médiation qui intervient sous l'égide d'un juge.

La médiation judiciaire peut être engagée à l'initiative des parties ou sur proposition du juge, y compris en référé.

Ses principales caractéristiques codifiées sont les suivantes :

– le médiateur, personne physique ou morale et, dans ce dernier cas, celui ou celle qui assure l'exécution de la mission, doivent présenter certaines conditions et garanties de compétence et d'éthique[4] ;

– le médiateur est tenu à l'obligation de confidentialité à l'égard des tiers et du juge ;

– la rémunération du médiateur[5] est fixée par le juge et supportée par les parties qui doivent la lui verser directement entre ses mains ;

1. C. pr. civ., art. 131-1 à 131-15.
2. V. s^s n° 12.31.
3. V. s^s n° 106.15.
4. C. pr. civ., art. 131-5.
5. C. pr. civ., art. 131-6.

– la durée de la médiation est fixée à trois mois à compter « *du jour où la provision à valoir sur la rémunération du médiateur est versée entre les mains de ce dernier. Cette mission peut être renouvelée une fois, pour une même durée, à la demande du médiateur* »[1]. Le juge peut mettre fin à la médiation à tout moment, à la demande de l'une des parties ou du médiateur ou s'il estime que le bon déroulement de la médiation est compromis ou que la médiation est devenue sans objet[2].

24.12 Cas de recours à la médiation judiciaire.

– soit il s'agit pour les parties d'une obligation d'y recourir[3] ;

– soit il s'agit de l'initiative de l'une des parties ou des deux :

• dans le cas de l'initiative de l'une des parties : l'autre ou les autres partie(s) l'accepte(nt). Dans cette hypothèse, les avocats des parties se parlent et envisagent ensemble (ou l'une des parties seulement) de recourir à un processus de règlement amiable,

• dans le cas de l'initiative conjointe des parties : dans l'hypothèse où elles sont ensemble d'accord pour tenter d'y recourir, elles saisissent le juge de leur demande par voie de requête ou de conclusions. Il arrive aussi qu'une partie seulement prenne des écritures dans le sens du processus amiable et que, par voie de conclusions en réponse, l'autre ou les autres partie(s) accepte(nt) d'engager une médiation. Même dans le cadre d'une médiation judiciaire, sous le contrôle du juge, la médiation reste le processus voulu par le justiciable qui, en toute liberté, choisit son médiateur, accepte le montant de ses honoraires, entre librement dans le processus et en sort également, de par sa seule volonté, tout aussi librement,

• dans le cas où l'une des parties la refuse : il est impossible alors d'engager le processus. Toutes les parties doivent s'accorder sur l'engagement du processus, le choix du médiateur, le montant de ses honoraires et la répartition de leur charge entre elles. Si, même après discussion, les parties ne tombent pas d'accord sur l'une ou l'autre de ces conditions et modalités, la médiation n'aura pas lieu, toute judiciaire qu'elle devait être ;

– soit le juge la propose de sa propre initiative : l'autorité du juge ne suffit pas dans le domaine de la médiation, même judiciaire, pour justifier qu'il

1. C. pr. civ., art. 131-3.
2. C. pr. civ., art. 131-10.
3. C. pr. civ., art. 750-1 ; v. s^s n° 12.31 s.

impose aux parties ou à l'une d'elles qui serait récalcitrante de l'accepter, d'engager un processus de médiation.

ANALYSE CRITIQUE. Un débat s'engage sur le point de savoir si le juge peut imposer un nom de médiateur que les parties n'auraient pas choisi. Le législateur devrait s'emparer de ce sujet. Il est indiscutable que le choix d'un médiateur, dont le nom n'aurait pas été accepté par les parties, se heurte à la liberté du justiciable dans ce domaine.

On constate un autre dysfonctionnement qui doit appeler des réponses claires et constantes : quel sort réserver à la médiation qui a été ordonnée par le juge, en accord avec les parties, lorsque la même décision, qui statue sur d'autres points, fait l'objet d'un appel ? Cela peut être le cas pour l'appel relevé contre une mesure d'expertise qui paralyse le démarrage d'une médiation alors que l'appel d'une décision ordonnant une médiation est impossible[1].

Ces deux exemples démontrent que la médiation est une mesure à laquelle les parties doivent adhérer librement et dans les conditions choisies par elles, dans la mesure où ces dernières répondent aux prescriptions légales.

1. C. pr. civ., art. 131-15.

25
Comment recourir à la médiation lorsqu'on bénéficie de l'aide juridictionnelle ?

> Règles générales pour l'octroi de l'aide juridictionnelle

> Règles spécifiques relatives à l'octroi de l'aide juridictionnelle pour une médiation

L'aide juridictionnelle (AJ) est une garantie d'accès à la justice, permettant à chaque citoyen de faire valoir ses droits devant les juridictions. L'aide dont il bénéficie sera totale ou partielle, en fonction des ressources et du patrimoine de la personne bénéficiaire de l'aide juridictionnelle[1].

La médiation, étant désormais intégrée dans le paysage judiciaire et plus généralement comme une voie de solution amiable des conflits reconnue par la loi, la question de l'élargissement de l'aide juridictionnelle a nécessairement évolué ces dernières années. Le justiciable qui a recours à la médiation peut bénéficier, à certaines conditions, de l'aide juridictionnelle.

> Règles générales pour l'octroi de l'aide juridictionnelle

25.11 **Conditions d'octroi.** L'aide juridictionnelle ne peut être octroyée que si la personne qui en demande le bénéfice ne dispose pas d'une protection juridique ou tout autre système prenant en charge les frais de défense et de justice, tels que la protection fonctionnelle pour les fonctionnaires ou certains systèmes mis en place par l'employeur.

Lorsque l'aide juridictionnelle est totale, tous les acteurs judiciaires – notamment le médiateur et l'avocat qui accompagnent la personne concernée pendant la médiation – sont indemnisés de leurs diligences directement par l'État.

Lorsque l'aide juridictionnelle est partielle, l'État finance une partie des frais à concurrence d'un plafond[2]. Le justiciable peut se voir réclamer des honoraires complémentaires par l'avocat, selon convention préalable écrite soumise à l'homologation du bâtonnier[3].

Dans tous les cas, le bénéficiaire de l'aide juridictionnelle doit régler les « droits de plaidoirie » (d'un montant de 13 euros)[4].

1. L. n° 91-647, 10 juill. 1991 relative à l'aide juridique, *JO* 13 juill. ; décr. n° 2020-1717, 28 déc. 2020, portant application de L. n° 91-647, 10 juill. 1991 relative à l'aide juridique et relatif à l'aide juridictionnelle et à l'aide à l'intervention de l'avocat dans les procédures non juridictionnelles, *JO* 29 déc., texte 32, art. 101.
2. D. n° 2020-1717, 28 déc. 2020, préc.
3. L. n° 91-647, 10 juill. 1991, préc., art. 35.
4. CSS, art. R. 652-28.

Toutefois, il convient de rappeler que le bénéficiaire de l'aide juridictionnelle peut s'en voir retirer le bénéfice dans les cas suivants[1] :

« *1° si ce bénéfice a été obtenu à la suite de déclarations ou au vu de pièces inexactes ;*

2° s'il survient au bénéficiaire, pendant cette instance ou l'accomplissement de ces actes, des ressources telles que si elles avaient existé au jour de la demande d'aide juridictionnelle ou d'aide à l'intervention de l'avocat, celle-ci n'aurait pas été accordée ;

3° lorsque la décision passée en force de chose jugée a procuré au bénéficiaire des ressources excédant les plafonds d'admission à l'aide juridictionnelle ;

4° lorsque la procédure engagée par le demandeur bénéficiant de l'aide juridictionnelle ou de l'aide à l'intervention de l'avocat a été jugée dilatoire, abusive, ou manifestement irrecevable ;

5° lorsque les éléments extérieurs du train de vie du bénéficiaire de l'aide juridictionnelle ou de l'aide à l'intervention de l'avocat apparaissent manifestement incompatibles avec le montant des ressources annuelles pris en compte pour apprécier son éligibilité ».

Dans ces hypothèses, il devra rembourser à l'État le montant de l'indemnité versée aux auxiliaires de justice (avocat et médiateur) ou bien, si la procédure est en cours, il devra prendre en charge les honoraires et frais.

Sont admissibles à l'aide juridictionnelle les personnes physiques de nationalité française, les ressortissants des États membres de l'Union européenne et les étrangers résidant habituellement et régulièrement en France[2]. Cette condition de résidence tombe lorsque l'étranger est mineur ou encore pour les témoins assistés, mis en examen, prévenus, accusés, condamnés ou parties civiles, etc.

L'aide juridictionnelle peut être accordée à titre exceptionnel aux personnes non éligibles dont la situation apparaît particulièrement digne d'intérêt au regard de l'objet du litige ou des charges prévisibles du procès[3].

Cependant, le demandeur éligible peut se voir refuser le bénéfice de l'aide juridictionnelle si son action apparaît manifestement irrecevable, dénuée de fondement ou abusive en raison notamment du nombre des demandes, de

1. L. n° 91-647, 10 juill. 1991, préc., art. 50, 51 et 52.
2. L. n° 91-647, 10 juill. 1991, préc., art. 3.
3. L. n° 91-647, 10 juill. 1991, préc., art. 3 et 6.

leur caractère répétitif ou systématique[1]. Cette condition n'est pas applicable au défendeur à l'action, à la personne civilement responsable, au témoin assisté, à la personne mise en examen, au prévenu, à l'accusé, au condamné et à la personne faisant l'objet de la procédure de comparution sur reconnaissance préalable de culpabilité. Lorsqu'en vertu des alinéas qui précèdent, l'aide juridictionnelle n'a pas été accordée et que cependant le juge a fait droit à l'action intentée par le demandeur, il est accordé à ce dernier le remboursement des frais, dépens et honoraires par lui exposés ou versés, à concurrence de l'aide juridictionnelle dont il aurait bénéficié compte tenu de ses ressources.

L'aide juridictionnelle peut également être exceptionnellement accordée aux personnes morales à but non lucratif ayant leur siège en France et ne disposant pas de ressources suffisantes ainsi que sous condition, aux syndicats de copropriétaires d'immeubles soumis à la loi du 10 juillet 1965[2].

> Règles spécifiques relatives à l'octroi de l'aide juridictionnelle pour une médiation

25.21 **Peut-on solliciter l'aide juridictionnelle pour une médiation ?** Les personnes dont les ressources sont insuffisantes pour faire valoir leurs droits en justice peuvent solliciter l'aide juridictionnelle[3], dans le cadre d'une médiation judiciaire ou d'une médiation conventionnelle[4].

Toutefois, la médiation conventionnelle ne bénéficie pas de l'aide juridictionnelle, sauf lorsque, en cas de succès, les parties décident de saisir le juge en vue de l'homologation de l'accord trouvé entre les parties.

25.22 **À quel moment peut-on solliciter l'aide juridictionnelle ?** L'aide juridictionnelle peut être demandée à tout moment, devant toute juridiction, aussi bien en demande, qu'en défense, que le juge soit saisi par la loi ou par l'une des parties[5].

1. L. n° 91-647, 10 juill. 1991, préc., art. 7.
2. L. n° 65-557, 10 juill. 1965, fixant le statut de la copropriété des immeubles bâtis, *JO* 11 juill. ; L. n° 91-647, 10 juill. 1991, préc., art 2.
3. L. n° 91-647, 10 juill. 1991, préc., art. 11-1.
4. C. pr. civ., art. 1534.
5. L. n° 91-647, 10 juill. 1991, art. 10.

Lorsque l'AJ a été accordée à l'une des parties, la répartition de la charge des frais et honoraires de la médiation est établie selon les règles de la répartition à parts égales, à moins que le juge n'estime qu'une telle répartition est inéquitable au regard de la situation économique des parties.

Les frais et honoraires incombant à la partie bénéficiaire de l'AJ sont à la charge de l'État, sous réserve des dispositions de l'article 50 de la loi du 10 juillet relative à l'aide juridique. Elle peut également être accordée en vue de parvenir, avant même l'introduction de l'instance, à une transaction ou à un accord conclu via un médiateur.

> PRÉCONISATIONS. Il est prudent de formuler la demande d'AJ le plus tôt possible. En effet, les sommes payées (honoraires, frais de médiation, etc.), avant que l'AJ ne soit accordée, ne sont pas remboursées.

25.23 **Comment est rémunéré le médiateur ?** De manière générale, dans le cadre de la médiation judiciaire, le juge fixe le montant de la provision à valoir sur la rémunération du médiateur à un niveau aussi proche que possible de la rémunération prévisible. Le juge désigne la ou les parties qui verseront la provision dans le délai imparti ou, si plusieurs parties sont désignées, dans quelle proportion chacune d'elles devra régler cette provision[1].

À l'expiration de sa mission, que la médiation ait abouti ou non à un accord, le juge fixe la rémunération du médiateur[2]. La partie bénéficiaire de l'AJ est dispensée du versement de la rémunération et des frais du médiateur, étant rappelé que la demande de l'AJ doit être formulée avant la décision du juge sur l'affectation de la charge de la provision.

Pour la phase de médiation conventionnelle, le médiateur ne percevra aucune indemnité de l'État. Il ne recevra une indemnité que pour la phase d'homologation éventuelle.

Afin d'être rétribué, le médiateur doit transmettre au juge :

– un rapport de présentation permettant à ce dernier d'apprécier l'importance et le sérieux des diligences accomplies. Lorsque le juge est saisi aux fins d'homologation d'un accord intervenu à l'issue d'une médiation conventionnelle, ce rapport de présentation expose également les termes de cet accord[3].

1. C. pr. civ., art. 131-6, al. 2.
2. C. pr. civ., art. 131-13.
3. Décr. n° 2020-1717, 28 déc. 2020 portant application de L. 10 juill. 1991, n° 91-647, préc., art. 99.

Ce rapport peut être établi à partir du modèle type annexé aux circulaires du Service de l'accès au droit et à la justice et de l'aide aux victimes (SADJAV). Il contient le nombre de rendez-vous de médiation, mais ne devant pas entrer en contradiction avec l'obligation de confidentialité qui s'impose au médiateur, il ne révèle pas le contenu des discussions[1] ;

– un mémoire de frais qui peut être établi conformément au modèle type annexé aux circulaires du SADJAV.

Ce mémoire de frais de médiation tarifée doit être remis par le médiateur au juge taxateur dès que la médiation a eu lieu et avant l'audience d'homologation de l'accord[2].

La rétribution du médiateur relevant de l'AJ est fixée par le magistrat taxateur au maximum à :

« *1° Lorsque toutes les parties bénéficient de l'aide juridictionnelle : 512 euros hors taxes ;*

2° Lorsque toutes les parties ne bénéficient pas de l'aide juridictionnelle : 256 euros hors taxes pour chaque partie bénéficiant de l'aide juridictionnelle, dans la limite de 512 euros hors taxes pour l'ensemble des parties bénéficiant de l'aide juridictionnelle.

Lorsque les parties bénéficient de l'aide juridictionnelle et que la médiation est financée en partie par un tiers, la rétribution du médiateur relevant de l'aide juridictionnelle fixée par le magistrat taxateur ne peut être supérieure à la part restant à la charge des parties. »[3]

Ainsi, pour calculer le montant maximum de la prise en charge de la rétribution du médiateur au titre de l'aide juridictionnelle, le magistrat taxateur déduira au préalable les sommes que le médiateur aura déjà perçues de la part de tiers (assurance ou Caisse d'allocations familiales (Caf) par exemple)[4].

25.24 **Comment est rémunéré l'avocat d'une partie médiée bénéficiaire de l'aide juridictionnelle ?** L'avocat doit avoir accepté d'intervenir dans le cadre de l'AJ au bénéfice de la partie médiée. Il peut également être désigné d'office par le bâtonnier. Dans cette dernière hypothèse, il est obligé d'accomplir sa mission.

1. Circ. 20 janv. 2017, relative à la prise en charge de la médiation au titre de l'aide juridique, NOR : JUST17020335C, ann. 5. Sur la confidentialité, v. s[s] n°s 85.11 s.
2. Circ. 20 janv. 2017, NOR : JUST17020335C, ann. 5 ; v. s[s] n° 93.01.
3. Décr. n° 2020-1717, 28 déc. 2020, préc., art. 100.
4. Pour plus de développements sur la rémunération du médiateur, V. s[s] n° 44.11.

L'avocat est rémunéré/indemnisé au titre de l'AJ selon une tarification fixée, pour chaque mission considérée, par la loi et le décret sur l'aide juridique. L'indemnisation est égale au produit de l'unité de valeur (UV) prévue par la loi de finances (36 euros HT au 1er janvier 2022)[1] et des coefficients, le cas échéant majorés, fixés par décret[2] et du taux d'admission, selon décision de l'AJ.

Le décret fixe le nombre d'UV rétribuant chaque mission éligible. La mise en place d'une mesure de médiation ordonnée par un juge permet une majoration de ce nombre d'UV, à hauteur de 8 UV supplémentaires en cas d'échec de médiation et à hauteur de 12 UV en cas d'accord, même partiel, rédigé par l'avocat. Si ces majorations ont un effet sensible sur l'indemnisation de l'avocat, cette dernière reste globalement souvent très insuffisante au regard du temps consacré à chaque dossier.

Si l'avocat, qui prêtait son concours au bénéficiaire de l'AJ avant que celle-ci ne lui soit accordée, demande à être déchargé de sa mission au prononcé de la décision judiciaire de médiation, il doit en informer son client et le bâtonnier qui statue sur la demande. Il ne pourra en être déchargé qu'exceptionnellement et dans les conditions fixées par le bâtonnier[3]. S'il est déchargé de sa mission, et à défaut de choix par le bénéficiaire, un autre avocat sera immédiatement désigné[4]. Le premier avocat ne pourra pas réclamer ses honoraires. En effet, la Cour de cassation a rappelé que le premier avocat ne pourra solliciter des honoraires que s'il est en mesure de démontrer que le justiciable a renoncé à l'aide juridictionnelle[5].

L'individu concerné peut également demander au bâtonnier de lui désigner un nouvel avocat, par lettre simple contenant les motifs de la demande. Au bout de la deuxième demande, l'accord du bâtonnier est nécessaire[6].

Il convient d'être attentif au cas où l'avocat qui accepterait d'accompagner son client dans une médiation conventionnelle n'aboutirait pas à un accord

1. La loi n° 2021-1900, 30 déc. 2021, de finances pour 2022, *JO* 31 déc., texte 1, a augmenté le montant de l'UV de référence pour le calcul des indemnités d'AJ, le faisant passer de 34 à 36 euros. Cette disposition modifie ainsi l'art. 27, L. n° 91-647, 10 juill. 1991, préc. Elle s'appliquera aux missions dont l'admission à l'AJ est prononcée à compter du 1er janv. 2022.
2. Décr. n° 2020-1717, 28 déc. 2020, art. 86 (tableaux figurant en ann. I).
3. L. n° 91-647, 10 juill. 1991, art. 25.
4. Décr. n° 2020-1717, 28 déc. 2020, préc., art. 78.
5. Civ. 2e, 14 juin 2018, n° 17-21.318, P.
6. Décr. n° 2020-1717, 28 déc. 2020, préc., art. 81.

de médiation. En effet, à défaut de solliciter l'homologation d'un accord ou de conclure par acte contresigné par avocats revêtu de la formule exécutoire par le greffe[1], il n'est pas possible d'être indemnisé au titre de l'aide juridictionnelle.

Les rétributions des avocats et médiateurs sont recouvrables à l'issue de la procédure, selon les règles générales fixées par l'article 43 de la loi du 10 juillet 1991 et dans les conditions prévues par la juridiction sur la répartition des dépens[2].

Le justiciable non bénéficiaire de l'aide juridictionnelle doit être informé de ce qu'il devra supporter en tout ou partie le coût de la médiation exposé par l'État en cas de condamnation aux dépens.

1. V. ss n° 106.15.
2. Circ. 20 janv. 2017, préc.

26

Dans quels cas faut-il opter pour la co-médiation ?

> Quels sont les critères de la co-médiation ?

> Les « presque co-médiations »

> Pour quelles raisons choisir la co-médiation ?

> Inconvénients de la co-médiation

> Quelques écueils à éviter

> En cas de récusation ou d'empêchement d'un médiateur

> Rapide survol des pratiques de co-médiation à l'étranger

La co-médiation[1] est peu présente dans nos textes de loi.

Elle est quasiment absente des études théoriques.

Elle ne fait pas l'objet d'études statistiques ou très peu.

Une chose est sûre : la co-médiation est une part minoritaire des médiations.

Mais si vous interrogez les médiateurs, ils vous diront majoritairement que la co-médiation est une expérience positive.

La co-médiation est plus riche et plus complexe que la médiation en solo, car le nombre de facteurs entrant en jeu est plus important. Il faut non seulement gérer la relation avec les médiés, mais celle avec le co-médiateur et réciproquement.

Évidemment l'idée n'est pas d'opposer médiation et co-médiation, ni qu'il faudrait pratiquer l'une et pas l'autre.

C'est dans les allers-retours entre ces deux exercices que chacun se forgera à la fois une expérience de la médiation au sens large et une conviction de là où il se sent le mieux, le plus efficace et utile.

> Quels sont les critères de la co-médiation ?

26.11 **Égalité et complémentarité.** Les critères qui définissent une co-médiation sont l'égalité et la complémentarité entre les médiateurs.

26.12 **Principe d'égalité.** Une co-médiation est une médiation dans laquelle les médiateurs, en général deux, ressentent une pleine égalité entre eux.

Cela signifie une absence de hiérarchie entre eux.

Mais l'égalité n'est pas contradictoire avec une répartition des rôles, par exemple l'organisation d'une équipe pilote/copilote.

On peut se considérer pleinement égaux et complémentaires et se répartir les rôles.

1. B. Grégoire Sainte Marie, *La co-médiation : État des lieux et enjeux*, mémoire du diplôme Universitaire de Médiateur (2de part.), promotion 2018/2019 ; v. aussi : N. Favre, B. Munari, « La co-médiation : un outil au service des médiants », mediation-mgem.ch ; G. Hope, « Co-Mediation – what is it and how can it help resolve disputes ? », 2019, www.familylawpartners.co.uk ; C. Jamet, « La Co-Médiation » (2018), https://chantaljamet.wordpress.com

La répartition des rôles prévue à l'avance fait qu'un des deux assume des tâches de pilotage, particulièrement les phases administratives comme les formalités d'invitation aux réunions ou d'élaboration de comptes-rendus écrits, pour leurs besoins propres.

Ce surplus de travail est exposé aux médiés et peut faire l'objet d'un partage inégalitaire d'honoraires ou de rémunération.

26.13 **Principe de complémentarité.** L'intérêt de la co-médiation est de jouer sur les complémentarités.

Il y a nécessairement des différences objectives entre deux médiateurs. Différences d'âge, de formation, de parcours, de culture, de vie personnelle, de nature, de caractère, d'ouverture aux autres, de sociabilité, de capacité à parler ou à écouter, etc. Il s'agit de faire fructifier les différences. Le risque que la médiation soit biaisée par des *a priori* « corporatistes » d'une profession est minoré par le recours à deux co-médiateurs complémentaires[1].

Par exemple, dans les médiations à caractère familial[2] (ex. : séparation et divorce), la mixité permettra à chacune des parties de se retrouver dans l'écoute d'une personne du même sexe.

Dans des affaires de droit social, la parité dans un différend employeur-employé facilitera le rapport de confiance. Certaines organisations mettent en place des médiateurs internes pour gérer les conflits entre salariés. Si le recours à un médiateur interne est très efficace dans un certain nombre de situations, il est plus difficile à mettre en œuvre lorsque le conflit implique un responsable hiérarchique ou des groupes de personnes. C'est précisément dans ce genre de situations qu'il peut être utile de faire appel à un médiateur externe qui agira aux côtés du médiateur interne. Cette co-médiation offrira des garanties d'impartialité et de neutralité essentielles pour donner confiance aux parties[3].

La co-médiation est particulièrement précieuse et efficace sur le plan international, en présence de parties de cultures, confessions, traditions, origines

1. A. Pekar-Lempereur, J. Salzer, A. Colson, *Méthode de médiation, au cœur de la conciliation,* coll. « stratégies et management », Dunod, 2008.
2. H. Abelson-Gebhardt, *La co-médiation en matière familiale, entre réalité et opportunité,* Strasbourg : Media-Logue, 2013.
3. P. Beretti, « Le coût de la médiation reste très modéré au regard du coût d'un processus judiciaire ou de celui des dysfonctionnements générés par un conflit », actu. du dr., *Lamyline*, 5 févr. 2019.

différentes. Chaque médiateur peut alors apporter sa connaissance, transmettre son savoir et sa maîtrise des spécificités des parties, offrant ainsi un élargissement des possibilités[1].

Conscients de l'importance de ces spécificités, l'Office de l'Union européenne pour la propriété intellectuelle (Chambres de recours de l'EUIPO) et le Shanghai Commercial Mediation Center (SCMC), plus grand organisme de médiation professionnelle neutre en Chine, ont coopéré de manière intensive pour mettre au point le mécanisme de co-médiation en matière de propriété intellectuelle. Ces règles, entrées en vigueur le 1er juillet 2020, offrent un moyen efficace et pratique de régler les litiges relevant du domaine de la propriété intellectuelle entre des entreprises européennes et chinoises. Au vu des contextes culturels divergents, le mécanisme de co-médiation met l'accent sur la normalisation, la confidentialité et la neutralité de la médiation. Il reflète pleinement le degré le plus large, le plus intense et le plus élevé de coopération dans le domaine du règlement des différends en matière de propriété intellectuelle entre parties établies dans l'Union européenne et en Chine[2].

La complémentarité peut être momentanée. Le médiateur peut, à un moment donné du processus, ne plus savoir comment s'y prendre et de ce fait, perdre pied face aux médiés.

Une solution de « secours » consiste dans ce cas à faire appel à un autre « tiers » et à le faire « entrer dans l'arène » lequel, vierge du conflit, pourra, par son œil neuf et son expérience, rétablir l'équilibre perdu. Il s'agit en quelque sorte d'un co-médiateur « pompier ».

> Les « presque co-médiations »

26.21 **« Une autre personne ».** Il s'agit de pratiques à deux ou à plusieurs qui ressemblent à des co-médiations, mais qui n'en sont pas nécessairement.

Ce sont des médiations avec un médiateur et « une autre personne » qui, principalement, est soit un jeune médiateur en formation[3], soit un médiateur assistant, soit une personne experte.

1. H. Abelson Gebhardt, « La co-médiation, un accélérateur de changement chez les personnes ? », *Tiers : la revue de la médiation familiale,* mai 2017, n° 18, p. 122.
2. Office de l'Union européenne pour la propriété intellectuelle, https://euipo.europa.eu
3. V. ss n° 26.22.

Ces pratiques n'en sont pas moins de vraies médiations.

26.22 **Médiateur formateur.** C'est là encore une vraie médiation.

La seule différence est qu'il y a un autre médiateur en devenir, débutant ou en formation.

Le principe de sa présence devra avoir recueilli l'accord des parties dans la plus grande transparence et la plus grande clarté.

Cette pratique « formatrice » est à défendre et à encourager.

Si un duo « chevronné/débutant » est par nature « déséquilibré » et donc critiquable par rapport à une co-médiation dans l'égalité et l'équilibre, il est un moyen très efficace pour le jeune non expérimenté de se former à la médiation en général ou à la co-médiation en particulier.

Cette formule permet au médiateur débutant de prendre confiance, d'être au plus près d'une pratique expérimentée et d'apprendre par l'observation.

De plus, le fait d'être débutant ou moins chevronné n'interdit pas d'avoir de bons réflexes, de bonnes idées, de bonnes relances ou questions.

Enfin, sa seule présence modifie le rapport et les interactions entre toutes les personnes présentes. Si un médiateur en apprentissage arrive à alterner et à changer de médiateur chevronné, il apprendra beaucoup et rapidement.

Quels arguments pour recueillir l'accord des médiés ?

En premier lieu, sans doute la question du coût. Il serait logique que les médiés ne paient pas la formation du débutant et que cette co-médiation soit faite au même prix qu'une médiation avec un seul médiateur.

En second lieu, certainement l'affirmation que la médiation est conduite par le médiateur chevronné qui est et reste garant de celle-ci.

26.23 **Médiateur assisté.** Dans cette situation un médiateur est assisté, au sens d'avoir à ses côtés, un(e) assistant(e), pour le seconder et l'aider tant dans l'organisation de la médiation que dans le déroulement des séances.

Même si cette personne est présente lors des séances, ne serait-ce que pour prendre des notes, le médiateur assisté n'est pas en co-médiation. Il est le médiateur et seul médiateur.

Cette situation est à distinguer du partage des tâches qui peut notamment aboutir à une situation appelée « pilote-copilote ».

> Pour quelles raisons choisir la co-médiation ?

26.31 **Liberté des parties.** Le choix de la co-médiation doit être un choix des parties médiées.

Ce choix est en général guidé par le médiateur pressenti, par le juge ou par les conseils.

Pour décider d'une co-médiation, il convient de déterminer les raisons objectives ou parfois subjectives qui justifient ce choix.

Il vaut mieux également que le différend s'y prête.

>> Les litiges qui favorisent le choix de la co-médiation

26.41 **Confits mettant en cause de nombreux médiés.** Le nombre de parties médiées est un facteur de complexité et de complication notamment dans l'organisation.

À partir de combien de personnes la co-médiation présente-t-elle un intérêt ?

Il n'y a pas de réponse absolue à cette question.

Certaines médiations avec des groupes (des copropriétaires, des salariés, des consommateurs, des victimes, des actionnaires, etc.) peuvent rassembler des dizaines, voire des centaines de personnes. Même si l'on « sous-catégorise » les groupes en fonction de critères adéquats et que l'on a des « porte-paroles » pour chaque catégorie, il n'en demeure pas moins que l'organisation proprement dite (l'invitation et la rencontre) d'une part et les séances d'autre part, peuvent justifier d'être à plusieurs médiateurs.

26.42 **Conflits nécessitant un besoin d'expertise ou de savoir.** Chaque médiateur a son champ de connaissance résultant de sa formation et/ou de sa pratique.

Il se peut que le litige et la recherche d'une solution justifient la présence d'une personne ayant une compétence ou expertise particulière.

Se pose alors la question du statut de cette personne.

En synthèse deux choix sont possibles : choisir un co-médiateur avec cette expertise ou choisir un tiers qui pourra être entendu, mais qui ne jouera pas de rôle de médiateur.

Le premier choix peut s'avérer judicieux, dès lors que le besoin de connaissance reste compatible avec le rôle du médiateur neutre et impartial.

Si les deux parties médiées sont spécialistes d'un domaine, il peut être intéressant qu'un des médiateurs maîtrise ce domaine pour pouvoir questionner intelligemment et favoriser la circulation de la parole, même technique.

En revanche si seule une des parties est techniquement compétente, il vaut sans doute mieux entendre un tiers spécialisé qui pourra contredire les dires techniques de cette partie, car la tâche d'un médiateur ne peut pas être d'apporter la contradiction même au plan technique, à l'une des parties médiées. Si c'était le cas, la partie médiée contredite considèrerait que le médiateur est de parti pris et en faveur de l'autre partie.

Compte tenu de la façon dont se déroule un processus de médiation, il est plus prudent de faire entendre un tiers avec l'accord des parties plutôt que de chercher à les départager au plan technique par l'expertise du médiateur, dont ce n'est ni le rôle ni la mission.

Le besoin d'expertise se différencie du besoin de regards croisés et complémentaires.

26.43 **Conflits dans lesquels les médiés sont géographiquement éloignés.** C'est une situation fréquente dans un monde de mobilité[1].

Tout est envisageable puisque tout est ouvert et donc possible en médiation.

Le médiateur peut se déplacer.

Les médiés peuvent se déplacer.

Ou bien personne ne se déplace, car les échanges peuvent se faire par des moyens techniques de visioconférence.

>> Conflits dans lesquels l'une des parties refuse de faire un pas vers l'autre

26.51 **Réduction des déséquilibres.** Impossible de lui parler ! Intolérable de faire le premier pas ! Insupportable de s'asseoir dans la même pièce, inacceptable de parler sa langue...

Dans ce type de conflits, la co-médiation peut, non pas être la solution, mais être un moyen d'apaiser certaines difficultés et de permettre au processus de se dérouler.

C'est la réduction des déséquilibres.

1. V. s[s] n°s 61.02 s.

Est évoqué ici le déséquilibre de pouvoir.

C'est l'exemple de l'employeur/employé.

C'est l'exemple homme/femme. Dans certains conflits, tels que les conflits de couple par exemple, il peut être difficile pour un homme d'être confronté à sa femme en présence de deux médiatrices et éventuellement avec la présence de deux avocates. Le cas inverse est aussi vrai, mais moins réaliste, car le nombre de médiateurs hommes est beaucoup plus faible que celui des médiateurs femmes et il en va de même chez les avocats. Le médié de chaque genre a ainsi plus spontanément le sentiment d'être ou de pouvoir être entendu et compris par un de ses « pairs ».

Chacune des parties est rassurée par la présence de deux médiateurs, pensant sans doute que c'est le moyen de rétablir le déséquilibre de pouvoir entre les parties.

>> Conflits où deux cultures s'affrontent

26.61 **Langage accessible aux différentes parties.** La culture est un élément du cadre de référence.

C'est parfois de part et d'autre d'une frontière que se constate l'affrontement ou à tout le moins l'opposition de deux cultures.

Les litiges transfrontaliers sont des litiges propices à la mise en œuvre de la co-médiation[1].

On illustrera cette opposition des cultures par deux exemples.

Le premier est du domaine commercial entre des entreprises françaises et allemandes. L'exemple de la plateforme de co-médiation mise en place pour des entreprises dans les litiges franco-allemands. La Plateforme de Médiation et d'Arbitrage Alsace lancée par la CCI Alsace et Alsace Médiation dispose d'un module destiné au règlement des différends transfrontaliers concernant des entreprises établies des deux côtés du Rhin, avec des médiateurs biculturels et bilingues français allemands. Les médiations sont conduites de préférence en co-médiation, avec deux médiateurs, dans l'une ou l'autre des langues et le plus souvent dans les deux[2].

1. V. s[s] n°s 61.02 s.
2. « Passer par la médiation ou l'arbitrage pour régler un litige », www.alsace-eurometropole.cci.fr

Le deuxième exemple est celui des litiges transfrontaliers d'enlèvement d'enfants pour lesquels la Déclaration de Wroclaw de 2007 sur la médiation familiale binationale recommande le modèle de co-médiation suivant :

– co-médiation binationale : un médiateur issu du pays d'origine de chaque parent ;

– co-médiation bilingue : les deux médiateurs doivent parler les deux langues ;

– deux sexes : un homme et une femme ;

– deux catégories professionnelles : un médiateur issu d'une profession psychologique ou pédagogique et l'autre d'une profession juridique.

On peut également évoquer les conflits de famille ou de couple pour lesquels il faut un besoin d'équilibre (homme/femme) ou un besoin d'une compétence particulière (notaire, fiscaliste, psychologue, etc.).

> Inconvénients de la co-médiation

26.71 **Mésentente entre médiateurs.** C'est un risque. Un « conflit » peut s'instaurer entre les médiateurs. Ce conflit se superpose au « conflit » des médiés, objet de la médiation. Il crée de la confusion et met le processus en danger. Cette situation est le plus souvent le résultat d'un manque de pratique de la co-médiation et/ou d'une mauvaise connaissance du co-médiateur partenaire.

Parmi les inconvénients, il faut signaler une situation rare, mais qui peut se produire : la co-médiation peut réunir deux personnalités qui s'affrontent et qui exposent publiquement leur désaccord ou encore mettent en évidence la domination d'un médiateur sur l'autre. L'effet et le résultat risquent de se révéler désastreux.

Pour prévenir la survenance d'un conflit de ce type, il est nécessaire que les médiateurs passent du temps en amont pour organiser la médiation et du temps pour se connaître.

26.72 **Alliance entre médiateurs.** Les deux médiateurs forment un bloc, une alliance et apparaissent comme étant de parti pris pour l'une ou l'autre des parties médiées.

Cette alliance peut aller jusqu'à ce que les médiateurs se renforcent mutuellement dans une interprétation erronée.

26.73 Coût. À première vue, il est logique que deux médiateurs coûtent plus cher (le double ?) qu'un seul.

C'est un inconvénient de la co-médiation. Toutefois, cette affirmation doit être nuancée par plusieurs facteurs.

Les différends qui conviennent bien à la co-médiation sont souvent des différends complexes, à forts enjeux financiers ou autres. Le poids relatif des honoraires des deux médiateurs ne crée alors pas un désavantage concurrentiel significatif au détriment de la co-médiation.

Le deuxième facteur est la possibilité dans certaines co-médiations d'optimiser le temps et l'efficacité des deux médiateurs justement parce qu'ils sont deux et qu'ils se sont réparti les rôles et les tâches.

26.74 Organisation. La médiation peut être plus longue du fait des échanges souvent nécessaires entre les deux co-médiateurs au fil des discussions, notamment pour débriefer, se concerter et arrêter des positions communes.

Ces échanges sont souvent indispensables pour éviter des interventions susceptibles d'être désordonnées et contradictoires.

Trouver des dates qui conviennent à tous, se déplacer en un autre lieu, au moins pour un des deux co-médiateurs, prendre du temps pour débriefer ensuite.

Ce sont des facteurs d'enchérissement du coût de la co-médiation… Il est difficile de nier que c'est plus rapide de se mettre d'accord avec soi-même !

Cependant et comme évoqué pour le coût, l'organisation efficace du processus et la dynamique créée par une multiplication des interactions peuvent compenser au final le surcoût.

Enfin, si on admet que la co-médiation présente de nombreux avantages par rapport à une médiation, il est cohérent et légitime que ces avantages aient un prix.

26.75 Risque d'instrumentalisation. Dans certains conflits durs, il peut être plus facile d'obtenir un accord de chaque partie sur le choix de deux médiateurs, chacun choisissant l'un des deux.

On sait d'expérience qu'il peut être très difficile d'obtenir un accord sur le choix d'un seul nom.

Il suffit que ce nom soit proposé par une partie pour qu'il soit refusé par l'autre.

Il suffit que l'expérience professionnelle, la formation ou la culture du médiateur envisagé soit en proximité avec le métier, la culture ou le profil d'une des parties, pour que l'autre s'y oppose.

Le risque dans ce cas est que chaque partie pense avoir ainsi son médiateur supposé lui être plus favorable.

Mais le pire des risques serait que chaque médiateur se sente le médiateur d'une partie.

D'où le risque d'alliance implicite entre un médié et un médiateur.

> Quelques écueils à éviter

26.81 **Apparaître comme un médiateur partisan.** Il peut arriver qu'une partie s'approprie, en particulier en aparté, l'un des médiateurs, pour en faire un confident, ce qui risque d'en faire un conseil partisan. De la même manière, une partie pourrait considérer que l'un des médiateurs ne remplit pas sa mission d'impartialité et de neutralité.

Pour éviter ce risque, il est recommandé que l'aparté (échange entre une partie et le médiateur, hors la présence de l'autre partie) se déroule avec la présence des deux médiateurs. Ils peuvent ainsi avant et après l'aparté avoir un échange entre eux pour ajuster la conduite du processus de médiation.

Parfois chaque médiateur est en aparté avec une des parties médiées. Les médiateurs s'informent réciproquement de ce qu'ils ont entendu ou constaté. Ils peuvent aussi interchanger, chaque médiateur allant en aparté avec l'autre partie médiée.

L'importance de ce qui peut se dire en aparté milite plutôt pour que les deux médiateurs soient ensemble pour entendre et comprendre cette parole libérée dans un entretien séparé de ce type.

26.82 **Apparaître comme un médiateur investi ou en dilettante.** Le spectre des pratiques préparatoires est large :

– « vide total » (ne rien connaître du conflit avant la rencontre) ;

– l'étude des écritures et pièces à titre de préparation (savoir précisément de quoi il s'agit).

Chacun a sa méthode.

L'option « vide » présente plusieurs intérêts :

– d'une part, il est très difficile de connaître précisément un conflit tant les visions des parties médiées peuvent être à l'opposé l'une de l'autre ;

– d'autre part, la parole descriptive du conflit par le médiateur peut apparaître à l'une des parties médiées, sinon aux deux, comme une prise de parti.

Quelle que soit l'approche retenue, il est important en co-médiation que les médiateurs se concertent au préalable pour décider du niveau de connaissance du différend qu'ils souhaitent avoir.

L'idée est qu'en partant du même niveau de connaissance, les questions que chacun pourra poser seront plus cohérentes que si les co-médiateurs ont des niveaux de connaissance du conflit très différents.

L'avantage également est que les parties médiées les jugent de manière équivalente.

Il faut impérativement éviter le risque d'être perçu et donc jugé comme « impliqué et investi » pour l'un (il aurait étudié le cas) et « dilettante » pour l'autre (il arriverait volontairement vierge de toute connaissance du litige).

> En cas de récusation ou d'empêchement d'un médiateur

26.91 **Quel sort réserver à la médiation ?** Il ne faut pas exclure que l'un des médiateurs, empêché ou récusé, ne puisse pas mener à terme sa mission. Il appartient aux parties de décider d'un commun accord du sort à réserver à la médiation qui peut :

– soit s'arrêter (les parties pouvant mettre fin à tout moment à la médiation) ;

– soit se poursuivre sans le médiateur concerné ;

– soit se poursuivre avec la désignation d'un remplaçant du médiateur concerné[1].

> Rapide survol des pratiques de co-médiation à l'étranger

26.101 **Pratique très répandue.** Loin d'une étude de droit comparé, l'objectif est ici de montrer la réalité et la diversité de la co-médiation tout autour du globe.

1. V. s^{s} n°s 45.11 s.

26.102 Europe. Les Belges ont, dans leur droit, le concept et les termes de « collège de médiateurs » qu'une loi de 2018 a remplacés par le terme de « co-médiation »[1].

En Suisse, la Maison genevoise des médiations (MGEM)[2] pratique la co-médiation depuis plus de vingt ans dans le champ, familial, social, pénal, professionnel.

26.103 Amérique du Nord. Le Canada[3] et les États-Unis[4] pratiquent depuis longtemps la co-médiation.

26.104 Asie. Au Japon, en matière de divorce par exemple, une médiation se déroule avec deux médiateurs et un secrétaire.

En Chine, la constitution a consacré en 1982 la commission de conciliation populaire, institution obligatoire et en 1989 a été promulgué un « Règlement organique des commissions de médiation populaire », chaque commission étant composée de 3 à 9 membres. Il y a environ un million de commissions de médiation…

1. Union Belge des Médiateurs Professionnels, https://ubmp-bupb.org/fr// ; N. Favre, B. Murani, « La co-médiation : un outil au service des médiants », Ordre des avocats de Genève (2018), https://mediation-mgem.ch
2. V. N. Favre, B. Murani, « La co-médiation ; un outil au service des médiants », préc.
3. J. Marois, « La pratique de la co-médiation en interdisciplinarité », https://imaq.org
4. L. Parkinson, « Family Mediation », *Family Law*, 3e éd., 2014 ; M. B. Rosenberg, *Les mots sont des fenêtres*, 3e éd., La Découverte, 2018.

3
Le rôle de l'avocat

31 Quel rôle peut jouer l'avocat dans une médiation ? 88

32 Est-ce que l'avocat peut se substituer à ses clients dans les réunions de médiation ? 98

33 De quels outils dispose l'avocat pour diagnostiquer et prescrire une médiation ?. 102

31
Quel rôle peut jouer l'avocat dans une médiation ?

> Prescription et accompagnement de l'avocat : un rôle déterminant

> Comment utiliser la médiation dans le développement de l'activité de l'avocat

Dans la démarche de la médiation, les avocats des parties médiées jouent un rôle fondamental.

La présence de l'avocat constitue une véritable plus-value dans le processus de la médiation, à chacune de ses étapes.

Il est tout d'abord celui qui peut suggérer la médiation ; il a le devoir d'explorer cette voie dans l'intérêt de son client. Il lui revient ensuite de préparer ce dernier afin d'optimiser le processus lors des réunions.

Il est ensuite le conseiller naturel d'une partie dans le cadre de la médiation. Il est susceptible de poser « les bonnes questions », des questions d'autant plus pertinentes qu'il dispose de la connaissance du droit.

Enfin, il peut intervenir comme médiateur.

Dans ces différentes missions, l'avocat a plusieurs avantages : son expérience, son expertise lui permettent de connaître les enjeux, les risques, les aléas liés à tout contentieux, mais aussi ses règles déontologiques, ses qualités d'écoute, son rôle de conseiller et de stratège… Qui, mieux qu'un avocat, saura définir une stratégie adéquate, prévoir la réaction des contradicteurs, préparer une réunion[1] ?

Mais tout cela exige une technique, d'où l'importance de la formation à la médiation, que ce soit en qualité de médiateur ou en qualité d'avocat accompagnateur de son client, dans la médiation.

> Prescription et accompagnement de l'avocat : un rôle déterminant

31.11 **Le recours à la médiation n'est jamais une évidence.** L'idée d'aller en médiation ne vient que rarement spontanément. Il est dans la culture latine de rencontrer son avocat afin que soit engagé le contentieux qui permettra au justiciable de faire valoir ses droits et prévaloir sa position sur celle de l'adversaire.

Les personnes ou les entreprises, qui sont en conflit, souvent ne réalisent pas qu'elles peuvent se parler autrement en présence d'une personne extérieure et négocier sans que cela soit le révélateur d'une position de faiblesse. Elles ont une méconnaissance de ce qu'est réellement ce processus.

1. M. Jaudel, « Éthique et responsabilité : l'engagement des juges et des avocats dans le développement de la médiation, désormais une évidence », *Lamy*, n° 166, janv. 2021, p. 37 s.

Il est donc utile de leur expliquer comment les processus se mettent en œuvre pour permettre de rétablir la confiance et la relation. Pour cela, on ne peut pas s'improviser médiateur. Ce dernier doit avoir reçu au préalable la formation appropriée pour lui permettre d'intégrer les étapes du processus de la médiation.

Si le rôle et la formation sont essentiels pour le médiateur, il en est de même pour les avocats des parties médiées. Ils jouent un rôle déterminant tant au niveau de la prescription de la médiation que dans le déroulement du processus pour parvenir à une solution de médiation adaptée aux besoins du client.

31.12 **Rôle de l'avocat et ses obligations déontologiques.** L'avocat a pour mission de conseiller son client et de l'orienter pour résoudre un litige né ou à naître.

Sa mission se situe souvent en amont du litige. Elle est donc préventive.

Mais elle peut également consister à « éteindre un incendie » et à assister et défendre son client devant les juridictions.

Ses interventions sont encadrées par un certain nombre de règles éthiques et déontologiques, l'avocat appartenant à un ordre professionnel et répondant à des obligations qui découlent de son statut d'auxiliaire de justice.

Au titre de sa mission, l'avocat a l'obligation d'explorer le recours à ces modes amiables de règlement des différends. Cette règle est rappelée par le Code de déontologie des avocats européens qui met l'accent sur le rôle de l'avocat dans ces termes : « *3.7.1. L'avocat doit essayer à tout moment de trouver une solution au litige du client qui soit appropriée au coût de l'affaire et il doit lui donner, au moment opportun, les conseils quant à l'opportunité de rechercher un accord ou de recourir à des modes alternatifs de règlement des litiges.* »

Elle figure désormais dans le Règlement national de la profession d'avocat (RIN) aux art. 6.1. et 8.2 qui ont été adaptés et complétés[1] par le Conseil national des barreaux, le 18 décembre 2020[2].

1. Ces adaptations et modifications ont été portées au CNB par un groupe co-animé par C. Peulvé, Vice-présidente de la Commission Droit et Entreprise (2018-2020) et D. Ginesté, Présidente de la Commission Règles et Usages (2018-2020) ; M. Jaudel, « La médiation ne sera pas obligatoire ou elle ne sera pas… décryptage », *Lexbase avocats*, n° 311, 4 févr. 2021.
2. Le 18 déc. 2020, l'AG du CNB a adopté une décision à caractère normatif n° 2020-004, portant réforme du RIN, art. 6.1, 8.2, *JO* 17 janv. 2021.

En effet, l'article 6.1. prévoit que « *Lorsque la loi ne l'impose pas, il est recommandé à l'avocat d'examiner avec ses clients la possibilité de résoudre leurs différends par le recours aux modes amiables ou alternatifs de règlement des différends préalablement à toute introduction d'une action en justice ou au cours de celle-ci, ou lors de la rédaction d'un acte juridique en introduisant une clause à cet effet.* »[1]

Quant à l'article 8.2., il précise que « *avant toute procédure ou lorsqu'une action est déjà pendante devant une juridiction, l'avocat peut, sous réserve de recueillir l'assentiment de son client, prendre contact avec la partie adverse ou la recevoir afin de lui proposer un règlement amiable du différend* [...] ».

31.13 **Comment convaincre son client et l'accompagner dans la recherche d'une solution amiable ?** Il faut reconnaître que, contrairement à ce que les avocats imaginent bien souvent, il n'est pas évident d'avoir envie et de donner envie à son client de se questionner sur l'opportunité d'engager un processus de médiation, de le convaincre, lui qui vient consulter, bien déterminé à se battre et à gagner. De même, il est souvent difficile de l'inciter à entrer dans un processus amiable, dans un climat de combat et d'agressivité partagé.

Et pourtant il apparaît comme une nécessité pour l'avocat :

– de rechercher s'il est opportun d'engager une négociation ou recourir à un mode amiable de résolution du litige ;

– d'informer et conseiller son client sur une telle opportunité ;

– de le faire au moment opportun ;

– et d'en conférer positivement et de façon constructive avec le contradicteur et l'avocat, afin de convaincre ces derniers d'accepter de tenter une médiation.

Cela peut être fait :

– soit au stade de la rédaction d'un contrat, en insérant une clause de médiation ;

– soit avant d'engager une procédure judiciaire ;

– soit au cours d'une procédure judiciaire.

Tous les conflits ne sont pas susceptibles d'être résolus miraculeusement en recourant au processus de médiation. La crédibilité de ce mode alternatif repose en partie sur le diagnostic et l'éthique.

1. RIN, art. 6.1.

On ne peut qu'encourager l'avocat, même lorsque le litige dont le client lui a confié la gestion est déjà au stade contentieux, s'il décèle dans le dossier de son client une part affective ou une part soulignant l'importance de la relation et de son maintien, de s'en entretenir avec le juge.

Ce dernier, par son autorité, amènera vraisemblablement plus facilement les parties à accepter de passer par une médiation.

Leur liberté restera cependant entière dans la mesure où elles peuvent ne pas accepter et où, bien entendu, elles ne sont pas obligées de parvenir à un accord. Dans cette hypothèse, le juge n'en saura rien et, en application du principe de la confidentialité[1], ignorera laquelle des parties est à l'origine de l'échec de la médiation.

Il arrive que seule la présence d'un tiers qualifié permette de débloquer le conflit et d'aboutir à une solution durable. En utilisant la méthode à laquelle il a été formé, il aidera à dépasser les blocages pour faire opérer un basculement des positions vers les besoins et les valeurs ; il pourra tenter d'établir un pont entre les parties, avec la mise à plat de tous les nœuds. Le médiateur tempèrera la relation et gèrera les émotions.

Le rôle de l'avocat est essentiel pour savoir diagnostiquer et dire à son client, au moment approprié : « *Dès lors qu'il y a litige et que les parties ont la libre disposition de leurs droits, le recours à la médiation est possible.* »[2] Il expliquera précisément pourquoi et comment cela est possible, il indiquera quel est le rôle du médiateur et quelle est sa méthode pour faciliter le dialogue et la recherche d'une solution.

Le doyen Paul Roubier énonçait déjà, en 1951, que le « bon » juriste n'est pas un simple technicien du droit et il ne manquait pas de dire que « *dans la conscience de l'homme civilisé, à côté de la notion de ce qui est strictement juridique* [...], *il y a ce qui est juste, c'est-à-dire ce qui constitue la valeur morale suprême dans les relations entre les hommes* [...]. *Faut-il se résigner à un divorce entre ce qui est juste et ce qui est juridique*[3] *?* ».

On peut ainsi résumer le rôle de l'avocat et la place qu'il tient dans le processus de médiation en séparant sa mission en trois étapes :

– la prescription ;

1. V. s[s] n° 59.42.
2. Propos empruntés à Ch. Jarrosson, v. s[s] n° 11.11.
3. P. Roubier, *Théorie générale du droit*, Sirey, 1951, rééd. Dalloz, 2005.

– l'accompagnement ;

– l'issue de la médiation.

31.14 **Prescription.** Le rôle de l'avocat est déterminant dans la prescription et le succès du processus[1]. Pour être un conseil efficace en médiation, l'avocat doit tout d'abord savoir conseiller et prescrire l'outil approprié au dossier que le client présente, en tenant compte des pièces du dossier et des besoins, y compris ceux qui sont cachés, qui n'émergent pas automatiquement et spontanément, au fil du récit du client.

L'avocat saura, et d'autant mieux parce qu'il aura été formé à la médiation et/ou à la technique de l'accompagnement de son client :

– apprécier l'opportunité d'aller en médiation ;

– déceler si l'on est dans un cas de médiation préalable obligatoire ;

– proposer, expliquer à son client et organiser la mise en place du processus ;

– mais aussi obtenir que l'autre partie s'accorde avec son client pour aller en médiation, échanger et convaincre les contradicteurs, les avocats ;

– préparer son client avant le processus ;

– arbitrer entre la médiation ou la co-médiation ;

– bien choisir le ou les médiateur(s).

31.15 **Accompagnement.** Une fois la décision prise par l'ensemble des intervenants d'engager une médiation, l'avocat conseil poursuivra ses diligences dans l'accompagnement de son client.

1. F. Vert, M. Boittelle-Coussau, « Le rôle essentiel de l'avocat accompagnateur en médiation », 13 janv. 2022, www.dalloz-actualite.fr ; v. ég. Extrait intervention de M.-A. Gallot Le Lorier : « *Bien que les avocats soient conscients des inconvénients que représente le recours au juge aujourd'hui (durée des procès due à l'encombrement des tribunaux, coût, aléa, dommages causés aux liens entre les parties) et malgré une évolution en faveur de ce processus de résolution des conflits, on constate que la médiation tant judiciaire que conventionnelle ne se développe pas comme elle devrait. Les avocats ne sont pas étrangers à cette situation. La majorité de ceux qui ne sont pas formés à ce processus pense qu'il est contraire à leur culture qui est celle du combat et le confond avec les autres modes de résolution des conflits, considérant que celui-ci ne peut concerner que le droit familial, le droit de la consommation ou le droit social et non le droit des affaires qui n'y serait pas adapté. Pourtant les avocats ont un rôle important à jouer dans le développement de la médiation !* », *in* V. Lasserre, « Médiation et performance économique », préc.

Il ne manquera pas de :

– le préparer tout au long du processus, entre les réunions, dans la stratégie de la négociation ;

– préparer, travailler la meilleure solution de rechange (MESORE : meilleure solution de repli ou BATNA « *best alternative to a negotiated agreement* ») ;

– veiller à ce que les intérêts du ou des clients ainsi que l'ordre public soient préservés tout au long des échanges, de la communication éventuelle d'éléments, de documents confidentiels, de la négociation en cas d'accord et à l'occasion de la rédaction de l'accord de médiation, de son homologation éventuelle ou de l'élaboration d'un accord contresigné par avocats[1] et de la phase d'exécution.

Plus précisément, tout au long du processus, l'avocat accompagne et rassure son client notamment lors des réunions plénières et des entretiens individuels. Il débriefe chaque réunion avec le client afin d'assurer une flexibilité dans la stratégie, d'évoluer et d'évaluer les avancées. Il devra gérer la confidentialité et s'assurer du respect des règles de la médiation pendant le processus[2].

La juste posture de l'avocat est déterminante du succès du processus et ce conseil averti saura laisser place aux explications des parties intervenir seulement en complément des faits et explications, sans monopoliser l'attention sur les positions et aspects juridiques.

L'avocat tient le rôle d'un « coach » du client, le fait cheminer, écouter pour comprendre et non pour répondre, participe à la créativité, coopère, accueille les propositions, etc. Son intervention est un facteur déterminant de la réussite du processus.

31.16 Gestion de l'issue de la médiation. Dans la progression du processus, l'avocat continuera de tenir son rôle de conseil en s'attachant à :

– participer activement à la recherche de solutions sur mesure ;

– rédiger l'accord amiable conclu et en garantir la légalité. C'est lui en effet qui est le plus à même d'assurer la qualité et la sécurité de la rédaction de l'accord de médiation ;

1. L. n° 2021-1729, 22 déc. 2021, préc., art. 44 : nouveau titre exécutoire ajouté au 7° de l'art. L. 111-3 du C. pr. civ. exéc., listant les différents titres exécutoires ; v. s[s] n° 106.14.

2. Sur la confidentialité, v. s[s] n°s 85.11 s.

– maximiser le potentiel de la médiation, y compris en cas d'échec, avec la recherche d'un accord partiel éventuellement ;

– évacuer les points clarifiés lors du processus de médiation et qui n'auront plus à faire l'objet du contentieux à engager ou à poursuivre.

> Comment utiliser la médiation dans le développement de l'activité de l'avocat

31.21 **La médiation est un potentiel de développement des cabinets d'avocats.** En fait, il s'agit bien d'une opportunité pour l'avocat qui ne peut ignorer ce processus ni la formation adaptée pour bien le recommander et l'utiliser[1].

La médiation est un outil, un instrument processuel supplémentaire, voire complémentaire, pour l'avocat. Il permet de sortir du système gagnant/perdant et de travailler sur la résolution de la relation conflictuelle :

– en maîtrisant le processus et la solution en permettant un gain de temps, une réduction de coûts, des risques et de l'aléa judiciaire ;

– en saisissant l'opportunité de resserrer la relation avec le client, mais également avec le confrère adverse (et la partie adverse) ;

– en fidélisant le client ;

– en obtenant une valeur ajoutée et un avantage concurrentiel ;

1. V. un autre extrait intervention de M.-A. Gallot le Lorier : « *Au contraire, la médiation donne une occasion aux avocats de développer un nouveau type de relations avec leurs clients qui contribuent à leur donner confiance et à les fidéliser. Il est donc clair que la médiation modifie en profondeur le rôle de l'avocat, qu'il s'agisse de l'avocat exerçant en qualité de conseil ou de l'avocat exerçant en qualité de médiateur. Aujourd'hui, en effet, si les avocats souhaitent continuer à jouer un rôle de premier plan et exercer efficacement leur mission pour leurs clients dans des différends qui trouveront de moins en moins leur dénouement en ayant recours au juge, il leur appartient de se réinventer et de montrer leur capacité à trouver leur place dans un processus qui diffère complètement par nature de l'approche contentieuse. Ainsi, l'avocat en médiation doit-il impérativement être rompu aux techniques de communication humaine et faire preuve de savoir-faire et de savoir-être. De même, l'avocat devenu médiateur doit faire table rase de tous ses anciens réflexes. Il doit être neutre, impartial et indépendant.* », *in* V. Lasserre, « Médiation et performance économique », préc.

– en optimisant la satisfaction du client, sa propre satisfaction et sa réputation.

C'est au gré d'une enquête menée par la publication « Village de la justice »[1] qu'a été posée aux avocats la question : « *Pensez-vous que la médiation soit un potentiel de développement pour votre cabinet ?* »

Près de 60 % des répondants ont répondu par l'affirmative !

Voici les principales raisons pour lesquelles ils estiment que la pratique de la médiation par leur cabinet est complémentaire, voire nécessaire :

– pour répondre à une évolution sociale et une demande de leurs clients ;

– pour rassurer les clients et pallier l'aléa judiciaire (surtout pour les entreprises) ;

– pour pallier la durée longue et onéreuse d'un différend porté devant le juge ;

– pour diversifier et fidéliser les clients ;

– pour apaiser les conflits et responsabiliser les parties ;

– pour valoriser le rôle de l'avocat qui retrouve son rôle de conseil et d'assistant ;

– pour permettre une intervention de l'avocat dans une matière non pratiquée au sein du cabinet.

En conclusion, cette étude démontre que les avocats se sont bien familiarisés avec la médiation et qu'ils en ont, pour la plupart, une vision majoritairement positive. Toutefois – les auteures le constatent – les avocats ne savent pas toujours bien suggérer ou recommander, puis manier l'outil médiation, faute de formation qu'ils rechignent à suivre, convaincus de savoir, en leur qualité d'avocats, s'adapter à l'utilisation de cet outil « naturellement ».

Des formations adaptées existent cependant au sein des barreaux et mettent en évidence combien l'apprentissage des outils du médiateur et leur pratique sont utiles à l'exercice performant de la prescription et de l'accompagnement des justiciables dans le processus[2].

C'est une évidence désormais. Les avocats développent une « stratégie de l'amiable » au sein de leur cabinet et, pour ce faire, font usage des outils que

1. « Les avocats et la médiation, quelles affinités ? », 5 mars 2020, www.village-justice.com

2. Formation « L'avocat au cœur de la médiation » ; Anim. par M. Jaudel, H. Caldairou, Ch. Wilbois Lauzeral, avocats praticiens de l'accompagnement de leur client en médiation et médiateurs certifiés.

sont la négociation raisonnée, le droit collaboratif, la procédure participative... et plus particulièrement la médiation[1].

Pour cette dernière, 80 % des avocats ayant répondu à l'enquête[2] estiment qu'elle peut être pratiquée « dans tous les domaines du droit ».

À l'échelon européen, la Commission européenne pour l'efficacité de la justice (CEPJE) souligne les atouts suivants pour les avocats[3] :

– le fort taux de réussite du processus de médiation renforce la crédibilité et la réputation du cabinet d'avocats ;

– la rapidité du processus donne au cabinet d'avocats plus de temps pour traiter d'autres affaires ;

– le taux de réussite obtenu par le cabinet d'avocats contribue à accroître la fidélité de la clientèle.

Tout cela contribue à la rentabilité du cabinet d'avocats, si l'on tient compte de la rapidité du règlement, de la satisfaction du client à l'égard du résultat obtenu et du temps gagné par le client.

1. Mise en place de la 1re École de la Médiation au barreau de Paris en 2013, par C. Féral-Schuhl et M. Jaudel afin de former et sensibiliser les avocats à leur rôle dans la médiation ; v. « L'école de la médiation du Barreau de Paris. Former et sensibiliser les avocats à la médiation », www.efb.fr. Cette école est dénommée aujourd'hui École internationale des MARL (EIMA), www.avocatparis.org
2. « Les avocats et la médiation, quelles affinités ? », 5 mars 2020, www.village-justice.com
3. Cepej (2018) 7REV, 30e réun. plén., Strasbourg, 27-29 juin 2018, complétée lors de la 31e réun. plén., Strasbourg, 3-4 déc. 2018.

32

Est-ce que l'avocat peut se substituer à ses clients dans les réunions de médiation ?

Il entre dans les prérogatives de l'avocat de représenter son client tant devant les juridictions que dans toutes autres situations pour lesquelles il serait missionné (négociations, présence à une expertise, etc.).

Tel est également le cas de la médiation.

Pour autant, cette situation est rarement justifiée et, en tous les cas, peu adaptée au processus de la médiation. Elle s'avère de surcroît contraire à l'intérêt des parties.

32.01 **Pouvoir de représentation de l'avocat à côté de ses clients.** L'un des intérêts majeurs de la médiation est de donner l'opportunité aux justiciables de s'exprimer et d'écouter l'autre partie afin de mieux faire comprendre et d'être mieux compris sur les raisons du désaccord.

Parler avec ses mots, sa colère, sa déception, facilite la compréhension et la recherche de solutions. Le non-verbal prend également toute sa place et illustre souvent les malentendus, la mauvaise communication ou même son absence, tout ce qui caractérise l'escalade dans le conflit.

La présence du client pendant les réunions de médiation est donc naturelle et apparaît nécessaire pour rétablir le dialogue et faciliter la communication.

Si l'avocat a de plein droit la faculté de représenter et d'assister son client en médiation, il faut noter que, avec le décret du 25 février 2022[1], sont précisément identifiées toutes autres personnes qui pourront assister, dans le processus de médiation, la partie concernée, dans la mesure où elle a qualité pour assister le justiciable devant la juridiction qui a ordonné la médiation[2]. Ce sont ces personnes, et elles seules, qui disposent désormais de ce pouvoir d'assistance, ce qui est plus restrictif qu'auparavant puisque, dans le silence de la loi, il n'était pas rare de voir la partie médiée accompagnée de toute autre personne de son choix.

Désormais, à titre d'exemple, en dehors de l'avocat dont le pouvoir de représentation demeure inchangé, les parties ne peuvent être assistées que par les personnes suivantes :

– devant le tribunal judiciaire : un conjoint, un parent, etc.[3] ;

1. Décr. n° 2022-245, 25 févr. 2022, préc.
2. C. pr. civ., art. 131-7.
3. C. pr. civ., art. 762.

– devant le conseil des prud'hommes : un salarié appartenant à l'entreprise ou à la même branche d'activité, un défenseur syndical, le conjoint ou le concubin, etc.[1] ;

– devant le tribunal de commerce : toute personne au choix de la partie médiée, lorsque la demande porte sur un montant inférieur ou égal à 10 000 euros ou qu'elle a pour origine l'exécution d'une obligation dont le montant n'excède pas 10 000 euros[2].

La question de la confidentialité, qui incombe à ces personnes, exige la plus grande vigilance de la part du médiateur[3].

32.02 **Pouvoir de représentation de l'avocat à la place de ses clients.** En vertu des articles 6 et 8 de la loi du 31 décembre 1971[4], l'avocat dispose d'un pouvoir général de représenter son client. Celui-ci s'exerce devant les juridictions, les organismes juridictionnels ou disciplinaires de quelque nature que ce soit. Un pouvoir qui s'exerce sous réserve des dispositions régissant les avocats au Conseil d'État et à la Cour de cassation.

L'avocat peut aussi, sous réserve des dispositions législatives et réglementaires, assister et représenter son client devant les administrations publiques.

En conséquence, ce dernier peut évidemment sur un plan purement formel se substituer à ses clients dans les réunions de médiation, la question qu'il convient de se poser consiste à s'interroger sur le :

– pourquoi vouloir utiliser ce processus de substitution ?

– et dans quelles circonstances peut-on vouloir y recourir ?

– et comment l'utiliser alors (sans en abuser…) ?

En ce qui concerne les réunions d'information au stade de l'injonction de rencontrer un médiateur[5], dans le silence des textes et sauf précision expresse du juge relativement à la présence des parties, on ne peut que recommander que les parties se rendent en personne, avec leur avocat, à cette réunion d'information. L'objectif est ici de convaincre les parties de l'intérêt du processus de médiation.

1. C. trav., art. R. 1453-2.
2. C. pr. civ., art. 853.
3. V. s^s n°s 85.11 s.
4. L. n° 71-1130, 31 déc. 1971 portant réforme de certaines professions judiciaires et juridiques, *JO* 5 févr.
5. V. s^s n°s 91.01 s.

32.03 **Pourquoi vouloir utiliser son pouvoir de représentation et dans quelles circonstances peut-il vouloir y recourir ?** Il peut arriver que l'une ou l'autre des parties soit/soient dans un tel état de « stress », « colère », confusion, mal-être ou encore toute autre forme d'état entravant l'expression ordonnée d'une narration ou d'explications, que sa présence et sa participation ne feraient pas avancer le processus ou même préjudicieraient à la restauration d'un dialogue.

L'avocat peut se présenter en de pareilles circonstances comme un représentant en mesure de dédramatiser la situation et de participer au récolement d'informations et d'explications de nature à faire avancer le processus.

32.04 **Et comment l'utiliser alors (sans en abuser...) ?** La recommandation première peut être d'alterner si possible des réunions en présence des parties et de leurs conseils avec des réunions en présence des seuls avocats : non pas pour plaider les dossiers et chercher à convaincre le contradicteur, mais pour démêler les nœuds et se prêter à rapporter les échanges aux clients respectifs avec le filtre de la compréhension de la position de l'autre.

Une médiation qui se déroulerait en toutes circonstances hors la présence des parties n'est pas envisageable, même si en théorie rien ne l'interdit.

Une solution de compromis, dans l'hypothèse où les parties ne voudraient en aucun cas se retrouver en face à face, serait d'organiser, par l'intermédiaire du médiateur, une navette entre les parties, chacun des médiés se tenant dans une salle séparée, assisté de son avocat. Ce processus est assez courant aux États-Unis et conduit à de bons résultats, mais le talent, le savoir-faire du médiateur et des avocats y sont pour beaucoup.

33

De quels outils dispose l'avocat pour diagnostiquer et prescrire une médiation ?

On se persuade mieux, pour l'ordinaire, par les raisons qu'on a soi-même trouvées, que par celles qui sont venues dans l'esprit des autres.

Blaise PASCAL.

L'avocat est un auxiliaire de justice, doté d'une éthique et d'une déontologie.

Il est d'abord un « combattant », habitué à déployer des arguments offensifs pour défendre la position de son client.

Ce qui change avec le développement de la médiation dans le monde judiciaire, c'est cette ouverture plus spontanée sur des modes alternatifs de règlement des différends. L'avocat apprend ainsi à avoir un autre regard sur les relations qu'il a tant avec la ou les parties adverses qu'avec son client.

Ainsi, en règle générale, on retiendra que, lorsque la loi ne l'impose pas, il est recommandé à l'avocat d'examiner avec ses clients la possibilité de résoudre leurs différends par le recours aux modes amiables ou alternatifs de règlement des différends, préalablement à toute introduction d'une action en justice ou au cours de celle-ci, ou lors de la rédaction d'un acte juridique en introduisant une clause à cet effet.

C'est la raison pour laquelle, le 18 décembre 2020, l'Assemblée générale du Conseil national des barreaux a adopté une décision à caractère normatif portant réforme du règlement intérieur national de la profession d'avocat[1].

33.01 **Premier rendez-vous.** Le premier rendez-vous de l'avocat avec le client qui envisage de lui confier un dossier est primordial. Il déterminera notamment la faisabilité du travail en commun de personnalités distinctes qui, au demeurant, ne se trouvent pas dans la même situation.

Le client attend de sa démarche la reconnaissance de droits et/ou, le cas échéant, la réparation d'un préjudice. L'avocat, prestataire de services, entend bien « convenir » au client en assurant une prestation qui lui permette d'espérer que ses attentes seront satisfaites.

Pour ce faire, l'avocat dispose d'outils diversifiés qui lui permettront de conseiller son client utilement :

– comparer pour choisir ;

– ne pas chercher à convaincre en plaidant le dossier « contre » ou « pour » son client, mais ouvrir le champ des possibles ;

1. AG du CNB, 18 déc. 2000, déc. à caractère normatif n° 2020-004, portant réforme du RIN (art. 6.1 et 8.2), *JO* 17 janv. 2021 ; v. s[s] n° 13.01.

– écouter, questionner largement (le travail ne se fait pas uniquement sur les pièces) ;

– écouter les résistances ;

– faire cheminer : adopter une posture de coach par l'utilisation des outils du médiateur.

33.02 **Utiliser les outils du médiateur.** L'avocat, le premier interlocuteur de son client, devra écouter, reformuler, poser des questions pour déterminer :

– quels sont les intérêts les plus importants à préserver ?

– quelles sont les attentes du client et celles de l'autre partie ?

– quel est le meilleur outil processuel ?

Il conviendra de se reposer la question en fonction de l'évolution du dossier.

L'avocat identifiera les principaux intérêts au fond et les intérêts processuels du client et de la partie adverse ainsi que les obstacles (relation, données, intérêts, valeurs) opposés par le client tout en identifiant ceux de la partie adverse, de son avocat.

Pour mener à bien cet exercice, l'avocat utilisera les outils de la médiation, ce qui explique tout l'intérêt qu'il a à se former à ces techniques.

Les principaux outils sont les suivants :

– Écouter :

• il laisse parler ;

• il laisse s'expliquer ;

• il demande au client de compléter ses interventions, est-ce qu'il a dit tout ce qui le préoccupe ;

• il reformule pour s'assurer d'avoir bien compris ;

• il lui demande s'il souhaite ajouter/compléter.

– Questionner, quelques exemples de questions ouvertes :

• quand et comment cela a-t-il commencé ?

• qu'est-ce qui s'est passé ?

• de votre point de vue, y a-t-il d'autres éléments, d'autres personnes qui ont pu influencer ce qui s'est passé ?

• comment en êtes-vous arrivé là ?

• et ensuite que s'est-il passé ?

• que souhaiteriez-vous aujourd'hui ?

– Synthétiser, classer les points à traiter par ordre de priorité/urgence :

• approfondir point par point : pourquoi ce point est-il important pour vous ?

- passer des positions aux besoins, intérêts, préoccupations, valeurs ;
- appliquer un questionnement pour chaque point concerné.

33.03 **Synthétiser la méthodologie.** L'avocat ne manquera pas d'expliquer à son client les raisons pour lesquelles la médiation est le processus le plus adapté pour résoudre son différend et répond tant à ses intérêts sur le fond qu'à ses intérêts processuels ; il conviendra d'adapter le discours à la situation du client, en mettant en évidence, selon le cas, que :

– la solution peut être qualitativement supérieure à une décision de justice qui tranche et répond à des points de droit (solution sur mesure qui fait appel à l'imagination) ;

– le processus est rapide (en moyenne trois mois) ;

– il présente un moindre coût ;

– le maintien éventuel des relations est préservé ;

– la solution est gagnant-gagnant.

Il convient de lui expliquer le processus, ses règles, le rôle du médiateur et celui de l'avocat, et comment cela va se dérouler (étapes) ; quelques exemples :

– la flexibilité/processus sur mesure ;

– les parties se réapproprient le litige et s'approprient la solution avec un médiateur facilitateur ;

– qu'avez-vous à perdre à tenter votre chance ?

> PRÉCONISATIONS. C'est l'utilisation de ces outils et la confiance qui aura ainsi été gagnée par l'avocat, à l'écoute de son client, qui permettront de faire un diagnostic sur le dossier confié et qui conduiront à la prescription ou non du recours à la médiation.
>
> La prise de décision stratégique et opportune, adaptée, sera vraisemblablement, dans la mesure où le diagnostic aura été circonstancié et complet, une décision concertée, donc comprise, entre le client et son avocat.

4
Le choix du médiateur

41 Comment désigne-t-on le médiateur ? 108

42 Quelles sont les différentes catégories
de médiateurs ? 115

43 Quelles différences entre un médiateur facilitateur
et un médiateur aviseur ?. 127

44 Comment est rémunéré le médiateur ? 130

45 Pour quels motifs peut-on récuser le médiateur ? 137

41 Comment désigne-t-on le médiateur ?

> Désignation par le juge
> Désignation d'un commun accord entre les parties

41.01 **Les spécificités du médiateur.** Le médiateur – du latin « *mediator* », c'est-à-dire « entremetteur » – se trouve au milieu des parties. En fait, il est multifacette : c'est la conjugaison harmonieuse de plusieurs aspects qui rend efficace son intervention dans de multiples domaines, mettant en scène les relations humaines, économiques, financières et sociales. Le maintien ou la restauration du lien entre des parties représente son objectif premier. Par son écoute, son expérience, son savoir-faire et son savoir-être, il facilitera la restauration du dialogue et la recherche d'une solution amiable. Cela est rendu possible par la formation aux techniques de la médiation (écoute, reformulation…) et aux qualités humaines (empathie, intuition, autorité naturelle…).

Le médiateur peut être désigné par le juge (médiation judiciaire) ou choisi par les parties (médiation conventionnelle). Dans tous les cas, le choix de la personne du médiateur est déterminant. Il convient de désigner la personne la mieux adaptée à la situation, justifiant d'une bonne formation (formation initiale de base et formation continue), expérimentée dans le domaine de la médiation et qui a une pratique reconnue en termes d'éthique et de déontologie. À ce titre, le médiateur doit accomplir « *sa mission avec impartialité, compétence, indépendance et diligence* »[1].

C'est dans cet objectif que le Conseil national des barreaux (CNB) a créé le Centre national de médiation des avocats (CNMA[2]), une plateforme qui permet au justiciable de trouver un avocat accompagnateur en médiation et de choisir un avocat médiateur parmi les centaines d'avocats référencés, spécialement formés à la médiation.

Il y a des domaines où la spécialité du médiateur, son expérience, ses fonctions notamment, peuvent constituer des atouts décisifs. Son expertise, son expérience, son savoir-faire, son savoir-être seront des qualités qui peuvent être déterminantes pour accompagner les parties dans la recherche de solutions. Il sera en mesure de comprendre le contexte, les usages et, éventuellement les aspects techniques attachés au différend.

1. L. n° 95-125, 8 févr. 1995, préc., art. 21-2.
2. Cette plateforme met également à la disposition des justiciables et des avocats des outils et guides pratiques sur la médiation. Pour plus de précisions : cnma.avocats.fr

> Désignation par le juge

41.11 Plusieurs options. Lorsque le juge choisit le médiateur, il a plusieurs options[1] :

– il peut désigner un médiateur présent sur place. En effet, des médiateurs peuvent assurer des permanences et sont susceptibles d'être désignés immédiatement. Il peut être intéressant et utile que le médiateur assiste à l'audience pour comprendre les positions des parties et être ainsi capable d'une meilleure appréhension du sujet, des difficultés. Il peut intervenir rapidement, voire dans la suite de l'audience ;

– le juge peut également proposer un nom choisi sur une liste des médiateurs inscrits auprès de chaque cour d'appel[2] ;

– il peut aussi désigner le nom du médiateur qui lui est proposé par les parties ou encore choisir parmi plusieurs noms qui lui sont proposés.

41.12 Conditions. Le médiateur désigné par le juge peut être soit une personne physique, soit une personne morale.

Si le médiateur est une personne morale, son représentant légal soumet à l'agrément du juge le nom de la ou des personnes physiques qui assureront, au sein de celle-ci et en son nom, l'exécution de la mesure[3].

Si le médiateur désigné est une personne physique, il doit satisfaire à plusieurs conditions[4] :

– « *ne pas avoir fait l'objet d'une condamnation, d'une incapacité ou d'une déchéance mentionnée sur le bulletin n° 2 du casier judiciaire ;*

– n'avoir pas été l'auteur de faits contraires à l'honneur, à la probité et aux bonnes mœurs ayant donné lieu à une sanction disciplinaire ou administrative de destitution, radiation, révocation, de retrait d'agrément ou d'autorisation ;

– posséder, par l'exercice présent ou passé d'une activité, la qualification requise eu égard à la nature du litige ;

– justifier, selon le cas, d'une formation ou d'une expérience adaptée à la pratique de la médiation ;

1. C. pr. civ., art. 131-1 s.
2. Décr. n° 2017-1457, 9 oct. 2017 relatif à la liste des médiateurs auprès de la cour d'appel, *JO* 11 oct., texte 9.
3. C. pr. civ., art. 131-4, al. 2.
4. C. pr. civ. art. 131-5.

– présenter les garanties d'indépendance nécessaires à l'exercice de la médiation. »

On notera qu'aucune de ces conditions énumérées par cet article ne fait obligation de choisir un médiateur inscrit sur la liste des cours d'appel[1].

41.13 Mentions obligatoires lors de la désignation. La décision de désignation du juge doit indiquer les mentions suivantes[2] :

– l'accord des parties pour recourir à la médiation ;

– le nom du médiateur ;

– la durée initiale de sa mission. Il convient ici de rappeler que le délai fixé au médiateur pour remplir sa mission est initialement de trois mois « *à compter du jour où la provision à valoir sur la rémunération du médiateur est versée entre les mains de ce dernier. Cette mission peut être renouvelée une fois, pour une même durée, à la demande du médiateur* »[3] ;

– la date à laquelle l'affaire sera rappelée à l'audience ;

– le montant de la provision à valoir sur la rémunération du médiateur ainsi que la règle de répartition de ce montant entre les parties[4]. Dès le prononcé de la désignation du médiateur, le greffe notifie celle-ci aux parties et au médiateur. Ce dernier doit donner son accord sans délai et dès qu'il a reçu le montant de la provision, il peut convoquer les parties[5]. On rappellera qu'à défaut de versement de la provision dans les délais requis, la mission sera caduque. Il est également possible pour le juge de préciser, dans sa décision de désignation du médiateur qu'« *en cas d'empêchement ou de refus le médiateur désigné pourra être remplacé par ordonnance à la demande de la partie la plus diligente* »[6].

41.14 Contrôle du profil du médiateur. Il existe un décalage entre les exigences réglementaires et la réalité[7].

1. Décr. n° 2017-1457, 9 oct. 2017, préc.
2. C. pr. civ., art. 131-6.
3. C. pr. civ., art. 131-3.
4. V. s^s n° 44.11.
5. C. pr. civ., art. 131-7.
6. Aix-en-Provence, ch., 06 A, 20 févr. 2007, RG n° 06/10630.
7. J.-P. Bonafe-Schmitt, *Les médiations, logiques et pratiques sociales,* rapp. rech. pour le GIP, Mission de recherche droit et justice, avr. 2001, p. 75 s.

En effet, la désignation du médiateur par le juge supposerait que ce dernier ait identifié le profil, en considération de la nature du litige et de la personnalité des parties.

Or, comme la confiance dans le médiateur est un facteur déterminant de la réussite ou de l'échec de la médiation, l'avis des parties sur le choix proposé par le juge est important.

> PRÉCONISATIONS. Cette démarche de concertation est fortement recommandée. C'est notamment la position exprimée par le juge Gérard Pluyette qui considère même qu'il s'agit d'« *un point capital qu'il ne faut pas négliger, car il faut chercher véritablement quelle est la personne qui est voulue, acceptée et apte. Cela ne signifie pas que ce sont les parties qui choisissent elles seules, mais que par cette concertation, le juge parvient à trouver et désigner le médiateur qui lui paraît convenir le mieux à la situation litigieuse* ». Il précise que « *Choisir et désigner d'autorité un médiateur, sans consulter les parties, est une erreur psychologique. Quand je parle d'associer les parties, surtout les avocats, au choix du médiateur, c'est avant tout de les consulter sur le profil qu'ils aimeraient avoir et, éventuellement, la personne.* »[1]

En pratique, les juges délèguent souvent à une association ou à un centre de médiation le choix du profil. Généralement, le profil, après concertation entre les parties, leur sera alors soumis pour agrément.

> Désignation d'un commun accord entre les parties

41.21 **Un choix libre.** Que la médiation soit judiciaire ou conventionnelle, le (les) médiateur(s) est (sont) librement choisi(s) d'un commun accord entre les parties.

Dans le cas de la médiation judiciaire, la désignation est opérée toutefois sous le contrôle du juge. Il appartient à ce dernier de marquer de son imperium la désignation de tel ou tel médiateur qui, et c'est un sujet qui n'a pas

1. G. Pluyette, « Expertise, arbitrage, médiation : quelles solutions pour des difficultés qui subsistent à l'aube du XXIe siècle ? », alloc. coll., 6 juin 2000, *IEAM*, p. 57 et 70.

trouvé en l'état de réponse, peut ne pas être celui qui avait été retenu par les parties, suite à l'information qui leur avait été donnée sur la médiation ou encore de leur libre choix concerté.

Le critère essentiel de la liberté des parties, de l'adhésion pleine de ces dernières à l'entrée dans un processus de médiation avec le médiateur qu'elles auront librement choisi, n'est pas respecté.

Si les parties ne veulent pas engager la médiation avec un médiateur qu'elles n'auront pas choisi, la seule solution à cette situation « contrariante » serait alors que les parties renoncent à la médiation ou décident d'en engager une, avec le médiateur pressenti, conventionnellement et non plus judiciairement.

ANALYSE CRITIQUE. En effet, la décision ordonnant, renouvelant ou mettant fin à la médiation, a la nature d'une mesure d'administration judiciaire, conformément à la jurisprudence de la Cour de cassation[1]. Cette règle est désormais confirmée par le Code de procédure civile.
Une telle décision n'est pas susceptible d'appel[2]. Cela est de nature à soulever une difficulté lorsque le juge ordonne en même temps une mesure susceptible d'appel, par exemple la désignation d'un expert judiciaire. Dans ces conditions, les juges doivent veiller à rendre une ordonnance distincte pour la mesure de médiation.

41.22 **Attention : pas de confusion des rôles de médiateur et d'arbitre.** La médiation peut être une alternative à l'arbitrage.

Mais si le médiateur, comme l'arbitre, est choisi par les parties, la mission de l'arbitre est très différente. Il a pour mission de trancher le différend qui lui est soumis, en prenant en compte les positions de chaque interlocuteur. Ce n'est que lorsqu'il se voit doter des pouvoirs d'amiable composition qu'il peut s'affranchir de la règle de droit[3].

Contrairement à certaines pratiques, le médiateur doit donc s'interdire de devenir arbitre s'il ne parvient pas à faire émerger une solution par la voie de la médiation. D'une part, la confidentialité des échanges lors de la médiation, règle fondamentale, a pour conséquence qu'il lui sera interdit d'utiliser

1. Civ. 1re, 7 déc. 2005, nos 02-15.418, 03-10.316, P.
2. C. pr. civ., art. 131-15.
3. Dans l'hypothèse de l'amiable composition, l'arbitre est déchargé par les parties de son obligation de statuer en droit et doit statuer en équité.

ces échanges, ces « confidences » lors d'une procédure ultérieure, l'étanchéité ne pouvant être garantie. D'autre part, l'arbitre dont la mission est de juger et donc de prendre parti ne peut se convertir en médiateur, accompagnant les parties dans la recherche d'une solution. L'arbitre ne doit donc en aucun cas devenir médiateur[1].

Par ailleurs, s'il est possible de choisir d'aller en arbitrage, en cas d'échec de la médiation, il faut choisir des personnalités distinctes de la personne qui a conduit la médiation.

Dans ces domaines où la confiance est essentielle pour parvenir à des résultats d'excellence, la confusion des genres n'est pas recommandée, quelles que soient la loyauté et la qualité des intervenants.

1. V. s[s] n°s 21.31 s. ; sur la confidentialité, v. s[s] n°s 85.11 s.

42

Quelles sont les différentes catégories de médiateurs ?

> Personnes physiques, centres et associations de médiateurs
> Médiateurs internes
> Médiateurs institutionnels

Nul doute que la médiation est évocatrice d'un foisonnement de médiateurs qui, bien que portant le même nom, laissent apparaître des spécificités qui méritent d'être identifiées et précisées.

Toutefois l'essentiel reste que chacune des pratiques exercées produise des effets positifs sur les conflits.

Si le médiateur, quelle que soit la particularité de son champ d'activité et de son exercice, parvient à offrir un cadre sécurisé et confidentiel de manière à permettre de restaurer le dialogue et de faciliter la communication entre les parties, la diversité n'empêchera pas le bon fonctionnement de ces médiations.

> ANALYSE CRITIQUE. Par ailleurs, indépendamment des terminologies qui peuvent être source de confusion, on constatera que ces médiateurs ont tous un objectif commun : restaurer le dialogue et la confiance entre les parties.
>
> Toutes ces pratiques ont pour vocation de contribuer à diffuser la médiation dans le corps social et dans l'activité économique.

> Personnes physiques, centres et associations de médiateurs

42.11 **Tiers indépendants.** Les médiateurs qui relèvent de ce secteur qualifié de libéral sont nécessairement formés aux techniques de communication et à la déontologie.

Quelle que soit leur structure d'exercice (en individuel, société ou encore association), il s'agit de tiers, indépendants des parties et offrant obligatoirement une garantie d'assurance.

Ils sont des « *facilitateurs de communication, sans pouvoir de décision ni rôle d'expertise technique ou de conseil* »[1]. Ils vont accorder aux parties qui les auront choisis un service rémunéré[2] d'accompagnement en vue de résoudre le conflit qui les oppose dans ses dimensions juridique, économique, sociale, et psychologique.

1. Extrait de la définition adoptée dans le *Livre blanc de la médiation* élaborée par la coll. « Médiation 21 » et présentée aux pouvoirs publics, le 17 oct. 2019.
2. V. s^s n° 44.11.

Lorsqu'ils fournissent leurs prestations dans le cadre d'un service de médiation en ligne, ils doivent obligatoirement être certifiés sur la liste des médiateurs ou conciliateurs, dans la rubrique spéciale pour les services en ligne fournissant des prestations de médiation. Il convient de préciser que la certification est accordée de plein droit à certaines catégories de médiateurs, notamment les médiateurs inscrits dans le ressort d'une cour d'appel, sur la liste prévue à l'article 22-1 A de la loi du 8 février 1995[1]. Il en est de même pour les conciliateurs de justice et pour les médiateurs de la consommation inscrits sur la liste prévue à l'article L. 615-1 du Code de la consommation[2].

On soulignera le rôle important des associations d'avocats médiateurs, à l'instar de la première association du Barreau de Paris, l'Association des médiateurs européens (AME[3]) créée par Madame Dominique de La Garanderie en 1999, sous son bâtonnat et de la Fédération Française des Centres de Médiation (FFCM) à la tête de laquelle, en 2021, a été élu Président un avocat, Monsieur Romain Carayol, pour un mandat de trois ans.

42.12 **Le Centre national de médiation des avocats (CNMA).** Le Conseil national des barreaux (CNB) a créé le Centre national de médiation des avocats[4]. Cette plateforme met à la disposition des justiciables et des avocats des outils et guides pratiques sur la médiation. Elle permet au justiciable de trouver un avocat accompagnateur en médiation et de choisir un avocat médiateur parmi plusieurs centaines d'avocats référencés, qui sont tous des avocats spécialement formés à la médiation.

42.13 **Le Groupement national des commissaires médiateurs.** Lancé le 11 janvier 2022 et soutenu par la Chambre nationale des commissaires de justice, ce Groupement réunit trois cents commissaires médiateurs présents sur tout le territoire national, en France métropolitaine et en Outre-Mer, formés aux techniques de médiation et aux MARD. Ils proposent des solutions amiables assorties de titres exécutoires pour le règlement de tous types de litiges, qu'il s'agisse d'impayés, de conflits de voisinage, de litiges commerciaux, ou de litiges intra et interentreprises.

1. L. n° 95-125, 8 févr. 1995, préc.
2. V. s[s] n° 71.44.
3. L'AME a successivement été présidée par M. Bourry d'Antin, S. Cohen-Lang, L. Samama, H. Dehghani-Azar, A. Albert, autant de médiateurs actifs dans la promotion de la médiation sur la place de Paris.
4. H. Deghani-azar, « La médiation et le numérique : pourquoi et comment mettre en pratique la médiation à distance », *RLDA* n° 166, janv. 2021.

> Médiateurs internes

42.21 Tiers « maison ». Ils sont rémunérés par les entreprises au sein desquelles ils exercent leur fonction, dont ils sont souvent salariés ou retraités ; leur nomination est assortie de modalités (durée du mandat, budget autonome, position dans l'organigramme limitant le lien de subordination, intervention dans un établissement autre que celui dont ils relèvent…) permettant néanmoins de garantir une relative indépendance.

Leur rôle consiste pour l'essentiel dans la prévention et, si nécessaire, la résolution de conflits internes et ils sont, en raison de leur présence permanente ou périodique, particulièrement à même d'être saisis en amont de difficultés relationnelles au sein de l'entreprise (réorganisation, déménagement, introduction de nouvelles technologies…).

Les entreprises se dotent, assez couramment, d'un médiateur interne, comme faisant partie d'une meilleure justice organisationnelle. D'ailleurs, les médiateurs internes se forment dorénavant de plus en plus souvent de manière à maîtriser les fondamentaux du cadre structuré de la médiation au sens des textes législatifs et réglementaires[1].

> Médiateurs institutionnels

42.31 Tiers « sectoriels ». Il s'agit de médiateurs sectoriels mis en place par une institution ou une entreprise afin de répondre à des désaccords sur les suites données à une réclamation :

– émise auprès d'un organisme social (Urssaf, Pôle emploi par exemple), d'un organisme financier (AMF) ou d'une société (fournisseur d'énergie par exemple) ;

– à raison des relations conflictuelles avec les riverains du fait du déploiement d'éoliennes ;

– à raison de différends rencontrés par des usagers (qu'ils soient des particuliers, des commerçants ou toutes autres entités) avec leur ville[2], les servi-

1. C. pr. civ., art. 1530 s.
2. S. Henry, désignée médiatrice de la Ville de Nice 2016-2022, https://www.nice.fr/fr/actualites/le-mediateur-de-la-ville-de-nice-un-outil-d-amelioration-du-service-public?type=articles

ces de la ville ou les organismes ayant une délégation de service public. Les premiers pas de la médiation institutionnelle française datent de la création en 1973 du médiateur de la République, aujourd'hui remplacé par le Défenseur des droits[1]. Depuis, les dispositifs de médiation n'ont cessé de se propager, sous des formes très hétérogènes. La diversité de ces dispositifs s'observe d'abord au niveau des textes qui les instaurent (lois, circulaires, protocoles d'accord), puis dans leurs institutions de rattachement (administrations centrales, collectivités, autorités administratives indépendantes, entreprises publiques) et aussi dans leurs statuts juridiques.

Toutes les institutions et entreprises peuvent saisir le médiateur concerné pour fluidifier les contacts qu'elles entretiennent avec leurs clients ou les usagers. Après avoir entendu leurs points de vue respectifs, le médiateur institutionnel tentera de rapprocher les parties dans un cadre confidentiel. Il interviendra le cas échéant auprès de l'institution pour faire corriger une anomalie ou il proposera aux parties une solution en veillant à tenir compte des circonstances particulières, le cas échéant, mais en se conformant obligatoirement à la réglementation applicable.

Les médiateurs institutionnels présentent chaque année à l'organisation qui les a désignés un rapport d'activité[2].

Certains s'interrogent sur la neutralité et l'indépendance de ces médiateurs institutionnels[3], d'autres défendent l'utilité qu'ils présentent pour l'intérêt général, au-delà des problématiques individuelles. Les divers cas qu'ils rencontrent leur servent à formuler des préconisations concrètes pour améliorer le fonctionnement des institutions. À titre d'exemple, Jean-Louis Walter, médiateur Pôle emploi, illustre ainsi la problématique : « *À Pôle emploi, ils recevaient une flopée de réclamations parce que personne ne comprenait rien à leurs courriers, je leur ai donc conseillé de mieux les formuler.* » Ou encore, le médiateur de l'AMF, Marielle Cohen-Branche, a soutenu lors de la présentation de son rapport annuel 2021, que l'année avait été marquée par une forte augmentation des saisines. En effet, celles-ci portaient en grande partie sur le fonctionnement du Plan d'épargne en actions (PEA) ainsi que

1. V. s[s] n° 42.41.
2. V. France Stratégie, « Médiation accomplie ? Discours et pratiques de la médiation entre citoyens et administrations », rapp., www.strategie.gouv.fr
3. M. Pierrini, « La médiation de la consommation, une vraie médiation ? L'exemple de l'énergie », 26 avr. 2022, village-justice.com

sur les ordres de bourse, mal maîtrisés par de nouveaux investisseurs, souvent jeunes, apparus avec la crise sanitaire[1].

>> Défenseur des droits et ses délégués

42.41 **Défenseur des droits.** Le Défenseur des droits est une autorité indépendante, inscrite à l'article 71-1 de la Constitution en 2008 et organisée par la loi organique du 29 mars 2011[2].

Il est nommé par le président de la République pour un mandat de six ans non renouvelable et non révocable : « *il veille au respect des droits et libertés* » dans cinq domaines déterminés par la loi :

– défense des droits des usagers du service public ;

– défense et promotion des droits de l'enfant[3] ;

– lutte contre les discriminations et promotion de l'égalité ;

– respect de la déontologie par les professionnels de la sécurité ;

– protection des lanceurs d'alerte.

Le Défenseur des droits traite les réclamations individuelles reçues (plus de 80 000 dossiers par an) en privilégiant, après analyse et confrontation des points de vue, la recherche d'un règlement amiable : médiation, recommandation, transaction. Il peut cependant intervenir volontairement devant les juridictions pour présenter des observations ou demander des sanctions.

42.42 **Réseau territorial du Défenseur des droits.** Le Défenseur des droits s'appuie sur un réseau territorial d'environ cinq cents délégués bénévoles, en métropole et Outre-mer, qui assurent des permanences dans plus de sept cent cinquante points d'accueil, dont les établissements pénitentiaires : ils recueillent 80 % des réclamations qui lui sont adressées.

Les délégués reçoivent dans le ressort de leur département, par délégation du Défenseur des droits dans ses quatre premiers domaines de compétence sus énoncés, pour écouter, conseiller et aider les personnes qui les saisissent afin de faire valoir leurs droits.

1. O. Dufour, « Médiateur de l'AMF : le succès croissant d'une médiation modèle », 20 avr. 2022, *Lextenso*, actu-juridique.fr
2. L.O. n° 2011-333, 29 mars 2011, relative au Défenseur des droits, art. 26, *JO* 30 mars, texte 1.
3. V. s^{s} n° 57.31.

En cas de litige, ils ont délégation pour contribuer avec les parties à la recherche d'une résolution amiable du différend : ces bénévoles, expérimentés et formés, jouent ainsi un rôle de médiateur indépendant et impartial.

Recrutés sur curriculum vitae, ils doivent réunir des qualités humaines, notamment d'écoute et disposer d'une bonne capacité d'analyse et de synthèse[1]. Les délégués du Défenseur des droits ont été associés, dans plusieurs départements, à l'expérimentation de la médiation préalable obligatoire (MPO), prévue par la loi du 18 novembre 2016 de modernisation de la justice du XXIe siècle, qui s'est déroulée du 1er avril 2018 au 31 mars 2021[2]. Dans un rapport publié à l'issue de l'expérimentation[3], le Conseil d'État en dresse le bilan et évoque des perspectives d'évolution.

C'est le Défenseur des droits qui, dans le cadre de l'expérimentation de la MPO, s'était vu confier la mission de médiation pour les contentieux sociaux (allocations familiales, aide personnalisée au logement APL, etc.), ainsi que les contentieux afférents aux décisions prises à l'égard des fonctionnaires du ministère de l'Europe et des Affaires étrangères. Depuis le décret du 25 mars 2022[4], ces contentieux ne sont plus assujettis à la MPO, ce qui ne devrait toutefois pas priver le Défenseur des droits de la possibilité de traiter des réclamations individuelles entrant dans son champ de compétence[5].

> ANALYSE CRITIQUE. Toutefois, on peut constater que les délais de prescription ne sont pas suspendus si la réclamation présentée devant le Défenseur des droits ne rentre pas dans le champ de la MPO administrative. Il est regrettable que, à l'occasion de la pérennisation de la MPO dans la sphère administrative, les délégués du Défenseur des droits[6] qui, par leur statut et leur expertise, présentent des garanties d'indépendance et d'impar-

1. « Devenir délégué du Défenseur des droits », défenseurdesdroits.fr
2. L. n° 2016-1547, 18 nov. 2016, préc. ; v. s^s^ n°s 59.11 s.
3. « Expérimentation de la médiation préalable et obligatoire : bilan et perspectives », 2021, https://www.conseil-etat.fr
4. Décr. n° 2022-433, 25 mars 2022, préc.
5. V. s^s^ n° 42.41.
6. L. n° 2021-1729, 22 déc. 2021, préc. ; art. 213-14 : « *Lorsque le Défenseur des droits est saisi dans son champ de compétences d'une réclamation relative à une décision concernée par la médiation préalable obligatoire, cette saisine entraîne les mêmes effets que la saisine du médiateur compétent au titre de l'article L. 213-11.* »

tialité, de compétence et d'expérience, soient privés des prérogatives attachées à la suspension des délais de prescription[1].

>> Médiateur des entreprises

42.51 **Médiateur « Bercy ».** Le Médiateur des entreprises relève du ministère de l'Économie et des Finances[2].

Il peut être sollicité par toute entreprise ou administration, généralement représentée par son service juridique ou toute personne dûment mandatée. Cette faculté est ouverte aux sociétés placées en sauvegarde ou en redressement judiciaire ou bénéficiant d'un mandat ad hoc ou d'une procédure de conciliation, mais pas aux entreprises en liquidation judiciaire[3].

La saisine du médiateur se fait via le site web qui centralise les demandes. Il suffit de remplir en ligne une fiche d'information et de suivre les indications qui guideront le demandeur jusqu'à la désignation du Médiateur.

Ces médiateurs sont le plus souvent issus de la Direction Régionale des Entreprises, de la Concurrence, de la Consommation, du Travail et de l'Emploi. Ils sont formés selon le même processus que celui suivi par le médiateur judiciaire et par le médiateur conventionnel. Mais il convient de noter que les parties ne peuvent pas choisir leur médiateur, celui-ci étant désigné parmi une centaine de médiateurs affectés au service du Médiateur des entreprises.

Le Médiateur des entreprises est un service public gratuit dont la mission consiste à restaurer la confiance entre des acteurs économiques placés dans une situation de déséquilibre ou inscrits dans un rapport de force (litiges client-fournisseur, différends entre une TPE ou une PME et une grande entreprise, etc.) et de les aider à trouver une solution dans le traitement de certains litiges (brusque rupture de relations commerciales établies, application de pénalités disproportionnées, retards de paiement, etc.) ou dans les problématiques inhérentes à l'innovation (accès aux crédits impôt recherche,

1. V. les conséquences *a contrario* : L. n° 2021-1729, 22 déc. 2021, préc., art. 213-14 : C. just. adm., « *Lorsque le Défenseur des droits est saisi dans son champ de compétences d'une réclamation relative à une décision concernée par la médiation préalable obligatoire, cette saisine entraîne les mêmes effets que la saisine du médiateur compétent au titre de l'article L. 213-11.* » ; v. aussi s[s] n° 59.53, sur les prérogatives en matière de MPO des médiateurs administratifs et des délégués du Défenseur des droits.
2. « médiateur des entreprises », www.economie.gouv.fr
3. V. s[s] n°s 84.24 s.

litiges en matière de propriété intellectuelle ou industrielle… ou encore les différends liés aux baux commerciaux qui se sont multipliés pendant la période de Covid).

La médiation permet aux parties d'interrompre les délais de prescription et ne les empêche pas de revenir vers le contentieux en cas de besoin[1].

Si une action judiciaire est en cours, la recevabilité du dossier s'apprécie en fonction de l'état d'avancement de la procédure. L'entreprise peut également prendre l'initiative de solliciter du juge le renvoi de l'audience à une date ultérieure pour pouvoir engager un processus de médiation.

Le nombre de médiations confiées au Médiateur des entreprises a très fortement augmenté, passant d'une centaine de médiations par an en 2011 à une centaine de médiations par mois en 2019, avec un taux de réussite d'environ 70 %.

>> Médiateur du crédit

42.61 **Médiateur « sous l'égide de la Banque de France »[2].** La médiation du crédit est un dispositif instauré sous l'égide de la Banque de France, délocalisé dans chaque département et chaque collectivité d'Outre-Mer, qui vise à régler les litiges auxquels tout chef d'entreprise peut être confronté dans ses relations avec sa banque (dénonciation de découvert, refus de crédit, refus de rééchelonnement d'une dette, de garantie, etc.).

La saisine en ligne du médiateur[3], gratuite et confidentielle, se traduit, en cas d'admission du dossier, par une notification à la banque, laquelle doit faire connaître sa position à très bref délai (le premier contact avec le médiateur intervient dans les 48 heures suivant le dépôt du dossier), les concours bancaires existants étant maintenus pendant la durée de la médiation.

Si la banque maintient sa position à l'origine du différend, un des cent cinq médiateurs du crédit peut réunir les parties pour identifier les points de blocage et émettre des recommandations fondées sur l'analyse de la situation de l'entreprise.

Le rôle du médiateur consiste ainsi à rendre possible le dialogue entre l'entreprise et l'établissement de crédit pour obtenir ou maintenir un crédit

1. C. civ., art. 2238.
2. https://mediateur-credit.banque-france.fr
3. « médiateur du crédit », www.economie.gouv.fr

ou obtenir des garanties. Le pouvoir du médiateur dont la mission est de limiter les refus de financement est cependant limité, puisqu'il ne peut émettre que des recommandations et ne peut contraindre un établissement de crédit à accorder un crédit.

Si l'établissement de crédit refuse de suivre, partiellement ou totalement la recommandation du Médiateur, il doit lui exposer les raisons de son refus. Enfin, il doit informer le médiateur des suites de son intervention.

Un juge pourrait ultérieurement être appelé à apprécier le motif du refus de crédit[1].

Dans le cas particulier des modalités de restructuration des prêts garantis par l'État (PGE) en 2022, on notera le rôle qui a été confié au Médiateur du crédit. En effet, dans le cadre d'un accord de place signé au ministère de l'Économie pour permettre aux entreprises de bénéficier du maintien de garantie de l'État au-delà de la période initiale[2], le Médiateur du crédit a vocation à intervenir. Pour les entreprises ayant bénéficié d'un ou plusieurs PGE d'un montant total inférieur à 50 000 euros, il est prévu que le chef d'entreprise, assisté de son expert-comptable, le saisisse directement via la plateforme de la Médiation du crédit[3]. Pour les entreprises ayant bénéficié d'un ou plusieurs PGE d'un montant total supérieur à 50 000 euros, si le chef d'entreprise est invité à saisir le conseiller départemental de sortie de crise auprès des directions départementales des finances publiques, celui-ci se charge de l'orienter soit vers la Médiation du crédit, soit vers le tribunal de commerce avec les préventions amiables ou les procédures collectives[4], soit encore vers le Commission départementale des Chefs des Services Financiers (CCSF) ou le Comité départemental d'examen des problèmes de financement des entreprises (CODEFI), dans le cadre des financements d'État (prêts bonifiés).

1. J. Lasserre Capdeville, « Et si la médiation du crédit échoue », *Gaz. Pal.* 11-12 mars 2010, p. 19.
2. La période initiale des PGE était de six ans (deux ans de différé et quatre ans de remboursement). Les nouvelles mesures permettront de porter à dix ans au maximum la durée totale des PGE, soit, avec le différé de deux ans, un plan de remboursement de huit ans au maximum.
3. L'entreprise doit produire une attestation d'expert-comptable ou d'un commissaire aux comptes sur trois points : une absence de cessation des paiements de l'entreprise au moment de la saisine, une incapacité de l'entreprise à honorer ses échéances de PGE en 2022 et l'existence de perspectives commerciales et financières à même d'assurer la pérennité de l'entreprise.
4. V. s[s] n°s 84.24 s.

>> Médiateur des relations commerciales agricoles

42.71 **Médiateur de la chaîne alimentaire.** Le médiateur des relations commerciales agricoles est nommé par décret[1]. Il est entouré de médiateurs délégués qui sont désignés par arrêté conjoint des ministres chargés de l'économie et de l'agriculture. Leur mandat est de trois ans (renouvelable une seule fois).

Il a pour mission de faciliter le dialogue entre partenaires commerciaux de la chaîne alimentaire, de l'amont agricole à l'aval alimentaire. Il cherche à rétablir les échanges entre des parties en litige en les aidant à coconstruire une solution permettant la poursuite de leurs relations commerciales.

Il instruit confidentiellement les dossiers.

Par ailleurs, il rend des avis et recommandations sur des questions transversales.

>> Médiateur de la consommation

42.81 **Médiateur au service des consommateurs.** Tout professionnel fournisseur de biens ou de services doit obligatoirement mettre en place un dispositif de médiation de la consommation dont il assume le coût, et auquel ses clients consommateurs peuvent recourir gratuitement.

Les coordonnées du médiateur de la consommation (celui-ci devant être accrédité par la commission d'évaluation et de contrôle de la médiation de la consommation (CECMC) instituée par l'État) doivent être portées par le professionnel à la connaissance des consommateurs par tous moyens : site internet, conditions générales de vente, bon de commande, etc.

Le médiateur de la consommation doit tenter d'amener les parties à parvenir à un accord amiable ou, dans le cas contraire, leur proposer une solution[2].

1. La plaquette du médiateur des relations commerciales agricoles, de l'amont agricole à l'aval alimentaire : « Le médiateur des relations commerciales et agricoles », agriculture.gouv.fr ; v. ég. : Fr. Amand (médiateur des relations commerciales agricoles), J. Esclasse, « La Médiation des relations commerciales agricoles et le droit des pratiques commerciales », *RLC*, n° 105, 1er mai 2021.
2. V. ss n° 54.44.

42.82 **Le Médiateur national de la consommation de la profession d'avocat**[1]. Depuis le 1er janvier 2017, le Médiateur national de la consommation de la profession d'avocat a été mis en place par le Conseil national des barreaux[2].

Le Médiateur doit être indépendant, impartial, compétent et diligent[3].

Les échanges en médiation sont strictement confidentiels, seul l'accord final pouvant être divulgué.

Le recours à la médiation est gratuit pour le client et pour l'avocat.

La mission du médiateur consiste à faciliter la résolution d'un différend entre un avocat et son client, étant précisé que celui-ci doit être une personne physique intervenant en dehors de son activité professionnelle.

Le périmètre de son intervention est strictement limité à la contestation des honoraires de l'avocat, sans remise en cause de sa responsabilité professionnelle.

Il s'agit d'une étape facultative préalable à la saisine du bâtonnier compétent pour connaître des différends portant sur les honoraires.

Le rapport d'activité dressé pour l'année 2020[4] fait état d'une hausse significative du nombre de saisines (762 saisines en 2020, soit une augmentation de 13 % par rapport à l'année précédente). En 2021, si l'on note encore une augmentation du nombre de saisines (972), la proportion du nombre de saisines reste identique à celle de 2020 à raison d'un tiers seulement de saisines recevables.

>> Médiateur européen

42.91 **Pour lutter contre les dysfonctionnements des institutions européennes.** S'agissant du médiateur européen, voir les développements qui lui sont dédiés au Chapitre 63.

1. « Qui est le médiateur de la consommation de la profession d'avocat ? », https://mediateur-consommation-avocat.fr
2. C. Pascarel est le médiateur de la consommation de la profession d'avocat, depuis le 1er janvier 2020 jusqu'au 31 décembre 2023. Elle a pris la succession de J. Hercé, premier médiateur de la consommation de la profession d'avocat (2016- 2019).
3. C. consom., art. L. 611-1 s. ; v. ss nos 54.
4. V. « L'heure du bilan pour le Médiateur National de la consommation de la profession d'avocat », incluant le rapport d'activité de 2020, www.cnb.avocat.fr

43
Quelles différences entre un médiateur facilitateur et un médiateur aviseur ?

> Style du médiateur

> Spécificité de la médiation

La médiation judiciaire ne confère aucun pouvoir propre au médiateur qui reste un facilitateur dans la recherche et la conclusion d'un accord entre les parties. Le juge aura toujours pour mission de trancher le litige si le processus de médiation n'a pas favorablement abouti. Le médiateur ne se substitue donc pas au juge qui reste saisi du litige.

La médiation conventionnelle autorise plus couramment le médiateur à exercer son art de façon distincte selon chaque cas d'espèce, mais aussi en fonction de sa personnalité, de son tempérament et de son caractère.

C'est donc au regard de la nature et de la spécificité de la médiation, mais également au regard du style affiché par le médiateur, que ce dernier apparaîtra comme un médiateur facilitateur ou aviseur.

> Style du médiateur

43.11 **Rôle plus ou moins actif dans la recherche de l'accord.** La médiation a recours à un tiers facilitateur pour faciliter le processus de résolution d'un conflit et la construction de relations positives entre les parties, par les parties elles-mêmes. Lors de la médiation, les parties sont encouragées à trouver une solution, le facilitateur ne servant que de guide à l'intérieur d'un cadre structuré dont il est le garant. Mais en sa qualité de facilitateur, il ne rend aucun jugement.

Un médiateur aviseur joue un rôle plus actif en suggérant une solution, en émettant un avis. La seule limite à cette pratique consiste, pour le médiateur, à rester impartial et indépendant, à savoir totalement désintéressé par rapport à la solution. Il ne lui sera toutefois pas interdit d'amener les parties à s'approprier une solution suggérée, essentiellement pendant une réunion en aparté, venue à maturité par le style d'un médiateur plus acteur qu'en retrait.

> Spécificité de la médiation

43.21 **Solution construite par les parties elles-mêmes.** La médiation a pour spécificité de laisser les parties chercher et trouver elles-mêmes les solutions à leur différend.

Le médiateur n'a pas obligatoirement vocation à formuler une proposition de solution. Il existe toutefois des cas spécifiques dans lesquels cet avis fait partie intégrante du processus de médiation.

Par exemple, un conciliateur de justice rend un avis qui, souvent, est une solution de compromis[1].

Ce sera encore le cas de tous les médiateurs institutionnels (SNCF, EDF, etc.) qui formulent des propositions de solutions. S'agissant du médiateur de la consommation, celui-ci a l'obligation de proposer une solution dans le cas où les parties (le professionnel concerné et le consommateur) n'ont pas trouvé elles-mêmes un accord[2].

1. V. s[s] n° 22.04.
2. V. s[s] n° 54.44.

44
Comment est rémunéré le médiateur ?

> Comment est rémunéré le médiateur judiciaire ?

> Comment est rémunéré le médiateur conventionnel ?

> Comment est rémunéré le médiateur institutionnel ?

Il convient de distinguer les règles spécifiques de la médiation judiciaire des règles applicables à la médiation conventionnelle.

Par ailleurs, dans certains cas, le médiateur n'est pas rémunéré.

Tel est le cas lorsqu'il est désigné dans le cadre d'une « injonction de médiation »[1]. Il ne s'agit pas à proprement parler d'une réunion de médiation. Elle a pour objet de donner aux parties une information sur le processus de médiation, laissant les parties libres d'y recourir ou non. Cette réunion de médiation est, sur le principe, gratuite. Cependant, lorsqu'elle est suivie d'une médiation, elle s'intègre en principe naturellement dans la prestation rémunérée[2].

Hormis ce cas particulier, il faut rappeler que le justiciable peut être éligible à l'aide juridictionnelle, auquel cas les frais de la médiation sont pris en charge par l'État[3].

> Comment est rémunéré le médiateur judiciaire ?

44.11 **Rémunération sous le contrôle du juge.** Le juge fixe le montant de la provision à verser directement entre les mains du médiateur, à un niveau aussi proche que possible de sa rémunération prévisible ainsi que le délai dans lequel les parties devront procéder à son versement. Le juge précise également dans quelle proportion chacune des parties effectuera le versement. À défaut de versement intégral de la provision dans le délai prescrit, la décision est caduque et l'instance se poursuit[4].

Dès le prononcé de la désignation du médiateur, le greffe notifie celle-ci aux parties et au médiateur, par lettre simple. Le médiateur doit donner son accord au juge sans délai et informer les parties des modalités de versement de la provision. Dès réception de celle-ci, il procède à la convocation des parties[5]. Cette disposition, issue du décret du 25 février 2022[6], présente l'avan-

1. V. s^s^ n° 92.04.
2. V. s^s^ n°s 44.11 s.
3. V. s^s^ n° 25.23.
4. C. pr. civ., art. 131-6.
5. C. pr. civ., art. 131-7.
6. Décr. n° 2022-245, 25 févr. 2022, préc.

tage de la rapidité du paiement et évite, pour le greffe, des formalités de consignation qui alourdissent et ralentissent le processus, tout en le surchargeant inutilement de tâches pour lui fastidieuses.

En cours de médiation, le médiateur peut solliciter le versement de sommes complémentaires qui lui seront allouées sous le contrôle du juge, en cas d'accord des parties[1].

Il convient de rappeler que la rémunération, telle que fixée par le juge, ne tient pas compte du succès ou de l'échec de la médiation. Il n'y a donc pas de part variable de rémunération liée au résultat[2].

À l'issue de sa mission, la rémunération du médiateur est fixée en accord avec les parties. À défaut, elle est fixée par le juge. Les honoraires du médiateur sont alors répartis par parts égales, à moins que le juge n'estime qu'une telle répartition est inéquitable au regard de la situation économique des parties.

Le médiateur peut demander un titre exécutoire en cas de difficulté de paiement. En effet, l'accord sur la rémunération du médiateur conclu conformément à l'article 131-13 du Code de procédure civile peut être soumis, comme l'accord de médiation, à l'homologation du juge compétent[3]. L'objectif de cette disposition devrait permettre au médiateur d'obtenir un « titre exécutoire » lorsque l'une des parties ou les deux parties ne respecteraient pas leurs engagements.

> PRÉCONISATIONS. Dans le cas d'une difficulté d'exécution de l'accord de rémunération du médiateur et/ou de sa répartition entre les parties, le médiateur a la faculté de rendre exécutoire ledit accord, soit par homologation judiciaire, soit par le contreseing des avocats, assorti de l'apposition par le greffe de la formule exécutoire. Cette deuxième formule présenterait l'avantage de mieux préserver la confidentialité de l'accord[4].
>
> Dans tous les cas, on rappellera que le juge auquel est soumis l'accord de médiation ne peut en modifier les termes.

1. V. EXEMPLE D'ACTE s[s] n° 111.12, Lettre du médiateur au juge pour renouveler durée et/ou provision.
2. Civ. 2e, 22 mars 2007, n° 06-11.790, P ; *D.* 2007. Chron. 2336, obs. V. Vigneau ; *D.* 2007. Pan. 2690, obs. M. Douchy-Oudot.
3. C. pr. civ., art. 1565.
4. Sur le contreseing d'avocats, v. s[s] n°s 106.14 s.

On observe que, souvent, le montant des honoraires ne précise pas s'il s'entend hors taxes ou toutes taxes comprises. Dans le silence de la décision, la somme s'entendra toutes taxes comprises. Aussi, il est recommandé que le juge réponde à cette difficulté qui est de nature à créer une disparité entre les médiateurs soumis à la TVA et les autres. En règle générale, le médiateur qui exerce de manière indépendante, quel que soit son mode de désignation, est un prestataire de services assujetti à la TVA (au-delà d'un chiffre d'affaires de 33 200 euros[1]).

De même, le montant alloué par le juge n'opère pas généralement de distinction entre les frais et les honoraires.

44.12 **Rémunération adaptée à la situation des parties.** Dans certains cas, la médiation est gratuite[2], par exemple en matière pénale, aussi bien pour la victime que pour l'auteur de l'infraction[3] ou encore, en matière administrative lorsqu'il s'agit d'une médiation préalable obligatoire[4]. Il en est de même, en matière de médiation de la consommation, pour les usagers et les consommateurs[5], les honoraires étant à la charge du professionnel.

Parfois, la rémunération du médiateur est encadrée, à l'exemple de la médiation familiale. En effet, en cette matière, quand la médiation est assurée par une association conventionnée par la Caisse d'allocations familiales, sans être gratuit, le coût de la médiation est calculé selon un barème préétabli en fonction des ressources des participants.

Lorsque l'une des parties bénéficie de l'aide juridictionnelle[6], les honoraires de médiation lui incombant sont à la charge de l'État. Dans ce cas, aucun versement à valoir sur la rémunération du médiateur n'est à prévoir, les règles de l'aide juridictionnelle étant applicables. Il faudra que le juge taxateur, à la fin de la médiation, fixe le montant de la rémunération qui devra être réglée par l'État.

1. V. Rép. Min. Éco. Fin., *JO Sénat*, 17 oct. 2019, p. 5267, à QE n° 11185 de Ch. Herzog (Monselle-NI), *JO Sénat*, 27 juin 2019, p. 3324, https://www.senat.fr/questions/base/2019/qSEQ190611185.html
2. V. s^{s} n°s 44.31.
3. V. s^{s} n°s 58.22.
4. V. s^{s} n° 59.22.
5. V. s^{s} n° 54.32.
6. V. s^{s} n°s 25.11 s.

> Comment est rémunéré le médiateur conventionnel ?

44.21 **Rémunération concertée avec le médiateur.** Si la médiation est conventionnelle, les parties doivent s'accorder en amont sur le montant et les modalités de règlement des honoraires du ou des médiateurs.

> PRÉCONISATIONS. Il est recommandé de prévoir ces conditions dans une convention signée en amont des opérations de médiation, au moment où le médiateur accepte sa mission[1].

Il appartient aux parties de déterminer librement la répartition entre elles de la charge des honoraires du médiateur, les parties restant libres de réviser cette répartition dans l'accord de médiation signé en cas de succès.

La rémunération peut être forfaitaire ou définie sur la base d'un taux horaire.

En l'état des usages, le médiateur ne perçoit pas d'honoraires de résultat en fonction du succès ou de l'échec de la médiation ou encore des montants versés par l'une ou l'autre des parties en exécution de l'accord de médiation. Cependant, la pratique d'un honoraire dit « de satisfaction » commence à se développer, avec pour particularité que s'il est fait mention de cet honoraire dans la convention d'honoraires du médiateur, les parties restent toujours libres de lui verser ou non cet honoraire dont elles fixeront le cas échéant le montant.

Le médiateur, qu'il soit personne physique ou personne morale (centre de médiation) peut solliciter, dès la mise en œuvre de la médiation, une provision à valoir sur ses frais et honoraires, éventuellement en ce compris des frais d'ouverture du dossier fixés généralement par les centres de médiation de manière forfaitaire ou en fonction de l'enjeu financier du dossier.

Le médiateur peut également demander des provisions complémentaires, au fil du déroulement de la médiation.

À l'issue de la médiation, il lui appartient d'adresser aux parties son décompte de frais et honoraires en détaillant :

– les diligences au temps passé : étude du dossier, analyse des documents, notes et autres éléments transmis par les parties, temps de réunion

1. V. EXEMPLE D'ACTE s[s] n° 111.13, Acte d'engagement de médiation judiciaire.

en plénières ou en apartés, échanges avec les parties, les avocats, les co-médiateurs, les tiers en lien avec le dossier (courriels et tél.), etc. ;

– les frais exposés : les réservations de salles s'il y a lieu, les frais de déplacement, les frais d'hébergement, etc. ;

– éventuellement les frais administratifs engagés pour la fixation des réunions et les échanges de nature purement administrative : les pratiques diffèrent d'un médiateur à l'autre, certains ne les facturant pas.

Il convient d'avoir présent à l'esprit que si le médiateur a toujours la faculté de recouvrer ses frais et honoraires par les voies de droit habituelles (saisine du juge), il devra toujours veiller au respect de la confidentialité[1]. Il est donc recommandé de prévoir des notes de frais et honoraires expurgées d'éléments confidentiels de manière à pouvoir les communiquer sans enfreindre l'obligation de confidentialité.

> Comment est rémunéré le médiateur institutionnel ?

44.31 **Rémunération concertée avec le médiateur.** En matière de droit de la consommation, la médiation est gratuite pour le consommateur, le professionnel en assumant seul le coût[2]. Il en est de même pour l'usager qui a un différend avec une institution[3].

Cette gratuité, imposée dans certains types de médiations par les textes, a pour objectif de préserver un équilibre en faveur du justiciable dont l'accès à la justice amiable risquerait sinon d'être compromis, s'il devait assumer un coût pour en bénéficier.

Ces médiations s'identifient en quelque sorte à un « service public » gratuit au profit des utilisateurs (avec les compagnies d'assurance, EDF, les entreprises, l'AMF, les banques, la Banque de France, etc.) et des consommateurs.

Le médiateur est soit rémunéré, soit « défrayé » par l'institution dans laquelle il est installé, mais il est toujours gratuit pour le consommateur ou l'utilisateur.

1. V. s[s] n°s 85.11 s.
2. V. s[s] n° 54.32.
3. V. s[s] n° 44.31.

Il est nommé et rattaché au président de l'institution au sein de laquelle il exerce sa mission, mais il est indépendant des directions et se situe en dehors des process hiérarchiques.

Nombre de médiateurs d'entreprise sont regroupés au sein du Club des Médiateurs de Services au Public[1].

1. www.clubdesmediateurs.fr

45
Pour quels motifs peut-on récuser le médiateur ?

> Quels sont les motifs de la récusation ?

> Qui peut récuser le médiateur ?

> Quelles conséquences ?

Le médiateur doit être indépendant, neutre et impartial.

Ces conditions sont déterminantes et essentielles pour le déroulement de la médiation.

Il appartient tant au médiateur qu'aux parties de veiller au respect et au maintien de ces garanties tout au long du processus.

À défaut, il convient de récuser le médiateur, soit à son initiative, soit à celle des parties.

> Quels sont les motifs de la récusation ?

45.11 **Le médiateur doit satisfaire à des conditions pour l'exercice de sa mission.** Le médiateur conventionnellement désigné doit satisfaire à deux conditions[1] :

– ne pas avoir fait l'objet d'une condamnation, d'une incapacité ou d'une déchéance mentionnée sur le bulletin n° 3 du casier judiciaire ;

– posséder, par l'exercice présent ou passé d'une activité, la qualification requise eu égard à la nature du différend ou justifier, selon le cas, d'une formation ou d'une expérience adaptée à la pratique de la médiation.

Par ailleurs, qu'il soit conventionnellement ou judiciairement désigné, plusieurs conditions complémentaires sont prévues[2] :

– ne pas avoir fait l'objet d'une condamnation, d'une incapacité ou d'une déchéance mentionnée sur le bulletin n° 2 du casier judiciaire ;

– n'avoir pas été l'auteur de faits contraires à l'honneur, à la probité et aux bonnes mœurs ayant donné lieu à une sanction disciplinaire ou administrative de destitution, radiation, révocation, de retrait d'agrément ou d'autorisation ;

– posséder, par l'exercice présent ou passé d'une activité, la qualification requise eu égard à la nature du litige ;

– justifier, selon le cas, d'une formation ou d'une expérience adaptée à la pratique de la médiation ;

– présenter les garanties d'indépendance nécessaires à l'exercice de la médiation.

1. C. pr. civ., art. 1533.
2. C. pr. civ., art. 131-5.

Plus précisément, s'agissant de son indépendance, il doit être en mesure d'apprécier la situation de manière neutre, impartiale, sans se laisser influencer sur le plan matériel, moral, intellectuel, religieux ou politique.

Il ne doit bien sûr avoir aucun lien avec les parties, que ce soit à titre personnel ou professionnel.

> Qui peut récuser le médiateur ?

45.21 **Récusation par le médiateur lui-même ou par les parties.** Le médiateur peut se récuser lui-même.

De manière générale, à la moindre suspicion de conflit d'intérêts, il doit se retirer de la médiation[1]. À titre d'exemple, dans un arrêt du 19 décembre 2019[2], un médiateur s'est récusé de lui-même « *ayant été consulté par l'une des parties en tant qu'ancien dirigeant de banque* ».

Plus généralement, le non-respect de tout ou partie des conditions d'exercice de la mission du médiateur rappelées ci-dessus doit conduire le médiateur à refuser sa mission ou à se déporter pour une circonstance intervenue ou révélée après sa désignation.

À défaut, il s'expose à la récusation qui, pour la médiation judiciaire, peut être prononcée par le juge, soit d'office, soit à la demande d'une ou des parties.

En cas de médiation conventionnelle, il n'existe pas de formalisme particulier dans la mesure où le processus ne se déroule pas sous le contrôle du juge. Cependant, lorsque la désignation du médiateur est intervenue par l'intermédiaire d'un centre de médiation, il est généralement prévu, dans le règlement interne, un dispositif, à l'exemple de celui proposé par le Guide de la médiation et de l'arbitrage du CMAP : « *La partie qui entend faire récuser le médiateur, pour une circonstance intervenue ou révélée après sa désignation, doit adresser au centre, par lettre recommandée avec demande d'avis de réception, une demande motivée dans les quinze (15) jours de la survenance de la cause de la récusation ou de sa révélation.* »[3]

1. J.-B. Dagnaud, J.-G. Lieberherr, M. Guillaume, *Du bon usage de la médiation*, « Essais », Descartes & Cie, p. 34, janv. 2018.
2. Paris, pôle 05, ch. 09, 19 déc. 2019, RG n° 19/09372.
3. *Guide de la médiation et de l'arbitrage du CMAP*, art. 10.2.2.

> Quelles conséquences ?

45.31 **Sort de la médiation engagée.** La récusation est très rare en matière de médiation, à raison principalement de la souplesse du processus qui permet aux parties, au médiateur et, s'il y a lieu, au juge de mettre fin à la médiation à tout moment.

Il convient cependant d'anticiper des questions susceptibles de se poser dans une telle situation, notamment : comment est-il remplacé ? Quel sort doit-on réserver aux provisions versées au titre des frais de médiation ? Quelles sont les conséquences éventuelles sur les délais de prescription ?

Pour y répondre, il convient de distinguer deux cas :

– les parties mettent fin au processus de médiation, qu'elle soit conventionnelle ou judiciaire. On rappellera qu'en matière de médiation judiciaire, le juge peut mettre fin à tout moment à la médiation sur demande d'une partie ou à son initiative[1]. Il peut également mettre fin à la procédure d'office, lorsque le bon déroulement de la médiation apparaît compromis ;

– ou bien les parties souhaitent remplacer le médiateur récusé.

Aucune disposition légale ne prévoit les modalités de la récusation d'un médiateur et de son remplacement. Aussi, est-il proposé de procéder par analogie avec les dispositions légales en matière de récusation d'un magistrat professionnel ou d'un arbitre[2].

• **Le remplacement du médiateur récusé.**

Dans l'hypothèse où il est mis fin à la médiation, le remplacement du médiateur n'a pas lieu d'être évoqué puisque les parties n'entendent pas poursuivre le processus, libre à elles d'engager, le cas échéant, par la suite, une nouvelle médiation avec un autre médiateur qui sera alors désigné.

Dans l'hypothèse où les parties souhaitent poursuivre la médiation, il faut remplacer le médiateur.

S'il s'agit d'une médiation conventionnelle, les parties s'accorderont sur les modalités de désignation du médiateur, soit directement, soit par l'intermédiaire d'un centre. Les règles usuelles de désignation ont vocation à s'appliquer.

1. C. pr. civ., art. 131-10.
2. « Récusation », www.dictionnaire-juridique.com

S'il s'agit d'une médiation judiciaire, c'est au juge que revient le soin de remplacer le médiateur, au titre des pouvoirs qui lui sont conférés pendant toute la durée de la médiation[1]. Dans l'hypothèse où il s'agirait d'une co-médiation, qu'elle soit conventionnelle ou judiciaire, on peut supposer que si la récusation ne concerne qu'un seul des co-médiateurs, le processus pourrait se poursuivre, d'un commun accord entre les parties, avec le médiateur restant ou le temps restant pour remplacer le médiateur récusé.

• **Le sort des provisions versées au titre des frais de médiation.**

La question de la rémunération du médiateur dont la mission ne sera pas poursuivie doit être posée dans tous les cas :

– soit il devra rembourser les honoraires qui lui auraient été directement versés par les parties, par provision ;

– soit la régie, dans l'hypothèse d'une médiation judiciaire, auprès de laquelle une provision aurait été consignée, procèdera à la restitution des sommes versées par les parties (hypothèse à écarter depuis le décret du 25 février 2022 qui prévoit le versement de la provision directement entre les mains du médiateur[2]).

• **Les conséquences sur la prescription.**

Cette question ne se pose qu'en présence d'une médiation judiciaire, avec la volonté exprimée par les parties de poursuivre la mesure de médiation.

Dans cette situation, on doit considérer que la médiation se poursuit dans les délais fixés et que les délais de prescription attachés continuent à courir dans les conditions initiales. Cela signifie que la période de remplacement n'est pas décomptée dans les délais de prescription. Il conviendra donc d'être vigilant dans le décompte des délais à raison des conséquences qui pourraient en résulter : délais de procédure, prescription de certaines actions judiciaires, par exemple biennale[3].

1. C. pr. civ., art. 131-2 : « *La médiation porte sur tout ou partie du litige. En aucun cas, elle ne dessaisit le juge, qui peut prendre à tout moment les autres mesures qui lui paraissent nécessaires.* »
2. Décr. n° 2022-245, 25 févr. 2022, préc.
3. V. s^{s} n°s 104.01 s.

5
Les règles spécifiques à certaines médiations

51 Médiation préventive 144
52 Médiation intra-entreprise 148
53 Médiation de projet 153
54 Médiation de la consommation 156
55 Médiation de groupe dite « collective » 173
56 Médiation prud'homale 179
57 Médiation familiale 189
58 Médiation pénale 199
59 Médiation administrative 207

51
Médiation préventive

La médiation préventive est une médiation conventionnelle.

Il s'agit à la fois d'un outil de gestion pour l'entreprise et d'un outil de prévention de gestion des conflits internes à l'entreprise.

Les chefs d'entreprise s'emparent de plus en plus de ces outils qui contribuent à la rentabilité de l'entreprise.

51.01 **Outil de gestion pour l'entreprise.** La médiation préventive est un outil d'aide et de gestion ainsi que d'amélioration des résultats de l'entreprise. De plus en plus de chefs d'entreprise, formés ou sensibilisés à ce processus de prévention, y voient un moyen de compétitivité.

Le médiateur doit comprendre l'environnement du projet et rester attentif au déroulement des opérations. Il doit maintenir ou rétablir, le cas échéant, le dialogue entre les différentes personnes impliquées.

Dans une étude parue en octobre 2021, l'Institut de sondage Opinion Way[1] annonçait qu'en France, un mois de travail par an était perdu en conflits au travail… ce qui représenterait plus de dix milliards d'euros de coût salarial dissipés dans les conflits chaque mois ! Dans cette étude, le conflit au travail est défini comme « *tout différend, toute perturbation dans la relation aux autres qui affecte le déroulement de l'activité au travail* ». Fort de ce constat, cet organisme propose la création d'un observatoire du coût des conflits au travail, qui permettrait d'identifier, quantifier, comprendre et analyser les causes et les effets des conflits au travail[2].

Le texte de l'Accord national interprofessionnel (ANI) du 19 juin 2013[3] intitulé « Vers une Politique d'amélioration de la qualité de vie au travail et de l'égalité professionnelle » est très clair sur la définition de la qualité de vie au travail : « *La qualité de vie au travail vise d'abord le travail, les conditions de travail et la possibilité qu'elles ouvrent ou non de* "faire du bon travail" *dans une bonne ambiance, dans le cadre de son organisation. Elle est également*

1. M. Jourdan, « Développons la médiation pour traiter et réduire les conflits au travail », 25 janv. 2022, syme.eu

2. La médiation est depuis longtemps utilisée au sein des organisations dès lors qu'un conflit entre des acteurs (personnes ou entités) est identifié. Plusieurs structures importantes ont décidé de faire appel à des médiateurs internes préalablement formés, pour gérer au quotidien la plupart des conflits, dans le respect des principes déontologiques de la médiation (confidentialité, neutralité, impartialité). Le mot de M. Crozier « *favoriser les relations de face à face et savoir faire face et sortir d'un conflit* » rend bien compte des vertus d'un recours plus fréquent à la médiation en entreprise.

3. Accord National Interprofessionnel, 19 juin 2013, signé par le MEDEF, la CGPME, l'UPA, la CFDT, la CFE-CGC et la CFTC.

associée aux attentes fortes d'être pleinement reconnu dans l'entreprise et de mieux équilibrer vie professionnelle et vie personnelle. [...] *Il apparaît que la performance d'une entreprise repose à la fois sur des relations collectives constructives et sur une réelle attention portée aux salariés en tant que personne. La compétitivité des entreprises passe notamment par leur capacité à investir et à placer leur confiance dans l'intelligence collective pour une efficacité et une qualité du travail.* [...] *Le présent accord s'inscrit dans la démarche initiée par les partenaires sociaux, de développement à tous les niveaux d'un dialogue social actif, constructif, tant pour les salariés que pour les employeurs et basé sur le respect de la confiance réciproque des acteurs.* »

Il apparaît donc que la « réelle attention portée aux salariés en tant que personne » est une condition *sine qua non* d'une dynamique d'amélioration de la qualité de vie au travail, de réduction des tensions et donc de résolution des conflits. Les termes de « reconnaissance », « attention », « confiance » sont des termes qui résonnent chez les médiateurs, car ils sont au cœur de la posture et du processus de médiation.

51.02 **Outil de prévention et de gestion des conflits internes.** Par ailleurs, le recours à ce processus facilite la prévention et la gestion des conflits internes, avant que ceux-ci ne dégénèrent avec les risques consécutifs de désorganisation du travail et de dysfonctionnement des services.

Il intervient en amont d'un projet défini, dès qu'apparaissent les premiers signes de tension ou dès que survient un événement susceptible de créer une difficulté. Il veille en quelque sorte à éliminer, dès leurs premières apparitions, les crises qui risquent de dégénérer.

51.03 **Mesure au titre de l'obligation de sécurité de l'employeur.** Enfin, c'est un moyen pour l'employeur de satisfaire à ses obligations édictées par le Code du travail.

Il lui appartient en effet de mettre en œuvre « *les mesures nécessaires pour assurer la sécurité et protéger la santé physique et mentale des travailleurs.*

Ces mesures comprennent:

1° Des actions de prévention des risques professionnels «y compris ceux mentionnés à l'article L. 4161-1» ;

2° Des actions d'information et de formation ;

3° La mise en place d'une organisation et de moyens adaptés.

L'employeur veille à l'adaptation de ces mesures pour tenir compte du changement des circonstances et tendre à l'amélioration des situations existantes. »[1]

On rappellera que l'employeur engage sa responsabilité civile et pénale s'il ne prend pas ces mesures. D'ailleurs, cette obligation de sécurité a été qualifiée par la Cour de cassation[2] d'obligation de résultat ou d'obligation de moyens renforcée.

Plus généralement, la jurisprudence reconnaît que la mise en place d'une médiation est une mesure adaptée qui caractérise l'exécution par l'employeur de son obligation de sécurité contre les risques psychosociaux.

Ainsi la médiation préventive constitue-t-elle un moyen efficace et adapté permettant au chef d'entreprise d'assurer la sécurité et la protection de la santé physique et mentale des employés.

51.04 **Intervenant interne ou externe.** Le médiateur peut être une personne choisie en interne ou un intervenant extérieur.

1. C. trav., art. L. 4121-1.
2. Soc. 19 nov. 2014, n° 13-17.729, P.

52
Médiation intra-entreprise

La médiation intra-entreprise apporte une réponse adaptée aux conflits internes à l'entreprise[1]. Elle permet non seulement de réguler les relations sociales et de restaurer le dialogue entre tous les acteurs concernés, mais elle peut améliorer les relations interpersonnelles et les performances de l'entreprise, en soudant les équipes, en changeant l'organisation d'un service ou encore en remédiant à certaines défaillances managériales. Sa mise en œuvre exige la maîtrise des outils de la médiation[2].

52.01 **Outil de régulation des relations sociales.** Toute relation de travail peut générer un conflit lié à la santé morale ou physique, à l'organisation du travail, du management, de la formation… Cela est de nature à désorganiser l'entreprise, provoquer de graves dysfonctionnements, mais aussi avoir des conséquences psychologiques sur les personnes concernées (dépression, agressivité, violences, etc.).

Or, il appartient à l'employeur de préserver la santé physique et mentale des travailleurs. À ce titre, il doit prendre des moyens adaptés et veiller « *à l'adaptation de ces mesures pour tenir compte du changement des circonstances et tendre à l'amélioration des situations existantes* »[3] ainsi que toutes les mesures nécessaires au maintien d'une ambiance et d'une organisation du travail saines et pérennes.

La jurisprudence a ainsi pu considérer que « *l'employeur qui a laissé s'installer une situation de conflit sans y apporter aucun remède a manqué à ses obligations contractuelles* »[4]. À l'inverse, la Cour de cassation, dans un arrêt du 1er juin 2016[5], a rejeté la demande du salarié, considérant que l'employeur « *justifiait* […] *avoir mis en œuvre dès qu'il a eu connaissance du conflit personnel du salarié avec son supérieur hiérarchique immédiat une enquête*

1. P. Beretti, A. Litique, Ch. Wilbois-Lauzeral, *Médiation des conflits au travail. Guide pratique*, « Village mondial », éd. Pearson France, 26 févr. 2021 ; C. Peulvé, Ch. Hammelrath, « Médiation inter et intra-entreprises : la multiplicité des domaines dans lequel la médiation a sa place aux côtés de l'entreprise », *in* Doss. « médiation en entreprise », *Lamy*, n° 166, janv. 2021, p. 31 s.
2. B. Delcourt, « La médiation comme outil d'aide et de gestion dans l'entreprise », *Lamy*, n° 166, janv. 2021, p. 26 s.
3. C. trav., art. L. 4121-1.
4. Soc. 17 oct. 2012, n° 11-18.208, NP (confirmation de Versailles, 24 mars 2011) ; D. Roumaneix, « La médiation en cas de conflit du travail, un outil pour l'employeur à proposer dans le document unique », 24 janv. 2014, village-justice.com.
5. Soc. 1er juin 2016, n° 14-19.702, P.

interne sur la réalité des faits, une réunion de médiation avec le médecin du travail, le directeur des ressources humaines et trois membres du comité d'hygiène, de sécurité et des conditions de travail en prenant la décision au cours de cette réunion d'organiser une mission de médiation pendant trois mois entre les deux salariés en cause confiée au directeur des ressources humaines ».

52.02 **Quels sont les avantages de la médiation intra-entreprise ?** Cette méthode est souvent plus efficace que les enquêtes internes ou les expertises judiciaires, parfois mises en place au sein de l'entreprise, lesquelles peuvent cristalliser les débats.

Ce processus de médiation est susceptible d'améliorer la qualité du dialogue social afin de parvenir, le cas échéant, à des négociations avec les partenaires sociaux dans de bonnes conditions. Il permet d'éviter la persistance de « non-dits » au sein de l'entreprise qui sont de nature à bloquer le fonctionnement d'un service ou des projets. Il constitue le moyen d'éviter le recours aux contentieux prud'homaux, individuels ou collectifs. Il facilite la libération de la parole des employés concernés ainsi que celle des managers afin d'identifier les causes des dysfonctionnements et de rechercher collectivement les raisons profondes de la crise et rétablir la confiance, au gré des besoins, avec comme objectif la bonne marche de l'entreprise.

52.03 **Comment se déroule la médiation intra-entreprise ?** La médiation intra-entreprise implique généralement plusieurs personnes amenées à travailler ensemble dans une même entité.

Elle va inciter les personnes concernées « à mettre à plat », en présence d'un médiateur – tiers extérieur à leur environnement de travail et formé à la médiation – leurs différends et leurs préoccupations et à échanger avec les autres pour trouver ensemble des voies d'amélioration.

Le médiateur va généralement commencer par des réunions en aparté pour que les faits soient exposés séparément par chacun des protagonistes, mais aussi pour favoriser leur adhésion aux principes de la médiation. Celle-ci est déterminante pour le bon fonctionnement du processus.

Des réunions plénières sont organisées dans un second temps pour une restitution objective du problème et pour explorer des solutions susceptibles d'être mises en œuvre dans l'intérêt des parties.

52.04 **Quelle typologie de différends la médiation intra-entreprise peut-elle régler ?** Le recours à la médiation peut favoriser une solution rapide et pérenne, tant pour l'entreprise, les dirigeants, les actionnaires que pour le salarié ou les partenaires sociaux, dans des situations très diverses.

En règle générale, la médiation intra-entreprise concerne des différends impliquant plusieurs acteurs de l'entreprise qui ont des difficultés relationnelles entre eux, en raison du refus par l'un de reconnaître l'autorité hiérarchique de l'autre ou encore de la rivalité entre les protagonistes ou plus simplement d'un sentiment de frustration ou d'injustice (suite à une promotion ou l'attribution de primes, etc.).

Il peut s'agir de deux ou plusieurs salariés, d'un ou plusieurs services, des représentants du personnel ou des syndicats, ce qui peut, dans ce dernier cas, entraîner un conflit collectif, voire des divergences entre des responsables d'entités différentes d'un même groupe ou encore entre une filiale et la maison-mère. La cause peut être imputable à des bouleversements tels qu'une décision de réorganisation des services, une fusion, une cession partielle d'une activité ou un changement d'actionnaires et de dirigeants ou tout simplement à un conflit générationnel (les anciens résistant aux changements) ou à des divergences culturelles ou religieuses.

Les perturbations peuvent également être consécutives à des conflits entre associés et/ou actionnaires ou résulter de problèmes de gouvernance, par exemple, en désaccord sur une orientation stratégique économique.

La médiation intra-entreprise peut aussi s'appliquer plus classiquement à des différends entre l'employeur et l'employé, par exemple pour rechercher des solutions à un désaccord portant sur la durée du travail, la rémunération, la qualification, la mobilité, une sanction, un licenciement, une rupture conventionnelle contestée, un fait de discrimination ou de harcèlement, une inégalité de traitement, etc.

52.05 **Quelle est la spécificité de la mission du médiateur intra-entreprise ?** La réussite du processus de médiation dans le contexte de l'intra-entreprise passe nécessairement par la prise en compte d'une multiplicité de facteurs et de circonstances tant particulières que collectives.

> PRÉCONISATIONS. À cet effet, le médiateur peut devoir, préalablement à l'exercice de sa mission de facilitateur dans la recherche du rétablissement du contact et de la confiance, réaliser de façon informelle, mais complète, un audit du service (ou de l'entreprise) dans lequel (ou laquelle) sont constatés les dysfonctionnements.

Ce n'est qu'après avoir rempli cette mission qu'il sera en capacité de conduire sa mission traditionnelle de médiateur, étant précisé que dans ce type de médiation, il est important de s'approprier la culture et le langage de l'entreprise.

53
Médiation de projet

Il appartient aux dirigeants d'une entreprise de définir des objectifs à long terme s'inscrivant dans une stratégie d'ensemble. Pour en assurer la mise en place et le suivi, ils doivent évaluer les besoins du projet pour utiliser les ressources humaines, techniques et financières dans des conditions adaptées.

La médiation de projet[1] est un outil qui leur facilite l'élaboration, la gestion et l'accompagnement de projets complexes.

53.01 **Un processus innovant.** Le recours à cette forme de médiation se distingue du processus habituel de médiation utilisé pour résoudre un conflit déclaré. Il modifie l'approche managériale classique, en acceptant d'intégrer dans la gouvernance un tiers extérieur, indépendant, donc hors hiérarchie, rompu à la technique de la médiation et des projets concernés (« deal mediation »).

Il permet notamment d'éviter que d'éventuels conflits émergent en cours d'exécution des projets concernés, notamment dans la mise en place et le suivi de projets industriels ou commerciaux[2].

Le médiateur de projet ne se substitue pas aux actionnaires, aux dirigeants, aux « contract managers », lesquels doivent conserver toute leur place dans le dispositif décisionnel et opérationnel. Il « maximise » les chances de succès dans les projets particulièrement complexes, déterminants pour l'entreprise et s'inscrivant souvent dans la durée.

Le médiateur de projet ne se confond pas davantage avec un consultant en organisation auquel serait confiée la mission de concevoir le projet.

53.02 **Missions du médiateur de projet.** Le médiateur de projet est généralement affecté à un projet déterminé avec pour mission :

– d'identifier les sources potentielles de blocage ou de dysfonctionnement pouvant perturber ou même paralyser son déroulement et sa bonne fin ;

– en présence d'une difficulté, de la gérer de manière à maintenir et fluidifier la poursuite du projet, en respectant les délais et contraintes ; il s'agit par exemple de rétablir le dialogue au sein des équipes affectées et les partenaires impliqués.

1. S. Bensimon, M. Bourry d'Antin, G. Pluyette, *Arts et techniques de la médiation*, « Droit et professionnels », LexisNexis, 2e éd., déc. 2018, plus particulièrement chapitre X, « La médiation au service de l'entreprise », réd. en coll. avec H. Caldairou.
2. Cl. Amar, V. Fraser, « Faciliter des accords commerciaux "gagnant-gagnant", durables avec le "deal mediation" », *BRDA*, n° 3, 1er févr. 2022, p. 36.

53.03 **Illustrations.** À titre d'illustration, on citera l'exemple de la cession d'une entreprise. Le médiateur de projet peut intervenir dans le suivi des négociations de la cession, afin de prévenir notamment la mise en jeu de la garantie d'actif et de passif. Il pourra ainsi, par sa connaissance du contexte de la cession, prévenir les conflits qui surviennent postérieurement au changement d'actionnaires et des dirigeants. Son rôle consiste ainsi à pérenniser la reprise de l'entreprise.

À titre d'illustration encore, un projet d'intégration informatique à l'échelle d'un groupe exige une coordination rigoureuse. L'objectif à atteindre est très souvent très stratégique, l'échec du projet pouvant mettre en péril l'entreprise au regard notamment des enjeux de compétitivité et financiers. En effet, il peut occasionner, outre des années de procédure, des préjudices irréparables et la désorganisation des services. Le rôle du médiateur de projet sera donc ici particulièrement déterminant :

– pour éviter les dérapages, notamment calendaires et budgétaires ;

– pour surmonter les multiples incidents à régler, notamment en veillant au dialogue permanent et indispensable entre les multiples intervenants, en interne comme en externe ;

– pour accompagner la recherche de solutions adaptées à l'écosystème, pour atteindre les résultats contractuels (performances, contraintes économiques, organisationnelles, etc.).

53.04 **Recommandations.**

> PRÉCONISATIONS. Beaucoup de projets échouent à cause des difficultés relationnelles. Aussi, pour assurer sa mission dans le cadre de projets complexes, il est recommandé d'inclure le médiateur, à tous les niveaux décisionnels, par exemple des comités de pilotage et de suivi du projet informatique précité, voire dès la phase de négociation contractuelle, car la particularité de tels contrats est qu'ils soient opérationnels et constituent une feuille de route. Son intervention s'inscrit dès l'origine du projet et dans la durée.
>
> Sa mission peut également être « modulable », par exemple en prévoyant son intervention uniquement sur demande des acteurs concernés ou à certaines étapes spécifiques.
>
> Sa mission peut enfin être ponctuelle, par exemple dans l'accompagnement d'un projet de start-up dont les moyens financiers sont parfois réduits, mais dont le succès doit être garanti à très brève échéance. L'expérience et le savoir-faire du médiateur de projet seront un atout précieux pour les jeunes entrepreneurs.

54 Médiation de la consommation

> Quel est le champ d'application de la médiation de la consommation ?
> Quels sont les points de convergence avec la médiation de droit commun ?
> Quelles sont les contraintes spécifiques de la médiation de la consommation ?
> Le déroulement de la médiation obéit à un processus en trois étapes
> Bilan de la Commission d'évaluation et de contrôle de la médiation de la consommation

C'est la directive du 21 mai 2013, du Parlement européen et du Conseil[1], relative au règlement extrajudiciaire des litiges de consommation, transposée dans notre droit national par l'ordonnance du 20 août 2015[2] et par le décret du 30 octobre 2015[3] (désormais codifiés), qui a institué la procédure de règlement amiable des litiges nationaux et/ou transfrontaliers[4] entre un consommateur et le professionnel qui lui a vendu un produit ou délivré une prestation, quel que soit le lieu d'implantation de ce dernier sur le territoire de l'Union européenne.

En 2017, pour promouvoir la médiation dans le domaine de la consommation, la Cour de justice de l'Union européenne a admis la faculté, pour les États membres, de rendre obligatoire la médiation de la consommation avant la saisine d'un juge, sous réserve que soient remplies les cinq conditions suivantes :

- les délais de prescription ne doivent pas expirer pendant cette période ;
- les parties peuvent se retirer du processus de médiation à tout moment ;
- le recours à la médiation ne génère pas trop de frais pour les parties ;
- la voie électronique n'est pas l'unique voie d'accès au médiateur ;
- l'assistance d'un avocat n'est pas obligatoire[5].

Ce sont ces règles qui gouvernent pour l'essentiel la médiation de la consommation en France[6].

> Quel est le champ d'application de la médiation de la consommation ?

54.11 **Origine communautaire.** Son champ d'application est assez large[7]. La médiation de la consommation couvre tous les litiges, quel que soit leur

1. Dir. 2013/11/UE, Parlement et Conseil, 21 mai 2013, préc.
2. Ord. n° 2015-1033, 20 août 2015, préc.
3. Décr. n° 2015-1382, 30 oct. 2015 relatif à la médiation des litiges de la consommation, *JO* 31 oct., texte 42.
4. En matière de la consommation, la médiation transfrontalière s'entend d'« *un litige de nature contractuelle entre un consommateur et un et un professionnel* [...], *lorsqu'au moment de sa conclusion le consommateur réside dans un État membre autre que celui du lieu d'établissement du professionnel* » (C. consom., art. L. 611-1, 2e).
5. CJUE, 14 juin 2017, *Livio Menini et Maria Antonia Rampanelli c/Banco Popolare Società Cooperativa*, aff. C-75/16.
6. C. consom., art. L. 611-2.
7. C. consom, art. L. 611-4.

montant[1], en lien avec la formation, l'exécution, la validité ou la résiliation d'un contrat de vente ou de fourniture de produits et services, à l'exclusion des litiges entre professionnels, des réclamations portées par le consommateur auprès du service clientèle du professionnel, des négociations directes entre le consommateur et le professionnel, des tentatives de conciliation ou de médiation ordonnées par un tribunal saisi du litige de consommation et des procédures introduites par un professionnel contre un consommateur[2].

Tous les secteurs de l'économie sont concernés[3].

Sont naturellement exclus les « services non économiques d'intérêt général » (SNEIG), les activités liées à l'exercice de l'autorité publique (armée, police, contrôle de la navigation aérienne, etc.), à la sécurité sociale[4], aux soins de santé fournis dans le cadre d'un dispositif de solidarité nationale ou encore à l'enseignement public organisé dans le cadre du système d'éducation nationale financé et supervisé par l'État.

Sont également exclus les actes réalisés par les professionnels de santé (professions médicales, professions de la pharmacie, etc.) et par les auxiliaires médicaux (infirmiers, pédicures, etc.) ainsi que les produits et dispositifs médicaux qui impliquent l'intervention d'un professionnel de santé (chirurgien…) et qui sont utilisés par un professionnel de santé, dans le cadre d'un acte médical (appareils d'échographie, etc.) ou pour procéder à un soin (couronnes dentaires, etc.).

En dehors de ces secteurs exclus, la médiation de la consommation s'est ainsi très largement généralisée dans des secteurs aussi différents que l'AMF, les banques, l'énergie, les communications électroniques, l'artisanat, etc.

Dans tous ces secteurs, les professionnels qui offrent des services à des consommateurs sont ainsi contraints[5] :

1. En effet, le Code de la consommation ne prévoit pas de seuil minimal ou maximal en deçà ou au-delà duquel la saisine d'un médiateur de la consommation ne serait pas possible.
2. S. Henry, Déléguée Générale du CMAP, « La médiation a de l'avenir pour les petits contentieux », interview avec L. Neuer, *Le Point*, 26 déc. 2019, www.lepoint.fr
3. C. consom., art. L. 611-4.
4. Ce régime est fondé sur le principe de solidarité, lequel est déterminé par divers facteurs : caractère obligatoire de l'affiliation au régime, objectif exclusivement social, but non lucratif, prestations versées non dépendantes du montant des cotisations et non proportionnelles au revenu, régime soumis au contrôle de l'État.
5. V. s[s] n°s 42.81 et 42.82.

– de conclure une convention-cadre de médiation avec un centre de médiation agréé[1], pour une durée de trois ans à compter de sa signature, sous réserve de sa validation par la Commission d'évaluation et de contrôle de la médiation de la consommation (CECMC). Toute modification éventuelle de cette convention-cadre doit également être validée préalablement par cette Commission[2] ;

– et de proposer à leurs clients, dans leurs conditions générales de vente ou de services, une médiation préalablement à la saisine d'une juridiction, dans l'hypothèse d'un différend[3]. À cet effet, ils doivent communiquer les coordonnées des médiateurs compétents dont ils relèvent[4]. Ils doivent également informer leurs clients de la mise en place, par la Commission européenne[5], d'une plateforme de règlement en ligne des litiges survenant dans le cadre de la vente de biens et la fourniture de services sur l'internet uniquement.

> Quels sont les points de convergence avec la médiation de droit commun ?

54.21 Grands principes de la médiation. On retrouve la plupart des grands principes applicables à la médiation de droit commun. En effet, la médiation de la consommation s'entend d'un « *processus de médiation conventionnelle, tel que défini par l'article 21 de la loi du 8 février 1995*[6] », c'est-à-dire « *un processus structuré, quelle qu'en soit la dénomination, par lequel deux ou plu-*

1. L'agrément est accordé par la CECMC sur dossier.
2. B05-1, validation des conventions-cadres par la CECMC, préalable nécessaire à leur mise en œuvre (CECMC, plén., 27 mars 2019), https://www.economie.gouv.fr/mediation-conso
3. TGI Paris, 9 avr. 2019, RG n° 14/07298 : dans ce jugement, l'association UFC que choisir reproche à Facebook qu'aucune des clauses de ses « Conditions Générales d'Utilisation » ne comportent une stipulation offrant la possibilité de recourir à la médiation. Le réseau social est « *soumis aux dispositions du Code de la consommation* » not. l'art. L. 612-1, pour le recours à un médiateur.
4. C. consom., art. L. 616-1.
5. Règl. 524/2013, Parlement et conseil, 21 mai 2013, relatif au règlement en ligne des litiges de consommation et modifiant le règlement (CE) n° 2006/2004 et la directive 2009/22/CE (règlement relatif au RLLC), art. 14.1.
6. L. n° 95-125, 8 févr. 1995, préc.

sieurs parties tentent de parvenir à un accord en vue de la résolution amiable de leurs différends, avec l'aide d'un tiers, le médiateur, choisi par elles »[1].

Le médiateur est tenu aux obligations d'indépendance, d'impartialité et de neutralité. Il doit, dans cet objectif, garantir une procédure de médiation « *transparente, efficace et équitable* »[2]. Il est bien sûr également tenu au respect de la déontologie des médiateurs[3]. On retrouve à ce titre l'obligation de confidentialité[4].

Comme il est d'usage, la rémunération du médiateur ne dépend pas du résultat de la médiation.

Par ailleurs, il ne pourra pas intervenir à l'occasion d'une procédure judiciaire ou arbitrale et, d'une manière générale, à l'occasion de toute instance ayant un rapport direct ou indirect avec le litige. À ce titre, on rappellera que, en cas de conflit d'intérêts, il doit informer sans délai les parties de la survenance de toute circonstance susceptible d'affecter son indépendance et son impartialité ou de nature à créer un conflit d'intérêts. Il doit alors informer les parties de leur droit de s'opposer à la poursuite de sa mission[5].

Concernant la saisine du médiateur, dans la mesure où le consommateur est seul à pouvoir l'effectuer, le professionnel dispose, comme dans la médiation de droit commun, de la faculté d'accepter ou de refuser d'entrer en médiation[6].

Enfin, les règles de la prescription de la médiation de droit commun[7] sont applicables à la médiation de la consommation, étant précisé que la prescription est suspendue à compter de la date de notification aux parties de la recevabilité de la saisine du médiateur. Le médiateur est tenu d'en faire expressément mention dans la notification[8]. Il convient de noter que, pendant la période d'urgence sanitaire, les délais échus de suspension de la

1. C. consom., art. L. 611-1 s. , cet article L. 611-1 renvoyant à la même définition de l'article 1530 du C. pr. civ., via art. 21 de L. n° 95-125, 8 févr. 1995.
2. C. consom., art. L. 613-1.
3. V. s^{s} n°s 86.11 s.
4. Paris, 9e ch., 4e pôle, 8 oct. 2020, RG n° 17/15973 ; C. consom., art. L. 612-3 ; v. s^{s} n°s 85.11 s.
5. C. consom., art. R. 613-1.
6. B02-1, Prohibition de la clause de recours obligatoire à la médiation de la consommation (CECMC, plén., 8 juill. 2020).
7. C. civ., art. 2238.
8. CECMC, plén., 16 juill. 2019.

prescription ont été prorogés de manière à préserver les droits des consommateurs[1].

Chacune des parties au litige a la faculté de se retirer à tout moment du processus de médiation[2].

Si les parties arrivent à une solution amiable, leur accord est acté par un protocole d'accord signé.

Il convient de noter également que, comme d'usage, la participation à la médiation n'exclut pas la possibilité d'un recours devant une juridiction. Il est toutefois demandé au médiateur de la consommation de rappeler expressément cette règle aux parties.

> Quelles sont les contraintes spécifiques de la médiation de la consommation ?

54.31 **Plusieurs conditions préalables.** La médiation de la consommation est un processus très particulier qui exige plusieurs conditions préalables[3].

Le consommateur ne peut saisir le médiateur de la consommation que :

– s'il n'est pas parvenu à résoudre son différend directement avec le professionnel concerné ;

– et sous réserve de ne pas avoir préalablement saisi la justice.

Par ailleurs, la saisine du médiateur de la consommation doit être effectuée dans le délai maximal d'un an à compter de la réclamation écrite du consommateur auprès du professionnel. Pour prouver qu'il a tenté préalablement de résoudre directement son litige avec le professionnel, le consommateur devra produire ses échanges avec le professionnel (courriels ou courriers).

Il convient de noter que si le professionnel ne répond pas dans les deux mois à compter de l'envoi de la réclamation, le consommateur peut saisir le médiateur compétent.

Par ailleurs, si la tentative de médiation est obligatoire à peine d'irrecevabilité de la demande en justice[4], il convient de bien distinguer la tentative de

1. CECMC, plén., 8 juill. 2020.
2. C. consom., art. R. 612-2.
3. Spécificité de la médiation dans les fiches du CECMC, https://www.economie.gouv.fr/mediation-conso/processus-de-mediation-de-la-consommation.
4. C. pr. civ., art. 750-1 ; v. ég. s[s] n° 12.31 s.

médiation imposée par une disposition légale[1] ou suggérée par le juge[2] de celle qui serait imposée par une convention conclue entre un consommateur et un professionnel.

En effet, si tout professionnel doit garantir à tout consommateur le recours effectif à un dispositif de médiation de la consommation en vue de la résolution amiable de tout éventuel litige[3], une clause imposant à un consommateur le recours à une médiation conventionnelle est purement et simplement interdite en plus d'être présumée abusive[4].

Sur ce dernier point, un arrêt rendu par la Cour de cassation, le 19 janvier 2022[5] retient l'attention en ce qu'il précise que :

« [...] *sont abusives les clauses qui ont pour objet ou pour effet de créer, au détriment du consommateur, un déséquilibre significatif entre les droits et obligations des parties au contrat*[6] ;

[...] *sont présumées abusives, sauf au professionnel à rapporter la preuve contraire, les clauses ayant pour objet ou pour effet de supprimer ou entraver l'exercice d'actions en justice ou des voies de recours par le consommateur, notamment en l'obligeant* [...] *à passer exclusivement par un mode alternatif de règlement des litiges*[7]. »

La conciliation entre ces deux dispositions apparaît difficile dans la mesure où la preuve contraire apportée par le professionnel à la présomption simple rend la clause *a posteriori* valable, alors même qu'elle est illicite en application de l'article L. 612-4[8].

1. V. s[s] n°s 54.11 s.
2. V. s[s] n° 12.31.
3. C. consom., art. L. 612-1.
4. Ord. n° 2015-1033, 20 août 2015, préc. ; C. conso., art. L. 612-4 ; v. ég. s[s] n° 54.11.
5. Civ. 3e, 19 janv. 2022, n° 21-11.095, P ; v. ég. Civ. 1e, 16 mai 2018, n° 17-16.197, NP.
6. Au visa de C. consom., art. L. 212-1.
7. Au visa de C. consom., art. R. 212-2, 10°.
8. V. à ce sujet : J.-D. Pellier, *Droit de la consommation*, 2e éd. 2019, Dalloz, coll. « Cours », n° 314 ; *D.* 2019. 607, obs. H. Aubry, E. Poillot et N. Sauphanor-Brouillaud ; N. Fricero, énonce, lors d'une commission sur les MARD tenue en février 2022 au barreau de Paris dans le cadre de la formation continue des avocats, qu'il est difficile d'accorder avec le texte réglementaire l'article L. 612-4 et que cela est en outre inopportun, la clause prohibée ne privant pas le consommateur, si la médiation échoue, de recourir au juge ; v. C. civ., art. 2238, dont le droit d'accès garanti à tout justiciable reste ainsi préservé.

54.32 **Le professionnel est tenu à deux obligations principales.** Chaque professionnel doit permettre à tout consommateur d'accéder gratuitement à un dispositif de médiation de la consommation en vue de la résolution amiable de son litige. Le consommateur a accès gratuitement à une procédure de médiation, financée par le professionnel, ce dernier devant lui garantir le recours effectif à un dispositif de médiation de la consommation[1].

La médiation de la consommation a ainsi pour particularité, contrairement à la médiation de droit commun, d'être financée par le professionnel concerné, à charge pour ce dernier de désigner et rémunérer le médiateur appelé à résoudre le litige qui l'oppose au consommateur.

Cependant, il convient de préciser que sont exclus du bénéfice de la gratuité[2] pour le consommateur :

– les frais et honoraires d'avocat ou d'un tiers (par exemple une association de consommateurs) dans le cas où le consommateur souhaiterait se faire représenter ou assister ;

– les frais d'experts si le consommateur souhaite y recourir en cours de médiation et sauf autre accord avec le professionnel. Ce dernier peut accepter de les financer ou d'en prendre une partie à charge, mais il n'est pas contraint de le faire ;

– les frais postaux de saisine du médiateur de la consommation ainsi que les éventuels frais de reproduction des documents par voie postale. Par ailleurs, il convient de préciser que le consommateur doit être en mesure de justifier, avant toute saisine du médiateur de la consommation, d'une tentative de règlement à l'amiable du différend qui l'oppose au professionnel par une réclamation écrite[3].

Le professionnel doit donc informer le consommateur de la possibilité de recourir, en cas de litige, à un processus de médiation de la consommation et lui communiquer les coordonnées du ou des médiateurs compétents dont il relève :

– le nom et les coordonnées du ou de ces médiateurs ainsi que l'adresse de leur site internet, doivent être inscrits de manière visible et lisible (site internet, conditions générales de vente ou de services, bons de commande, etc.) ;

1. C. consom., art. L. 612-1.
2. Toute facturation autre que les frais indiqués ci-dessus, expose le médiateur de la consommation au déréférencement.
3. C. consom., L. 612-2.

– si le professionnel fait de la vente en ligne, le consommateur doit également pouvoir accéder aisément à l'adresse courriel du professionnel ainsi qu'au lien électronique vers la plateforme de règlement en ligne des litiges (RLL)[1].

Cette information doit être communiquée par le professionnel avant la conclusion du contrat[2], lors de la conclusion du contrat[3] et, même après la conclusion du contrat, en cas de non-résolution du différend avec son service de réclamation[4].

Le non-respect de cette obligation expose le professionnel à une sanction administrative (avertissement, injonction ou amende administrative de 3000 euros pour une personne physique à 15 000 euros pour une personne morale[5]).

54.33 **Le médiateur doit être référencé par la Commission d'évaluation et de contrôle de la médiation de la consommation.** Le médiateur est soit une personne physique (médiateur d'entreprise, médiateur individuel adossé à une fédération ou à un ordre), soit une personne morale (associations ou sociétés de médiateurs, médiation collégiale paritaire)[6].

Dans tous les cas, il doit être signataire d'une convention-cadre validée par la CECMC[7] pour pouvoir être référencée en qualité de médiateur de la

1. Règl. 524/2013, Parlement et conseil, 21 mai 2013, préc., art. 14 ; https://ec.europa.eu/consumers/odr/main/
2. C. consom., art. L. 616-1 et R. 616-1.
3. C. consom., art. L. 211-3.
4. C. consom., art. L. 616-1.
5. C. consom., art. L. 616-1 et L. 616-2.
6. La CECMC précise que la qualité de médiateur de la consommation au sens de l'art. L. 611-1, 6e al., est incompatible avec le statut d'auto-entrepreneur. Telle serait la situation d'un cabinet de médiation créé sous le statut d'auto-entrepreneur, car c'est une entreprise individuelle bénéficiant d'un régime spécifique simplifié pour le paiement des cotisations sociales et de l'impôt.
7. Fiche du CECMC sur le statut du médiateur de la consommation, www.economie.gouv.fr. Cette convention-cadre peut être signée par une organisation professionnelle (une fédération, un ordre, un groupe, etc.) pour le compte de ses adhérents ou affiliés. Cependant, ces derniers restent libres du choix du médiateur. S'ils choisissent le médiateur préconisé par l'organisation professionnelle, ils doivent procéder à leur inscription auprès de ce médiateur via une adhésion simplifiée ; v. B05-3 Spécificité de la signature d'une convention-cadre (processus de médiation de la consommation sur le site du ministère de l'Économie, des Finances et de la Souveraineté industrielle et numérique).

consommation du professionnel[1]. Il doit pour cela répondre à des exigences de compétence (expérience ou formations en médiation et en droit, plus particulièrement en droit de la consommation, connaissance du secteur d'intervention, etc.), d'indépendance, d'impartialité et mettre en place des processus de médiation transparents, accessibles, efficaces et équitables[2].

La CECMC vérifie :

– l'absence de lien organique ou hiérarchique entre le médiateur et le professionnel, l'existence d'une équipe placée sous le contrôle exclusif du médiateur, d'un budget dédié, et de garanties d'indépendance indispensables ;

– l'indépendance des personnes physiques par rapport à la personne morale qui a été désignée comme médiateur de la consommation et pour le compte de laquelle elles procèdent à des médiations. Sur ce point, on notera que si le médiateur peut en effet être employé ou rémunéré par un professionnel, il ne doit y avoir aucun lien hiérarchique entre lui et le professionnel pendant l'exercice de sa mission de médiation. Il doit également être séparé des organes opérationnels du professionnel et disposer d'un budget distinct et suffisant pour l'exécution de ses missions ;

– la charte qui décrit le processus de médiation : celle-ci doit être conforme à la lettre et à l'esprit de la loi ;

– les garanties d'impartialité données au regard d'éventuels conflits d'intérêts qu'il convient de prévenir, par exemple en contraignant le médiateur ayant appartenu à l'entreprise concernée d'en avertir le consommateur ou en lui faisant interdiction, durant son mandat et dans les deux ans qui suivent, d'y inclure des personnes ayant fait l'objet d'une médiation de sa part.

Le médiateur de la consommation doit également mettre en place un site internet consacré à la médiation avec toutes les informations essentielles notamment :

– les informations le concernant (ses coordonnées et mention de son inscription sur la liste des médiateurs de la consommation, la décision de sa nomination et la durée de son mandat, ses diplômes, son parcours, etc.) ;

1. La CECMC doit établir une liste mise à jour des médiateurs et médiateurs publics qui doit être notifiée à la Commission européenne et effectuer une évaluation des activités de médiation et en contrôler la régularité. Cette commission peut refuser ou retirer des médiateurs de sa liste, s'il ne répond pas aux exigences du C. consom.
2. C. consom., art. L. 613-1 et L. 613-2.

– des informations relatives au processus de médiation (champ de compétence, langues, description du processus de médiation, etc.) ;

– et un espace client permettant à celui-ci de déposer en ligne une demande de médiation accompagnée des documents justificatifs. Il doit également prévoir un lien électronique vers la plateforme européenne de résolution en ligne des litiges[1]. Cependant, les parties doivent toujours conserver la possibilité de recourir à la médiation par voie postale[2].

Une fois le médiateur de la consommation référencé, son nom apparaît sur la liste des médiateurs sur le site de la CECMC[3] et sur celui de la Commission européenne de règlement en ligne des litiges[4].

La CECMC a également pour mission de contrôler les médiateurs référencés, soit de sa propre initiative, soit à la suite de signalements (absence d'information du consommateur quant à l'évolution de son dossier, déclaration de non-recevabilité de dossiers de médiation pour des motifs non prévus par la loi ou sans explication, délais excessifs de traitement des demandes de médiation, etc.). La CECMC peut soit faire un rappel à l'ordre, soit déréférencer le médiateur qui contrevient aux dispositions du Code de la consommation.

Il convient de préciser qu'un médiateur, non référencé par la CECMC, qui utiliserait l'appellation « médiateur de la consommation » s'expose à des sanctions pour pratique commerciale trompeuse (deux ans de prison et 300 000 € d'amende encourus).

> Le déroulement de la médiation obéit à un processus en trois étapes

54.41 **Le consommateur peut être assisté.** Il est rappelé que le consommateur peut se faire représenter par un avocat ou assister par une personne de son choix ou une association de consommateurs, à tous les stades de la médiation.

1. C. consom., art. L. 614-2.
2. C. consom., art. L. 614-3.
3. https://www.economie.gouv.fr/mediation-conso
4. https://ec.europa.eu/consumers/odr/main/ ; v. l'onglet organismes de règlement des litiges.

Le médiateur de la consommation, une fois saisi, va procéder selon les trois étapes décrites ci-dessous.

54.42 **Première étape.** Il appartient au médiateur de vérifier, au début de sa mission, la recevabilité de la saisine du consommateur[1].

Il n'acceptera la demande de médiation du consommateur que si le consommateur justifie avoir tenté au préalable de résoudre le litige directement auprès du professionnel par une réclamation écrite en vue d'un règlement à l'amiable. À défaut, il doit inviter le consommateur à accomplir cette démarche[2]. On notera que, sur ce point, contrairement au droit commun de la médiation, les clauses contraignant le consommateur à recourir obligatoirement à une médiation préalablement à la saisine du juge sont prohibées[3].

Le médiateur de la consommation peut constater l'irrecevabilité de la saisine au motif que :

– la demande du consommateur n'est pas manifestement infondée ou abusive ;

– le litige n'a pas été précédemment examiné ou n'est pas en cours d'examen par un autre médiateur ou par un tribunal. En effet, un litige ne peut faire l'objet que d'une seule médiation[4] ;

– la demande de médiation du consommateur a été introduite dans un délai maximal d'un an à compter de la date de réclamation écrite du consommateur auprès du professionnel ;

– le litige entre bien dans son champ de compétence.

1. C. consom., art. L. 612-2.
2. B04, Recevabilité des demandes de médiation de la consommation ; B04-1, Obligation préalable de saisir le professionnel d'une réclamation écrite (CECMC, plén., 17 juill. 2019).
3. B02-1, Prohibition de la clause de recours obligatoire à la médiation de la consommation (CECMC, plén., 8 juill. 2020) ; v. aussi : Poitiers, 1re ch., 18 mars 2016, RG n° 14/03685 : « *Il est pourtant manifeste que la clause litigieuse n'impose pas au consommateur de passer exclusivement par une médiation ou une procédure participative qui ne sont envisagées que comme un préalable à la saisine de la juridiction compétente, pour parvenir à un règlement amiable des litiges, sans que ne soit nullement entravé l'accès au juge par le consommateur contrairement à ce qu'a estimé le premier juge.* » (C. consom., art. L. 612-4).
4. La seule exception à cette règle concerne le secteur de l'énergie : le Médiateur national de l'Énergie peut être saisi si le consommateur n'est pas satisfait de la réponse apportée, pour le même litige, par le médiateur d'Engie ou celui d'EDF.

Si le dossier du consommateur n'est pas recevable, le médiateur l'en informe dans un délai de trois semaines au plus à compter de la date de saisine. En fonction du motif de non-recevabilité, le consommateur pourra, selon les cas, soit contacter le professionnel pour tenter une résolution amiable préalable de son litige, soit saisir un tribunal ou encore s'en remettre à la décision qui sera rendue par la justice si celle-ci avait été préalablement saisie.

54.43 **Deuxième étape.** Si le dossier est recevable, le médiateur notifie par écrit (par voie électronique ou postale) sa saisine au consommateur et au professionnel et leur demande s'ils acceptent le principe de la médiation. Si tel est le cas, le processus de médiation peut débuter. La notification du médiateur doit rappeler aux parties :

– qu'elles peuvent à tout moment se retirer de la médiation, la médiation étant un processus volontaire ;

– qu'elles sont libres d'accepter ou de refuser la proposition qu'il pourra être amené à leur faire. Comme le refus éventuel du professionnel d'entrer en médiation n'est assujetti à aucun formalisme, en présence d'un refus systématique ou réitéré du professionnel, il appartient au médiateur d'inviter le professionnel à exprimer les raisons de son refus. Comme l'objectif doit être de vérifier que le professionnel met réellement tous les moyens en œuvre pour garantir un recours effectif à son dispositif de médiation, la CECMC « *recommande au médiateur de constater explicitement ce refus, par exemple en mentionnant dans le courrier de notification de la saisine du médiateur que le silence du professionnel pendant x jours sera interprété comme un refus ou en adressant un courrier de relance au professionnel lui indiquant que son silence persistant sera interprété comme un refus* ». Par ailleurs, le médiateur doit faire mention dans son rapport d'activité de ces refus systématiques et de leurs causes[1]. Cette préconisation interpelle toutefois au regard de la confidentialité[2]. Mais on constatera que les décisions de refus d'entrer en médiation ou de retrait de l'une ou l'autre des parties en cours de médiation ne sont pas soumises à la confidentialité de la médiation[3]. Il y a là une diffé-

1. CECMC, plén., 9 oct. 2020.
2. Fiche E01 du CECMC, « Commission d'évaluation et de contrôle de la médiation », www.economie.gouv.fr
3. B03, Caractère confidentiel de la médiation de la consommation (CECMC, plén., 26 mai 2021 ; CECMC, plén., 18 oct. 2019).

rence importante avec la règle de confidentialité qui régit la médiation de droit commun[1] ;

– que la solution qu'il proposera pourra différer de la décision que pourrait rendre un juge ;

– que l'acceptation de sa proposition ne permet plus de saisir la justice, à l'exception du cas où certaines informations auraient été dissimulées ou si des éléments nouveaux venaient à être produits.

À compter de cette notification, le médiateur dispose de quatre-vingt-dix jours pour traiter le dossier. Le médiateur peut prolonger ce délai à tout moment en cas de litige complexe. Il en avise, alors, immédiatement les parties.

Si le professionnel refuse d'entrer en médiation, il en informe au plus vite le médiateur en justifiant son refus. Le médiateur informe le consommateur de ce refus.

54.44 **Troisième étape.** À l'issue du processus de médiation, deux cas peuvent se présenter :

– soit le médiateur constate un accord entre le professionnel et le consommateur qui met fin au litige : le médiateur en prend acte par écrit et la médiation est alors close ;

– soit le professionnel et le consommateur ne parviennent pas à trouver un accord : le médiateur doit leur proposer une solution[2]. Sur ce point, on peut constater que sa mission se rapproche de celle du conciliateur de justice[3], la règle étant ici que toute demande de médiation d'un consommateur déclarée recevable doit aboutir à une proposition de solution, à moins que les parties n'aient préalablement trouvé un accord ou que l'une des parties se soit désistée au cours du processus[4].

Le médiateur ne peut donc pas clôturer le dossier au motif allégué que le consommateur ne donne pas de réponse à la proposition du professionnel[5].

1. V. s^s n°s 85.11 s.
2. C. consom., art. R. 612-3.
3. V. s^s n° 22.04.
4. C. consom., art. R. 612-2.
5. B07, Proposition de solution du médiateur de la consommation ; B07-1, Caractère obligatoire de la proposition de solution du médiateur de la consommation, à défaut d'accord entre les parties (CECMC, plén., 18 oct. 2019).

La proposition du médiateur doit être notifiée aux parties[1]. Selon la CECMC[2], cette date de notification de la solution marquerait le point de départ de la reprise du délai de prescription qui doit être suspendu pendant la durée de la médiation. Or, il semble que cette computation de délais ne tienne pas compte du délai d'acceptation ou de refus de la proposition.

Le médiateur, en faisant connaître aux parties la solution qu'il propose, doit rappeler aux parties, par courrier simple ou par voie électronique :

– qu'elles sont libres d'accepter ou de refuser cette proposition ;

– que leur participation à la médiation n'exclut pas la possibilité d'un recours devant une juridiction ;

– que la solution qu'il propose peut être différente de la décision judiciaire.

Le médiateur doit également indiquer les effets juridiques de l'acceptation de la proposition de solution et fixer un délai d'acceptation ou de refus de celle-ci[3]. Dans cet objectif, il doit indiquer expressément aux parties, dès l'engagement du processus de médiation, si ce silence vaut acceptation ou refus, ainsi que le délai au terme duquel l'acceptation ou le refus sont constatés[4].

Ce délai doit être limité dans le temps de manière à permettre au médiateur de tirer les conséquences du silence des parties. En effet, l'absence de réponse dans le délai est assimilée, selon les indications du médiateur de la consommation, soit à un refus, soit à un accord[5].

En cas d'acceptation de la proposition de solution du médiateur, le médiateur en prendra acte par écrit et la médiation sera close. Il n'entre pas dans la mission du médiateur de la consommation de faire signer un protocole transactionnel aux parties en cause. Si ces dernières souhaitent recourir à ce type d'accord,

1. C. consom., art. R. 612-4.

2. B01, Suspension de la prescription de l'action en justice (CECMC, plén., 16 juill. 2019), « Processus de médiation de la consommation », www.economie.gouv.fr

3. C. consom., art. R. 612-4.

4. B07-4, Conséquences du silence de l'une des parties à la proposition de solution du médiateur de la consommation ; v. ég. fiche B08, sur la clôture de la médiation (CECMC, 24 mai 2019).

5. Fiche B07, sur la proposition de solution du médiateur de la consommation. En cas de silence de l'une des parties, la proposition du médiateur est généralement considérée comme non acceptée par celle-ci et la médiation prend fin. Toutefois, la CECMC a admis dans certaines circonstances particulières que le silence pouvait être interprété comme une acceptation.

une telle démarche ne peut relever que de leur propre initiative et ne peut être entreprise qu'après la clôture de la médiation[1]. En revanche, il appartient au médiateur de vérifier personnellement l'accord des parties sur la proposition de solution qu'il a formulée. En effet, la pratique consistant à demander au professionnel de confirmer directement au consommateur s'il accepte ou s'il refuse la proposition du médiateur de la consommation est proscrite[2]. Aussi, si la proposition du médiateur est acceptée, mais n'est pas exécutée par l'une des parties, l'autre partie peut saisir la justice pour trancher le litige.

En cas de refus de la proposition de solution du médiateur par l'une ou l'autre des parties, la médiation est close. Il n'appartient pas au médiateur de la consommation de proposer un autre mode de résolution des litiges, les parties étant alors libres de procéder comme elles l'entendent, et notamment de saisir la juridiction[3].

Ainsi, en synthèse, la médiation de la consommation prend fin au moment[4] où :

– les parties parviennent à un accord ou acceptent la proposition du médiateur ;

– ou l'une au moins des parties refuse cette proposition[5].

> Bilan de la Commission d'évaluation et de contrôle de la médiation de la consommation

54.51 **Améliorations à suivre.** La Commission d'évaluation et de contrôle de la médiation de la consommation (CECMC)[6], composée de hauts magistrats,

1. B07-6, Protocole transactionnel après acceptation de la proposition de solution du médiateur de la consommation (CECMC, plén., 6 nov. 2017 ; CECMC, plén., 17 juill. 2019).
2. B06-1, Médiateur, un intermédiaire pendant toute la durée du processus de la médiation de la consommation (CECMC, plénière, 18 oct. 2019).
3. B07-5, Conséquences du rejet de la proposition de solution du médiateur de la consommation (CECMC, 4 mai 2018).
4. B08, Clôture de la médiation de la consommation (CECMC, plén., 6 nov. 2017).
5. C. consom., art. L. 611-1, 5° ; L. n° 95-125, 8 févr. 1995, préc., art. 21.
6. Rapp. CECMC 2019-2021.

de personnalités qualifiées d'horizons différents, de représentants d'associations de consommateurs agréées ainsi que de représentants de fédérations professionnelles, a pour rôle d'évaluer l'activité des médiateurs de la consommation et d'en contrôler la conformité avec les exigences du Code de la consommation relatives à la médiation des litiges de consommation.

Le rapport de la CECMC 2019-2021 revient sur son bilan et est assorti de vingt propositions d'amélioration du dispositif qui s'inspirent de plusieurs préoccupations :

– faciliter la mise en place par toutes les entreprises, et notamment les plus petites d'entre elles, d'une médiation de la consommation ;

– supprimer les freins qui entravent l'accès des consommateurs à un tel dispositif ;

– renforcer les garanties d'indépendance des médiateurs d'entreprises, qui représentent 40 % des médiateurs référencés par la CECMC et constituent pour la Commission européenne un point de vigilance particulier du dispositif national ;

– faire en sorte que le processus de médiation soit plus fluide et plus transparent.

55
Médiation de groupe dite « collective »

> Lorsque l'action de groupe est engagée devant les juridictions
> Lorsque l'action de groupe est engagée sous la forme d'une médiation collective conventionnelle

Une association regroupant des consommateurs s'estimant victimes d'un préjudice lié à un même produit ou à la fourniture de services peut agir devant une juridiction civile afin d'obtenir réparation[1]. C'est l'action de groupe dite « collective » engagée devant une juridiction.

Elle peut convertir cette action judiciaire en médiation ou encore engager directement une médiation de groupe, judiciaire ou conventionnelle, à deux conditions :

– d'une part, il est prévu que « *seule l'association requérante peut participer à une médiation* [...] *afin d'obtenir la réparation des préjudices individuels mentionnés à l'article L. 623-1* ». Ainsi, seule une association ayant qualité à agir est susceptible de mener cette médiation (à l'exclusion de consommateurs intervenant individuellement) ;

– d'autre part, la médiation n'est prévue que pour la réparation des préjudices résultant de pratiques anticoncurrentielles visées à l'article L. 623-1.

> Lorsque l'action de groupe est engagée devant les juridictions

55.11 **Conditions de mise en œuvre de l'« action de groupe ».** L'instance se décompose en différentes phases[2] :

– le jugement de responsabilité renvoie l'affaire à la mise en état pour la suite de la procédure ;

– le juge de la mise en état reste saisi après le jugement ayant statué sur la responsabilité, ce qui justifie sa compétence pour juger des éventuelles difficultés pendant la phase d'indemnisation, sa saisine en cas de difficulté ayant alors pour effet de suspendre les délais de la phase d'indemnisation ;

– le jugement est en quelque sorte un jugement mixte par lequel la juridiction juge une partie au fond, en statuant sur la responsabilité et ordonne non pas de strictes mesures avant dire droit, mais des modalités de mise en œuvre de l'indemnisation. Le jugement de responsabilité précise le schéma d'indemnisation, mais ses mentions concernent également les conditions de

1. C. consom., art. L. 623-1 ; L. n° 2018-1021, 23 nov. 2018, portant évolution du logement, de l'aménagement et du numérique, *JO* 24 nov., texte n° 1, art. 138.
2. S. Amrani Mekki, « Action de groupe, mode d'emploi », *Proc.*, n° 12, déc. 2014, ét. 2016.

publicité du jugement, les délais imposés pour adhérer à l'association, l'indemnisation du consommateur et éventuellement le fait de revenir devant le juge pour régler les difficultés de liquidation. La phase de liquidation fait partie de l'instance ;

– le jugement rendu sur les constatations concernant la phase de liquidation est susceptible d'appel selon les dispositions du droit commun.

55.12 **Déroulement de la médiation**[1]**.** La médiation en matière d'action de groupe doit se dérouler conformément aux règles générales applicables à la médiation de droit commun[2]. Les parties doivent ainsi se soumettre au processus structuré de la médiation en vue de parvenir à la résolution amiable du différend, avec l'aide d'un médiateur impartial, compétent et diligent.

C'est l'association qui négocie avec le professionnel pour le compte des adhérents. Pour cela il est nécessaire que l'association soit agréée comme association de défense des consommateurs[3].

L'accord négocié doit être soumis à l'homologation du juge qui vérifie s'il est conforme aux intérêts de ceux auxquels il a vocation à s'appliquer et lui donne force exécutoire[4]. Cette mission qui incombe au juge n'est pas aisée à respecter, dès lors qu'aucun débat contradictoire n'est prévu et que l'homologation n'a pas vocation à remplacer une procédure au fond. Pour autant, le juge peut refuser l'homologation d'un accord qu'il jugerait insuffisant. Sur ce point, on notera que la procédure d'homologation diverge de celle prévue à l'article 1565 du Code de procédure civile qui n'envisage pas la possibilité pour le juge de modifier les termes de l'accord. L'homologation du juge donne force exécutoire à l'accord, de façon identique à ce que prévoit l'article 1565 du Code de procédure civile.

1. E. et M. Brochier, « La "transaction de groupe". Les particularités de la transaction dans l'action de groupe », *JCP E*, n° 49, 4 déc. 2014. 1622 ; M. Faillet-Sblandano, « Les actions de groupe *in futurum* », *LPA* 2016, n° 105, p. 6 ; D. Mainguy, M. Depincé, « Protection du consommateur. L'introduction de l'action de groupe en droit français », *JCP E* 2014 ét. 1144 ; L. Usunier, « Les contrats de consommation. Règles communes », *in* N. Sauphanor-Brouillaud, C. Aubert De Vincelles, G. Brunaux et L. Usunier, *Les contrats de consommation : Règles communes*, 2e éd., « Traité de droit civil », LGDJ, 2018, n° 1362.
2. Chap. Ier, titre II, L. n° 95-125, 8 févr. 1995, préc. ; v. Ch. Boillot, « Action de groupe et règlement amiable, À propos de la loi n° 2016-1547 du 18 novembre 2016 », *JCP* 2017. Doctr. 155.
3. C. consom., art. R. 811-1.
4. C. consom., art. L. 623-23.

Une fois l'accord homologué par le juge, il convient d'en faire la publicité pour permettre aux consommateurs d'adhérer au groupe. L'article L. 623-23 du Code de la consommation prévoit que « *cet accord précise les mesures de publicité nécessaires pour informer les consommateurs concernés de la possibilité d'y adhérer, ainsi que les délais et modalités de cette adhésion* ». Il convient de préciser que ce n'est pas au juge de déterminer les modalités de cette publicité, mais à l'association et au professionnel. En revanche, aucune disposition ne précise quelles informations doivent être publiées.

Les textes ne donnent pas davantage d'indications sur la résolution des difficultés qui peuvent naître, notamment sur l'appartenance d'un consommateur au groupe. Il appartiendra à la jurisprudence de déterminer si les dispositions relatives à la procédure classique sont également applicables à l'accord résultant d'une médiation.

On notera qu'il est d'usage que les frais de médiation, au même titre que les frais de procédure, soient à la charge du professionnel. C'est à ce titre que la cour d'appel de Poitiers a considéré que « *Échouant dans la plus grande partie de ses prétentions au terme de l'instance, la société Le Tropicana supportera ses frais irrépétibles ainsi que les dépens de premières instances (incluant les frais de médiation) et d'appel.* »[1]

Le rôle du juge, dans une telle médiation, reste déterminant puisque :

– d'une part, il lui incombe avant tout recours à la médiation, dans le cadre de l'action de groupe au sens du Code de la consommation en son art. L. 623-1, de statuer sur le principe de la responsabilité, après avoir renvoyé l'examen du dossier ;

– d'autre part, il lui est possible, lors de la procédure d'homologation de l'accord négocié, de vérifier la conformité de l'accord aux intérêts de celui qui aura à s'en prévaloir et d'en modifier les termes, si nécessaire.

Ces complexités procédurales apparaissent souvent particulièrement contre productives et, pour éviter ces inconvénients, il n'est pas rare que la médiation soit décidée en amont de l'introduction de l'action de groupe, dans un processus conventionnel, ce qui permet une organisation sur mesure d'un dialogue collectif avec pour objectif la recherche de solutions adaptées[2].

1. Poitiers, 2e ch., 2 mars 2021, RG n° 19/01024.
2. S. Amrani-Mekki, « L'action de groupe du 21e siècle, un modèle réduit et réducteur ? », *JCP G*, n° 45, 2 nov. 2015, 1196.

> Lorsque l'action de groupe est engagée sous la forme d'une médiation collective conventionnelle

55.21 **Sur mesure de la médiation pour répondre aux besoins collectifs.** La médiation conventionnelle, en dehors du cadre de l'action de groupe judiciaire (voir ci-dessus) dont le caractère formel n'est pas toujours adapté aux besoins des parties, permet la souplesse et le choix du moment. Elle offre ainsi l'opportunité de la recherche d'un accord global, tant sur le terrain des responsabilités que de la réparation des préjudices.

La médiation collective, en respectant les conditions et le processus de la médiation conventionnelle de droit commun, ne se limitera pas à une négociation sur le plan financier. Elle favorisera le dépassement par les protagonistes en conflit de leurs positions et la recherche de solutions innovantes, efficaces et réparatrices pour les consommateurs, les associations et les entreprises concernées, le tout dans des délais restreints.

Au-delà, elle offre un espace de créativité permettant d'accéder à une meilleure gestion des risques que présentent les conflits collectifs pour l'entreprise, en permettant aussi de dégager des leviers d'amélioration de la performance globale de l'entreprise.

La médiation conventionnelle s'est avérée un procédé « sur-mesure » efficace dans le traitement d'une demande collective particulière. Dans les années 2009, un centre de médiation[1] a eu l'occasion d'organiser avec succès, à l'initiative de l'avocat d'un important établissement bancaire[2], une médiation collective entre l'établissement et plusieurs associations nationales agréées de défense de consommateurs[3]. Il a élaboré ensuite un règle-

1. CMAP.
2. M. Jaudel, avocate et médiatrice.
3. Une fois la décision prise au sein de l'établissement bancaire, il fallait la présenter aux contradicteurs : l'Afub, UFC Que Choisir et un Collectif Action (qui représentait une partie des emprunteurs) et les faire adhérer. La première réussite de cette médiation a été la réponse positive des associations. Ensuite, le choix du médiateur sur lequel il convenait de se mettre d'accord a été déterminant. Les conditions étant réunies pour démarrer le processus, à partir d'avril 2009, plusieurs réunions se sont tenues pour se mettre d'accord sur le contenu de l'accord de médiation signé en novembre 2009. Les discussions ont duré six mois, ce qui est très peu pour une ▶

ment spécifique adapté à la médiation collective en matière de consommation[1].

Il s'agissait de responsabiliser les parties en les amenant à décider de leur propre sort, en toute confidentialité, en se réappropriant leur litige[2] et en construisant avec l'autre partie, par hypothèse avec laquelle le conflit était consommé et exacerbé, une solution adaptée à leurs besoins, leurs intérêts, leurs valeurs.

La médiation collective conventionnelle ouvre un espace de négociation structurée et raisonnée permettant une meilleure prise en compte des intérêts des plaignants et des entreprises, notamment en terme « réputationnel », mais également au niveau de l'évaluation, de l'indemnisation et de la liquidation du préjudice.

Conscient de la nécessité de trouver un mode opératoire, et notamment de communication, adapté à la difficulté du dossier et à la connotation humaine spécifique, l'établissement bancaire a su prendre la seule décision en capacité d'éviter que la passion de chaque côté l'emporte sur la raison avec l'intervention d'un tiers reconnu, formé, neutre, impartial et indépendant.

Techniquement, la situation était inédite, l'enjeu important et délicat, il convenait de proposer une solution innovante, adaptée et rapide.

► médiation collective, la technicité de la matière (pluralité des situations et des catégories de prêts à examiner dans le périmètre de l'accord) étant complexe.

1. CMAP, règl. médiation collective, www.cmap.fr

2. Selon le procédé de l'*empowerment*, ou parfois autonomisation au Québec, qui est l'octroi de davantage de pouvoir aux individus ou aux groupes pour agir sur les conditions sociales, économiques, politiques ou écologiques auxquelles ils sont confrontés ; v. dans ce sens P. Ricoeur, « Éthique et morale – 1990 ».

56
Médiation prud'homale

> Les textes qui encadrent la médiation

> Quelques règles de principe

> Déroulement de la médiation conventionnelle

> Déroulement de la médiation judiciaire

> Recours à la médiation en présence d'une alerte de harcèlement moral

56.01 Les avis divergent sur l'importance du nombre de recours à la médiation en matière prud'homale.

On constate qu'il y a peu de place pour la médiation en cette matière. Certains considèrent que les contentieux mettent à raison des antagonismes très forts qui opposent les parties, rendant peu probable une issue amiable. Dans ce contexte, le temps de la médiation apparaît souvent comme une perte de temps qui s'ajoute au temps de la procédure, déjà trop long. Par ailleurs, la volonté réelle d'engager loyalement le processus de la médiation est souvent fortement suspectée par l'une ou l'autre des parties. Aussi, pour encourager son développement, certains préconisent des incitations financières en cas d'accord de médiation, comme l'exonération de charges sociales qui bénéficierait à l'employeur comme au salarié. Certes, cela représente un coût financier pour l'État, mais celui-ci pourrait être compensé par les économies réalisées par la réduction du volume de dossiers contentieux et le désengorgement subséquent des juridictions[1].

D'autres observent que la médiation est devenue quasiment incontournable, tout particulièrement devant la chambre sociale des cours d'appel[2] (une mention est portée sur toutes les convocations, un médiateur est présent au début de chaque audience, les parties sont invitées à trouver un accord, etc.). Le recours à la médiation serait ainsi un passage obligé, plus souvent perçu comme un obstacle pour le justiciable qui ne peut pas avoir accès au juge, sauf à passer par cette phase intermédiaire et alors même qu'il existe une phase de conciliation obligatoire préalable. On relève désormais, alors que les barèmes Macron sont validés par la Cour de cassation[3], que des employeurs, considérant que le risque et l'aléa de la décision judiciaire sont mieux circonscrits, se trouveront moins contraints de recourir à un processus de médiation. Cette constatation évoluera vraisemblablement au gré des fondements juridiques qui pourront être adoptés par les juges du siège.

Dans tous les cas, un constat s'impose. Le recours à la médiation en cette matière est indiscutablement plus fréquent au niveau de la cour

1. B. Regent, avocate et médiatrice, publication sur compte personnel likedin, https://www.linkedin.com/posts/barbara-regent_avocats-justice-travail-activity-6930401200798367744-wtuy?utm_source=linkedin_share&utm_medium=ios_app
2. M.-L. Nebuloni, « La médiation en matière prud'homale : un piège pour les travailleurs ? », *Chronique ouvrière*, 7 nov. 2016.
3. Soc. 11 mai 2022, n° 21-14.490 et n° 21-15.247, P ; X. Berjot, « Barème Macron : validation par la cour de cassation », 12 mai 2022, www.village-justice.com

d'appel[1]. Cela est peut-être dû au fait que, au stade de l'appel, les parties ont plus de recul à raison notamment du temps écoulé depuis le début de la procédure. Elles ont entre les mains une décision de première instance. Elles ont défendu leurs positions quoiqu'il en coûte et les avocats ont développé tous les arguments juridiques. Le « job » de chacun des protagonistes est accompli : sur recommandation de la cour, sur information du médiateur présent à l'audience, les parties peuvent passer à autre chose, se réapproprier l'issue de leur différend, saisir l'opportunité de construire elles-mêmes un accord, écartant ainsi l'aléa judiciaire, le risque d'un pourvoi en cassation et ne perdant aucun de leurs droits.

Il est d'usage, devant la cour d'appel de Paris notamment, que les parties plaident, qu'une date de délibéré leur soit donnée et que la médiation s'installe dans cet intervalle où il ne peut plus rien se passer judiciairement.

Des statistiques ont été établies pendant une dizaine d'années par les médiateurs qui étaient en responsabilité du développement de la médiation devant les chambres sociales de la cour d'appel de Paris. Le tout appuyé par les magistrats et des chercheurs curieux de cette expérience innovante et de ses résultats[2].

> Les textes qui encadrent la médiation

56.11 Médiation judiciaire ou conventionnelle. Devant le conseil de prud'hommes, la médiation peut être judiciaire ou conventionnelle[3].

Ce sont les dispositions de droit commun du Livre V du Code de procédure civile[4] qui ont vocation à s'appliquer aux différends qui s'élèvent à l'occasion d'un contrat de travail. Ces règles, issues de l'ordonnance du

1. B. Blohorn-Brenneur, « Justice et médiation : un juge du travail témoigne », *Le Cherche midi*, 2006.
2. Ph. Charrier, A. Bascoulergue, J.-P. Bonafe-Schmitt, G. Foliot, *La prescription de la médiation judiciaire. Analyse sociojuridique des dispositifs de médiation dans trois Cours d'appel : de la prescription à l'accord de médiation*, rapp. rech., 29 mars 2020, https://halshs.archives-ouvertes.fr/halshs-01671389/document
3. C. trav., art. R. 1471-1 et R. 1471-2 ; deux articles introduits par : décr. n° 2016-660, 20 mai 2016 relatif à la justice prud'homale et au traitement judiciaire du contentieux du travail, *JO* 25 mai, texte 30, art. 31.
4. C. pr. civ., art. 1528 s. ; dispositions du Livre V du Code de procédure civile.

16 novembre 2011[1] instaurent un régime commun à toutes les médiations en cas de litige en matière civile et commerciale[2].

S'agissant de la médiation conventionnelle, il est possible de recourir à la médiation et à la conciliation conventionnelles en matière prud'homale depuis la loi du 6 août 2015[3]. Auparavant, cette faculté était réservée aux seuls litiges individuels du travail présentant un caractère transfrontalier[4]. Depuis l'abrogation de cette mesure restrictive par la loi précitée du 6 août 2015, la médiation prud'homale est applicable, pour tout différend qui s'élève à l'occasion d'un contrat de travail, qu'il ait ou non un caractère transfrontalier[5]. Elle peut être mise en œuvre avant ou après la saisine du conseil de prud'hommes.

Pour accompagner les parties, on observe la création de centres de médiation spécialisés faisant appel à des professionnels maîtrisant le droit du travail[6].

> Quelques règles de principe

56.21 La médiation prud'homale est toujours facultative. La question du caractère obligatoire de la médiation (ou de la conciliation) s'est posée à plu-

1. Ord. n° 2011-1540, 16 nov 2011, préc.
2. Les dispositions de ce texte peuvent également s'appliquer à certains litiges de droit administratif, v. s^s^ n°s 59.11 s. ; En revanche, cela ne concerne pas la médiation pénale qui est une médiation très particulière, v. s^s^ n°s 58.11 s.
3. L. n° 2015-990, 6 août 2015 pour la croissance, l'activité et l'égalité des chances économiques, art. 258 abrogeant L. n° 95-125, 8 févr. 1995, préc., art. 24, qui limitait la possibilité d'avoir recours à une médiation conventionnelle et de solliciter l'homologation d'un accord issu de cette médiation aux seuls litiges individuels du travail présentant un caractère transfrontalier.
4. L. n° 95-125, 8 févr. 1995, préc., art. 25.
5. Les dispositions du décr. n° 2012-66 du 20 janvier 2012 prévoyant que : « *Les dispositions du livre V (titre Ier, chapitre Ier) du Code de procédure civile ne s'appliquent, en cas de médiation conventionnelle intervenant dans les différends s'élevant à l'occasion d'un contrat de travail, que lorsque ceux-ci sont de nature transfrontalière au sens de l'article 24 de la loi du 8 février 1995* » ont été abrogées par la loi du 6 août 2015 dite loi Macron (art. 258). Les dispositions de l'article R. 147161 du Code du travail ne font donc plus spécifiquement référence aux litiges transfrontaliers et s'appliquent à tous les litiges qui s'élèvent à l'occasion d'un contrat de travail qu'il soit transfrontalier ou non.
6. Il y a notamment le CMATravail, Centre de Médiation et d'Arbitrage du Travail, v. https://cmatravail.fr/le-centre

sieurs reprises en présence d'une clause de conciliation précontentieuse insérée dans le contrat de travail.

La réponse a été donnée par la Cour de cassation, siégeant en chambre mixte, dans un arrêt important du 5 décembre 2012[1]. Mettant fin à des années de controverses sur le sujet, la Haute juridiction a considéré « *qu'en raison de l'existence en matière prud'homale d'une procédure de conciliation préliminaire et obligatoire, une clause du contrat de travail qui institue une procédure de conciliation préalable en cas de litige survenant à l'occasion de ce contrat, n'empêche pas les parties de saisir directement le juge prud'homal de leur différend.* »

Ainsi, si de telles clauses ne sont pas illicites, elles n'en sont pas moins dépourvues *a priori* de toute force obligatoire dans les relations individuelles de travail, à raison précisément de l'existence d'une phase de conciliation préalable à la phase contentieuse[2].

Dans cette logique, ces clauses ne peuvent pas contraindre les parties à recourir à la médiation. Elles sont inopposables à la partie qui déciderait de saisir le conseil des prud'hommes sans avoir entamé le processus de médiation prévu au contrat[3].

> PRÉCONISATIONS. Toutefois, il ne s'agit pas d'une nullité absolue, ce qui encourage de plus en plus de praticiens, avocats et directions des ressources humaines dans les entreprises, à introduire ces clauses dans les contrats de travail : cela permet aux salariés et aux employeurs de se « donner une chance », en cas de divergences, de résoudre à l'amiable leur différend si, de bonne foi, les deux parties décident de recourir au processus de médiation, comme prévu au contrat, sans soulever d'irrecevabilité[4].

56.22 **La mise en œuvre d'une médiation suspend le cours de la prescription.** Lorsqu'une médiation est mise en œuvre par les parties en exécution d'une telle clause, celle-ci suspend jusqu'à son issue le cours de la prescription dans les conditions de l'article 2238 du Code civil. En conséquence,

1. Soc. 5 déc. 2012, n° 11-20.004, P.
2. C. trav., art. L. 1411-1 ; B. Inès, « Conseil de prud'hommes : recevabilité de l'action malgré une clause de conciliation », *Social, D. actu.*, 29 oct. 2021.
3. *Lamy Formulaire commenté de procédure civile,* n° II. 1850-25.
4. V. EXEMPLE D'ACTE s[s] n° 111.29, Clause de médiation dans un contrat de travail.

elle constitue une fin de non-recevoir qui s'impose au juge si les parties l'invoquent[1].

> Déroulement de la médiation conventionnelle

56.31 **En cas d'accord de médiation.** Si la médiation a permis de parvenir à un accord, encore faut-il le matérialiser et le formaliser par écrit. C'est ce qu'on désigne comme étant l'« accord de médiation ». C'est aux parties que revient la charge de la rédaction des termes de l'accord.

Il faut également qu'il ait une valeur réelle et reconnue pour pouvoir s'imposer aux signataires.

Les parties peuvent également demander l'homologation de l'accord ou encore opter pour un accord contresigné par avocats revêtu de la formule exécutoire par le greffe[2]. Cette démarche reste facultative, mais elle est fortement conseillée pour accroître l'efficacité de l'accord conclu et en garantir l'exécution.

C'est le bureau de conciliation et d'orientation qui homologue l'accord dans les conditions prévues par les dispositions du livre V du Code de procédure civile[3]. Il statue sans débat sur la requête qui lui est présentée aux fins d'homologation, sauf s'il estime nécessaire d'entendre les parties.

56.32 **En cas d'échec de médiation.** Dans l'hypothèse où la médiation conventionnelle échoue, les parties conservent toujours la possibilité de saisir la juridiction.

> Déroulement de la médiation judiciaire

56.41 **Rôle du bureau de conciliation et d'orientation et celui du bureau de jugement.** La médiation judiciaire est régie par les dispositions générales des articles 131-1 à 131-15 du Code de procédure civile[4].

1. Cass. ch. mixte, 14 févr. 2003, n° 00-19.423, P.
2. L. n° 2021-1729, 22 déc. 2021, art. 44, préc. : nouveau titre exécutoire ajouté au 7° de l'art. L. 111-3 du C. pr. exéc. en dressant la liste ; v. ss nos 106.14 et 106.15
3. C. trav., art. R. 1471-1.
4. La médiation est codifiée depuis 1995 (ces dispositions ont été modifiées par décr. n° 2022-245, 25 févr. 2022, préc.).

Depuis le décret du 20 mai 2016[1], le bureau de conciliation et d'orientation, comme le bureau de jugement, peut, quel que soit le stade de la procédure, après avoir recueilli l'accord des parties, désigner un médiateur, afin de leur permettre de trouver une solution au litige qui les oppose[2].

Il peut également enjoindre aux parties de rencontrer un médiateur qui les informe sur l'objet et le déroulement de la mesure[3].

Cependant, la faculté de désignation d'un médiateur n'est pas possible en matière de référé, eu égard à la nature de cette procédure d'urgence[4].

La médiation judiciaire nécessite l'accord des parties, mais ne dessaisit pas le juge. À ce titre, il peut arrêter à tout moment les mesures qui lui semblent nécessaires[5].

La médiation judiciaire ne peut excéder une période de trois mois « *à compter du jour où la provision à valoir sur la rémunération du médiateur est versée entre les mains de ce dernier. Cette mission peut être renouvelée une fois, pour une même durée, à la demande du médiateur* »[6]. Si la période ne peut pas être prorogée, le juge peut mettre fin à la médiation à tout moment sur demande d'une partie, à l'initiative du médiateur ou d'office[7].

56.42 **En cas d'accord de médiation.** À l'expiration de sa mission, le médiateur informe par écrit le juge d'un éventuel accord entre les parties, sans pourtant faire part de la manière dont s'est déroulée la médiation[8]. Il en est de même à défaut d'accord, l'instance reprenant alors son cours[9]. Si les parties sont parvenues à un accord, la formation du conseil de prud'hommes ayant ordonné cette mesure peut homologuer cet accord, ainsi que le prévoit l'article 131-12 du Code de procédure civile. Désormais, les parties peuvent également opter pour l'accord contresigné par avocats revêtus de la

1. Décr. n° 2016-660, 20 mai 2016, préc. ; C. trav., art. 1471-2.
2. V. s^{s} n° 56.11.
3. V. s^{s} n° 92.01.
4. *Lamy Code de procédure civile commenté*, comm. sous art. 131-1 s.
5. C. pr. civ., art. 131-2 ; sur les modalités de rémunération du médiateur désigné, v. s^{s} n° 44.11.
6. C. pr. civ., art. 131-3.
7. C. pr. civ., art. 131-10.
8. C. pr. civ., art. 131-14 ; sauf accord des parties, V. EXEMPLE D'ACTE s^{s} n° 111.16, Lettre du médiateur faisant connaître au tribunal que les parties sont parvenues à un accord.
9. C. pr. civ., art. 131-11 ; V. EXEMPLE D'ACTE s^{s} n° 111.17, Lettre du médiateur faisant connaître au tribunal que les parties ne sont pas parvenues à un accord.

formule exécutoire par le greffe[1]. Ce contreseing, comme l'homologation par le juge, donne force exécutoire à l'accord. Si les parties ne sont parvenues qu'à un accord partiel ou à aucun accord, l'instance se poursuit devant le conseil de prud'hommes.

Le Conseil des prud'hommes conserve la faculté de refuser ou de modifier les termes de l'accord si celui-ci comporte des éléments sur lesquels il n'est pas possible de négocier en droit. En cas de modification par le juge pour une mise en conformité avec la loi applicable, les parties à la médiation disposent de leur appréciation d'accepter ou non l'accord de médiation modifié.

> Recours à la médiation en présence d'une alerte de harcèlement moral

56.51 **Obligation de sécurité de l'employeur.** L'obligation de prévention des risques professionnels fait partie intégrante de l'obligation de sécurité de l'employeur[2].

La Cour de cassation accorde de plus en plus d'importance à l'examen des moyens mis en œuvre par l'employeur pour respecter cette obligation. Dans plusieurs décisions, la Haute juridiction a considéré que le refus de mettre en place une médiation peut constituer un manquement de l'employeur à son obligation de prévention des risques psychosociaux, à l'instar de cet arrêt de la Cour de cassation qui a retenu que « *l'employeur, qui a laissé s'installer une situation de conflit sans y apporter aucun remède, a manqué à ses obligations contractuelles* »[3].

S'agissant plus particulièrement du harcèlement moral[4], l'employeur doit prendre les mesures qui s'imposent pour prévenir de tels agissements[5]. Le harcèlement moral se manifeste par des agissements répétés qui ont pour objet ou pour effet une dégradation des conditions de travail susceptible de

1. L. n° 2021-1729, 22 déc. 2021, art. 44 : nouveau titre exécutoire ajouté au 7° de l'art. L. 111-3 du C. pr. exéc. en dressant la liste.
2. C. trav., art. L. 4121-1 et L. 4121-2.
3. Soc. 17 oct. 2012, n° 11-18.208, NP (rejet) ; *D.* 2013. 1026, obs. P. Lokiec et J. Porta.
4. Sur la notion de harcèlement moral, travail-emploi.gouv.fr
5. C. trav., art. L. 1154-1.

porter atteinte aux droits de la personne du salarié au travail et à sa dignité, d'altérer sa santé physique ou mentale ou de compromettre son avenir professionnel. L'auteur peut être aussi bien l'employeur, qu'un collègue de la victime, indépendamment de sa position hiérarchique, etc.

L'employeur a une totale liberté dans le choix des moyens à mettre en œuvre. Dans les entreprises et les établissements employant habituellement au moins cinquante salariés, les dispositions relatives à l'interdiction de toute pratique de harcèlement moral doivent figurer dans le règlement intérieur. Mais il « *doit toujours agir en présence d'un signalement, même s'il semble infondé* »[1]. Il a ainsi l'obligation de mener une enquête interne, impartiale et confidentielle, après qu'un salarié lui a fait part d'une situation de harcèlement moral. À défaut, il engage sa responsabilité, même si le harcèlement n'est pas avéré.

56.52 **La procédure de médiation est un outil de gestion des risques psychosociaux.** En présence d'une alerte de harcèlement moral, le Code du travail prévoit qu'une procédure de médiation peut être engagée[2]. La médiation constitue ainsi un outil de gestion des conflits et de gestion des risques psychosociaux.

Elle est généralement proposée par l'employeur ou par le service des relations humaines, étant précisé que l'employeur devrait toujours s'impliquer dans le choix du médiateur. Elle peut être demandée par la victime de harcèlement moral ou encore par la personne mise en cause.

Le médiateur est choisi d'un commun accord entre les parties. Il peut s'agir d'une personne appartenant à l'entreprise.

Le médiateur s'informe de l'état des relations entre les parties et tente de les concilier. À cet effet, il leur soumet des propositions qu'il consigne par écrit en vue de mettre fin au harcèlement. Si la conciliation échoue, le médiateur informe les parties des éventuelles sanctions encourues et des garanties procédurales prévues en faveur de la victime.

Cette démarche présente l'avantage de s'inscrire dans le processus sécurisé et structuré de la médiation. En effet, à défaut d'y recourir, l'employeur pourrait se voir reprocher de ne pas avoir eu recours à la médiation.

1. Soc. 27 nov. 2019, n° 18-10.551, P.
2. C. trav., art. L. 1152-6.

Les mêmes règles ont vocation à s'appliquer en présence d'une alerte pour harcèlement sexuel.

56.53 **Procédure de médiation en deux étapes.** Conformément à l'article L. 1152-6 du Code du travail, la procédure de médiation prévoit que :

« *Le médiateur s'informe de l'état des relations entre les parties. Il tente de les concilier et leur soumet des propositions qu'il consigne par écrit en vue de mettre fin au harcèlement.* »

« *Lorsque la conciliation échoue, le médiateur informe les parties des éventuelles sanctions encourues et des garanties procédurales prévues en faveur de la victime.* »

On relèvera deux particularités propres à cette médiation :

– d'une part, afin d'assurer une totale impartialité et neutralité, les comptes-rendus du médiateur devront être validés par les deux parties ;

– d'autre part, si la confidentialité reste la règle, elle n'a pas vocation à s'appliquer aux éléments portés à la connaissance de tous.

57 Médiation familiale

- > Vers une médiation judiciaire obligatoire
- > En parallèle, la médiation conventionnelle
- > Le droit des enfants
- > Rôle du médiateur familial
- > Rôle de l'avocat

57.01 Résolution amiable des litiges familiaux. Ce mode de résolution des différends est bien plus qu'une simple alternative à la procédure judiciaire.

Elle est largement encouragée, depuis longtemps, par de nombreux textes.

Au plan international, la Convention de La Haye du 25 octobre 1980[1] sur les enlèvements internationaux d'enfants prévoit que l'Autorité centrale doit prendre toutes les mesures appropriées, directement ou indirectement, pour faciliter les solutions amiables, en vue du retour de l'enfant.

De même, le règlement dit Bruxelles II *bis*, du 27 novembre 2003, relatif à l'autorité parentale précise qu'il revient aux autorités centrales, chargées de son application, de « *faciliter la conclusion d'accords entre les titulaires de l'autorité parentale en recourant à la médiation ou à d'autres moyens* [...] »[2].

Enfin, la directive du Parlement européen et du Conseil du 21 mai 2008[3], sur certains aspects de la médiation en matière civile et commerciale, fait peser sur les États l'obligation de mettre en place des structures favorisant la recherche d'accords amiables, notamment par la médiation. La résolution du Parlement européen du 12 septembre 2017[4] encourage les pays à aller encore plus loin. La France a pris les dispositions nécessaires pour favoriser le plus largement possible le recours au règlement amiable des conflits familiaux[5].

Elle vise à régler les conflits dans les situations de rupture, séparation, divorce ou encore entre héritiers, voire du fait de la jeune délinquance en rupture de lien ou de communication avec sa famille ou plus généralement, du fait de l'éducation[6].

Elle peut être sollicitée à tout moment, judiciairement dans ou en marge de la procédure[7] et, conventionnellement, pour des mesures d'urgence provisoires[8].

1. Conv. La Haye, 25 oct. 1980, sur les enlèvements internationaux d'enfants, art. 7, c.
2. Règl. CE 2201/2003, Conseil, 27 nov. 2003 relatif à la compétence, la reconnaissance et l'exécution des décisions en matière matrimoniale et en matière de responsabilité parentale abrogeant le règlement (CE) n° 1347/2000, *JO* L. 338 (art. 55, e).
3. Dir. 2008/52, Parlement et Conseil, 21 mai 2008, préc.
4. Réso. 17 sept. 2017, 2018/C, 337/01.
5. La médiation est codifiée aux articles 131-1 et suivants du Code de procédure civile depuis la L. n° 95-125, 8 févr. 1995, préc.
6. C. Denoit-Benteux, A.-L. Lebreton, N. Aladenis, « L'avocat et la médiation en matière familiale », *D. Avocats*, 5 mai 2019.
7. Pour la médiation judiciaire, la désignation d'un médiateur peut être demandée en justice, y compris en référé : C. pr. civ., art. 131-1 à 131-15 ; C. civ., art. 255 et 373-2-10 ; Pour la médiation conventionnelle : C. pr. civ., art. 1530 s.
8. Bordeaux, ch. civ., 6, 2 oct. 2012, RG n° 11/06755.

Elle donne en l'état, des résultats encourageants puisqu'il semblerait que 40 % des médiations familiales aboutissent à un accord.

> Vers une médiation judiciaire obligatoire

57.11 **Rôle incitatif du juge.** Au terme de la médiation, si les époux sont parvenus à un accord, il est consigné dans un procès-verbal qui est soumis au juge et, le plus souvent, homologué. Il peut désormais être contresigné par avocats revêtu de la formule exécutoire par le greffe. Lorsque les parties n'ont pas trouvé de compromis, le juge tranche les questions en litige.

Pour favoriser le recours à la médiation, le législateur a donné au juge aux affaires familiales le pouvoir de proposer une médiation familiale aux parties[1] et au juge conciliateur le pouvoir d'enjoindre aux époux de rencontrer un médiateur pour recevoir une information sur la médiation[2]. Selon l'état de l'instance, seront compétents pour désigner un médiateur le juge de la mise en état, le juge du fond ou le juge des référés.

Pour une procédure de divorce, la proposition de médiation pourra prendre la forme d'une convocation à une audience de mise en état pour proposition de « médiation », ou à l'occasion d'un référé, d'une lettre accompagnant la convocation à l'audience demandant aux parties de se rendre préalablement à une réunion d'information sur la médiation. Le juge peut également la proposer au stade des plaidoiries, voire en cause d'appel.

Aux parties, il est demandé de rechercher un accord préalablement à la saisine du juge[3], ce qui se traduit concrètement par le recours à un médiateur ou à tout le moins à une réunion d'information sur la médiation. Cependant, la médiation ne peut pas être imposée aux parties, le juge devant recueillir leur accord.

La médiation judiciaire se décline ainsi selon les quatre volets suivants.

1. L. n° 2002-305, 4 mars 2002 relative à l'autorité parentale, *JO* 5 mars, texte 3, art. 5, créant C. civ, art. 373-2-10.
2. L. n° 2004-439, 26 mai 2004 relative au divorce, *JO* 27 mai, texte n° 1, art. 12 créant C. civ art. 255.
3. Décr. n° 2015-282, 11 mars 2015 relatif à la simplification de la procédure civile à la communication électronique et à la résolution amiable des différends, *JO* 14 mars, texte 16.

57.12 1er volet : le juge peut proposer une mesure de médiation aux parents en vue d'un exercice consensuel de l'autorité parentale. Après avoir recueilli leur accord, le juge désigne un médiateur familial pour y procéder, sauf si des violences sont alléguées par l'un des parents sur l'autre parent ou sur l'enfant[1].

Comme cette médiation est ordonnée dans le cadre d'une décision statuant définitivement sur les modalités de l'exercice de l'autorité parentale, son renouvellement et la rupture anticipée de la médiation ne sont pas applicables[2].

57.13 2e volet : le juge peut enjoindre aux parties de rencontrer un médiateur familial qui les informera sur l'objet et le déroulement de la médiation :

– pour les mesures provisoires prononcées à l'audience de non-conciliation[3] ;

– pour les demandes de modification des décisions fixant les modalités de l'exercice de l'autorité parentale (décision sur le lieu de scolarisation de l'enfant, partage des frais, etc.)[4].

Pour amorcer au plus tôt la démarche amiable, il est souvent demandé aux greffes de délivrer cette injonction dès la convocation des parties à l'audience, en précisant que la rencontre devra se tenir avant l'audience.

Cette pratique a été validée[5] et justifiée par l'application de la réglementation spécifique en matière de médiation[6] et non par les dispositions générales applicables avant toute saisine d'un juge[7].

On notera que ce pouvoir d'injonction du juge est exclu si des violences ont été commises par l'un des parents sur l'autre ou sur l'enfant[8]. Si le juge ne peut pas imposer la médiation familiale en cas de violences ou d'emprise, il peut néanmoins apprécier souverainement la réalité des violences allé-

1. C. civ., art. 373-2-10, al. 2.
2. L. n° 95-125, 8 févr. 1995, préc., art. 22-3.
3. C. civ., art. 255.
4. C. civ., art. 373-2-10.
5. Le ministre de la Justice a validé cette pratique (rép. Capdevielle : AN 9-8-2016, n° 92846 : BPAT 6/16 inf. 226).
6. C. civ., art. 373-2-10.
7. C. pr. civ., art. 127.
8. C. civ., art. 373-2-10, al. 3.

guées. Celles-ci visent les atteintes à l'intégrité physique et psychique, à l'exclusion des violences commises par des tiers.

Par ailleurs, l'exclusion de la médiation familiale n'est pas subordonnée à l'existence d'une condamnation pénale ou d'un dépôt de plainte[1].

57.14 3e volet : la tentative de médiation familiale préalable obligatoire (TMFPO) s'impose :

– pour les demandes concernant les modalités d'exercice de l'autorité parentale, y compris les modifications des décisions portant sur ces modalités (décision sur le lieu de scolarisation, partage des frais, etc.) ;

– pour les demandes concernant la contribution à l'entretien et à l'éducation de l'enfant (pensions versées, etc.) ;

– pour les demandes liées à la convention homologuée (lieu de résidence habituelle du ou des enfants, droit de visite et d'hébergement, etc.).

Cette exigence procédurale est prévue, à titre expérimental[2]. Elle concerne onze tribunaux judiciaires : Bayonne, Bordeaux, Cherbourg-en-Cotentin, Évry, Nantes, Nîmes, Montpellier, Pontoise, Rennes, Saint-Denis et Tours[3]. La Chancellerie envisage d'étendre l'expérimentation à quatre-vingt-quatre juridictions au regard des résultats satisfaisants des premières expérimentations.

La sanction est l'irrecevabilité de la demande que le juge peut soulever d'office.

Par exception, ce préalable n'est pas exigé dans trois cas et relève de l'appréciation souveraine du juge :

– les deux parents demandent ensemble l'homologation d'une convention ;

– l'absence de recours à la médiation est justifiée par un motif légitime ;

– des violences intrafamiliales ont été commises (par l'un des parents sur l'autre parent ou sur l'enfant, etc.).

1. Circ. 26 juill. 2017 de présentation de diverses dispositions en matière de droit des personnes et de la famille de L. n° 2016-1547, 18 nov. 2016, préc.
2. Cette expérimentation, initialement prévue jusqu'au 31 déc. 2019 a été, dans un premier temps, mise en place dans les tribunaux de Bordeaux et d'Arras, puis reconduite et élargie à onze tribunaux, par la loi n° 2016-1547, 18 nov. 2016, préc., art. 7.
3. Arr. 16 mars 2017 désignant les juridictions habilitées à expérimenter la tentative de médiation préalable obligatoire à la saisine du juge en matière familiale, *JO* 22 mars 2017, JUSB1707997A, n° 32.

57.15 4e volet : l'opportunité du choix d'une médiation post-sentencielle. L'article 6 de la loi du 18 novembre 2016[1] a modifié l'article 373-2-10 du Code civil portant déjà sur la médiation familiale pour permettre au juge aux affaires familiales de désigner un médiateur familial ou, à défaut d'accord des parties, de leur enjoindre de rencontrer un médiateur, dans la décision statuant définitivement sur les modalités d'exercice de l'autorité parentale qui met fin à sa saisine.

Cette disposition est venue consacrer une pratique prétorienne de certains juges aux affaires familiales, notamment à la cour d'appel de Paris, sous l'impulsion de présidentes de chambre[2] très investies dans le développement des modes amiables, qui constatent que, dans certains cas, les parties sont en attente d'une décision et qu'il est préférable de trancher certaines contestations, sans attendre, tout en leur proposant une mesure de médiation pour les aider à accepter cette décision et pour les accompagner dans l'exécution de la décision[3].

Le principal avantage de la médiation post-sentencielle réside dans les petits accords du quotidien. La décision de fond ne peut pas toujours trancher des questions très concrètes qui sont essentielles pour les enfants et pour faciliter leurs relations avec les parents. Aussi, de plus en plus souvent, les avocats sont incités à prévoir la désignation d'un médiateur pour accompagner la décision à intervenir. Cette démarche peut être faite en concertation et à l'avance, pour proposer au juge un médiateur choisi d'un commun accord par les parties.

> En parallèle, la médiation conventionnelle

57.21 Formule en marge du judiciaire. Une médiation conventionnelle peut être utile en amont de toute procédure pour faciliter la préparation des premières mesures liées à la séparation ou au divorce, par exemple l'organisation du calendrier.

1. L. n° 2016-1547, 18 nov. 2016, préc.
2. Fr. Agostini, A. Gongora, présidentes des chambres familiales à la cour d'appel de Paris.
3. F. Vert., H. Dehghani-Azar, « La médiation post-sentencielle : un dispositif pour l'efficacité de la justice », *D. actu.*, 29 oct. 2021.

Dans l'hypothèse où les parties ne voudraient pas de la médiation conventionnelle, le législateur a prévu que les dispositions relatives à la médiation leur soient rappelées dans l'assignation en divorce au titre des mentions obligatoires[1].

Les avocats pourront, s'ils le souhaitent, conclure une convention de procédure participative de mise en état[2].

> Le droit des enfants

57.31 La position de la Défenseure des enfants.

PRÉCONISATIONS. La Défenseure des droits[3] recommande au garde des Sceaux, lors de la restitution des éléments de son rapport de novembre 2020, de faire respecter le droit de l'enfant à être auditionné en justice, en réformant l'article 388-1 du Code civil. Elle recommande également de réformer l'article 338-4 du Code de procédure civile par voie réglementaire, pour que l'audition de l'enfant qui demande lui-même à être entendu dans le cadre d'une procédure le concernant soit de droit, sans qu'il ne soit plus fait référence à sa capacité de discernement. Elle recommande enfin de compléter l'article 338-1 du Code de procédure civile pour prévoir que le mineur de dix ans et plus soit personnellement informé par le greffe de son droit d'être entendu[4].

On doit comprendre que ces recommandations s'appliquent au processus de médiation dans lequel il y a un avantage à ce que ces enfants soient présents et écoutés afin que leur parole, en se libérant, participe à la construction de solutions pérennes.

57.32 La consécration de la médiation familiale par la loi[5] comme un outil au service du juge des enfants. Le nouvel article 375-4-1 du Code

1. C. civ., art. 255, 1° et 2°, et 373-2-10.
2. C. pr. civ., art. 1544 ; v. s^s^ n° 21.25.
3. Rapp. de la Défenseure des enfants, 20 nov. 2020, www.defenseurdesdroits.fr ; sur le Défenseur des droits ; v. s^s^ n°s 42.41 s.
4. Cl. Hédon, Défenseure des droits, discours du 19 nov. 2021 : « *Pour se convaincre de la nécessité de prendre en compte la parole de l'enfant, il suffit de regarder ce que sa négligence emporte comme conséquences.* »
5. L. 2022-140, 7 févr. 2022, relative à la protection des enfants, *JO* 8 févr., texte 2, art. 14.

civil[1] prévoit que le juge des enfants peut proposer aux parents une mesure de médiation familiale aux parents, lorsqu'il ordonne une mesure d'assistance éducative en application des articles 375-2 à 375-4 du Code civil, sauf bien sûr dans les cas de violences ou d'emprise manifeste de l'un des parents sur l'autre parent. Après avoir recueilli l'accord des parents, il peut désigner un médiateur familial.

Son utilisation, comme le souligne Monsieur Fabrice Vert, Premier Vice-Président du tribunal judiciaire de Paris, vise à « *mieux protéger les mineurs et à mieux piloter la protection de l'enfance* ». Le magistrat qui renvoie à la lecture d'un article rédigé par Monsieur Marc Juston, magistrat honoraire et médiateur civiliste, pionnier de la médiation familiale en France, souligne que « *l'objectif de cette communication est de réfléchir à l'intérêt de la médiation familiale en protection de l'enfance, à ses applications concrètes, notamment dans le cadre de séparations douloureuses pour les parents, et pour les enfants en situation de danger psychologiques ou physiques*[2] ».

> Rôle du médiateur familial

57.41 Médiateur répondant aux mêmes exigences que celles des autres médiateurs. Le médiateur familial ne présente que peu de particularités par rapport au médiateur de droit commun.

En effet, comme tout médiateur, il est tenu à un devoir de neutralité et de confidentialité[3]. À ce titre, il ne peut donner ni conseils, ni avis, ni suggérer une proposition de solution.

Il doit également entendre les parties et leur permettre de confronter leurs points de vue. Il peut éventuellement entendre les enfants, mais uniquement avec leur accord et celui de leurs parents.

Il est aussi tenu à la plus stricte confidentialité. Il est ainsi expressément prévu qu'il ne peut pas témoigner et que les déclarations qu'il recueille au

1. Cet article a été inséré dans le Code civil par l'article 14 de la loi n° 2022-140, 17 févr. 2022, préc.
2. F. Vert, « Médiation familiale et juge des enfants », LinkedIn.
3. L. 95-125, 8 févr. 1995, préc., art. 21-2 s. ; L. n° 2019-222, 23 mars 2019, préc., art. 4 ; décr. n° 2019-1333, préc.

cours de sa mission ne peuvent pas être utilisées, par la suite, devant le juge[1].

Il peut et doit informer le juge des difficultés qu'il rencontre au cours de sa mission. Ces difficultés peuvent d'ailleurs conduire le juge à mettre fin à la médiation avant le terme initialement fixé[2].

La procédure est suspendue pendant ce temps. On notera cependant que les parties conservent la possibilité, même en présence du médiateur, de saisir le juge à tout moment sur des questions qui ne sont pas en discussion dans le cadre de la médiation. Par exemple, un époux peut demander au juge de diminuer la pension alimentaire qu'il verse à son conjoint alors qu'une médiation portant sur l'exercice de l'autorité parentale est en cours.

En revanche, on notera cette particularité : par exception, les constatations du médiateur et les déclarations recueillies au cours de la médiation peuvent être divulguées sans l'accord des parties dans deux cas :

– en présence de raisons impérieuses d'ordre public ou de motifs liés à la protection de l'intérêt supérieur de l'enfant ou à l'intégrité physique ou psychologique de la personne ;

– lorsque la révélation de l'existence ou la divulgation du contenu de l'accord issu de la médiation est nécessaire pour sa mise en œuvre ou son exécution[3].

> Rôle de l'avocat

57.51 **Rôle décisif de l'avocat.** L'avocat peut jouer un rôle décisif dans le processus de la médiation, y compris dans la médiation familiale[4].

Certains souhaiteraient s'affranchir de sa présence, y voyant un obstacle à la réussite de la médiation.

1. C. pr. civ., art. 131-14.
2. C. pr. civ., art. 131-9 s.
3. L. n° 95-125, 8 févr. 1995, art. 21-3.
4. A.-M. de Cayeux et C. Emmanuel, *Avocats et médiation : 10 points clés*, éd. Irène et Codecivelle, juin 2020 ; v. : forum-famille.dalloz.fr, brève du 11 déc. 2020 ; v. ég. : AJ *Famille* 2022. 117, doss. : « médiation familiale » avec une enquête inédite sur la médiation post-sentencielle.

En assistant aux séances de médiation, il peut formuler des propositions, explorer des solutions, suggérer des pistes de réflexion. Par exemple, il peut prévoir, en lieu et place de la formule de résidence alternée, un droit de visite adapté « sur mesure ».

Il peut également rassurer et encourager son client parce qu'il est nécessairement son premier confident. En effet, il est le protecteur de son client, notamment en vérifiant les documents échangés et en veillant à la confidentialité des échanges ou, au contraire, en les officialisant.

C'est lui qui est le mieux à même de rédiger l'accord de médiation ou d'en discuter le contenu, en veillant aux intérêts de son client. C'est lui en effet qui est compétent pour s'assurer de la qualité de la rédaction de l'accord de médiation et de sa sécurité juridique.

Par ailleurs, il fait les démarches en vue de l'homologation de l'accord de médiation ou de l'élaboration d'un accord contresigné par avocats revêtu de la formule exécutoire par le greffe[1] et s'assure de sa bonne exécution. Enfin, c'est un moyen pour lui de mieux s'approprier le dossier et sa dimension psychologique.

L'Institut du droit de la Famille et du Patrimoine[2] est très mobilisé depuis plusieurs années sur le thème de la médiation et force de propositions sur la médiation assistée par les avocats en matière familiale. Ce thème est abordé régulièrement lors de la journée annuelle qu'il organise sous l'égide du Conseil national des barreaux, ainsi qu'à l'occasion de plusieurs autres manifestations[3].

1. L. n° 2021-1729, 22 déc. 2021, préc., art. 44 ; v. ss nos 106.14 et 106.15.

2. Cet institut est présidé depuis juin 2016 par Él. Mulon, avocate et experte française en droit de la famille auprès du CCBE.

3. À titre d'exemple, « Regards croisés avocats/médiateurs : la médiation assistée par avocats en matière familiale : guide pratique et clés de réussite du processus », avec les interventions de A.-M. de Cayeux, C. Denoit-Benteux et C. Emmanuel.

58
Médiation pénale

> Dans quels cas peut-on recourir à une médiation pénale ?

> Déroulement de la médiation

> Issue de la médiation

Insérée dans le Code de procédure pénale par la loi du 4 janvier 1993[1], la médiation pénale est une mesure alternative aux poursuites du procureur de la République[2].

Celle-ci constitue l'une des trois options ouvertes au procureur de la République :

– engager des poursuites à l'encontre de l'auteur de l'infraction ;

– classer sans suite ;

– ou bien mettre en place une mesure alternative à la poursuite, en application des dispositions des articles 41-1 et s. du Code de procédure pénale.

Une autre forme de justice alternative se développe ainsi sous l'impulsion d'une politique développée au Canada notamment. Il s'agit de la justice restaurative[3] qui a pour objet de faire dialoguer victimes et auteurs d'infractions, à condition toutefois que les victimes et les auteurs en manifestent la volonté.

Elle vise à rétablir le lien social et à prévenir au mieux la récidive. Conçue comme un complément de la réponse juridictionnelle selon un processus permettant d'envisager, pour la victime et pour l'auteur, les conséquences de l'acte et, le cas échéant, de trouver des solutions pour le dépasser, elle se présente avec un objectif précis de rétablissement de la paix sociale.

La justice restaurative a été consacrée en France par la loi du 15 août 2014. Elle pose les principes suivants[4] :

– la reconnaissance des faits ;

– l'information des participants et leur consentement exprès pour participer ;

– la présence obligatoire d'un tiers indépendant et formé sur ces mesures ;

– le contrôle de l'autorité judiciaire ;

– la confidentialité des échanges.

> Dans quels cas peut-on recourir à une médiation pénale ?

58.11 **Lorsqu'une infraction a été commise.** Le recours à la médiation pénale peut être envisagé lorsque le procureur de la République considère

1. L. n° 93-2, 4 janv. 1993, portant réforme de la procédure pénale, art. 6, *JO* 4 janv. (mod. C. pr. pén., art. 41).
2. C. pr. pén., art. 39 à 44-1.
3. C. pr. pén., art. 10-1.
4. « Qu'est-ce que la justice restaurative ? », 14 avr. 2017, justice.gouv.fr

que cette mesure alternative aux poursuites pourra permettre d'assurer la réparation du dommage causé à la victime, de mettre fin au trouble résultant de l'infraction ou de contribuer à la réinsertion de l'auteur des faits[1].

L'objectif est de favoriser une solution amiable entre l'auteur d'un acte puni par la loi et la victime qui a subi un préjudice.

Cependant, la médiation pénale ne peut intervenir que dans le cadre d'infractions de faible gravité. Les faits doivent être simples, clairement établis et reconnus par leur auteur. Sont ainsi susceptibles de faire l'objet d'une médiation pénale, les litiges où il existe une relation de proximité entre la victime et l'auteur (cas de voisinage, famille, relations professionnelles). À titre d'exemples d'infractions donnant lieu à la médiation pénale, on peut citer les injures, les menaces, le tapage nocturne ou encore la violence légère, le vol simple, les dégradations mobilières ou immobilières, le non-paiement d'une pension alimentaire ou la non-représentation d'enfant, etc.

Cette mesure est en revanche exclue dans les cas de crimes ou d'infractions graves, par exemple dans les cas de viol ou encore de violences conjugales[2], relevant de l'article 132-80 du Code pénal[3].

58.12 **Sur initiative du procureur de la République.** La mesure de médiation pénale peut être proposée par le procureur de la République, préalablement à sa décision sur l'action publique. Elle peut également être proposée par les officiers de police judiciaire en charge de l'enquête.

S'il faut le consentement de l'auteur de l'infraction, l'accord de la victime est indispensable.

En cas de désaccord, le procureur peut reprendre les poursuites.

Dans tous les cas, la procédure de médiation interrompt le délai pendant lequel l'auteur de l'infraction peut être poursuivi.

1. C. pr. pén., art. 41-1 ; « Médiation pénale » et « Médiateur pénal », www.service-public.fr ; *Rép. dr. pén. et pr. pén., V° Médiation pénale,* J.-B. Perrier, janv. 2013, act., « Médiation pénale », fiche d'orientation, sept. 2020, *D.*

2. L. n° 2020-936, 30 juill. 2020, visant à protéger les victimes de violences conjugales, *JO* 31 juill., texte 2, sect. 2 : dispositions relatives à la médiation pénale, art. 6 (mod. C. pr. pén., art. 41-1, 5°), pour exclure toute mission de médiation pénale dans le cadre de violences conjugales.

3. C. pr. pén., art. 41-1, 5°. Il s'agit des « *infractions commises par le conjoint, le concubin ou le partenaire lié à la victime par un pacte civil de solidarité, y compris lorsqu'ils ne cohabitent pas* » ou encore « *par l'ancien conjoint, l'ancien concubin ou l'ancien partenaire lié à la victime par un pacte civil de solidarité* ».

> Déroulement de la médiation

58.21 Désignation du médiateur. Le médiateur pénal est soit une personne physique (un délégué du procureur de la République, un retraité issu de la police, de la gendarmerie ou de l'éducation nationale, etc.), soit une personne morale agréée (association).

Il doit présenter toutes les garanties usuelles d'indépendance, d'impartialité et de compétences[1]. À ce titre, il doit répondre à de nombreuses conditions : ne pas exercer de fonctions judiciaires, ni participer au fonctionnement du service de la justice, ni être investi d'un mandat électif dans le ressort de la cour d'appel où il sera amené à exercer, ne pas avoir fait l'objet d'une condamnation, d'une incapacité ou d'une déchéance mentionnée sur le bulletin n° 2 du casier judiciaire. Il doit avoir moins de soixante-quinze ans, ne pas être (sauf dispense) conjoint, concubin, parent ou allié jusqu'au degré d'oncle ou de neveu inclusivement d'un magistrat ou d'un fonctionnaire de la juridiction ou lié avec l'un d'entre eux par un Pacs, etc[2]. Il doit prêter serment[3].

L'habilitation conférée par le procureur de la République a une durée probatoire d'une année. Le médiateur qui a fait ses preuves sera ensuite habilité pour une durée de cinq ans renouvelable, étant précisé que le procureur doit au préalable demander l'avis de l'assemblée générale des magistrats (ou de sa commission restreinte)[4]. Cette habilitation peut être retirée à tout moment, si le médiateur ne remplit plus les conditions nécessaires ou s'il n'exécute pas ses missions de façon satisfaisante[5].

58.22 Coût de la médiation. La procédure de médiation pénale est gratuite pour les parties, aussi bien la victime que l'auteur de l'infraction.

Sont à leur charge, les seuls honoraires d'avocats. Chacune des parties peut demander le bénéfice de l'aide juridictionnelle[6], laquelle peut leur être attribuée en fonction de leurs ressources[7].

1. V. s^{s} n°s 41.11 s.
2. C. pr. pén., art. R. 15-33-33.
3. C. pr. pén., art. R. 15-33-36.
4. C. pr. pén., art. R. 15-33-35.
5. C. pr. pén., art. R. 15-33-37.
6. L. n° 91-647, 10 juill. 1991, relative à l'aide juridique, *JO* 13 juill., (en matière pénale, art. 11-2 4°).
7. V. s^{s} n°s 25.11 s.

La rémunération du médiateur est strictement encadrée[1].

Le médiateur perçoit une indemnité forfaitaire exprimée par référence à une unité de valeur (trois euros brut) et un coefficient déterminé par un arrêté du ministre de la Justice, selon la nature, la complexité, la durée de la mission ainsi que la nature de la personne habilitée, selon qu'il s'agit d'une personne physique ou d'une association. Le médiateur est également remboursé de ses frais de déplacement, calculés selon les conditions fixées pour les déplacements des personnels civils de l'État pour le ministère de la Justice.

Depuis le décret du 29 avril 2021[2], il est prévu que, à l'exception de certaines missions prévues par arrêté du ministre de la Justice, il est alloué une indemnité supplémentaire au délégué ou au médiateur du procureur de la République lorsque la mission concerne un mineur et qu'elle implique l'audition des responsables légaux du mineur. Il est également prévu qu'une indemnité est versée au médiateur du procureur de la République qui n'a pu remplir sa mission en raison de la carence de l'intéressé qui n'a pas répondu aux convocations.

58.23 Rôle du médiateur. Le médiateur pénal convoque la victime et l'auteur de l'infraction pour un entretien individuel qui peut se dérouler aussi bien dans les locaux du tribunal, que dans ceux d'une association, d'une maison de Justice ou d'une antenne de Justice.

Si l'auteur de l'infraction est un mineur, les représentants légaux doivent obligatoirement participer à l'entretien.

Chaque partie peut refuser de participer à cette tentative de médiation ou ne pas répondre à la convocation.

En cas de refus ou d'absence de réponse, le dossier est renvoyé au procureur de la République qui peut décider de poursuivre ou de classer l'affaire.

En cas de réponse positive, le médiateur procède à un rappel de la loi et explique la procédure de médiation aux parties ainsi que les modalités possibles de réparation envers la victime.

Il les accompagne dans la recherche d'une solution amiable (versement de dommages-intérêts, par exemple) et conduit la procédure de médiation de façon neutre et objective.

1. C. pr. pén., art. R. 122-1 et R. 122-2.
2. Décr. n° 2021-524, 29 avr. 2021 relatif au régime indemnitaire des délégués et médiateurs du procureur de la République, *JO* 30 avr., art. 4.

Le médiateur est soumis au secret[1]. Tout ce qui est échangé entre les parties ne pourra en aucun cas être retenu contre une partie dans le cas de poursuite ultérieure. La Cour de cassation[2] a ainsi rappelé que « *les dispositions de l'article 24 de la loi du 8 février 1995, relatif à la médiation en matière civile, selon lesquelles les constatations du médiateur et les déclarations qu'il recueille ne peuvent être évoquées devant le juge saisi du litige qu'avec l'accord des parties, sont également applicables lorsque le procureur de la République fait procéder à une médiation en application de l'article 41-1 du Code de procédure pénale* ».

58.24 Rôle de l'avocat. La victime et l'auteur de l'infraction peuvent l'un comme l'autre être assistés par un avocat tout au long du processus de médiation.

Les avocats peuvent consulter le dossier avant l'audience et assister aux rendez-vous fixés par le médiateur[3].

> Issue de la médiation

58.31 En cas d'accord de médiation. En cas de réussite de la médiation, le médiateur dresse un procès-verbal. Celui-ci, signé par lui-même et par les parties, précise les engagements pris, avec force exécutoire. Une copie leur est remise.

L'obligation contractée par l'auteur lors d'une médiation pénale n'est pas assimilable à une « *condamnation pénale*[4] ».

Lorsque l'auteur de l'infraction respecte les engagements pris, les poursuites sont abandonnées et rien ne sera inscrit dans le casier judiciaire du mis en cause. Il n'y aura pas non plus d'inscription de l'auteur de l'infraction dans le système des infractions constatées[5]. Le rapport, confié au Procureur de la République, sera classé sans suite.

1. C. pr. pén., art. R. 15-33-34.
2. Crim. 28 févr. 2001, n° 00-83.365, P.
3. Pour plus de précisions sur le rôle de l'avocat dans la médiation en général, V. s^s n° 31.12.
4. Aix-en-Provence, 19 mars 2019, 1re et 9e ch. réun., RG n° 18/08517.
5. CEDH 18 sept. 2014, req. n° 21010/10, *Brunet c/France*.

Il convient de noter que la Cour de cassation a, le 10 avril 2013, pour la première fois qualifié de « transaction » le procès-verbal qui « *contient les engagements de l'auteur des faits incriminés, pris envers sa victime en contre-partie de la renonciation de celle-ci à sa plainte et, le cas échéant, à une indemnisation intégrale* »[1].

On notera cependant que les effets de la médiation pénale sont différents de ceux de la médiation civile.

En effet, devant le juge civil, les effets de la médiation seront ceux attachés au droit commun de la transaction : l'accord de la médiation civile éteint l'action civile.

En matière pénale, « *La prescription de l'action publique est suspendue durant l'exécution de la convention. L'exécution des obligations prévues par la convention éteint l'action publique. Elle ne fait cependant pas échec au droit des personnes ayant subi un préjudice du fait des manquements constatés, sauf l'État, de poursuivre la réparation de leur préjudice devant la juridiction civile* »[2]. Ainsi, la victime peut mettre en mouvement l'action publique par la voie d'une citation directe devant la juridiction[3]. La Cour de cassation a ainsi censuré un arrêt qui avait considéré que le procureur de la République ne pouvait pas engager de poursuites lorsque les obligations issues d'une médiation avaient été exécutées[4].

58.32 **En cas de non-respect de l'accord de médiation.** La mise en œuvre de la médiation pénale est subordonnée à la réparation du dommage causé à la victime. Aussi, si l'auteur de l'infraction s'est engagé à verser des dommages et intérêts à la victime, celle-ci peut, au vu du procès-verbal dressé par le médiateur, en demander le recouvrement suivant la procédure d'injonction de payer, conformément aux règles prévues par le Code de procédure civile[5].

Si l'auteur des faits ne respecte pas intégralement ses engagements, le Parquet pourra de nouveau engager des poursuites en mettant en mouvement l'action publique, en tenant compte, s'il y a lieu, du travail déjà accompli et des sommes déjà versées par la personne.

1. Civ. 1re, 10 avr. 2013, n° 12-13.672, P.
2. C. pr. pén., art. 41-1-2, IV.
3. Crim. 17 janv. 2012, n° 10-88.226, P, *D.* 2012. 2118, obs. J. Pradel.
4. Crim. 21 juin 2011, n° 11-80.003, P.
5. C. pr. pén., art. 41-1, 5°.

58.33 À défaut d'accord de médiation. Si la mesure échoue, le dossier est envoyé au procureur de la République qui pourra soit classer l'affaire sans suite, soit entamer une procédure pénale à l'encontre de l'auteur de l'infraction.

Le juge peut utiliser le rapport de médiation afin de motiver sa décision[1]. Cependant, comme en médiation civile, les constatations du médiateur et les déclarations qu'il recueille ne peuvent être évoquées devant le juge saisi du litige qu'avec l'accord des parties[2].

1. Paris, 24e ch. A, 19 déc. 2001, RG n° 2001/04169.
2. Crim. 28 févr. 2001, n° 00-83.365, P.

59
Médiation administrative

> Dans quels cas recourir à la médiation administrative ?

> Déroulement de la médiation

> Médiation préalable obligatoire (MPO)

59.01 Inspirée par une directive du 21 mai 2008 du Parlement et du Conseil[1], la médiation administrative a été introduite par la loi du 18 novembre 2016 de modernisation de la justice du XXIe siècle, dite loi J21[2] et par le décret du 18 avril 2017[3], dans le Code de la justice administrative[4].

Le dispositif légal a ainsi opéré une réforme en profondeur du régime de résolution amiable des conflits en matière administrative, consacrant la place de la médiation en deux volets : la médiation conventionnelle à l'initiative des parties et la médiation judiciaire à l'initiative du juge[5]. Il prévoit également que les missions de « conciliation » ordonnées avant la loi du 18 novembre 2016 se poursuivent, avec l'accord des parties, conformément au régime de la médiation administrative[6].

L'article 5 de la loi J21 a été modifié par la loi du 23 mars 2019[7] de programmation 2018-2022 et de réforme pour la justice, pour instaurer la médiation préalable obligatoire (MPO) pour certains contentieux sociaux (relatifs aux aides sociales) et pour certains contentieux de la fonction publique (différends relatifs aux rémunérations, refus de détachement ou de mise en disponibilité, litiges relatifs au reclassement, à la formation, à l'adaptation des conditions de travail).

La MPO était prévue initialement, à titre expérimental, jusqu'au 31 décembre 2021. Sa prorogation avait été annoncée jusqu'au 31 décembre 2022. Elle a finalement été pérennisée au regard du « *constat globalement très positif et encourageant* » dressé dans le rapport d'évaluation de la MPO, réalisé par le Conseil d'État et publié début septembre 2021[8]. Dans le cadre de cette expérimentation, 4 364 MPO avaient été conduites et 76 % d'entre elles avaient donné lieu à un accord[9]. La loi du 22 décembre 2021 pour la

1. Dir. 2008/52/CE, Parlement et Conseil, 21 mai 2008, préc.
2. L. n° 2016-1547, 10 nov. 2016, préc.
3. Décr. n° 2017-566, 18 avr. 2017 relatif à la médiation dans les litiges relevant de la compétence du juge administratif, *JO* 20 avr., texte 23 ; v. ég. : M. Bénichou, « Médiation et tribunal administratif », 2017, https://avocats-mbptd.blog
4. Nouveau Chapitre III, créé dans le Livre II du Titre I du C. just. adm.
5. C. just. adm., art. L. 213-1 s. et R. 213-1 s.
6. L. n° 2016-1547, 18 nov. 2016, préc., art. 5.
7. L. n° 2019-222, 23 mars 2019, art. 34.
8. « Expérimentation de la médiation préalable et obligatoire : bilan et perspectives », www.conseil-etat.fr
9. « Retour sur cinq années de médiation administrative », www.conseil-etat.fr

confiance dans l'institution judiciaire[1] circonscrit le champ des recours précédés d'une MPO, en modifiant le Code de justice administrative, lui-même renvoyant au décret du 25 mars 2022, qui établit la liste desdits recours[2]. Les délais de recours contentieux sont ainsi, en cas de MPO, interrompus et les délais de prescription suspendus[3]. Le coût de la médiation, dans cette hypothèse, est supporté exclusivement par l'administration qui a pris la décision attaquée[4].

> Dans quels cas recourir à la médiation administrative ?

59.11 **Certains contentieux sont exclus.** L'objet de la médiation peut porter sur tout ou partie d'un litige[5], mais l'accord auquel parviennent les parties ne peut porter atteinte à des droits dont elles n'ont pas la libre disposition[6].

Aussi, s'il est possible de recourir à la médiation administrative dans le contentieux des décisions individuelles d'urbanisme (permis de construire), le contentieux social (aide personnalisée au logement, aide sociale à l'enfance, carte de stationnement pour adultes handicapés, reconnaissance de la qualité de travailleur handicapé, etc.) ou encore le contentieux des contrats publics (marchés publics[7], délégations de service public, contrats de partenariat[8]), tel n'est pas le cas pour le contentieux électoral ou encore pour les contesta-

1. L. n° 2021-1729, 22 déc. 2021, préc. ; C. just. adm., art. 213-11 : « *Les recours formés contre les décisions individuelles qui concernent la situation de personnes physiques et dont la liste est déterminée par décret en Conseil d'État sont, à peine d'irrecevabilité, précédés d'une tentative de médiation* [...]. »
2. Décr. n° 2022-433, 25 mars 2022, préc.
3. C. just. adm., art. 213-13.
4. C. just. adm., art. 213-12.
5. C. just. adm., art. R. 213-1.
6. C. just. adm., L. 213-3.
7. Fr. Sartorio, *Les Médiations de la médiation des marchés publics*, Mémoire dans le cadre du diplôme universitaire de médiateur, IFOMENE (Institut de Formation à la Médiation et à la Négociation), Promotion 2014/2015.
8. N. Fricero, C. Butruille-Cardew, L. Benraïs, B. Gorchs-Gelzer et G. Payan, *Le Guide des modes amiables de résolution des différends (MARD)*, 3e éd., « Guides », Dalloz, 2017, n° 280.

tions des mesures de police administrative ou encore les décisions réglementaires et les déclarations d'utilité publique[1].

>> Médiation conventionnelle à l'initiative des parties

59.21 **En dehors de toute procédure juridictionnelle.** En dehors de toute procédure juridictionnelle[2], les parties peuvent organiser une mission de médiation et désigner la ou les personnes qui seront chargées de la médiation.

Elles peuvent également demander, en dehors de toute procédure juridictionnelle, au président du tribunal administratif ou de la cour administrative d'appel territorialement compétent, d'organiser une mission de médiation et de désigner la ou les personnes qui en sont chargées ou lui demander de désigner la ou les personnes qui sont chargées d'une mission de médiation qu'elles ont elles-mêmes organisée.

Les recours volontaires à la médiation administrative sont majoritairement positifs puisque 54 % des médiations volontaires aboutissent à un accord. En 2021, 1852 médiations volontaires ont été menées, contre 515 en 2018 et 1017 en 2019[3].

Le président de la juridiction peut déléguer sa compétence à un magistrat de la juridiction.

59.22 **Rémunération du médiateur[4].** Les règles de rémunération du médiateur doivent être distinguées selon qu'il s'agit d'une MPO[5] ou bien d'une médiation à l'initiative du juge[6].

Lorsque le président de la juridiction ou son délégataire est chargé par les parties d'organiser la médiation et qu'il choisit de la confier à une personne extérieure à la juridiction, il détermine s'il y a lieu d'en prévoir la rémunération et, dans ce cas, fixe le montant de celle-ci. Les décisions prises à ce titre, par le président de la juridiction ou son délégataire, ne sont pas susceptibles d'appel.

1. N. Fricero et *al.*, *Le Guide des modes amiables de résolution des différends (MARD)*, 3e éd., préc., 2017, n° 280.
2. C. just. adm., art. L. 213-5.
3. « Retour sur 5 années de médiation administrative », conseil-etat.fr, 28 mars 2022 ; v. « Médiation administrative : bilan de son application depuis 2017 », vie-publique.fr, 29 avr. 2022.
4. C. just. adm., art. L. 213-5.
5. C. just. adm., art. L. 213-11 à L. 213-14.
6. C. just. adm., art. L. 213-7.

Lorsque les frais de la médiation sont à la charge des parties, celles-ci déterminent librement entre elles leur répartition.

À défaut d'accord ou si l'une des parties bénéficie de l'aide juridictionnelle[1], les frais seront répartis à parts égales sauf si le juge estime que c'est inéquitable au regard de la situation économique des parties au litige.

Le juge fixe le montant de la provision à valoir sur la rémunération du médiateur et désigne la ou les parties qui verseront la provision directement entre les mains du médiateur dans le délai qu'il détermine. La désignation du médiateur est caduque à défaut de versement de la somme dans le délai et selon les modalités impartis. L'instance est alors poursuivie.

Lorsqu'elle constitue un préalable obligatoire au recours contentieux (MPO) en application d'une disposition législative ou réglementaire, la médiation est gratuite pour le particulier[2].

>> Médiation judiciaire ou à l'initiative du juge

59.31 À tout moment. En cas de litige devant le tribunal administratif, la Cour administrative d'appel ou devant le Conseil d'État (saisi d'un litige en premier et dernier ressort[3]), le président de la formation de jugement peut, après avoir obtenu l'accord des parties, ordonner une médiation pour tenter de parvenir à un accord entre celles-ci.

Le juge peut, à tout moment, proposer une médiation et peut suggérer aux parties « *un délai pour répondre à cette proposition* »[4].

59.32 Lorsqu'elle est obligatoire. Dans certains cas, la médiation constitue un préalable obligatoire au recours contentieux[5].

59.33 Rémunération du médiateur. Lorsque le juge qui a ordonné la mission de médiation en confie l'organisation à une personne extérieure à la juridiction, il détermine s'il y a lieu d'en prévoir la rémunération et fixe le montant de celle-ci[6].

1. V. s^s n°s 25.11 s.
2. V. s^s n°s 59.32 et 59.51 s.
3. C. just. adm., art. L. 114-1.
4. C. just. adm., art. R. 213-5.
5. C. just. adm., art. L. 213-5, al. 6 ; v. s^s n°s 59.51 s.
6. C. just. adm., art. L. 213-8.

Lorsque les frais de la médiation sont à la charge des parties, celles-ci déterminent librement entre elles leur répartition.

À défaut d'accord ou si l'une des parties bénéficie de l'aide juridictionnelle[1], les frais seront répartis à parts égales sauf si le juge estime que c'est inéquitable au regard de la situation économique des parties au litige.

Le juge fixe le montant de la provision à valoir sur la rémunération du médiateur et désigne la ou les parties qui verseront directement entre les mains du médiateur la provision dans le délai qu'il détermine. La désignation du médiateur est caduque à défaut de versement de la provision fixée dans le délai et selon les modalités impartis. L'instance est alors poursuivie.

Lorsqu'elle constitue un préalable obligatoire au recours contentieux en application d'une disposition législative ou réglementaire, la médiation est gratuite pour le particulier. En effet, le coût est alors supporté exclusivement par l'administration qui a pris la décision attaquée[2].

59.34 Rôle du juge. La décision qui ordonne une médiation mentionne l'accord des parties et désigne le médiateur et, le cas échéant, la durée de sa mission et les modalités de sa rémunération. Cette décision est notifiée au médiateur et aux parties[3].

« *Lorsque la mission de médiation est rémunérée (on rappelle que la MPO est gratuite), le Président de la juridiction, après consultation du Président de la formation de jugement, peut, soit au début de la médiation, soit au cours de celle-ci, accorder au médiateur, sur sa demande, une allocation provisionnelle à valoir sur le montant de ses honoraires et débours* »[4]. Le médiateur peut, avec l'accord des parties et pour les besoins de la médiation, entendre les tiers qui y consentent[5]. Il tient le juge informé des difficultés qu'il rencontre dans l'accomplissement de sa mission. Le juge met fin à la médiation à la demande d'une des parties ou du médiateur. Il peut aussi y mettre fin d'office lorsque le bon déroulement de la médiation lui apparaît compromis[6].

En aucun cas la médiation ne dessaisit le juge, qui peut prendre à tout moment les mesures d'instruction qui lui paraissent nécessaires[7].

1. V. s[s] n°s 25.11 s.
2. C. just. adm., art. L. 213-12.
3. C. just. adm., art. R. 213-6.
4. C. just. adm., art. R. 213-7.
5. C. just. adm., art. R. 213-9, al. 1.
6. C. just. adm., art. R. 213-9, al. 2.
7. C. just. adm., art. R. 213-8.

> Déroulement de la médiation

59.41 **Désignation du médiateur.** Le médiateur doit accomplir sa mission avec impartialité, compétence, diligence et indépendance[1].

Le médiateur peut être une personne physique ou une personne morale. Si le médiateur désigné est une personne morale, son représentant légal désigne la ou les personnes physiques qui assureront, au sein de celle-ci et en son nom, l'exécution de la mission[2]. Il pourra s'agir de centres de médiation, d'associations de médiateurs ou d'institutions telles que les centres de gestion[3].

Si le médiateur désigné est une personne physique, il doit posséder, du fait de son expérience, la qualification requise eu égard à la nature du litige. Il doit, en outre justifier, selon le cas, d'une formation ou d'une expérience adaptée à la pratique de la médiation[4]. Ce point est essentiel, car la médiation ne s'improvise pas. Il faut une formation pour acquérir les outils pour l'écoute, le respect de la confidentialité et l'empathie… des éléments clés dont le médiateur doit être imprégné.

Par ailleurs, la saisine du médiateur se fait par lettre de l'intéressé.

Lorsque la décision contestée est explicite, une copie de cette décision lui est remise.

Lorsque la décision est implicite, une copie de la demande qui a fait naître cette décision lui est remise.

59.42 **Principe de confidentialité.** Sauf accord contraire des parties, la médiation est soumise au principe de confidentialité[5]. Cette règle s'applique à tous les échanges (constatations du médiateur et déclarations recueillies au cours de la médiation), lesquels ne peuvent être ni divulgués, ni invoqués, ni produits dans le cadre d'une procédure arbitrale ou juridictionnelle sans leur accord préalable.

Cependant, il existe des dérogations à cette règle en présence de raisons impérieuses d'ordre public, de motifs liés à la protection de l'intérêt

1. C. just. adm., art. L. 213-2.
2. C. just. adm., art. R. 213-2.
3. B. Nuret, « La médiation en droit public : d'une chimère à une obligation ? », *JCP Adm.*, n° 9, 4 mars 2019, 2060.
4. C. just. adm., R. 213-3.
5. C. just. adm., art. L. 213-2 ; v. E. Costa, « La médiation, entre secret et confidences », *RFDA* 2022. 320 ; v. ég. : s[s] n°s 85.11 s.

supérieur de l'enfant, à l'intégrité physique ou psychologique d'une personne ou encore lorsque la révélation de l'existence ou la divulgation du contenu de l'accord issu de la médiation s'avère nécessaire pour sa mise en œuvre.

PRÉCONISATIONS. Par ailleurs, depuis le décret du 25 mars 2022, il est prévu que « *les parties peuvent être assistées devant le médiateur par toute personne de leur choix* »[1]. Cette précision nouvelle permet, dans le cadre de la médiation administrative, un choix très large au-delà des personnes habilitées à représenter le justiciable devant la juridiction administrative. On rappellera qu'en matière de droit privé, l'assistance est encadrée par des règles plus contraignantes[2].

Il sera prudent de faire signer, dans le cadre de la médiation administrative, un engagement de confidentialité par la personne choisie[3].

59.43 **Accord de médiation.** L'accord issu de la médiation est généralement formalisé par écrit et peut prévoir une renonciation à tout recours[4].

Mais ce n'est pas toujours le cas, à l'exemple des délégués du Défenseur des droits qui font état de l'absence de formalisation systématique des accords entre les parties (à l'exception de la CAF du Bas-Rhin et, de manière plus sporadique, du conseil départemental de l'Isère). De même, la rédaction d'un accord de médiation avec une clause de renonciation n'entre pas dans les pratiques de Pôle emploi, les délégués préférant assurer le suivi de la mise en œuvre des engagements pris par l'établissement.

Les pratiques peuvent également diverger parmi les médiateurs des centres de gestion bien que la Fédération nationale des centres de gestion de la fonction publique territoriale (FNCDG) précise dans son rapport que la très grande majorité des médiations se concluent par un procès-verbal de fin de médiation (91 %)[5].

De même, la médiatrice de l'Éducation nationale précise que les médiateurs académiques concernés formalisent les fins de médiation en utilisant,

1. C. just. adm., art. R. 213-3-1 ; décr. n° 2022-433, 25 mars 2022, préc.
2. V. s[s] n° 32.01.
3. V. EXEMPLE D'ACTE s[s] n° 111.10, Accord de confidentialité dans le cadre d'une médiation judiciaire.
4. C. civ., art. 2052.
5. FNCDG, rapp. d'orientation 2018, http://fncdg.com.

selon les hypothèses, des formulaires préconisés au moment de la mise en œuvre du décret du 16 février 2018[1].

L'absence de formalisation des accords peut être source de difficulté. D'où l'intérêt de faire homologuer[2] la décision ou, en cas d'assistance par des avocats, d'élaborer un acte contresigné par avocats déposé au greffe du tribunal, afin de donner à l'accord de médiation la force exécutoire[3].

59.44 **Homologation de l'accord de médiation.** L'accord de médiation est exécutoire de plein droit. Aussi les parties ne sont pas tenues d'en demander l'homologation au juge. Toutefois, si elles l'estiment utile, notamment si l'exécution de l'accord est susceptible de se heurter à des difficultés particulières, les parties peuvent y recourir, à titre facultatif, dans les conditions de l'article L. 213-4 du Code de la justice administrative. Il appartient alors au tribunal de « *vérifier que les parties consentent effectivement à l'accord, que l'objet de celui-ci est licite, qu'il ne porte pas atteinte à des droits dont les parties n'ont pas la libre disposition, qu'il ne constitue pas de la part de la collectivité publique une libéralité et ne méconnaît pas d'autres règles d'ordre public* »[4].

L'homologation par la juridiction administrative, contrairement aux juridictions de l'ordre judiciaire, doit être accordée par les juges administratifs statuant collégialement.

Ainsi, faute pour le tribunal administratif de La Réunion d'avoir statué collégialement, la cour d'appel administrative de Bordeaux a annulé l'ordonnance rendue en considérant qu'« *Il ne résulte d'aucune disposition, notamment ni de celles de l'article L. 213-4 du Code de justice administrative, ni de celles de l'article R. 222-1 du même code, que des conclusions tendant à l'homologation d'un accord de médiation relèveraient des exceptions au principe de collégialité posé à l'article L. 3 du Code de la justice administrative. Par*

1. Décr. n° 2018-101, 16 févr. 2018 portant expérimentation d'une procédure de médiation préalable obligatoire en matière de litiges de la fonction publique et de litiges sociaux, *JO* 17 févr., texte 9.
2. L'homologation doit être collégiale devant la juridiction administrative, v. s^s^ n° 59.44.
3. L. n° 2021-1729, 22 déc. 2021, préc., art. 44 : nouveau titre exécutoire ajouté au C. pr. civ. exéc., art. L. 111-3, 7e, listant les différents titres exécutoires.
4. TA Poitiers, 28 juin 2018, n° 1701757, *AJDA* 2018. 2477 ; TA Lyon, 3 avr. 2019, n° 1704535, *AJDA* 2019. 1296 ; TA Bordeaux, 15 juill. 2019, n° 1902219, Bordeaux Métropole, *AJDA* 2019. 2381 ; Ce dernier jugement a été annulé par : CAA Bordeaux, 30 déc. 2019, plén., n° 19BX03235, inédit au recueil *Lebon*.

suite, la circonstance que la conséquence à tirer de cette homologation serait un non-lieu à statuer sur les requêtes pendantes devant le tribunal ne donnait pas compétence au président de la formation de jugement pour se prononcer seul sur la demande d'homologation. Il s'ensuit que l'ordonnance du 11 janvier 2022 du président de la 2e chambre du tribunal administratif de La Réunion est irrégulière et que M. L est fondé à soutenir qu'elle doit, par suite, être annulée. Il y a lieu pour la cour d'évoquer et de statuer immédiatement sur la demande du CCAS de Saint-Pierre présentée devant le tribunal administratif. »

L'homologation donne force exécutoire à l'accord des parties.

Le jugement d'homologation est susceptible d'appel[1].

En cas de refus d'homologation de l'accord de médiation, ce refus entraîne la nullité de l'accord. Le juge doit se prononcer sur le fond du litige.

En cas d'homologation, l'accord de médiation met fin au litige.

Il convient de préciser que l'accord de médiation n'est pas une transaction. Il peut l'être, mais il n'est pas nécessaire, pour que la demande d'homologation soit recevable, que l'accord présenté au juge contienne des concessions réciproques entre les parties.

Enfin, on rappellera que la demande d'homologation peut être formulée à tout moment en cours d'instance, y compris pour la première fois en cassation[2], même si elle n'est pas obligatoire[3].

Dans le cas d'espèce, postérieurement à un arrêt de Cour administrative d'appel condamnant une société à verser à une collectivité territoriale une somme en réparation de la résiliation d'un contrat administratif, il y a eu signature d'un protocole d'accord valant transaction[4]. Ce dernier prévoyait que la collectivité renonçait à la moitié de la créance qu'elle détenait sur la société en échange de l'engagement de cette dernière de maintenir un niveau d'emploi sur le site industriel ou, à défaut, de verser à la communauté d'agglomération une somme si ce niveau n'était pas atteint. Il a été admis que le Conseil d'État pouvait homologuer ce protocole d'accord dont l'objet était de mettre fin, par des concessions réciproques, au litige porté par les

1. CE, avis, 4 avr. 2005, n° 273517 ; N. Fricero, et *al., Le Guide des modes amiables de résolution des différends (MARD),* 3e éd., préc., 2017, n° 421.22, p. 506.
2. CE ass., 11 juill. 2008, *Krupp Hazemag (S^{té}),* req. n° 287354, *Lebon.*
3. L. Janicot, « L'homologation : vers une justice administrative gracieuse », *RD publ.* 2007/4, p. 907.
4. Au sens des articles 2044 et 2052 du Code civil.

deux parties devant la juridiction administrative, qu'il a été régulièrement signé, qu'il n'est pas constitutif d'une libéralité de la part de la communauté d'agglomération et ne méconnaît aucune autre règle d'ordre public.

59.45 **Délais de recours et prescriptions.** Les délais de recours contentieux sont interrompus et les prescriptions sont suspendues à compter du jour où, après la survenance d'un différend, les parties conviennent de recourir à la médiation ou, à défaut d'écrit, à compter du jour de la première réunion de médiation[1].

Ils recommencent à courir à compter de la date à laquelle soit l'une des parties ou les deux, soit le médiateur déclarent « *de façon non équivoque et par tout moyen permettant d'en attester la connaissance par l'ensemble des parties* »[2] que la médiation est terminée. Les délais de prescription recommencent à courir pour une durée qui ne peut être inférieure à six mois.

Sont également suspendus les effets de la décision litigieuse dans l'attente de l'issue de la médiation si les parties se mettent d'accord[3].

Lorsque le « *délai de recours contentieux a été interrompu par l'organisation d'une médiation, l'exercice d'un recours gracieux ou hiérarchique ne l'interrompt pas de nouveau, sauf s'il constitue un préalable obligatoire à l'exercice d'un recours contentieux* »[4].

> Médiation préalable obligatoire (MPO)

59.51 **Contentieux concernés.** La loi du 22 décembre 2021 pour la confiance dans l'institution judiciaire[5] a instauré et généralisé, en matière de médiation administrative, la médiation préalable obligatoire[6]. Dans cet objectif et afin d'éviter des interférences entre des textes qui favorisent tous deux la recherche de solutions amiables, l'article 750-1 du Code de procédure civile prévoit que les parties sont dispensées de l'obligation de tenter une médiation (ou une conciliation) préalable, notamment « *si le juge ou l'autorité*

1. C. just. adm., art. L. 213-6.
2. Décr. n° 2018-101, 16 févr. 2018, préc., art. 4.
3. Décr. n° 2018-101, 16 févr. 2018, préc., art. 5.
4. C. just. adm., art. R. 213-4.
5. L. n° 2021-1729, 22 déc. 2021, préc ; C. just. adm., art. L. 213-1 à L. 213-14.
6. La MPO a été expérimentée en application de L. n° 2016-1547, 18 nov. 2016, préc., art. 5.

administrative doit, en application d'une disposition particulière, procéder à une tentative préalable de conciliation »[1].

Tel est le cas pour « *les recours formés contre les décisions individuelles qui concernent la situation de personnes physiques et dont la liste est déterminée par décret en Conseil d'État* [qui] *sont, à peine d'irrecevabilité, précédés d'une tentative de médiation* »[2].

On notera toutefois que seules deux catégories d'agents sont concernées :

– les agents de l'Éducation nationale ;

– et les agents de la fonction publique territoriale[3].

La procédure de MPO est applicable aux recours formés par ces agents à l'encontre des décisions administratives individuelles qui leur sont défavorables[4] et relatives :

– à l'un des éléments de leur rémunération (traitement, indemnité de résidence, supplément familial de traitement (SFT), primes et indemnités instituées par une disposition législative ou réglementaire) ;

– à un refus de détachement ou de placement en disponibilité et, pour les agents contractuels, un refus de congés non rémunérés ;

– à la réintégration à l'issue d'un détachement, d'un placement en disponibilité ou d'un congé parental ou au réemploi d'un agent contractuel à l'issue d'un congé ;

– au classement de l'agent à l'issue d'un avancement de grade ou d'un changement de corps ou cadre d'emploi obtenu par promotion interne ;

– à la formation professionnelle ;

– aux mesures prises par les employeurs publics à l'égard des travailleurs handicapés ;

– à l'aménagement de leurs conditions de travail.

La procédure de MPO est également applicable aux décisions individuelles prises par Pôle emploi et relevant du champ de compétence du juge administratif[5]. Sont concernés les différends portant sur des décisions prises

1. Sur l'ensemble des cas de dérogations visés à l'article 750-1, v. s[s] n° 12.32.
2. C. just. adm., art. L. 213-11.
3. Décr. n° 2022-433, 25 mars 2022, préc., art. 3.
4. Décr. n° 2022-433, 25 mars 2022, préc., art. 2.
5. Décr. n° 2022-433 du 25 mars 2022, préc., art. 5.

en application des délibérations du conseil d'administration de Pôle emploi, ainsi que les décisions relatives :

– à la cessation d'inscription sur les listes des demandeurs d'emploi ou au changement de catégorie ;

– à la radiation de la liste des demandeurs d'emploi ;

– à la suppression du revenu de remplacement ;

– à la pénalité administrative sanctionnant la déclaration, volontairement incomplète ou inexacte, faite pour le bénéfice des allocations d'aide aux travailleurs privés d'emploi, ainsi que l'absence de déclaration de changement de situation ;

– au remboursement des allocations, aides, ainsi que toute autre prestation indûment versée.

Sont également soumis à la MPO, les recours formés contre des décisions prises pour le compte de l'État et relatives :

– aux allocations destinées aux jeunes s'engageant dans un parcours contractualisé d'accompagnement vers l'emploi et l'autonomie ;

– à l'allocation de solidarité spécifique ;

– aux allocations de solidarité servies aux intermittents du spectacle ;

– à l'aide à la création ou à la reprise d'entreprise.

La loi du 22 décembre 2021 pour la confiance dans l'institution judiciaire pérennise ainsi l'expérimentation menée depuis 2018 qui prévoyait que certains contentieux de la fonction publique et litiges devaient être précédés d'une médiation obligatoire[1].

On constate que, avec le décret du 25 mars 2022, les contentieux sociaux (RSA, APL, etc.) ainsi que ceux qui concernent les fonctionnaires du ministère de l'Europe et des Affaires étrangères ne sont plus soumis à une MPO[2]. Cela n'empêche pas les personnes concernées d'engager des médiations dans ces domaines, de leur propre initiative ou sur proposition du juge.

On peut supposer que le champ de compétence des affaires européennes a été retiré de la MPO pour s'inscrire dans le cadre des missions du Médiateur européen[3].

1. L. n° 2021-1729, 22 déc. 2021, préc. ; décr. n° 2018-101, 16 févr. 2018, préc. (abrogé par décr. n° 2022-433, 25 mars 2022, préc.).
2. Décr. n° 2022-433 du 25 mars 2022, préc.
3. V. s^s^ n° 63.22.

59.52 Formalisme à respecter. L'autorité administrative doit mentionner l'obligation de recourir à une MPO et indiquer à l'intéressé les coordonnées du médiateur compétent. À défaut, le délai de recours contentieux ne court pas à l'encontre de la décision litigieuse.

La MPO doit être engagée dans le délai de recours contentieux de deux mois prévu à l'article R. 421-1 du Code de justice administrative majoré le cas échéant d'un mois, dans les conditions prévues à l'article R. 421-7 du même code, auprès du médiateur compétent[1].

Aussi, lorsqu'un tribunal administratif est saisi dans le délai de recours contentieux d'une requête dirigée contre l'une des décisions concernées par la MPO, il peut rejeter par ordonnance cette dernière et ordonner la transmission du dossier litigieux au médiateur compétent[2].

Il convient toutefois de noter que les recours contentieux formés par les agents publics concernés et qui doivent être précédés, à peine d'irrecevabilité, d'une médiation, sont les recours en annulation ou en réformation des décisions concernées et non ceux qui tendent à la condamnation d'une collectivité publique au paiement d'indemnités en réparation de préjudices. Aussi, la cour administrative d'appel de Nantes[3] avait annulé, dans le cadre de l'expérimentation de la MPO, comme irrégulière une ordonnance du président de la première chambre du tribunal administratif d'Orléans, qui avait rejeté à tort comme irrecevable une requête, au motif qu'elle n'avait pas été précédée d'une médiation préalable obligatoire, alors que cette requête, portant sur un litige de nature indemnitaire, n'entrait en réalité pas dans le champ d'application de cette procédure.

Il est précisé que la saisine du médiateur compétent interrompt le délai de recours contentieux et suspend les délais de prescription. Ces délais recommencent à courir à compter de la date à laquelle soit l'une des parties, soit les deux, soit le médiateur déclarent, de façon non équivoque et par tout moyen permettant d'en attester la connaissance par l'ensemble des parties, que la médiation est terminée[1].

59.53 Médiateur désigné. La MPO est assurée par :

– le médiateur académique territorialement compétent pour les agents du ministère chargé de l'éducation nationale ;

1. C. just. adm., art. R. 213-10.
2. C. just. adm., art. R. 213-12.
3. CAA Nantes, 6ᵉ ch., 23 oct. 2020, 20NT01262, inédit au recueil *Lebon*.
4. C. just. adm., art. L. 213-13 et R. 213-11.

– le centre de gestion de la fonction publique territorialement compétent, ayant conclu avec la collectivité ou l'établissement concerné une convention pour assurer cette médiation[1].

C'est le « médiateur régional de Pôle d'emploi » territorialement compétent qui est chargé des médiations relatives aux décisions prises par Pôle emploi[2].

La loi pour la confiance dans l'institution judiciaire maintient également la possibilité de saisir le Défenseur des droits d'une réclamation relative à une décision concernée par la médiation préalable obligatoire et entrant dans son champ de compétence[3]. Il convient de préciser que le champ de compétence du Défenseur des droits comprend : les droits des usagers des services publics, la défense et la promotion des droits de l'enfant, la lutte contre les discriminations et la promotion de l'égalité, le respect de la déontologie des professionnels de la sécurité et l'orientation et la protection des lanceurs d'alerte.

> ANALYSE CRITIQUE. Cette formulation peut ouvrir la porte à un débat sur les champs de compétences respectifs du médiateur « administratif » et du Défenseur des droits. On peut comprendre que, dès lors qu'il est établi que le Défenseur des droits intervient dans son domaine de compétence, il est compétent pour mener la MPO[4].

1. Décr. n° 2022-433, 25 mars 2022, préc., art. 4.
2. C. trav., art. R. 5312-48.
3. C. just. adm., art. L. 213-14.
4. Sur le Défenseur des droits, v. s[s] n°s 42.41 s.

6
La médiation au-delà des frontières nationales

61 Les règles générales 224
62 La médiation familiale internationale 238
63 Le médiateur européen 243
64 Les spécificités de la médiation dans l'espace OHADA 252

61
Les règles générales

61.01 **Inflation des conflits internationaux.** Avec la globalisation de l'économie et le développement du commerce international, on observe une augmentation forte des conflits internationaux entre sociétés, dans tous les secteurs. Les enjeux financiers sont souvent importants, se chiffrant à plusieurs millions d'euros, voire en milliards[1].

Ces conflits, qui mettent généralement en présence des entreprises, peuvent impliquer également des États ou encore des individus.

Les conflits familiaux tout particulièrement se développent à raison du nombre croissant des couples binationaux. Ils ouvrent la voie à des litiges transnationaux de responsabilité parentale et à des enlèvements d'enfants. La rupture de communication entre les parents est souvent amplifiée par la distance géographique et la différence des cultures.

La voie judiciaire apparaît souvent longue, coûteuse et aléatoire, dans un contexte juridictionnel ou juridique peu familier, voire inconnu, sans compter le risque de décisions divergentes ne permettant pas la mise en place de solutions pérennes dans l'intérêt des familles.

À l'inverse, le recours aux méthodes alternatives de résolution des différends permet de trouver, de manière souvent plus simple, plus rapide et plus économique, des solutions innovantes qui favorisent la préservation des relations entre les parties (par exemple, dans le cadre d'un contrat d'approvisionnement à long terme)[2].

L'accord de médiation, que cette dernière soit conventionnelle ou judiciaire, n'obéit à aucun formalisme légal. Il peut prendre la forme d'un acte d'avocat ou constituer une transaction lorsqu'il répond aux conditions de l'article 2044 du Code civil (concessions réciproques)[3].

Dans certaines matières, le recours à des solutions alternatives de règlement des différends s'est imposé très tôt. Tel est le cas pour les litiges relatifs aux noms de domaine[4]. Partant du constat qu'« *il ne paraît pas possible de*

1. M. Hauser, « La médiation commerciale à l'international, le rayonnement de Paris à l'international », *Lamy*, n° 166, janv. 2021, p. 41 s.
2. V. Sous la dir. de B. Blohorn-Brenneur, « Sagesses du Monde et Médiation, sources philosophiques, Actions en Afrique, Asie et Océanie », éd. L'Harmattan, 28 déc. 2021, spéc. : Thi My Hanh Ngo-Folliot, « La médiation au Vietnam. Philosophie de l'harmonie, legs des ancêtres ».
3. V. s^{s} n° 106.13.
4. La plupart de ces conflits entre marques et noms de domaine sont tranchés par voie de procédures administratives, conformément aux règles de *l'Uniform Dispute* ▶

déterminer une règle simple de résolution des conflits de lois lorsque deux titulaires de marques homonymes déposées dans des pays différents souhaitent disposer du même nom de domaine », le Conseil d'État approuve depuis longtemps le recours à un système de médiation et d'arbitrage en ligne[1].

Désormais, la médiation internationale, après l'arbitrage international, est devenue le mode alternatif de règlement des différends le plus privilégié[2]. Cette voie a été encore amplifiée avec la pandémie mondiale.

Cependant, si la médiation présente, au plan international, de nombreux avantages, elle exige un encadrement très attentif, tout particulièrement pour anticiper des facteurs d'incertitudes et garantir la bonne exécution de l'accord de médiation éventuel.

61.02 **Le cadre de la médiation.** Le recours à la médiation peut résulter d'une clause de médiation insérée dans un contrat, lequel a anticipé l'éventualité d'un litige futur.

Il peut également résulter de la volonté des parties, une fois le litige né. Il peut alors être encadré soit par convention de médiation ad hoc, soit par le règlement d'un centre agréé choisi par les parties.

Plusieurs centres agréés offrent aux parties une aide administrative facilitant l'organisation de la médiation, prenant en compte la dimension internationale du conflit. Ils peuvent assister les parties dans la rédaction d'une convention de médiation adaptée. Ils énoncent également, dans leurs règlements, les bonnes pratiques[3]. Tel est le cas du centre de médiation de l'Organisation

► *Resolution Policy* (UDRP) pour le gTLD, de *l'Alternative Dispute Resolution* (ADR), pour les noms de domaine européens et du SyRéLi (Système de Résolution des Litiges), pour le <.fr>. Depuis 1999 (date du lancement des principes UDRP), le Centre d'arbitrage et de médiation de l'Organisation mondiale de la propriété intellectuelle indique avoir été saisi de plus de 55 000 procédures impliquant des parties provenant de 100 pays et concerne environ 100 000 noms de domaine.

1. CE, ét. ann., 1998, « Internet et les réseaux numériques », J.-F. Théry, I. Falque-Pierrotin, *Documentation française*, 1998.

2. À l'occasion de la Paris Arbitration Week qui se tenait du 1er au 5 avril 2019, la Global Pound Conference de Paris, présidée par Diana Paraguacuto-Maheo et le CNB, ont organisé une conférence faisant le bilan et esquissant les nouveaux horizons de l'arbitrage et autres MARD des différends commerciaux, à partir de nouvelles statistiques mondiales ; v. : « Arbitrage et MARD commerciaux en plein essor », 5 avr. 2019, affiches-parisiennes.com

3. Commission de l'arbitrage et ADR d'ICC France, « Note d'orientation sur la médiation », ICC, mars 2018, cms.iccwbo.org

mondiale de la propriété intellectuelle (OMPI)[1], de la Chambre de commerce et d'industrie (CCI)[2] ou encore celui de la chambre de commerce franco-arabe[3]. C'est aussi le cas de la plateforme de médiation internationale Équanim[4]. On se reportera également utilement au site de l'International Mediation Institute (IMI) qui rassemble des modèles de règlements et d'actes d'engagement en matière de médiation internationale[5] ou à celui du SIAC [Arbitration Rules of the Singapore International Arbitration Centre – SIAC Rules (6th Édition, 1 August 2016)] – Copyright © 2016 Singapore International Arbitration Centre, qui propose des clauses de recours à la procédure de arb-med-arb[6].

Dans tous les cas, il appartient aux parties de bien s'accorder sur toutes les questions liées à l'organisation et au déroulement de la médiation, celles-ci n'ayant pas nécessairement été anticipées dans la clause de médiation ou dans le règlement du centre agréé.

Ces questions revêtent une importance toute particulière dans un contexte international qui exige de prendre en considération, outre les règles habituelles (s'agissant par exemple de la confidentialité, du rôle du médiateur, de la durée de la médiation, etc.), des difficultés spécifiques telles que la localisa-

1. Règl. de médiation de l'OMPI, www.wipo.int :
Clause de médiation proposée par l'OMPI pour les litiges futurs : « *Tout litige, controverse ou réclamation découlant du présent contrat et de toute modification ultérieure du présent contrat, ou s'y rapportant, et ayant trait notamment mais non exclusivement à sa formation, sa validité, ses effets obligatoires, son interprétation, son exécution, sa violation ou sa résolution, de même que toute réclamation extracontractuelle, sera soumis à médiation conformément au Règlement de médiation de l'OMPI. Le lieu de la médiation sera* [préciser le lieu]. *La langue de la procédure de médiation sera* [préciser la langue]. »
Clause de médiation proposée par l'OMPI pour les litiges nés : « *Les parties soussignées acceptent par la présente de soumettre à la médiation, conformément au Règlement de médiation de l'OMPI, le litige suivant :* [brève description du litige]. *Le lieu de la médiation sera* [préciser le lieu]. *La langue de la procédure de médiation sera* [préciser la langue]. »
2. Règl. médiation CCI, www.icc-france.fr
3. ccfranco-arabe.fr
4. Règl. de médiation Équanim, www.equanim-international.com
5. imimediation.org/resources/rules-and-clauses/ ; Uncitral Rules on mediation (2021), https://imimediation.org/wp-content/uploads/2017/09/IMI_MEDIATION_RULES_2016_rev_3.pdf
6. https://www.siac.org.sg/model-clauses/the-singapore-arb-med-arb-clause

tion géographique des parties, la distance qui les sépare, voire le décalage horaire. Il s'agit de supprimer, à tout le moins de réduire les obstacles à la « rencontre » et à la communication des parties.

61.03 **La législation applicable.** Les parties sont libres de choisir la législation applicable.

Si elles ne l'ont pas prévu, quelle est la loi applicable au processus de médiation ?

Au plan européen, il existe un dispositif constitué de plusieurs instruments du droit de l'UE. La directive du Parlement européen et du Conseil du 21 mai 2008 sur certains aspects de la médiation en matière civile et commerciale établit en ces matières une « législation-cadre » (Directive relative à la médiation) : « *un processus structuré, quelle que soit la manière dont il est nommé ou visé, dans lequel deux ou plusieurs parties à un litige tentent par elles-mêmes, volontairement, de parvenir à un accord sur la résolution de leur litige avec l'aide d'un médiateur. Ce processus peut être engagé par les parties, suggéré ou ordonné par une juridiction ou prescrit par le droit d'un État membre.* »[1]

Le texte européen prévoit certaines dispositions spécifiques pour les médiations transfrontalières en matière civile et commerciale, c'est-à-dire les médiations dans lesquelles « *une des parties au moins est domiciliée ou a sa résidence habituelle dans un État membre autre que l'État membre de toute autre partie* » ainsi que pour les « *procédures judiciaires ou d'arbitrage suivant une médiation entre les parties* [...] *entamées dans un État membre autre que celui dans lequel les parties sont domiciliées ou ont leur résidence habituelle* »[2].

Cependant, le processus de médiation transfrontalière est exclu en présence de « *droits et obligations dont les parties ne peuvent disposer en vertu de la législation pertinente applicable* ». À ce titre sont exclus les différends de nature « *fiscale, douanière ou administrative* » ou mettant en cause la « *responsabilité de l'État pour des actes ou des omissions commis dans l'exercice de la puissance publique* »[3].

Par ailleurs, plusieurs textes sont issus des travaux du groupe de travail de la Commission européenne pour l'efficacité de la justice (CEPEJ) sur la médiation. Il en résulte des recommandations, notamment la recommanda-

1. Dir. 2008/52/CE, Parlement et Conseil, 21 mai 2008, préc., art. 3.
2. Dir. 2008/52/CE, Parlement et Conseil, 21 mai 2008, préc., art. 2.
3. « Acta jure imperii ».

tion du Comité aux États membres sur la médiation en matière civile ou en matière pénale ou encore la recommandation sur les modes alternatifs de règlement des litiges entre les autorités administratives et les personnes privées[1].

On retrouve avec l'Acte uniforme OHADA relatif à la médiation, en date du 23 novembre 2017[2], le même objectif d'harmonisation des principes généraux du processus de médiation. Mais celui-ci s'applique aux seuls États parties, issus du continent africain[3].

La question est d'autant plus importante que la législation applicable peut contenir des dispositions impératives qui vont avoir une influence sur le déroulement du processus.

Il est donc indispensable pour les parties, avec l'aide des centres agréés et/ou avec celle du médiateur désigné, de vérifier un certain nombre de points essentiels. À titre d'exemples et sans prétendre à l'exhaustivité, on peut retenir les questions suivantes.

Quelle est la loi applicable à la clause de médiation ou à la convention de médiation ? S'agit-il de la loi applicable au contrat ? Cette question est d'autant plus sensible que certaines législations peuvent invalider la clause de médiation[4], notamment lorsque celle-ci est conclue avec l'État ou encore considérer qu'une personne publique n'a pas la capacité de consentir à un accord de médiation.

La médiation est-elle admise comme mode de règlement alternatif selon la loi applicable au contrat ?

Quel est le tribunal compétent pour désigner le médiateur en cas de besoin ?

En cas d'échec de la médiation, la prescription a-t-elle été interrompue ?

En cas de conflit déclaré en cours de médiation ou sur l'accord de médiation, quelle est la juridiction compétente ?

La législation peut également impacter beaucoup d'autres sujets, notamment ceux concernant le choix du médiateur[5], le choix du lieu et de la langue ou encore la confidentialité[6].

1. Respectivement : (Rec (2002)10), (Rec (99)19), (Rec 2009).
2. Entré en vigueur le 15 mars 2018.
3. V. s[s] n°s 64.11 s.
4. Certaines clauses de med-arb par exemple, v. s[s] n° 21.33.
5. V. s[s] n°s 41.01 s.
6. V. s[s] n°s 85.11 s.

Dans le doute, il appartient aux parties de formuler un choix explicite quant au droit applicable qu'elles choisissent, en pleine connaissance des règles applicables. Elles peuvent également faire référence, dans le contrat, au règlement de médiation du centre agréé qu'elles ont choisi.

61.04 **Le choix du médiateur.** La législation applicable peut avoir des exigences particulières concernant le médiateur : sa nationalité, son inscription sur une liste agréée, la justification d'une assurance, celle d'une formation périodique, des qualifications particulières, d'éventuelles incompatibilités d'exercice, des règles de conflits d'intérêts, son indépendance, etc.

Ainsi, sauf contraintes spécifiques liées à la législation applicable, les parties sont libres de désigner tel médiateur à même de les accompagner dans la recherche de solutions. C'est un avantage par rapport à la voie judiciaire où elles ne peuvent pas choisir leur juge.

Les centres agréés ont vocation à assister les parties dans la sélection et la désignation du ou des médiateurs et dans la tarification des coûts de la procédure de médiation.

Indépendamment des critères habituels de choix d'un médiateur, sa connaissance des cultures et traditions respectives des parties constitue un facteur clé pour faciliter le dialogue et trouver des solutions adaptées. Le médiateur doit avoir la capacité de respecter ces différences en se gardant de tout préjugé.

Comme il arrive que l'une des parties se méfie d'un médiateur qui aurait la même nationalité que l'autre partie, il peut être judicieux de choisir un médiateur « neutre » en raison de sa nationalité, laquelle sera différente de celles des parties. Mais ce choix peut présenter des inconvénients à raison de la méconnaissance des spécificités « culturelles », notamment la langue ou les particularités juridiques ou judiciaires locales de l'une des parties, voire des deux. Dans une telle situation, la difficulté peut être contournée par l'attention que portera le médiateur à la reformulation systématique, en veillant à sa bonne compréhension ainsi que celle de l'autre partie.

L'alternative peut consister à choisir un médiateur binational. Il n'en restera pas moins que sa localisation géographique (installé dans le pays de l'une ou l'autre des parties) pourra constituer également une suspicion de parti pris à son endroit. Cette difficulté peut être également écartée par l'attention que portera le médiateur à la reformulation, facilitée dans le cas présent par ses connaissances biculturelles permettant de rassurer les parties sur une approche parfaitement équilibrée.

La co-médiation reste une option à envisager, car dans sa dimension biculturelle, elle permet de tenir compte plus facilement des spécificités culturelles de chaque partie[1].

61.05 Le choix du lieu : les avantages de la visioconférence. Le choix du lieu de la médiation peut être source de difficulté, chacune des parties souhaitant rester sur son « territoire ».

Certains règlements – notamment celui de la CCI France – prévoient qu'à défaut d'accord sur ce point, cette question sera tranchée par le centre agréé ou par le médiateur afin que la médiation puisse se poursuivre.

Si les réunions en présentiel doivent être préférées lorsqu'elles sont possibles, il faut admettre qu'elles ne sont pas toujours indispensables et qu'elles peuvent même complexifier le déroulement d'une médiation internationale (qui se déplace ? pour combien de temps ? etc.).

Le contexte sanitaire du Covid a permis de constater que le recours à la visioconférence[2] peut présenter, dans certaines circonstances, l'avantage de créer une zone neutre pour les discussions.

Certains y voient une gestion plus souple des réunions (celles-ci peuvent être multiples, avec des préavis courts), car le déplacement physique d'une partie à la médiation exige une organisation, un délai, une durée, des frais supplémentaires, etc. Autant de contraintes qui peuvent figer ou ralentir le déroulement de la médiation.

De même, certains peuvent considérer que la « bulle » visio est de nature à créer un climat plus apaisé du fait de la distance entre les protagonistes du conflit. Il n'est pas possible de provoquer physiquement, ou par une gestuelle agressive, de se lever, de sortir en claquant la porte, etc. Leurs interlocuteurs peuvent donc se sentir plus en sécurité et avoir le sentiment de gagner en liberté de parole, parce qu'il est plus difficile de couper la parole en visioconférence.

Tout est bien sûr question de contexte, mais on peut voir dans la visioconférence une alternative adaptée et efficace, à charge pour le médiateur de favoriser l'option la plus pertinente, voire passer de l'une à l'autre.

Le médiateur, rompu à la technologie, pourra d'autant mieux maîtriser la situation et distribuer la parole qu'il peut commander à distance les micros

1. Pour des précisions sur la co-médiation en général, v. s[s] n°s 26.11 s.

2. Ch. Jamet, « La médiation en visioconférence au sein d'Amimédiation », *Lettre des Médiations*, n° 11, 2021, p. 44.

et les vidéos des participants. Il peut même décider de mettre un terme à une discussion houleuse en pratiquant des apartés d'office puisqu'il peut créer des salles virtuelles et les affecter. À défaut, il sera prudent d'inviter les parties à se déconnecter pour tenir des réunions en aparté et/ou en visio dédiée et/ou par téléphone. Le retour en séance plénière s'organise par courriel et/ou par SMS et/ou par téléphone.

Au nombre des avantages, il y a aussi la fonctionnalité « partage d'écran » qui permet d'afficher à l'écran certaines pièces et d'en discuter et la fonctionnalité « chat » qui permet des échanges collectifs ou en aparté.

Pour autant, il faut avoir conscience des inconvénients que présente une réunion de médiation en visioconférence.

En effet, les « coups de gueule » en présentiel peuvent parfois participer au processus de dénouement.

L'organisation d'une co-médiation est certainement plus difficile à organiser, les co-médiateurs perdant en complicité et en qualité d'échanges concertés entre eux.

Par ailleurs, pour certains sujets, particulièrement sensibles, le choix d'un logiciel de visioconférence très sécurisé en accord avec toutes les parties s'impose pour garantir une confidentialité optimum.

Cette question est d'autant plus importante qu'il est plus difficile pour le médiateur de s'assurer qu'un tiers non autorisé n'est pas présent sur le même lieu que l'un des participants ou que l'un des participants s'autorise une capture d'écran d'un document confidentiel.

De même, la visioconférence offre moins de prise au langage non verbal des participants, ne permettant pas au médiateur de ressentir les réactions et de réagir aussi rapidement qu'il pourrait le faire en présentiel. Les participants peuvent également avoir moins de facilité à interagir à travers un écran qu'en présentiel, cela sans compter les difficultés à maîtriser les différentes fonctionnalités (chat, micro, vidéo, etc.).

61.06 **Le choix de la langue.** S'agissant de la langue, il est important que le médiateur maîtrise bien la langue choisie par les parties.

Comme pour le choix du lieu, à défaut d'accord entre les parties, le règlement du centre agréé peut avoir prévu que cette question sera tranchée par elles ou par le médiateur afin que la médiation puisse se poursuivre.

Très souvent, c'est l'anglais qui est retenu, sauf à ce que la législation applicable impose une langue officielle. Cependant, lorsqu'elle est la langue maternelle de l'une des parties, elle peut donner un avantage à celle-ci (fluidité d'expression orale, facilité à intervenir, etc.) au détriment de l'autre partie (incompréhensions, malentendus, formulations maladroites, etc.).

Il peut donc être utile de laisser chacune des parties s'exprimer dans sa propre langue.

Cependant, dans ce cas, c'est la traduction qui peut être source de difficultés (la qualité du ou des traducteurs). Cette difficulté est également à anticiper lorsque les parties souhaitent faire intervenir des experts techniques.

En visioconférence, il existe des formules permettant l'intervention de traducteurs-interprètes en temps réel. Cela peut constituer un avantage important, permettant ainsi aux parties de suivre les échanges en temps réel, sans le décalage de la traduction et sans réserve dans leurs expressions respectives.

Ici encore, il convient de choisir un médiateur qui a la maîtrise technologique de ces outils qui facilitent le déroulement de la médiation, avec toutes les garanties d'efficacité requises.

61.07 **La confidentialité.** La médiation, par nature confidentielle, facilite les échanges libres entre les parties, sans crainte de fuite d'informations ou encore de répercussions médiatiques préjudiciables.

Cependant, il peut y avoir des nuances dans les législations des États lourdes de conséquences.

Rappelons que la directive européenne relative à la médiation[1] prévoit, en son article 7, que « *ni le médiateur ni les personnes participant à l'administration du processus de médiation ne soient tenus de produire, dans une procédure judiciaire civile ou commerciale ou lors d'un arbitrage, des preuves concernant les informations résultant d'un processus de médiation ou en relation avec celui-ci* [...] ». L'alinéa 2 précise que cette disposition « *n'empêche pas les États membres d'appliquer des mesures plus strictes en vue de préserver la confidentialité de la médiation* »[2].

1. Dir. 2008/52/CE, Parlement et Conseil, 21 mai 2008, préc.
2. Dir. 2008/52/CE, art. 7, transp. par L. n° 95-125, 8 févr. 1995, art. 21-3, préc. : « *Sauf accord contraire des parties, la médiation est soumise au principe de confidentialité. Les constatations du médiateur et les déclarations recueillies au cours de la médiation ne peuvent être divulguées aux tiers ni invoquées ou produites dans le cadre d'une instance judiciaire ou arbitrale sans l'accord des parties.* » ; v. s[s] n°s 85.11 s., spéc. 85.11, 85.21 s.

Or, si la France est dotée d'une protection légale de la confidentialité de la médiation étendue[1] qui s'impose à toutes les personnes impliquées dans la médiation,[2] celle-ci est plus étendue que dans d'autres pays européens. À titre d'exemple[3], alors qu'en France toutes les personnes impliquées dans une médiation disposent d'un droit de refus de témoigner, qu'il s'agisse de médiations nationales ou transfrontalières, en Autriche, la protection légale de la confidentialité sous forme de droit de refus de témoigner n'existe que pour les « médiateurs enregistrés », sauf dans les cas où il s'agit de médiations transfrontalières. Quant à l'Allemagne, elle n'accorde un droit de refus de témoigner qu'en droit civil (pas en droit pénal) et aux seuls médiateurs, qu'il s'agisse de médiations nationales ou transfrontalières.

En conséquence, la confidentialité des processus de médiation transfrontaliers entre ces trois pays n'est pas assurée de la même manière par les lois nationales malgré la transposition de la directive relative à la médiation.

Aussi, convient-il de vérifier que la législation applicable confirme le principe de la confidentialité des échanges.

Une précaution consistera toutefois à faire expressément référence au règlement du centre agréé choisi, lequel en général précise les règles de confidentialité qui s'imposent aux parties (c'est le cas du CMAP ou encore de l'OMPI). À titre complémentaire, il doit être rappelé que tout participant au processus de médiation devra, à la clôture de la médiation, restituer tout document ou pièce à la partie qui l'a fourni(e), sans en conserver de copie. Il peut également être demandé de détruire les notes prises concernant les réunions entre les parties et le médiateur à la clôture de la procédure de médiation.

Par ailleurs, il appartient au médiateur de rappeler aux parties, lorsqu'elles ont recours à la visioconférence, l'interdiction de l'enregistrement des échanges et de la participation de personnes étrangères à la médiation.

Par ailleurs, la signature d'une feuille de présence précisant les noms et qualités des participants et rappelant l'engagement de confidentialité apporte

1. C. pr. civ., art. 131-14.

2. Ord. n° 2011-1540, 16 nov. 2011, préc. ; v. s[s] n°s 85.11 s.

3. M. Hauser, « Quel droit national est applicable aux médiations transfrontalières dans la Communauté européenne à travers l'exemple du devoir de confidentialité ? », publication du cabinet BMH avocats, 5 janv. 2015 ; https://bmhavocats.com

une garantie complémentaire. Sa signature peut se faire préalablement à chacune des réunions, via les systèmes de signature électronique disponibles. *A minima*, cette démarche peut se faire par courriels échangés avec le ou les médiateurs.

61.08 **Les moyens de contraindre à l'exécution de l'accord.** Dans l'hypothèse où la médiation permettrait d'aboutir à un accord, un certain nombre de risques doivent être anticipés de façon à ce que l'accord de médiation, en fonction de la législation applicable, puisse produire les effets recherchés.

La première préoccupation consiste à veiller à la force exécutoire de l'accord de médiation et à ses conséquences éventuelles (par exemple, les conséquences fiscales).

En droit français, elle est désormais acquise par l'acte d'avocat[1].

Dans d'autres législations, c'est l'homologation judiciaire qu'il conviendra d'envisager.

Certains considèrent que l'arbitrage est un moyen de « sécuriser » l'accord de médiation, car c'est la sentence arbitrale qui rend celui-ci contraignant (par la voie de l'*exequatur*).

En effet, la Convention des Nations Unies de 1958 pour la reconnaissance et l'exécution des sentences arbitrales étrangères (Convention de New York) prévoit d'une manière générale la reconnaissance des sentences arbitrales, au même titre que des décisions des tribunaux internes sans examen quant au fond. Cette convention a facilité l'exécution des sentences par-delà les frontières et a largement favorisé le développement de l'arbitrage commercial international.

Dans le même objectif, la « Convention des Nations-Unies sur les accords de règlement internationaux résultant de la médiation » (Convention de Singapour sur la médiation adoptée le 20 décembre 2018[2]) est entrée en vigueur dans certains pays (Singapour, Fidji, Qatar), en pleine crise du Covid, le 12 septembre 2020[3]. Elle vise ainsi à garantir l'efficacité internationale des accords de médiation (dénommés « accords de règlement ») au-delà des frontières, permettant ainsi aux entreprises de régler leurs conflits

1. V. s^s n° 106.15.
2. Cette convention est issue des travaux d'un groupe de travail auquel la Commission des Nations unies pour le droit commercial international (CNUDCI) avait confié cette mission.
3. Tableau des entrées en vigueur par pays : https://uncitral.un.org/fr/texts/mediation/conventions/international_settlement_agreements/status

internationaux par un processus de médiation, plutôt que par une action en justice ou par un arbitrage.

Dans un premier temps, elle pose un principe général d'exécution des accords de règlement. Ce principe permet de faire exécuter les transactions issues d'une médiation internationale, dans un autre État que celui où elles ont été conclues et selon les règles de procédure en vigueur dans l'État où l'exécution est demandée. Les parties peuvent ainsi demander l'exécution de leur accord directement dans tout autre État partie à la Convention. Ce régime d'exécution international est comparable à celui d'une sentence arbitrale ou d'un jugement étranger.

Dans un second temps, la Convention pose un principe de reconnaissance des accords de règlement. Ainsi, une partie faisant l'objet d'une action judiciaire peut se reposer sur l'accord de règlement pour contester la demande et prouver que la question a déjà été réglée dans le cadre de celui-ci. Les accords de règlement se voient ainsi accorder une autorité dans les États parties en dehors de toute procédure d'exécution.

La Convention prévoit un certain nombre d'exclusions, par exemple les accords de règlement conclus par un consommateur à des fins personnelles, familiales ou domestiques ou encore les accords de règlement relatifs au droit de la famille, des successions ou du travail. Il en est de même des accords de règlement qui sont exécutoires en tant que jugement ou sentence arbitrale, le but étant d'éviter tout chevauchement possible avec des conventions existantes ou futures, comme la Convention de New York précitée ou la Convention sur la reconnaissance et l'exécution des jugements étrangers en matière civile ou commerciale (2019), mais également la Convention sur les accords d'élection de for (2005). La Convention, contrairement à celle de New York, ne prévoit pas de condition de réciprocité. Aussi, un accord de médiation, indépendamment du pays où il est signé, peut être reconnu et appliqué dans un État ratifiant.

Cependant, si de nombreux pays[1] ont accepté de ratifier la Convention de Singapour – notamment les États-Unis, la Chine et l'Inde – elle n'a été signée par aucun État de l'Union européenne[2]. Cette dernière a adopté le

1. Cinquante-cinq États en sont signataires à l'heure actuelle.

2. J. Hage Chahine, E. M. Lombardi, D. Lutran, C., "The Acceleration of the Development of International Business Mediation after the Singapore Convention", *European Business Law Review*, vol. 32, issue 4, 2021, p. 769-8800 ; https://papers.ssrn.com/

21 mai 2008, une directive portant sur certains aspects de la médiation en matière civile et commerciale qui prévoit, en son article 1er « *de faciliter l'accès à des procédures alternatives de résolution des litiges et de favoriser le règlement amiable des litiges en encourageant le recours à la médiation et en garantissant une articulation satisfaisante entre la médiation et les procédures judiciaires* »[1].

L'UE considère que, alors que son article 6 ne prévoit aucune exigence particulière afin de se prévaloir de l'accord de règlement, la signature de la Convention imposerait des contraintes supplémentaires. Par exemple, pour se prévaloir d'un accord de médiation, le texte (art. 4) exige d'apporter à l'autorité compétente la preuve que l'accord de règlement « *est issu d'une médiation* », ce qui ne peut être fait qu'à l'aide de la signature du médiateur sur ledit accord ou à l'aide de l'attestation du Centre agréé. Or, sous certaines législations, il est interdit, à tout le moins, déconseillé au médiateur de signer un accord, sauf à prendre le risque d'engager sa responsabilité.

Aussi, en l'état de la diversité des législations nationales, l'absence d'un cadre uniforme est nécessairement un frein à la libre circulation des accords de médiation internationaux au sein de l'Union. C'est pourquoi le CNB a entrepris de travailler en lien avec les autorités nationales et européennes, en vue de la signature et la ratification coordonnées de la Convention de Singapour au niveau national et européen[2].

61.09 **L'annulation de l'accord de médiation.** Bien que rare, cela peut se produire, à raison de contraintes spécifiques propres à la législation applicable. Il peut alors arriver que l'une et/ou l'autre des parties préfère(nt) se prévaloir de l'annulation de l'accord de médiation plutôt que de la force exécutoire[3].

1. Dir. 2008/52/CE, Parlement et Conseil, 21 mai 2008, préc.
2. V. réso. CNB, 20 déc. 2018, portant sur la convention des Nations-Unies sur les accords de règlement internationaux issus de la médiation (Convention de Singapour), adopt. par ass. gén. CNB, 9 – 10 déc. 2021.
3. V. ss no 106.15.

62
La médiation familiale internationale

Compte tenu de la portée géographique limitée des principaux instruments juridiques internationaux et de la difficulté à les appliquer, l'Assemblée parlementaire du Conseil de l'Europe[1] encourage le recours à des services de médiation reconnus sur le plan international et à des accords dans les litiges transnationaux de responsabilité parentale.

La médiation familiale internationale apparaît en effet comme un moyen susceptible d'apaiser les conflits, notamment lorsque l'un des parents a déplacé illicitement l'enfant vers un pays étranger ou fait obstacle à ce que l'autre parent entretienne des relations régulières avec l'enfant.

62.01 **Le bureau du droit de l'Union, du droit international privé et de l'entraide civile.** Le bureau du droit de l'Union, du droit international privé et de l'entraide civile est désigné comme « autorité centrale » chargée, pour la France, de la mise en place des conventions internationales en matière de coopération familiale. Il offre également aux parents désireux de trouver une issue négociée à leur conflit, « *une aide à la médiation par le biais de la cellule de médiation familiale internationale* » (CMFI).

Elle permet aux parents d'établir entre eux des accords amiables de nature à assurer le maintien des relations personnelles des enfants à leurs deux parents, conformément à la Convention des droits des enfants de New York du 24 novembre 1989.

Elle est, par ailleurs, prévue dans les instruments internationaux de coopération en matière familiale. Ainsi, selon l'article 7 alinéa c) de la Convention de La Haye du 25 octobre 1980 sur les enlèvements internationaux d'enfants, l'Autorité centrale doit prendre toutes les mesures appropriées, directement ou indirectement, pour faciliter les solutions amiables, en vue du retour de l'enfant.

De même, l'article 55 du règlement « dit Bruxelles II *bis* », relatif à l'autorité parentale, stipule qu'il revient aux autorités centrales chargées de son application, de « *faciliter la conclusion d'accords entre les titulaires de l'autorité parentale en recourant à la médiation ou à d'autres moyens* [...]. »[2]

1. Résol. 2194 (2017), « Les litiges transnationaux de responsabilité parentale », texte adopté par la Commission permanente, agissant au nom de l'ass. parlementaire du Conseil de l'Europe, le 24 nov. 2017, http://assembly.coe.int

2. Règl. CE 2201/2003, Conseil, 27 nov. 2003, préc., art. 55, al. e).

62.02 **La saisine de l'Autorité centrale.** La démarche est volontaire, sans pouvoir de contrainte. En effet, il appartient à celui des parents qui le souhaite de saisir le bureau du droit de l'Union, du droit international privé et de l'entraide civile, désigné comme Autorité centrale.

Cette saisine, faite par courrier, doit préciser la situation du requérant, celle de l'enfant ou des enfants concernés, la nature du conflit, l'état de la procédure en cours ou les décisions judiciaires intervenues, les coordonnées de l'autre parent, celles du ou des enfant(s) (adresse postale, courriel, numéro de tél., etc.), ainsi que les demandes formulées (droits de visite, retour du ou des enfant(s), etc.). Les pièces justificatives doivent être jointes : copie de l'acte de naissance du ou des enfants, photocopie du livret de famille, documents concernant les procédures judiciaires en cours (ordonnance de non-conciliation, ordonnances du Juge aux affaires familiales, du Juge des Enfants, jugements de divorce, etc.).

62.03 **Le rôle et les moyens d'action de l'Autorité centrale.** Une fois saisie par l'un ou l'autre des parents, l'Autorité centrale transmet la demande de médiation à l'autre parent en proposant l'aide de la cellule de médiation familiale internationale (CMFI).

Elle met également à la disposition des parties une liste de médiateurs familiaux aptes à intervenir dans les conflits familiaux internationaux, soit par leur bilinguisme, soit par leur appartenance à une double culture.

Elle est également en relation avec des médiateurs dans les pays étrangers en Europe et sur les autres continents.

Compte tenu de la distance géographique, le travail de rapprochement se fait d'abord par des échanges en aparté, soit en présentiel, soit par téléphone, visio, courriels avec l'aide des conseils des parties. Les magistrats de liaisons, le personnel des consulats français et des autorités locales apportent leur concours à la médiation en cours.

La médiation se déroule avec toutes les garanties de neutralité et de confidentialité des échanges. Elle intervient également dans un cadre légal, les éventuels accords conclus étant soumis, le cas échéant après approbation des conseils des parties, aux juridictions des pays concernés.

Quand cela est possible, une rencontre est organisée afin que puisse émerger une solution concertée.

62.04 Règles spécifiques lorsque le litige est transfrontalier. La directive du 21 mai 2008 instaure des garanties minimales communes en matière de médiation transfrontalière[1].

Sont concernées par cette directive, les médiations portant sur un litige transfrontalier en matière civile ou commerciale. La notion de litige transfrontalier est définie comme « *tout litige dans lequel des procédures judiciaires ou d'arbitrage suivant une médiation entre les parties sont entamées dans un État membre autre que celui dans lequel les parties sont domiciliées ou ont leur résidence habituelle* »[2].

Néanmoins, la directive exclut expressément de son champ d'application les litiges portant sur des droits et obligations dont les parties ne peuvent disposer en vertu de la législation applicable tels que les litiges fiscaux, douaniers, administratifs et ceux portant sur la responsabilité de l'État pour des actes ou omissions commis dans l'exercice de la puissance publique[3].

La directive instaure, pour ces médiations, des principes communs minimums s'imposant à tous les États membres. Le respect du principe de confidentialité de la médiation doit ainsi être observé[4]. Sont également imposés, sans que leur contenu ne soit défini, certains principes liés à la qualité du processus de médiation, les États membres devant veiller à ce que « *la médiation soit menée avec efficacité, compétence et impartialité à l'égard des parties* »[5].

Cette directive fait directement référence au droit de la famille, notamment en ce qui concerne le caractère exécutoire de l'accord de médiation. Le caractère exécutoire de l'accord nécessite l'intervention d'un officier public ou d'un juge sur demande des parties[6]. Cependant, il arrive que la législation nationale empêche de rendre exécutoire l'accord de médiation[7] : soit parce que le contenu de l'accord est contraire au droit national, soit parce que le droit national ne prévoit pas la possibilité de rendre le contenu de l'accord exécutoire. Aussi, s'agissant du droit de la famille, il convient de préciser que « *pour être exécutoire dans un autre État membre, tout accord*

1. Dir. 2008/52/CE, Parlement et Conseil, 21 mai 2008, préc.
2. Dir. 2008/52/CE, Parlement et Conseil, 21 mai 2008, préc., art. 1, § 1.
3. Dir. 2008/52/CE, Parlement et Conseil, 21 mai 2008, préc., art. 1, § 2.
4. Dir. 2008/52/CE, Parlement et Conseil, 21 mai 2008, préc., art. 7 ; v. s[s] n°s 85.11 s.
5. Dir. 2008/52/CE, Parlement et Conseil, 21 mai 2008, préc., art. 4.
6. Dir. 2008/52/CE, Parlement et Conseil, 21 mai 2008, préc., art. 6.
7. Dir. 2008/52/CE, Parlement et Conseil, 21 mai 2008, préc., art. 6.

entre les parties doit être exécutoire dans l'État membre dans lequel il a été conclu »[1].

En l'absence d'accord, il sera toujours possible de saisir le juge, étant rappelé que les délais de prescription sont suspendus pendant la durée de la médiation : « *Les États membres veillent à ce que les parties qui choisissent la médiation pour tenter de résoudre un litige ne soient pas empêchées par la suite d'entamer une procédure judiciaire ou une procédure d'arbitrage concernant ce litige du fait de l'expiration des délais de prescription pendant le processus de médiation.* »[2]

La directive ne fixe pas de règles spécifiques quant au déroulement de la procédure de médiation familiale transfrontalière. Il existe néanmoins des recommandations issues de la pratique, à titre d'exemple la « déclaration de Wroclaw » de 2007[3] sur la médiation familiale binationale dans l'intérêt de l'enfant recommande le modèle de co-médiation suivant :

– co-médiation binationale : un médiateur issu du pays d'origine de chaque parent ;

– co-médiation bilingue : les médiateurs doivent parler la langue des deux parties ;

– deux sexes : un homme et une femme ;

– deux catégories de professionnels : un médiateur issu d'une profession psychologique ou pédagogique et un médiateur issu d'une profession juridique.

1. Dir. 2008/52/CE, Parlement et Conseil, 21 mai 2008, préc., consid. 21.
2. Dir. 2008/52/CE, Parlement et Conseil, 21 mai 2008, préc., art. 8.
3. Wroclaw Declaration on Mediation of Bi-national Disputes over Parents'and Children's Issues ; www.mikk-ev.de

63
Le médiateur européen

> Devenir Médiateur européen
> Les missions du Médiateur européen

Le bureau du Médiateur européen (« Ombudsman » en anglais) a été créé par le traité de Maastricht en 1992 : « *Un médiateur européen, élu par le Parlement européen, est habilité à recevoir les plaintes émanant de tout citoyen de l'Union ou de toute personne physique ou morale résidant ou ayant son siège statutaire dans un État membre et relatives à des cas de mauvaise administration dans l'action des institutions, organes ou organismes de l'Union* [...] »[1].

La création de cet organe visait dès son origine à :

– améliorer la protection des citoyens et de toute personne physique ou morale résidant ou ayant son siège statutaire dans un État membre en cas de mauvaise administration dans l'action des institutions, organes ou organismes de l'Union ;

– et de cette façon, renforcer l'ouverture et le contrôle démocratique dans le processus décisionnel et l'administration des institutions de l'Union.

Le statut du Médiateur européen est fixé par le Parlement européen, statuant par voie de règlements de sa propre initiative, conformément à une procédure législative spéciale, après avis de la Commission et avec l'approbation du Conseil.

Son statut et ses fonctions ont été actualisés par le règlement du Parlement du 24 juin 2021[2]. Il a ainsi acquis le pouvoir d'ouvrir des enquêtes de sa propre initiative.

> Devenir Médiateur européen

63.11 **Candidater au poste de Médiateur européen.** C'est le président du Parlement européen qui lance l'appel à candidatures au poste de Médiateur

1. Traité de Maastricht, 7 févr. 1992, sur l'Union européenne (UE), *JO* 29 juill., art. 228. Il définit en particulier les compétences de l'UE, ses grandes politiques (marché intérieur, agriculture, libre circulation, économie, action extérieure, etc.), ses liens avec l'Outre-mer, ainsi que les règles de fonctionnement des institutions européennes.
2. Règl. (UE, Euratom) 2021/1163, Parlement, 24 juin 2021, fixant le statut et les conditions générales d'exercice des fonctions du Médiateur (statut du Médiateur européen) et abrogeant la décision 94/262/CECA, (CE, Euratom), qui avait elle-même été modifiée par les décisions du Parlement du 14 mars 2002 (*JO* L 253, 16.7.2021, p. 1).

européen et fixe le délai de présentation de celles-ci. Cet appel est publié au journal officiel de l'Union européenne.

Les candidatures doivent être soutenues par quarante députés européens, ressortissants de deux États membres au minimum. Elles sont soumises à la Commission des pétitions du Parlement pour examen de recevabilité qui peut demander à entendre les candidats. La liste des candidatures est ensuite soumise au vote du Parlement.

Les candidats doivent justifier d'un certain nombre de conditions :

– être citoyen de l'Union ;

– jouir pleinement de leurs droits civils et politiques ;

– offrir toute garantie d'indépendance ;

– réunir les conditions requises dans leur pays pour l'exercice des plus hautes fonctions juridictionnelles ou posséder une expérience et une compétence notoires pour l'accomplissement des fonctions de Médiateur ;

– et ne pas avoir été membres de gouvernements nationaux ou députés au Parlement européen, membres du Conseil européen ou de la Commission européenne au cours des deux années précédant la date de publication de l'appel à candidatures. Cette dernière condition garantit le respect d'un « délai de réflexion », fondamental pour le maintien de l'indépendance du bureau.

63.12 **Élection du Médiateur européen.** Le Médiateur européen doit être élu par le Parlement européen, à la majorité des suffrages exprimés, après chaque élection du Parlement européen et pour la durée de la législature[1] ou encore en cas de décès, de démission ou de destitution du Médiateur.

La prochaine élection du Médiateur aura donc lieu juste après les élections européennes de 2024. Son mandat est renouvelable.

Le premier Médiateur, Jacob Söderman, est entré en fonction en 1995. Le professeur Paraskevas Nikiforos Diamandouros lui a succédé en 2003.

L'actuelle Médiatrice européenne est Emily O'Reilly. Après avoir été journaliste, rédactrice politique et avoir exercé les fonctions de Médiateur et de Commissaire à l'information en Irlande, elle a pris ses fonctions le 1er octobre 2013. Elle a été réélue pour un mandat de cinq ans en décembre 2014, puis de nouveau en décembre 2019. En 2020, son bureau a élaboré une nouvelle stratégie « Cap sur 2024 », succédant à la stratégie « Cap sur 2019 » qui

1. Les modalités de son élection (et de sa destitution) sont fixées par règl. int. du Parlement, art. 231 à 233.

ambitionnait d'accroître l'impact, la visibilité et la pertinence de l'action du Médiateur européen[1].

63.13 Indépendance et impartialité. Le Médiateur doit remplir les conditions habituelles d'indépendance et d'impartialité dans l'exercice de ses fonctions, sans avoir à requérir une autorisation préalable.

À ce titre, il ne doit ni solliciter ni accepter d'instructions d'aucun gouvernement, institution, organe ou organisme. Il doit également s'abstenir de tout acte incompatible avec le caractère de ses fonctions. Il ne doit exercer aucune autre fonction politique ou administrative ou autre activité professionnelle, rémunérée ou non.

Cependant, il a des liens étroits avec le Parlement européen où il a son siège et son personnel (73 postes) est soumis aux règles de la fonction publique européenne. C'est le Parlement qui l'élit et qui a également le pouvoir d'engager une procédure de destitution devant la Cour de justice de l'Union européenne, s'il ne remplit plus les conditions nécessaires à l'exercice de ses fonctions ou s'il a commis une faute grave.

> Les missions du Médiateur européen

63.21 Des enquêtes. Le Médiateur procède aux enquêtes qu'il estime justifiées, soit sur la base des plaintes qui lui ont été présentées[2], soit de sa propre initiative au sujet de problèmes systémiques et/ou récurrents de mauvaise administration.

Ainsi, en 2020, une série d'enquêtes a été réalisée sur la réponse des différentes institutions et agences de l'UE dans le contexte de la crise de la Covid-19.

1. La stratégie vise à atteindre quatre objectifs : (i) exercer un impact positif durable sur l'administration de l'UE, avec comme priorités l'élaboration d'un meilleur suivi des travaux du Médiateur et le renforcement de la coopération avec les institutions de l'UE ; (ii) ancrer dans la réalité les travaux du Médiateur, avec comme priorités l'identification des tendances systémiques dans l'administration publique-nationale et européenne et l'évaluation de ses conséquences sur la démocratie européenne ; (iii) accroître la sensibilisation des citoyens aux travaux du Médiateur, avec comme priorité la conception d'une approche participative ; (iv) continuer à améliorer l'efficacité des travaux du Médiateur.
2. V. s[s] n° 63.22.

En outre, chaque année, il présente au Parlement européen un rapport sur les résultats de ses enquêtes. Les rapports sont consultables sur son site[1].

Dans le cadre de ses enquêtes, le Médiateur peut solliciter les institutions et organes ainsi que les fonctionnaires et agents de ces mêmes institutions et organes. Ses interlocuteurs sont tenus de lui fournir les renseignements qu'il demande et de lui donner accès aux dossiers concernés. De même, les autorités des États membres doivent fournir toutes informations nécessaires.

Les seules exceptions à cette obligation tiennent aux obligations de secret dûment justifiées ou encore aux dispositions législatives ou réglementaires interdisant la communication de certains éléments. Mais, même dans ce cas, le Médiateur peut prendre connaissance des informations et éléments en s'engageant à ne pas les divulguer.

S'il n'obtient pas l'assistance qu'il souhaite, le Médiateur en informe le Parlement européen qui entreprend les démarches appropriées.

Le Médiateur peut aussi échanger et coopérer avec ses homologues des États membres, dans le respect des législations nationales. Toutefois, s'il s'agit de faits qui lui paraissent relever du droit pénal, le Médiateur doit en informer immédiatement les autorités nationales compétentes, ainsi que l'Office européen de lutte antifraude (OLAF) et, s'il le juge nécessaire, l'institution de l'Union dont dépend le fonctionnaire ou l'agent en cause.

63.22 **L'instruction des plaintes.** Le Médiateur peut être saisi d'une plainte par des citoyens de l'Union ou par toute personne physique ou morale résidant ou ayant son siège statutaire dans un État membre : « *Tout citoyen de l'Union ou toute personne physique ou morale résidant ou ayant son siège statutaire dans un État membre peut introduire auprès du Médiateur une plainte relative à un cas de mauvaise administration* [...] »[2].

Sont ainsi visées des institutions telles que la Commission européenne, l'Office européen de sélection du personnel, le Service européen pour l'action extérieure, l'Office européen de lutte antifraude, le Parlement européen, la Banque Centrale européenne, la Banque européenne d'investissement, l'Agence de l'Union européenne, etc.

Quant aux plaintes, elles ont principalement pour objet un manque d'informations ou le refus de fournir des informations. Mais les sujets peu-

1. V. rapp. 2020 : https://www.ombudsman.europa.eu/
2. Règl. UE Euratom 2021/1163, préc., art. 2.

vent être aussi différents que la transparence dans les prises de décision, le respect des droits procéduraux, le respect des droits fondamentaux, le recrutement, etc.

Préalablement à l'introduction de sa plainte, le plaignant doit accomplir les démarches administratives appropriées auprès de l'institution, de l'organe ou de l'organisme de l'UE concerné. À défaut, sa plainte est irrecevable.

Par ailleurs, sa plainte doit être introduite dans un délai de deux ans à compter de la date à laquelle les faits qui la justifient sont portés à la connaissance du plaignant.

Elle peut être adressée au Médiateur directement par le plaignant – par courrier ou en ligne, via le site du Médiateur – ou par l'intermédiaire d'un député au Parlement européen.

Lorsque le Médiateur considère qu'il s'agit d'une mauvaise administration – tel est le cas lorsqu'une institution n'a pas respecté les droits fondamentaux, les règles et principes du droit ou les principes de bonne administration – il saisit l'institution, organe ou organisme concerné, qui doit lui exposer sa position dans les trois mois.

Dans la mesure du possible, le Médiateur recherche une solution concertée avec l'institution ou l'organe concerné qui donne satisfaction au plaignant.

Ses recommandations sont transmises à l'institution ou à l'organe concerné, qui dispose d'un délai de trois mois pour lui faire parvenir son avis.

Si l'institution n'accepte pas les recommandations proposées, le Médiateur peut élaborer un rapport spécial pour le transmettre au Parlement européen et à l'institution ou organisme concerné.

Le Parlement peut à son tour établir un rapport sur le rapport spécial présenté par le Médiateur.

Le plaignant est alors informé du résultat de ces enquêtes.

63.23 **Les limites du périmètre d'intervention du Médiateur européen.** Sont exclues de son champ d'intervention :

– les procédures de la Cour de justice, dans l'exercice de ses fonctions juridictionnelles (il ne peut intervenir que pour les activités non juridictionnelles, par exemple les appels d'offres, les contrats et la fonction publique) ;

– les plaintes contre des autorités locales, régionales ou nationales, même lorsque ces plaintes se réfèrent à des questions liées à l'Union ;

– les activités relevant de tribunaux ou de médiateurs nationaux ; en effet, le Médiateur n'est pas une instance de recours contre des décisions prises par ces entités ;

– les faits qui n'auraient pas préalablement fait l'objet des démarches administratives appropriées au sein des organismes concernés ;

– et les plaintes déposées à l'encontre de fonctionnaires de l'Union en rapport avec leur comportement.

Si la plainte ne relève pas du mandat du Médiateur, elle est considérée comme irrecevable et le Médiateur conseille au plaignant de l'adresser à une autre autorité. On notera qu'en 2021, le Médiateur européen a été saisi de plus de 1 400 plaintes qui ne relevaient pas de son mandat, essentiellement parce qu'elles ne concernaient pas les activités de l'administration de l'UE. Ces plaintes portaient principalement sur des problèmes rencontrés par des citoyens dans le cadre de leurs relations avec des organismes publics nationaux, régionaux ou locaux, des juridictions nationales ou internationales (mais non communautaires) et des entités privées.

63.24 **Demande de réexamen de certaines décisions.** Le plaignant peut, dans un délai de deux mois à compter de la date de certaines décisions du Médiateur, demander au Médiateur de réexaminer la décision.

Sont concernées les décisions du Médiateur :

– relatives à une plainte qui ne relève pas de son mandat ;

– relatives à une plainte qui est irrecevable ;

– considérant qu'il n'y a pas lieu de procéder à une enquête ;

– clôturant une enquête.

Cette demande de réexamen doit exposer des arguments détaillés expliquant en quoi la décision est erronée. À défaut, le Médiateur peut décider de ne pas réexaminer la décision.

Le Médiateur dispose d'un délai de quatre mois à compter de la date d'enregistrement de la demande de réexamen pour rendre sa décision, ce délai pouvant être prolongé si cela est justifié.

63.25 **Contrôle des décisions prises par le Médiateur européen.** S'il n'est pas possible de faire appel de la décision du Médiateur européen auprès d'un organe extérieur, le plaignant dispose de deux leviers d'action, par l'intermédiaire du Parlement européen (i) et de la Cour de justice de l'Union européenne (ii), pour que les décisions du Médiateur soient contrôlées.

Parlement européen : tout citoyen de l'Union européenne ou toute personne physique ou morale résidant ou ayant son siège statutaire dans un État membre peut adresser une pétition au Parlement européen au sujet d'une question relevant d'un domaine de compétence de l'UE et le concernant directement.

Cour de justice de l'Union européenne : toute personne considérant que le Médiateur européen a agi de manière illégale peut introduire, en étant représentée par avocat, un recours devant la Cour de Justice de l'Union européenne.

63.26 **Exemple de travaux récents.** Au nombre des travaux récents, on peut évoquer la décision relative à l'attribution d'un marché au plus grand gestionnaire d'actifs au monde dans la supervision des regels bancaires de l'UE[1]. Cette enquête de la Médiatrice a porté sur la manière dont la Commission avait évalué l'offre de l'entreprise *BlackRock Investment Management* dans le cadre de l'appel d'offres lancé pour la réalisation de l'étude.

La Médiatrice a estimé que l'offre de l'entreprise soulevait des doutes, notamment car :

– cette société avait un intérêt financier dans le secteur concerné par l'étude ;

– le faible prix de l'offre proposé par le soumissionnaire pouvait donner l'impression qu'il s'inscrit dans une stratégie visant à acquérir des informations et à exercer une influence sur l'environnement réglementaire dans ce secteur.

L'enquête a donc conclu que la Commission aurait dû être plus rigoureuse lorsqu'elle a vérifié que *BlackRock Investment Management* n'était pas confronté à un conflit d'intérêts. La Médiatrice a toutefois estimé que ce manquement ne constitue pas un cas de mauvaise administration étant donné les limites des règles de l'UE en matière d'attribution de marchés.

La Médiatrice a émis des recommandations à la Commission au sujet :

– de l'actualisation de ses lignes directrices sur les procédures de passation de marchés publics pour les contrats de services liés aux politiques, afin d'expliciter les cas où il convient d'exclure des soumissionnaires en raison de conflits d'intérêts ;

1. V. la décision du Médiateur européen sur l'enquête conjointe, aff. 853/2020/KR ; www.ombudsman.europa.eu

– du renforcement des dispositions relatives aux conflits d'intérêts dans le règlement financier.

Dans une autre décision[1] concernant la Commission européenne relative aux opérations de gestion des frontières menées par les autorités croates, l'enquête de la Médiatrice a porté sur des allégations de violations des droits de l'Homme liées aux refoulements de migrants et à d'autres opérations aux frontières, soulevées à son attention par le plaignant Amnesty International. Ce dernier a émis des doutes quant à la mise en place par la Croatie d'un « mécanisme de contrôle » que l'État membre avait pourtant l'obligation d'installer dans le cadre du financement de l'UE qu'il a perçu.

La Médiatrice a posé une série de questions à la Commission sur les modalités de sa vérification, auprès des États membres bénéficiaires du financement, sur :

– la mise en place du mécanisme de contrôle ;

– l'efficacité du mécanisme de contrôle ;

– et plus généralement, le respect lors de ces opérations des droits fondamentaux.

1. V. l'ouverture d'une enquête par le Médiateur européen dans le cadre de l'aff. 1598/2020/V, www.ombudsman.europa.eu

64
Les spécificités de la médiation dans l'espace OHADA

> Perpétuer une tradition
> Délimiter le champ d'application
> Respecter la volonté des parties
> Imposer des règles éthiques et déontologiques
> Sécuriser le déroulement de la médiation

L'Organisation pour l'Harmonisation en Afrique du Droit des Affaires[1] (OHADA) est une organisation intergouvernementale d'intégration juridique, instituée par le Traité de Port-Louis du 17 octobre 1993[2]. Elle comprend dix-sept États parties : Bénin, Burkina Faso, Cameroun, Comores, Congo, Congo R.D., Côte d'Ivoire, Gabon, Guinée, Guinée-Bissau, Guinée Équatoriale, Mali, Niger, République Centrafricaine, Sénégal, Tchad, Togo.

L'Acte uniforme relatif à la médiation (AUM), adopté le 23 novembre 2017 et entré en vigueur le 15 mars 2018, a institué un cadre légal à la médiation pour ses États parties. Ce nouvel acte uniforme relatif à un mode de résolution extrajudiciaire des litiges vient s'ajouter à celui relatif à l'arbitrage, pratique déjà bien ancrée dans l'Organisation, qui avait été introduit dès l'origine de l'OHADA. Ses dispositions prévalent sur toute disposition contraire de droit interne[3], antérieure ou postérieure, conformément à l'article 10 du Traité de Port-Louis et à l'article 17 de l'AUM.

Cependant, on notera que la Cour Commune de Justice et d'Arbitrage des États membres de l'OHADA, organe juridictionnel suprême de l'Organisation pour tout ce qui concerne l'application des actes uniformes – ne prévoit aucun service de médiation.

> Perpétuer une tradition

64.11 La « palabre ». La médiation (la palabre) est une pratique millénaire en Afrique où chaque village comptait un « arbre à palabre » sous lequel le chef venait écouter les parties et les réconcilier. Cette pratique, reposant sur les

1. C. C. Albaric, « L'Acte Uniforme relatif à la Médiation dans l'OHADA », *La Lettre des Réseaux*, www.lettredesreseaux.com ; A. Éloundou, D. Lutran, « Tribune : la médiation dans l'espace OHADA, regard actuel sur les enjeux et les perspectives », 21 déc. 2021, http://droitmediasfinance.com ; Y. Kalieu Élongo, « Premières vues sur la médiation en droit OHADA », 29 mai 2018 : https://jpbsmediation.wordpress.com

2. Ce traité a été signé le 17 oct. 1993 à Port-Louis et révisé le 17 oct. 2008, à Québec. Il reste ouvert à tout autre État membre de l'Union africaine, ainsi qu'à tout État non-membre de l'Union africaine qui serait invité à y adhérer du commun accord des États membres.

3. Plusieurs États membres de l'OHADA (la Côte d'Ivoire, le Sénégal, etc.) prévoient spécifiquement, des dispositions complémentaires qui encadrent le processus de médiation.

traditions, les us et coutumes et le respect du médiateur, a permis de préserver des relations harmonieuses et d'éviter les violences au sein des communautés.

Dans cette tradition, l'Acte uniforme a pour objectif de promouvoir le recours à la médiation pour trouver des solutions adaptées, en dehors de la voie judiciaire, celle-ci apparaissant souvent trop lente, trop chère, trop aléatoire et trop éloignée du justiciable. En effet, rapide, volontaire, efficace et d'un coût modéré, la médiation constitue une véritable alternative au judiciaire ou à l'arbitrage. Elle se définit comme « *tout processus, quelle que soit son appellation, dans lequel les parties demandent à un tiers de les aider à parvenir à un règlement amiable d'un litige, d'un rapport conflictuel ou d'un désaccord (ci-après le "différend") découlant d'un rapport juridique, contractuel ou autre ou lié à un tel rapport, impliquant des personnes physiques ou morales, y compris des entités publiques ou des États* »[1].

L'AUM consacre ainsi un cadre juridique conciliant liberté et sécurité, dans le respect de principes directeurs : « *le respect de la volonté des parties, l'intégrité morale, l'indépendance et l'impartialité du médiateur, la confidentialité et l'efficacité du processus de médiation* »[2].

> Délimiter le champ d'application

64.21 **Le champ d'application matériel.** Le champ d'application matériel de l'AUM correspond à celui du droit de l'OHADA, prévu par le Traité de Port-Louis, c'est-à-dire le droit des affaires au sens large (droit commercial général, procédures collectives, voies d'exécution, etc.).

Sont exclues les relations civiles. En effet, la médiation ne saurait porter sur des domaines du droit non harmonisés dans l'OHADA, comme le droit de la famille ou le droit du patrimoine.

À noter cependant que le texte final prévoit le terme de « *médiation* » là où l'étude préliminaire se référait plus spécifiquement à la « *médiation commerciale* », allant dans le sens d'une volonté d'élargissement du champ d'application de l'AUM.

1. AUM, art. 1er.
2. AUM, art. 8.

64.22 Le champ territorial. Le champ d'application territorial n'est pas précisé en raison de la nature conventionnelle de la médiation et afin de permettre un rattachement aussi large que possible[1].

Ce rattachement pourrait couvrir les situations dans lesquelles :

– le lieu de la médiation se situe dans l'espace OHADA ;

– l'accord issu de la médiation a vocation à être homologué dans l'OHADA ;

– au moins l'une des parties à la médiation est ressortissante d'un État partie ;

– un tribunal arbitral ou judiciaire d'un État partie a préconisé la médiation ;

– le lieu où se déploient les effets de l'opération économique objet du différend se situe dans l'espace OHADA ou entre l'espace OHADA et l'étranger.

Plus généralement, le rattachement pourrait couvrir la situation dans laquelle deux parties dans un pays hors de l'espace OHADA conviennent d'appliquer les dispositions de l'AUM au règlement de leur différend.

64.23 Des personnes physiques ou morales. L'AUM vise les rapports juridiques entre « *des personnes physiques ou morales, y compris des entités publiques ou des États* ». Il a ainsi vocation à s'appliquer à des médiations impliquant aussi bien des personnes physiques (par exemple pour des questions de droit commercial général) ou morales, privées ou publiques, voire des États ou des sociétés contrôlées par des États (par exemple dans le cadre de contrats de concession pour la gestion des déchets, ou de la construction d'ouvrages d'infrastructures, tels que la construction d'un pont ou d'une route[2]) ou encore des personnes morales.

> Respecter la volonté des parties

64.31 La mise en œuvre de la médiation. « *La médiation peut être mise en œuvre par les parties (médiation conventionnelle), sur demande ou invitation d'une juridiction étatique (médiation judiciaire), d'un tribunal arbitral ou d'une entité publique compétente.*

1. M. W. Bühler, A.-S. Gidoin, « Le 10e Acte Uniforme de l'OHADA sur la médiation », *Lexbase*, Ohada, n° 13, 12 juill. 2018, N4897BXN.
2. Ex. extraits de l'art. : M. W. Bühler, A.-S. Gidoin, « Le point sur Le 10e acte uniforme de l'OHADA sur la médiation », *Lexbase*, La lettre juridique, n° 749, 12 juill. 2018.

La médiation peut être ad hoc ou institutionnelle. »[1]

Néanmoins, l'AUM ne s'applique pas lorsqu'un juge ou un arbitre tente, au cours d'une instance judiciaire ou arbitrale, de faciliter un règlement amiable directement avec les parties[2].

Les parties peuvent choisir de recourir à une médiation ad hoc ou institutionnelle. Dans ce dernier cas, elle se conforme au règlement établi par une institution de médiation telle la Cour d'arbitrage de Côte d'Ivoire (« CACI ») à Abidjan ou encore le Centre d'arbitrage de médiation et de conciliation de Ouagadougou (« CAMC-O »)[3].

Le processus de médiation débute lorsque la partie la plus diligente met en œuvre une convention de médiation, écrite ou non[4].

En l'absence de convention de médiation entre les parties, celles-ci peuvent toujours recourir à la médiation sur proposition de l'une des parties. Dans cette hypothèse, l'invitation à entrer en médiation doit être considérée comme rejetée lorsque la partie qui en est à l'initiative n'a pas reçu de réponse dans un délai de quinze jours à compter de la date de réception de l'invitation ou à la date d'expiration de tout autre délai qui y était spécifié[5].

Les parties décident également de la manière dont la médiation doit être menée[6]. À défaut d'accord entre les parties, le médiateur pourra déterminer de quelle manière il souhaite conduire la médiation en fonction des circonstances de l'affaire, des souhaits exprimés par les parties et de la nécessité de parvenir rapidement à un accord[7].

64.32 **La désignation du médiateur.** Le médiateur est choisi d'un commun accord[8].

Les parties peuvent également demander l'assistance de toute personne physique ou morale, appelée « *autorité de désignation* », en vue de la recommandation ou de la désignation du médiateur. Il peut s'agir d'un centre ou d'une institution offrant des services de médiation, auxquels le recours a

1. AUM, art. 1, 2e paragraphe.
2. AUM, art. 2.
3. AUM, art. 3.
4. AUM, art. 4, al. 1er.
5. AUM, art. 4, al. 2.
6. AUM, art. 7, al. 1er.
7. AUM, art. 7, al. 2.
8. AUM, art. 5.

l'avantage de garantir la sélection de personnes dont la formation et l'expérience en tant que médiateur sont reconnues. On observe d'ailleurs la multiplication des centres de médiation au sein de l'espace OHADA.

La possibilité de co-médiation est implicitement envisagée par la référence à la possibilité de nommer plusieurs médiateurs, opportunité qui permet de ne pas faire échec à la médiation lorsque chacune des parties souhaite désigner un médiateur[1].

S'agissant de sa rémunération, le médiateur perçoit des honoraires qui sont fixés soit par les parties, soit par le juge, soit conformément au barème du centre de médiation intervenant. La répartition se fait à parts égales, sauf autre accord des parties.

64.33 **La fin de la médiation.** La liberté laissée aux parties dans le cadre de la médiation se reflète tout particulièrement dans leur faculté d'y mettre fin à tout moment, d'un commun accord ou de façon unilatérale, sans qu'elles aient à en justifier ou à subir une quelconque sanction[2].

Le processus de médiation prend fin dans les cas suivants :

– la conclusion d'un accord écrit signé par les parties ;

– la déclaration écrite du médiateur indiquant que de nouveaux efforts de médiation ne se justifient plus ou lorsqu'une des parties ne participe plus aux réunions de médiation ;

– la déclaration écrite des parties indiquant qu'elles mettent fin à la procédure de médiation ;

– la déclaration écrite d'une partie adressée à l'autre partie indiquant qu'il est mis fin à la procédure de médiation et le cas échéant au médiateur ;

– l'expiration du délai de médiation sauf si les parties décident conjointement de prolonger ce délai en accord avec le médiateur.

Dans le cadre d'une médiation initiée par un juge ou un arbitre, la procédure judiciaire ou arbitrale reprend son cours lorsque la médiation a pris fin sans que les parties soient parvenues à un accord.

Dans ce cas, le délai de prescription recommence à courir, pour une période qui ne peut être inférieure à six mois, à la date où la médiation s'est

1. V. s^s n°s 26.11 s.
2. AUM, art. 12.

achevée[1]. En revanche, lorsque les parties sont parvenues à un accord, celui-ci peut faire l'objet d'exécution[2].

> Imposer des règles éthiques et déontologiques

64.41 **Un médiateur impartial, indépendant et disponible.** Outre son savoir, son savoir-faire et son savoir-être, le médiateur doit réunir des qualités essentielles : impartialité, indépendance et disponibilité.

Il doit, lors de sa désignation, confirmer par écrit qu'il réunit bien ces qualités[3]. De même, au cours de la procédure de médiation, le médiateur doit révéler aux parties toutes circonstances nouvelles susceptibles de remettre en cause son impartialité ou son indépendance. Dans ce cas, si l'une des parties refuse en conséquence de poursuivre la médiation, il est mis fin à la mission de médiateur[4].

L'impartialité et l'indépendance sont également garanties par l'impossibilité pour le médiateur, sauf convention contraire des parties, d'avoir été arbitre, expert ou conseil d'une partie dans un différend qui fait ou a fait l'objet de la procédure de médiation ou dans un différend né du même rapport juridique ou lié à celui-ci[5]. À noter que l'AUM ne met pas en place de sanction explicite en cas de non-respect de cette disposition.

Ces garanties d'indépendance et d'impartialité sont moins sévères que celles qui peuvent être requises par exemple en France, où il ne doit pas exister de lien entre le médiateur et les parties et/ou leur conseil. En Afrique, la plupart du temps, le médiateur est proche de l'un et/ou l'autre des protagonistes de la médiation. Cela est bienvenu dès lors qu'un tel lien est de nature à rassurer les parties et assurer le succès du processus, en ne prenant, en aucun cas, parti pour l'une ou l'autre d'entre elles.

Le médiateur doit également être neutre et loyal. Il doit veiller à l'absence de conflits d'intérêts. Cependant, aucune sanction n'est prévue par le texte.

1. AUM, art. 4, al. 4.
2. AUM, art. 12, al. 3 et 4.
3. AUM, art. 6.
4. AUM, art. 6.
5. AUM, art. 14.

Ce sont les éventuels règlements de médiation applicables qui peuvent prévoir des sanctions.

64.42 **La confidentialité.** Si des informations ont été portées à la connaissance du médiateur par une partie dans le cadre d'une réunion en aparté, le médiateur peut les communiquer à l'autre partie, sauf si celles-ci lui ont été communiquées à titre confidentiel[1].

Toutes les informations relatives à la procédure de la médiation sont confidentielles à l'égard des tiers. Ce principe est soumis aux exceptions habituelles : la volonté contraire des parties, une obligation légale de divulgation ou lorsque la divulgation est « *rendue nécessaire pour la mise en œuvre ou l'exécution de l'accord issu de la médiation* »[2].

Les éléments de preuve relatifs à la médiation ne peuvent donc pas être invoqués ou présentés dans le cadre d'une procédure judiciaire ou arbitrale[3]. Ni le médiateur, ni les parties, ni même celles « *qui ont été associées à l'administration de la procédure de médiation* » ne peuvent invoquer la médiation « *sauf lorsqu'une partie doit prouver l'existence d'un accord ou de l'envoi d'une invitation pour engager le processus de médiation* [...] ».

De la même manière, il ne peut en aucun cas être fait référence aux propositions, déclarations, échanges formulés au cours de la médiation.

Sous peine d'irrecevabilité, la divulgation de ces éléments ne peut pas être ordonnée par un tribunal judiciaire ou arbitral ou une autorité publique compétente, sauf dans la mesure exigée par la loi ou nécessaire à la mise en œuvre de l'accord de médiation. On notera toutefois que cette obligation de confidentialité ne s'étend pas aux éléments de preuve préexistants à la procédure de médiation ou constitués en dehors de toute relation avec celle-ci.

> Sécuriser le déroulement de la médiation

64.51 **Le rôle du médiateur.** Le médiateur ne dispose d'aucun pouvoir juridictionnel et ne peut pas rendre de décision tranchant le litige.

Son rôle se limite à aider les parties à parvenir à un règlement amiable en leur faisant « *des propositions en vue du règlement du différend* ». Des obser-

1. OHADA, art. 9.
2. AUM, art. 10.
3. AUM, art. 11.

vateurs[1] ont vu dans cette précision des précautions des rédacteurs afin d'éviter que le médiateur, qui peut jouir – en Afrique peut-être plus qu'ailleurs – d'une position sociale qui lui confère un ascendant sur les parties, n'impose une solution à une voire aux deux parties. En outre, dans le droit coutumier africain, le chef coutumier est à la fois conciliateur et juge : s'il ne parvient pas à accorder les parties, il tranche le différend dans le sens qui lui semble le plus profitable à la cohésion du groupe.

Le médiateur doit également s'assurer que la solution envisagée reflète la volonté des parties et est conforme à l'ordre public.

Le médiateur est ainsi autorisé à rencontrer les parties ensemble ou séparément sous réserve que l'autre partie (directement ou par l'intermédiaire de son conseil) en soit préalablement informée[2]. Il peut également les informer le plus rapidement possible après l'entretien.

64.52 **La suspension de la prescription.** Sauf convention contraire, l'ouverture de la médiation emporte suspension du délai de prescription de l'action[3].

Lorsque c'est une juridiction étatique ou arbitrale qui renvoie les parties à la médiation, c'est la juridiction qui fixe le délai de suspension de la procédure.

Dans l'hypothèse où aucun accord n'a été trouvé à l'issue de la procédure de médiation, le délai de prescription recommence à courir pour un délai ne pouvant être inférieur à six mois le jour où la médiation s'est achevée.

64.53 **Le caractère obligatoire de l'accord.** Lorsque les parties ont trouvé un accord ayant fait l'objet d'un écrit, cet accord a un caractère obligatoire liant les parties et, à ce titre, il est susceptible d'exécution forcée[4].

Les parties peuvent, sur requête conjointe, déposer cet accord au rang des minutes d'un notaire qui délivre une grosse ou une copie exécutoire.

Elles peuvent également demander l'homologation ou l'*exequatur* de l'accord de médiation à la juridiction compétente. Le juge n'est pas autorisé à modifier les termes de l'accord, sa mission se limitant à vérifier, dans un délai de quinze jours, l'authenticité de l'accord. À défaut de décision dans ce délai,

1. O. Cuperlier, « L'Acte uniforme du 23 novembre 2017 relatif à la médiation dans l'espace OHADA », *EDAA*, n° 1, 1er janv. 2019, p. 8, 11W9.
2. AUM, art. 9.
3. AUM, art. 4.
4. AUM, art. 16.

l'accord de médiation bénéficie automatiquement de l'homologation ou de l'*exequatur*.

La décision du juge qui accorde l'homologation ou l'*exequatur* n'est susceptible d'aucun recours, la seule voie ouverte à la partie qui refuse l'homologation ou l'*exequatur* étant un pourvoi devant la Cour Commune de Justice et d'Arbitrage qui doit statuer dans un délai maximum de six mois.

Dans le cas où l'accord serait considéré comme contraire à l'ordre public, le juge peut en refuser l'homologation ou l'*exequatur*. Si l'une des parties estime que l'accord ayant bénéficié de l'homologation ou de l'*exequatur* automatique est contraire à l'ordre public, elle pourra, dans un délai de quinze jours à compter de la notification de l'accord, saisir la Cour Commune de Justice et d'Arbitrage (CCJA), qui devra statuer dans un délai maximum de six mois. Le recours, dans ce cas, est suspensif de l'exécution de l'accord.

7
La médiation à l'heure du numérique

71 Peut-on recourir à une médiation « en ligne » ? 264

72 Peut-on recourir à une médiation « à distance » ? 274

73 Comment sécuriser des formalités et des actes dématérialisés de la médiation ? 279

71
Peut-on recourir à une médiation « en ligne » ?

> Essor de la médiation ligne

> Règles encadrant les plateformes en ligne

La médiation en ligne se propose de transposer via internet le processus de médiation[1].

Elle se distingue de la médiation en présentiel, par téléphone ou par visioconférence. D'une part, les pratiques tarifaires sont compétitives, offrant ainsi un accès à coût modique à la médiation. D'autre part, le dispositif est souple (tout se fait en ligne avec la possibilité de se connecter à tout moment).

Elle est mise en œuvre depuis longtemps. Dans un premier temps, l'objectif était d'apporter une réponse appropriée aux litiges de la consommation[2] ou encore aux litiges en matière de noms de domaine pour résoudre en ligne les conflits avec les marques (OMPI) avant de s'imposer dans le Code civil.

> Essor de la médiation ligne

71.11 **Particularités.** La loi du 23 mars 2019[3] de programmation 2018-2022 et de réforme pour la justice, dite LPJ, a marqué une étape décisive en prévoyant l'obligation de mettre en œuvre une tentative de résolution amiable avant toute saisine du tribunal judiciaire, lorsque la demande porte sur le paiement d'une somme égale ou inférieure à 5 000 euros ou lorsqu'elle a trait à un conflit de voisinage[4].

1. N. Fricero, F. Vert, « La médiation face aux enjeux du numérique et du service public de la justice : quelles perspectives ? », *D. actu.,* 24 janv. 2018.
2. Dans le cadre de la dir. 2000/31/CE 8 juin 2000, sur le commerce électronique, la Commission européenne encourageait déjà les États membres à recourir au règlement extrajudiciaire des litiges, nés de l'exécution des contrats de commerce électronique. Et dès 2001, la Commission européenne a soutenu le projet pilote de création d'un site de résolution des conflits pour les consommateurs, dénommé Écodir, qui prévoyait un processus de résolution décomposé en trois phases : i) négociation par courriel via un site privé sécurisé, ii) médiation en ligne avec l'aide d'un médiateur provenant de la liste d'Écodir et iii) recommandation motivée du médiateur transmise électroniquement aux parties ; v. s[s] n°s 54.11. s.
3. L. n° 2019-222, 23 mars 2019, préc., rapp. ann. 1.2.4, « Un développement des modes alternatifs de règlement des litiges ».
4. Son article 4 retient plus particulièrement l'attention en ce qu'il modifie l'article 4 de la loi du 18 novembre 2016 (L. n° 2016-1547, 18 nov. 2016, préc., art. 4) en insérant les articles 4-1 à 4-7 réglementant l'activité des « *personnes physiques ou morales proposant, de manière rémunérée ou non, un service en ligne de conciliation ou de médiation* » ; v. s[s] n° 12.31.

Ces services en ligne peuvent faire l'objet d'une certification délivrée par un organisme accrédité dans des conditions fixées par décret[1]. Plusieurs décrets ont précisé le dispositif :

– le décret du 25 octobre 2019[2] relatif à la certification des services en ligne précise les conditions de délivrance et de retrait de la certification, ainsi que les conditions dans lesquelles est assurée la publicité de la liste des services en ligne. Ce décret a été publié un an plus tard, le 27 décembre 2020 ;

– le décret du 23 décembre 2020[3] précise quant à lui la procédure d'accréditation des organismes certificateurs délivrant la certification des services en ligne. Il renvoie à un référentiel publié par arrêté du garde des Sceaux, ministre de la Justice. Deux référentiels concernant la procédure de certification des services et la procédure d'accréditation des organismes certificateurs ont été approuvés et publiés en annexes à cet arrêté. L'annexe 1 concerne les organismes de certification et l'annexe 2 concerne les critères de certification, auxquels sont soumis les services de conciliation, de médiation et d'arbitrage ;

– le décret du 29 janvier 2021[4] apporte des modifications complémentaires au régime de la certification des services en ligne de conciliation, de médiation et d'arbitrage. Un arrêté, daté également du 29 janvier 2021, précise les éléments à fournir pour les demandes d'inscription sur la liste des médiateurs près la cour d'appel dans la rubrique spéciale pour les services en ligne fournissant des prestations de médiation.

> Règles encadrant les plateformes en ligne

71.21 **Des garanties pour sécuriser le processus.** La création d'une plateforme de médiation en ligne doit être conçue à l'aune des garanties à appor-

1. L. n° 2016-1547, 18 nov. 2016, préc., art. 4-7.
2. Décr. n° 2019-1089, 25 oct. 2019 relatif à la certification des services en ligne de conciliation, de médiation et d'arbitrage, *JO* 27 oct., texte 4.
3. Décr. n° 2020-1682, 23 déc. 2020 relatif à la procédure d'accréditation des organismes certificateurs délivrant la certification des services en ligne fournissant des prestations de conciliation, de médiation et d'arbitrage, *JO* 26 déc., texte 62.
4. Décr. n° 2021-95, 29 janv. 2021 portant modification des décr. n° 2017-1457, préc.

ter au justiciable et ne doit pas dénaturer le processus qui permet, normalement, d'aboutir à une solution satisfaisante pour les parties[1].

>> Règles imposées aux plateformes

71.31 **Traitement algorithmique.** La loi prévoit que la médiation (ainsi que la conciliation et l'arbitrage) en ligne ne peut résulter exclusivement d'un traitement par algorithme ou d'un traitement automatisé de données à caractère personnel[2].

En d'autres termes, la médiation en ligne totalement automatisée est interdite. Aucune solution ne pourra donc résulter exclusivement d'un algorithme ou d'un traitement automatisé de données à caractère personnel. Ce point est important au regard de la loi du 20 juin 2018[3] relative à la protection des données qui a admis qu'une décision administrative pouvait, dans certaines circonstances très ciblées être prise sur le seul fondement d'un algorithme. C'est le cas de Parcoursup pour lequel le Conseil constitutionnel a considéré qu'il y avait des garanties suffisantes : d'une part, le caractère limité et contestable devant le juge de la décision, d'autre part le caractère transparent de l'algorithme.

Cette règle étant posée, on peut sans doute considérer que les aspects administratifs pourront être automatisés, mais que le traitement du différend relèvera de l'humain, le médiateur restant maître d'œuvre.

Pour autant l'usage d'un algorithme n'est pas interdit. Il n'y a donc aucune garantie que les résultats ne prennent pas une place importante dans le processus. Or, l'utilisation d'un outil algorithmique présente des risques pour les droits et libertés des personnes du fait des nombreux biais humains qui peuvent l'infiltrer[4].

1. C. Bléry, « Loi du 23 mars 2019 de programmation 2018-2022 et de réforme pour la justice : aspects numériques », *D.* 2019. 1069.
2. Ces précisions ont été apportées par L. n° 2019-222, 23 mars 2019 (art. 4-3) préc., qui a inséré, après l'art. 4 de la loi n° 2016-1547, 18 nov. 2016, préc., les art. 4-1 à 4-7.
3. L. n° 2018-493, 20 juin 2018, relative à la protection des données, art. 21, *JO* 21 juin, texte 1.
4. C'est pour ces différentes raisons que le CNB avait suggéré la création d'une instance de contrôle et de régulation des algorithmes exploités par ces prestataires de services en ligne, instance qui devrait intervenir *a priori* pour auditer les outils et garantir leur fiabilité.

La loi précise également que, lorsque le service en ligne est proposé à l'aide d'un tel traitement algorithmique, les parties doivent en être informées par une mention explicite et doivent expressément y consentir. Elle dispose ainsi que « *les règles définissant ce traitement ainsi que les principales caractéristiques de sa mise en œuvre sont communiquées par le responsable de traitement à toute partie qui en fait la demande* » et que « *le responsable de traitement s'assure de la maîtrise du traitement et de ses évolutions afin de pouvoir expliquer, en détail et sous une forme intelligible, à la partie qui en fait la demande la manière dont le traitement a été mis en œuvre à son égard* »[1].

Si ces obligations d'information et de transparence sont pertinentes, sont-elles de nature à permettre au justiciable d'apprécier la capacité de juger de l'outil logiciel qui a permis de parvenir à la solution qui lui a été faite et apprécier l'implication effective du médiateur dans celle-ci ? Il n'en reste pas moins qu'aucun mécanisme de contrôle n'est prévu pour garantir la fiabilité du procédé et protéger le justiciable, ce dernier n'étant pas nécessairement à même de déterminer les enjeux qui y sont liés.

L'arrêté du 29 janvier 2021[2] renforce également le dispositif en exigeant « *la preuve du recueil du consentement éclairé de l'utilisateur avant l'utilisation d'un traitement algorithmique ou automatisé de données à caractère personnel* ». Il prévoit aussi que la plateforme devra justifier de la plus grande transparence en précisant sa « *politique d'utilisation du ou des traitements algorithmiques ou automatisés de données à caractère personnel, précisant la finalité des traitements utilisés* ».

71.32 **Protection des données personnelles et la confidentialité**[3]. Le dispositif prévoit que les « *personnes physiques ou morales proposant, de manière rémunérée ou non, un service en ligne de conciliation ou de médiation* [...] *sont soumises aux obligations relatives à la protection des données à caractère personnel et, sauf accord des parties, de confidentialité* ». Ce point est particulièrement important au regard du potentiel de profilage de certaines plateformes en ligne.

Il est également prévu que le service en ligne doit délivrer « *une information détaillée sur les modalités selon lesquelles la résolution amiable est réali-*

1. L. n° 2016-1547, 18 nov. 2016, préc., art. 4-3.
2. Arr. 29 janv. 2021, fixant la liste des pièces justificatives à fournir pour l'inscription sur la liste prévue à l'art. 22-1 A, L. n° 95-125, 8 févr. 1995, préc., *JORF* 31 janv., texte 41.
3. L. n° 2016-1547, 18 nov. 2016, préc., art. 4-1.

sée ». Sur ce point, sans doute conviendra-t-il de veiller à informer les parties sur les conséquences de leur décision et à ce que leur décision soit prise en connaissance de cause et sans pression d'une des parties sur l'autre.

71.33 **Respect du périmètre du droit.** Les personnes qui opèrent via les plateformes en ligne « *ne peuvent réaliser des actes d'assistance ou de représentation que dans les conditions prévues à l'article 4 de la loi n° 71-1130 du 31 décembre 1971*[1] *portant réforme de certaines professions judiciaires et juridiques. Elles ne peuvent donner des consultations juridiques ou rédiger des actes sous seing privé qu'à la condition de respecter les obligations résultant de l'article 54 de la même loi.* »[2]

L'arrêté du 23 décembre 2020 précise le contrôle du respect du périmètre du droit pour la certification, condition d'inscription sur la liste des médiateurs auprès des cours d'appel selon le décret du 29 janvier 2021[3].

Il s'agit ici de vérifier que la plateforme en ligne ne propose pas une solution impliquant la réalisation d'actes d'assistance ou de représentation, activité réservée aux seuls avocats.

Aussi, le contrôle s'impose à tous stades du processus de résolution amiable :

– en début de processus, il n'y a pas d'atteinte au périmètre du droit s'il s'agit de donner une information générale sur les différents modes amiables (sans analyse de la situation particulière). Si, après avoir recueilli des éléments sur la situation du justiciable et/ou sur son litige, la plateforme lui suggère le mode amiable qui paraît le mieux adapté à sa situation, on demeure dans le champ du périmètre du droit. Il s'agit, somme toute, d'un arbre de décisions ;

– pendant le processus, l'accompagnement qui résulterait d'une analyse de la situation du client au regard des informations qu'il fournit à la plateforme pourrait s'analyser comme une consultation juridique ;

– en fin de processus, en principe, le médiateur ne doit pas proposer de solution. Si la plateforme de médiation propose une solution, elle est nécessairement dans le champ du périmètre du droit puisque la solution sera nécessairement proposée après analyse de la situation et des intérêts en pré-

1. L. n° 71-1130, 31 déc. 1971, portant réforme de certaines professions judiciaires et juridiques, art. 4, *JO* 5 janv.
2. L. n° 2016-1547, 18 nov. 2016, préc., art. 4-5.
3. Décr. n° 2021-95, 29 janv. 2021, préc.

sence. De même, si la plateforme propose la formalisation de l'accord, elle entre également dans le champ du périmètre du droit ;

– à l'issue du processus : si la plateforme permet, à défaut d'accord, la saisine automatique d'une juridiction (elle indique alors de fait au justiciable la juridiction compétente), elle empiète sur le périmètre du droit. Il suffit de rappeler qu'une erreur dans l'orientation peut causer un préjudice au justiciable (délai de recours épuisé par exemple).

71.34 Garanties concernant les médiateurs. Les médiateurs doivent accomplir « *leur mission avec impartialité, indépendance, compétence et* diligence »[1]. Tout manquement les expose aux sanctions prévues à l'article 226-13 du Code pénal (un an de prison et 15 000 € d'amende).

On notera que, s'agissant du médiateur en ligne de la consommation, en cas de conflit d'intérêts, il doit informer sans délai les parties de la survenance de toute circonstance susceptible d'affecter son indépendance et son impartialité ou de nature à créer un conflit d'intérêts. Il doit alors informer les parties de leur droit de s'opposer à la poursuite de sa mission[2].

Dans tous les cas, si un conflit d'intérêts apparaît à l'occasion d'une médiation, des sanctions existent : d'une part, les parties médiées peuvent se retirer librement du processus ; d'autre part, elles peuvent mettre en cause la responsabilité civile du prestataire de services.

En effet, ces obligations engagent les personnes physiques pour le compte des personnes morales pour lesquelles elles interviennent.

>> Certification des plateformes

71.41 Organisme accrédité certificateur. Les plateformes peuvent être certifiées par un organisme accrédité certificateur accrédité par le Comité français d'accréditation (Cofrac) ou par tout autre organisme d'accréditation signataire d'un accord de reconnaissance mutuelle multilatéral[3].

1. L. n° 2016-1547, 18 nov. 2016, préc., art. 4-6 ; obligations énoncées également dans la loi du 8 février 1995 ; L. n° 95-125, 8 févr. 1995, préc., art. 21-2.
2. C. consom., art. R. 613-1.
3. C. Bléry, « Modalités d'accréditation des organismes certificateurs des services de MARD en ligne : un système complexe », *D. actu.*, 13 janv. 2021 ; C. Bléry, Th. Douville, « Certification des services en ligne de conciliation, de médiation et d'arbitrage : déjà du nouveau… », *D. actu.*, 10 févr. 2021.

Il s'agit donc d'un mécanisme à deux niveaux :

– l'organisme d'accréditation accrédite les certificateurs tiers ;

– les certificateurs-tiers certifient les plateformes.

Il est possible de transférer la procédure de certification d'un organisme de certification à un autre afin de concilier l'exigence de suivi des certifications et la libre concurrence entre les organismes de certification.

71.42 **Procédure de contrôle.** Un audit du service en ligne est réalisé sur pièces et sur place.

La certification est accordée au service en ligne qui en fait la demande, après vérification du respect de toutes les exigences énumérées dans les textes :

– le respect des obligations relatives à la protection des données personnelles et de la confidentialité, sauf accord des parties ;

– l'accomplissement de la mission par une personne physique avec diligence, compétence, indépendance et impartialité, dans le cadre d'une procédure efficace et équitable ;

– l'absence d'exploitation par un traitement complètement algorithmique ou automatisé.

Le cas échéant, le certificat est délivré pour une durée de trois ans.

La plateforme doit faire l'objet d'un audit de suivi (entre le 14e et le 22e mois suivant la date d'obtention de la certification). Cet audit peut être réalisé à distance sauf exception.

En cas de refus, de suspension ou de retrait de la certification par l'organisme certificateur, un mécanisme de recours interne est ouvert au prestataire. L'instance de recours interne doit se prononcer dans un délai de quatre mois à compter de la réception de la demande. À noter que ce mécanisme de recours interne n'est pas exclusif d'un recours judiciaire contre une décision de l'organisme de certification.

Une procédure peut être introduite pour une extension d'une certification antérieure.

Les plateformes dont le siège social serait situé à l'étranger peuvent bénéficier de la certification, à condition toutefois que les organismes accrédités par le Cofrac soient en mesure de procéder aux opérations de contrôle.

71.43 **Démarche facultative.** On relèvera le caractère optionnel de la démarche de certification.

En effet, la certification doit être sollicitée par la plateforme.

Ce point, fortement contesté par le Conseil national des Barreaux qui a milité pour une certification obligatoire, ouvre la voie à des plateformes non certifiées, au détriment de la protection des justiciables[1].

71.44 **Certification des médiateurs.** Les médiateurs qui fournissent des prestations dans le cadre des services en ligne doivent être certifiés.

La certification est accordée de plein droit :

– aux conciliateurs de justice ;

– aux médiateurs de la consommation inscrits sur la liste prévue à l'article L. 615-1 du Code de la consommation au titre de leur activité de médiation de consommation ;

– aux personnes inscrites dans le ressort d'une cour d'appel sur la liste[2] des médiateurs prévue à l'article 22-1 A de la loi du 8 février 1995[3] relative à l'organisation des juridictions et à la procédure civile, pénale et administrative. On rappellera que pour être inscrits sur la liste des médiateurs auprès d'une cour d'appel, ils doivent avoir rempli des conditions pour une telle inscription (la liste des pièces justificatives à joindre à leur demande d'inscription est fixée par l'arrêté du 29 janvier 2021[4]). S'ils n'ont pas à déposer de demande de certification, ils doivent rendre public le document justifiant leur qualité.

Pour les personnes qui n'entrent pas dans les catégories énumérées ci-dessus et qui voudraient s'inscrire sur la liste des médiateurs ou conciliateurs dans la rubrique spéciale pour les services en ligne fournissant des prestations de médiation, la certification est obligatoire. Elles doivent produire un certain nombre d'éléments dont la liste a été fixée par arrêté du 29 janvier 2021 :

1. Selon les partisans de la certification facultative, la certification obligatoire poserait des problèmes juridiques constitutionnels d'atteinte à la liberté d'entreprendre et au regard du droit du marché intérieur en droit européen ; v. ég. : G. Marraud des Grottes, interview Th. Andrieu et N. Fricero : « La certification des plateformes proposant des conciliations, médiations ou arbitrages en ligne devrait contribuer à créer un climat de confiance », *Actu. du droit,* 15 oct. 2018.
2. À noter qu'un arr., 29 janv. 2021, NOR : JUSC2103393A, fixe la liste des pièces justificatives à fournir pour l'inscription sur la liste prévue par L. n° 95-125, 8 févr. 1995, préc., à l'art. 22-1 A.
3. L. n° 95-125, 8 févr. 1995, préc.
4. Arr. 29 janv. 2021, préc., art. 2 à 4.

– la politique de protection des données à caractère personnel et la preuve de ce qu'elle est accessible en ligne aux utilisateurs ;

– la politique de confidentialité appliquée par le service en ligne et le formulaire d'accord des parties autorisant la divulgation des informations recueillies ;

– le support de présentation des modalités de la réalisation de la médiation en ligne et la preuve de ce qu'il est accessible en ligne aux utilisateurs ;

– tout document justifiant de la présence de médiateurs-personne physiques travaillant au sein du service en ligne, par exemple le contrat de travail et la copie du registre du personnel ;

– la politique d'utilisation du ou des traitements algorithmiques ou automatisés de données à caractère personnel, précisant la finalité des traitements utilisés ;

– la preuve du recueil du consentement éclairé de l'utilisateur avant l'utilisation d'un traitement algorithmique ou automatisé de données à caractère personnel ;

– les coordonnées du responsable de traitement et la preuve de leur accessibilité en ligne.

La certification permet aux prestataires certifiés d'utiliser le label Certilis qui est « *la marque de garantie des services en ligne de conciliation, de médiation ou d'arbitrage* ». Ce label « *garantit que le processus de résolution amiable des différends ou d'arbitrage fourni par le service en ligne respecte les obligations fixées par la loi* ».

À noter que le référentiel fixe un critère de formation de soixante heures minimum, ainsi que les modalités de la formation continue. Ce volume horaire correspond aux usages de nos voisins européens.

71.45 **Prestation de serment.** Les personnes physiques, médiateurs ou conciliateurs en ligne, doivent prêter serment, sauf lorsqu'elles sont inscrites auprès des cours d'appel, notamment lorsqu'elles sont membres, y compris à titre honoraire, des professions juridiques et judiciaires réglementées.

En revanche, pour les personnes morales, le serment est prêté par leur président ou leur représentant légal, même si ce dernier est membre d'une profession judiciaire ou juridique réglementée.

72
Peut-on recourir à une médiation « à distance » ?

Le dimanche 15 mars 2020, soit deux jours après le début du confinement en France, 600 000 personnes ont téléchargé l'application Zoom dans le monde, d'après le New York Times. Cette application totaliserait aujourd'hui plus de 300 millions d'utilisateurs actifs par jour, alors même qu'elle n'en totalisait que 10 millions en décembre 2019[1].

La médiation à distance en visioconférence, qui était alors d'utilisation exceptionnelle en France (les États-Unis et le Canada étant quant à eux familiers de l'utilisation de cette technologie), s'est imposée dans un contexte sanitaire difficile et est devenue incontournable, sans que quiconque aujourd'hui puisse parier sur un retour à l'avant-crise, lorsque la pandémie sera totalement résorbée[2].

Au moment de l'apparition de la crise sanitaire, tous les acteurs de la vie sociale ont dû s'adapter avec plus ou moins de facilité. Il était nécessaire d'adopter un processus dans le domaine du règlement des litiges qui suppléerait aux carences de la justice en présentiel et au risque de paralysie des institutions judiciaires en conséquence.

Hormis les avantages habituels du recours à un mode amiable de règlement des différends, le processus de médiation s'est trouvé particulièrement adapté à l'utilisation de la visioconférence dans la mesure où les facteurs de rapidité et de réactivité n'autorisaient pas d'autres solutions pour maintenir le lien entre des parties en conflit en leur apportant des réponses à leurs différends.

Les avantages et les inconvénients de la médiation à distance sont nombreux et réels et méritent d'être distingués à l'heure où le retour au présentiel est à nouveau possible, moyennant certaines conditions et des gestes barrière à respecter[3].

En simplifiant la problématique, on peut s'interroger dans les termes suivants : la médiation à distance facilite-t-elle ou pénalise-t-elle le processus de médiation ?

72.01 **Avantages et difficultés du recours à la médiation distancielle.** Le recours à la médiation à distance présente des avantages certains lorsque les parties sont confrontées dans l'un des contextes suivants :

1. « Les chiffres délirants de zoom l'appli de visioconférence qui cartonne », start.lesechos.fr
2. P. Jung, C. Peulvé, « Où en est-on de la médiation par visioconférence après la Covid-19 ? », https://issuu.com
3. V. s[s] n° 61.05.

– éloignement géographique entre les parties (médiation internationale ou multiplicité des sites géographiques sur lesquels se trouvent les parties) ;

– faiblesse de l'enjeu du litige par rapport au coût de déplacement pour des parties ;

– impossibilité pour une partie de se déplacer par suite de la survenance d'un accident ;

– opposition exacerbée entre les parties rendant impossible de se retrouver ensemble dans une salle de médiation ;

– multiplicité des parties rendant souvent compliqué, voire impossible, le choix de dates communes de présence physique.

72.02 **Inconvénients récurrents.** Au nombre des inconvénients liés au développement du numérique en général, on peut relever des situations récurrentes qui freinent l'efficacité de la médiation à distance telles que :

– exclusion des parties médiées non familières avec les outils numériques ;

– difficultés pour le médiateur à identifier ou comprendre les ressentis non exprimés verbalement par les parties médiées ;

– fatigue prégnante sur le plan de la concentration ;

– séances plus courtes pour certains médiateurs : une à deux heures au lieu de trois à quatre heures en moyenne, ce qui risque de multiplier les réunions et d'augmenter les délais de traitement des différends ;

– manque de dynamisme physique : impossibilité de demander aux parties médiées de se lever pour aller écrire au tableau ;

– absence de temps informels (rencontres dans la salle d'attente, lors d'une pause-café) qui sont parfois riches d'enseignements et/ou de rapprochements ;

– davantage de risques de défaut de concentration des participants.

72.03 **Adaptation et bonnes pratiques.** Le recours aux outils numériques, même si l'évolution des technologies et le développement des formations de leurs utilisateurs sont constants, n'est pas anodin.

Il y a de vrais enjeux techniques, stratégiques, éthiques et déontologiques, et des enjeux pratiques aussi, qu'il ne faut pas sous-estimer.

Lors de la survenance de la crise sanitaire, divers acteurs de la vie juridique en ont inévitablement fait les frais. C'est bien entendu tout à leur honneur de s'être lancés et investis dans la mise en place de plateformes de médiation, dont les capacités techniques ont pu laisser apparaître quelques dysfonctionnements. L'un des objectifs, parfaitement louable, était de répondre aux besoins des justiciables.

Ainsi se sont notamment développées les plateformes suivantes :

– la mise en place d'une liste de médiateurs « urgence Covid-19 » à travers la plateforme de médiation du barreau de Paris[1] ;

– le lancement, en plein confinement, de la plateforme de procédure participative de mise en état du Barreau de Paris[2] ;

– le lancement de la plateforme e-Médiation par le Conseil national des barreaux ;

– le lancement de la chambre de Tiers Conciliateurs dans le cadre d'un partenariat entre Paris Place de droit, le Cercle Montesquieu, l'Association Française des Juristes d'Entreprise et le Barreau de Paris, sous l'égide du tribunal de commerce de Paris[3].

Ces rencontres et le maintien des liens ont aussi été encouragés par la politique du tribunal judiciaire de Paris et voulue par son Président, Stéphane Noël, qui a formulé la rédaction des ordonnances en ces termes : « [...] *Invitons chaque partie à prendre contact directement par mail avec le médiateur et à se présenter au rendez-vous en personne* [...] *ayant un pouvoir décisionnel, accompagnée de son conseil si elle en a mandaté un* [...]. *Rappelons que ce rendez-vous est obligatoire et gratuit et peut se faire par visioconférence* [...] ».

72.04 **Le recours à la visioconférence modifie-t-il le rôle et la posture du médiateur ?** Si tous ces enjeux techniques, stratégiques, éthiques, déontologiques et pratiques sont convenablement pris en considération par le médiateur, l'outil numérique donne aux parties médiées les mêmes garanties que lors d'une médiation en présentiel[4].

Le médiateur est le garant du processus :

– dans une médiation en visioconférence, ce rôle de garant du cadre est renforcé : il doit notamment rappeler les règles de confidentialité, veiller à ce que les participants renvoient une feuille de présence, etc. ;

1. https://mediation.avocats.paris/
2. https://participative.avocatparis.org/
3. https://tiers-conciliateurs.fr/index.html
4. H. Dehghani-Azar, C. Geniaut Maraval, « La médiation et le numérique : pourquoi et comment mettre en pratique la médiation à distance », *RLDA* n° 166, janv. 2021, www.cabinet-elage.com

– il est le garant que l'outil fonctionne ;

– il est facilitateur des prises de parole et d'échanges qu'il distribue de manière optimale afin d'éviter que les parties parlent en même temps, s'interrompent et n'écoutent pas les autres ;

– il doit se former aux outils numériques et parfaitement les maîtriser pour pouvoir aider les parties médiées à se les approprier afin de permettre les interactions et éviter une éventuelle escalade du conflit et/ou une « fracture numérique ». Il sera vigilant sur les aspects de confidentialité, salle d'attente, salles de sous-groupes, blocage de la fonction enregistrement, caméra et microphone suffisamment performants pour voir et entendre, se faire entendre correctement par l'ensemble des participants.

Ce qui s'avère particulièrement important pour la bonne avancée du processus de médiation, c'est le besoin de vigilance, de concentration et de validation permanente à l'égard des médiés, la nécessité de vérifier que tout se passe sans fatigue extrême, sans décrochage de l'un ou de l'autre, etc. D'où bien entendu, l'utilité d'organiser des temps de pause suffisants, avec fermeture des caméras et des microphones, l'outil téléphone étant toujours indispensable pour rappeler les participants et organiser avec eux les aspects pratiques le cas échéant.

Une certaine fluidité doit prévaloir aux réunions de médiation en visioconférence. Dans l'hypothèse où cette fluidité ainsi que le confort de chacun ne seraient pas maintenus, il ne faut pas renoncer, dans un avenir libéré de contraintes sanitaires, à l'organisation de réunions de médiation en présentiel, le contact humain, en face à face, autour d'une table, demeurant irremplaçables.

Le recours en alternance aux réunions en présentiel et en visioconférence est une alternative que le médiateur saura manier pour garantir la souplesse nécessaire aux circonstances de la médiation qui lui sera confiée tout en recherchant principalement l'intérêt des parties et de la médiation elle-même.

73
Comment sécuriser des formalités et des actes dématérialisés de la médiation ?

> Considérations légales

> Considérations pratiques

Une fois établie la possibilité de recourir à une médiation à distance[1], comment remplir les formalités d'usage ou encore acter des engagements pris par les parties médiées en entrée, au cours ou à la fin du processus de médiation ?

La signature de la feuille de présence, le pouvoir du participant qui représente une partie, l'engagement de confidentialité, la convention de médiation, l'accord de médiation… sont autant de formalités ou d'actes qui s'inscrivent naturellement dans le processus d'une médiation.

Certes, il est toujours possible de circulariser des documents par courriels et en version PDF, mais il existe aujourd'hui des solutions de sécurisation sur le marché.

Par ailleurs, certains règlements de médiation imposent le recours à la signature électronique, ouvrant ainsi la voie à une pratique qui va inévitablement se généraliser et s'imposer pour les médiations hybrides ou à distance.

Il convient ici de rappeler que, pour sécuriser le processus de médiation, les écrits signés électroniquement par les parties doivent répondre à certaines exigences légales. Il convient donc de choisir un outil de sécurisation adapté.

> Considérations légales

73.11 **La valeur probante de l'acte dématérialisé.** Conformément à l'article 1366 du Code civil, pour être admis à titre de preuve, l'écrit électronique doit répondre à deux conditions :

– permettre l'identification de la ou les personnes dont il émane[2] ;
– être conservé dans des conditions de nature à en garantir l'intégrité[3].

73.12 **Première condition : l'identification par la signature électronique.** La condition tenant à l'identification peut être remplie grâce à une signature électronique répondant aux exigences légales.

En France, la signature électronique est juridiquement reconnue depuis 2000[4].

1. V. s[s] n°s 72.01 s.
2. V. s[s] n° 73.12.
3. V. s[s] n° 73.13.
4. L. n° 2000-230, 13 mars 2000 portant adaptation du droit de la preuve aux technologies de l'information et relative à la signature électronique, *JO* 14 mars, texte 1.

Les différentes normes de signature électronique ont ensuite été homogénéisées au sein de l'Union européenne par le règlement eIDAS[1]. Ce règlement prévoit trois types de signatures électroniques dont le niveau de sécurité varie en fonction des exigences techniques liées à l'authentification des signataires :

– la signature électronique simple : format de signature électronique le moins fiable, car il ne permet pas d'identifier, de façon certaine, le signataire ;

– la signature électronique avancée : elle bénéficie d'un niveau de sécurité intermédiaire qui permet de vérifier de manière certaine l'identité du signataire. Elle est notamment utilisée pour signer un compromis de vente ou une facture dématérialisée ;

– la signature électronique qualifiée : elle bénéficie du plus haut niveau de signature électronique grâce à un certificat qualifié et d'une présomption de fiabilité. Elle est principalement utilisée pour les actes authentiques et les actes d'avocat[2].

73.13 **Deuxième condition : l'archivage garantissant l'intégrité et la valeur probante.** L'acte dématérialisé doit être conservé dans des conditions de nature à en garantir l'intégrité et ainsi la valeur probante.

Le Code civil ne précise pas quelles sont les conditions permettant de garantir l'intégrité de ces actes. Aussi, il convient de se référer à l'état de l'art défini par diverses normes et notamment la norme NF Z42-013 (désormais admise comme norme internationale ISO 14641-1[3]). Elle impose le respect de certaines exigences : l'identification des signataires, la traçabilité totale du document (création, consultation, modification, suppression), l'horodatage du document, l'intégrité du document à l'aide d'empreinte, etc.

> Considérations pratiques

73.21 **Le pouvoir de représentation.** Le médiateur doit rappeler au début du processus de médiation et au plus tard au début de la première réunion

1. Règl. (UE), n° 910/2014, Parlement et Conseil, 23 juill. 2014 sur l'identification électronique et les services de confiance pour les transactions électroniques au sein du marché intérieur et abrogeant la dir. 1999/93/CE.
2. C. civ., art. 1367.
3. « La norme française NF-z42-013, sur l'archivage électronique transposée en norme internationale par l'iso », normalisation.afnor.org.

de médiation, que la ou les personnes présentes doivent justifier d'un pouvoir en bonne et due forme permettant d'engager la partie qu'elle(s) représente(nt).

En principe, l'envoi du pouvoir, en amont de la réunion et par courriel, devrait être suffisant, à charge pour le médiateur de pouvoir récupérer ce document en temps utile.

Mais il arrive qu'au moment du démarrage de la réunion, cette formalité ne soit pas remplie, soit parce qu'il est d'usage, dans les médiations en présentiel, de remettre ce pouvoir sur place au médiateur, en mains propres, soit parce que le représentant annoncé est substitué par un autre, soit parce que plusieurs représentants interviennent.

Dans ce contexte, il est nécessaire d'inviter les personnes concernées à régulariser en séance un pouvoir et un outil sécurisé leur permettant, en lien avec la partie qu'elles représentent, de régulariser immédiatement le pouvoir. À défaut, il existe un risque de déclencher le processus avec un représentant qui, certes peut assurer qu'il régularisera ultérieurement le pouvoir, mais qui n'est pas juridiquement en capacité d'engager la partie qu'il représente.

73.22 **La feuille de présence.** La feuille de présence permet de reconstituer le fil des discussions, en permettant de préciser les horaires, le lieu et les noms des participants[1]. Elle constitue donc un élément de référence utile et peut même être un élément de preuve en cas de contestation ultérieure.

En effet, même si de telles pratiques ne sont pas recommandées, les représentants d'une partie peuvent changer d'une réunion à l'autre, voire arrivent ou partent à des horaires différents ou encore se font substituer. Parfois, une partie peut souhaiter, au cours du processus de médiation, qu'un tiers intervienne dans la discussion. Par exemple, il peut s'agir du mandataire ad hoc désigné par le tribunal de commerce ou d'un membre de la famille dont la présence est demandée par l'une des parties. Autant d'interlocuteurs qui ne sont pas signataires de la convention de la médiation.

Même si la signature d'une feuille de présence ne constitue pas une formalité obligatoire pour valider un processus de médiation, elle est fortement recommandée. Elle est même exigée par certains règlements de médiation qui prévoient l'obligation pour le médiateur de faire signer les feuilles de présence afin de les remettre au secrétariat du centre.

1. V. EXEMPLE D'ACTE s[s] n° 111.11, Feuille de présence (CMAP).

Ce sujet, peu ou pas traité, nécessite désormais de s'intéresser aux outils existants pour remplir en ligne une telle formalité, d'autant que certains centres exigent désormais pour les réunions de médiation par visioconférence, que soit proposé un système sécurisé de signature confirmative à distance.

En attendant que les centres de médiation se mobilisent pour offrir à leurs adhérents l'accès à des outils sécurisés, le recours à une signature électronique avancée[1] devrait être suffisant pour une feuille de présence, certaines solutions étant adaptées à la signature de feuilles d'émargement.

Certes, il reste possible de procéder par courriel, le médiateur envoyant une feuille de présence en format PDF, à charge pour les parties de circulariser le document entre elles puis de la renvoyer au médiateur. Ce dernier devra, par prudence, conserver ce document et les courriels qui l'accompagnent pour établir la preuve de la formalité. Il devra également partager ces éléments avec les parties qui doivent chacune disposer d'un exemplaire.

On observera cependant que, dans les réunions en visioconférence, cette formalité n'est actuellement, le plus souvent, pas remplie ou remplie partiellement pour les réunions hybrides.

73.23 L'engagement de confidentialité. L'engagement de confidentialité[2] peut être nécessaire dans certaines situations, par exemple dans le cadre d'une réunion d'information sur la médiation suite à une injonction du juge ou encore dans le cadre d'une médiation, conventionnelle ou judiciaire, à l'occasion d'une réunion avant signature de l'engagement de médiation par toutes les parties. Ces hypothèses ne concernent pas le cas d'une médiation engagée par l'intermédiaire d'un centre de médiation[3], les parties ayant souscrit à l'engagement de confidentialité en adhérant au règlement du centre qu'elles ont saisi.

Généralement, le médiateur, par prudence, circularisera l'engagement de confidentialité, en amont de la réunion, par courriel ou par courrier, à charge pour lui de veiller à la restitution du document avant la première réunion et à en adresser un exemplaire original à chacune des parties.

Afin d'éviter ces multiples envois de courriers et/ou de courriels, le recours à un outil sécurisé est ici encore, comme pour la feuille de présence, une solution à privilégier.

1. V. s^s n° 73.12.
2. V. EXEMPLE D'ACTE s^s n° 111.10, Accord de confidentialité dans le cadre d'une médiation judiciaire.
3. V. s^s n° 82.11.

73.24 **L'engagement de médiation.** L'engagement de médiation[1] est une convention qui, dans le cas d'une médiation conventionnelle, se concrétise le plus souvent par sa signature ou bien une adhésion à un règlement de médiation. Il peut arriver que l'engagement de médiation proposé à ce stade inclue l'engagement de confidentialité. Cette convention peut également faire l'objet d'une signature électronique. Sur ce point, le barreau du Québec recommande au médiateur de déterminer par avance, en accord avec les parties, de quelle façon la convention de médiation sera signée et de le préciser au sein de la convention[2].

S'agissant d'une convention, le recours à la signature électronique avancée apparaît suffisant[3]. Il conviendra également que le médiateur et les parties assurent la conservation de la convention, permettant d'en garantir la force probante.

73.25 **L'accord de médiation.** Dans le cadre d'une médiation à distance, les parties devront, si elles parviennent à un accord, signer cet accord.

Afin d'éviter de multiples envois de courriers et/ou de courriels, le recours à la signature électronique est envisageable.

Néanmoins, l'accord de médiation étant un acte susceptible d'homologation devant le juge, il doit bénéficier d'une fiabilité renforcée. Il faut donc recourir à la signature qualifiée[4].

On rappellera que lorsque les parties sont accompagnées d'avocats, l'accord de médiation contresigné par avocats et déposé au greffe dispense d'une demande d'homologation judiciaire pour revêtir la force exécutoire[5].

Les avocats peuvent donc recourir à l'acte d'avocat électronique[6] conçu et mis en place par le CNB. Il constitue un acte sous seing privé contresigné par avocats faisant foi de l'écriture et de la signature des parties[7]. Il est signé

1. V. EXEMPLE D'ACTE n° 13, Acte d'engagement de médiation judiciaire.
2. Barreau du Québec, « Médiation à distance : manuel de pratique de la médiation civile et commerciale à distance », Mediate BC Society, oct. 2012 (tiré du guide *Mediating from a distance – Suggested pratice guidelines for family mediators*).
3. V. s[s] n° 73.12.
4. V. s[s] n° 73.12.
5. V. s[s] n° 106.14.
6. CNB, « Acte électronique : comment ça marche ? », www.cnb.avocat.fr
7. C. civ., art. 1374.

de façon électronique par les parties et le ou les avocats. Il bénéficie du plus haut degré de fiabilité conformément à la réglementation eIDAS.

L'acte d'avocat dématérialisé présente ainsi de nombreux avantages :

– il bénéficie d'un horodatage certifié ;

– il garantit le consentement éclairé des parties ;

– il bénéficie d'un archivage probatoire d'une durée minimum de cinq ans.

Cinq étapes permettent de garantir la force probante de cet archivage :

– l'horodatage ;

– le calcul d'empreintes ;

– le scellement de l'acte archivé ;

– l'indexation pour retrouver le document ;

– l'accusé de réception fonctionnel qui permet de récupérer le document à tout moment.

Ce dispositif est accessible aux seuls avocats.

En l'absence d'au moins un avocat aux côtés des parties médiées, on pourrait imaginer que cet outil puisse être mis à la disposition des parties médiées par l'intermédiaire du médiateur-avocat. Il conviendrait toutefois que le CNB adapte le dispositif pour en faire un outil de sécurisation que le médiateur-avocat pourrait mettre à la disposition des parties, sans sortir de son rôle de tiers facilitateur au service des parties. Aussi, à défaut de pouvoir utiliser cet outil conçu par le CNB, les parties devront, en lien avec le médiateur, sélectionner des outils du marché répondant aux critères évoqués pour permettre la production d'un acte dématérialisé à titre de preuve.

Les centres de médiation devraient se pencher rapidement sur cette question pour sécuriser et simplifier le recours à la médiation à distance.

8

Le déroulement de la médiation

81 Quel est le point de départ de la médiation ? 288

82 Quelles formalités incombent au médiateur au démarrage de la médiation ? 291

83 Dans quels cas opter pour une réunion en plénière ou en aparté ? 298

84 Est-ce que des tiers peuvent ou doivent intervenir pour les besoins de la médiation ? 303

85 Sur la confidentialité 311

86 Dans quels cas la responsabilité du médiateur est-elle engagée ? 323

87 Dans quels cas le médiateur ou les parties peuvent-ils saisir le juge ? 331

88 Existe-t-il une durée maximale pour une médiation ? 337

81
Quel est le point de départ de la médiation ?

> Point de départ de la médiation conventionnelle et suspension des délais de prescription

> Point de départ de la médiation judiciaire et suspension des délais de prescription

C'est une question très importante en matière judiciaire, car c'est la date du point de départ qui va permettre de calculer la durée de la mission de la médiation.

La détermination de cette date produira également un effet sur les délais de procédure et de prescription.

Or, le point de départ n'était pas clairement défini par les textes jusqu'au décret du 25 février 2022[1] qui a précisé le point de départ de la médiation et sa durée.

En matière conventionnelle, la prescription est également suspendue à compter d'un point de départ, moyennant des dispositions particulières[2].

> Point de départ de la médiation conventionnelle et suspension des délais de prescription

81.11 **Accord des parties sur le point de départ de la médiation.** La prescription étant suspendue à compter du jour où, après la survenance d'un litige, les parties conviennent de recourir à la médiation ou à la conciliation ou, à défaut d'accord écrit, à compter du jour de la première réunion de médiation ou de conciliation, il est nécessaire de formaliser entre les parties ce point de départ[3].

S'agissant d'un domaine conventionnel où le consensus est déterminant, le médiateur prendra soin de vérifier dans l'accord d'entrée en médiation des parties que cette date est clairement indiquée.

> Point de départ de la médiation judiciaire et suspension des délais de prescription

81.21 **Avant le décret du 25 février 2022.** Plusieurs difficultés avaient été constatées au regard du point de départ qui pouvait, selon les cas, être soit celui de la date de décision ordonnant la médiation, soit la date du versement des frais et honoraires de médiation, soit encore celle de la première

1. Décr. n° 2022-245, 25 févr. 2022, préc. ; v. s[s] n° 12.33.
2. V. s[s] n° 12.33.
3. C. civ., art. 2238 ; v. s[s] n° 12.33.

réunion de médiation. La question s'est même posée de savoir s'il convenait de retenir comme date de première réunion, celle qui s'était tenue en présence des seuls avocats (réunion préparatoire) ou en présence des parties[1].

C'est au juge qu'il appartenait de lever toute ambiguïté sur la date du point de départ à retenir.

À titre d'illustration de l'attention qu'il fallait porter à la computation des délais, on se reportera utilement à l'arrêt de la cour d'appel de Toulouse, en date du 5 mars 2021[2].

De même, un arrêt de la Cour de cassation du 20 mai 2021[3] a rappelé que « *selon l'article (ancien) 910-2 du Code de procédure civile, la décision d'ordonner une médiation interrompt les délais impartis pour conclure et former appel incident mentionnés aux articles 905-2 et 908 à 910 du même Code.* [...] *Ayant relevé que les parties avaient été convoquées à une réunion d'information sur la médiation et qu'il n'était pas démontré qu'elles s'étaient accordées sur la nécessité de poursuivre la médiation à l'issue de cette réunion d'information, c'est à bon droit que la cour d'appel, qui a retenu que seule la décision d'ordonner une médiation interrompait les délais pour conclure, en a déduit que cette simple convocation à une réunion d'information n'avait pu interrompre le délai pour conclure tel que prévu par l'article 908 du Code de procédure civile et sanctionné par la caducité de la déclaration d'appel.* »

81.22 **Depuis le décret du 25 février 2022.** C'est désormais le versement direct de la rémunération du médiateur par les parties, telle que fixée par le juge, qui constitue le point de départ de la durée initiale de la médiation : « *La durée initiale de la médiation ne peut excéder trois mois à compter du jour où la provision à valoir sur la rémunération du médiateur est versée entre les mains de ce dernier. Cette mission peut être renouvelée une fois, pour une même durée, à la demande du médiateur.* »[4]

1. C. civ., art. 2241.
2. Toulouse, ch. 03, 5 mars 2021, n° 208/2021 ; pour plus de précisions sur cet arrêt, v. s^s n° 103.01.
3. Civ. 2e, 20 mai 2021, n° 20-13.912, P.
4. C. pr. civ., art. 131-3 ; Fr.-X. Berger, « Décret d'application de la loi pour la confiance dans l'institution judiciaire : répercussions sur la procédure civile », *D. actu.*, 3 mars 2022.

82

Quelles formalités incombent au médiateur au démarrage de la médiation ?

> Lorsque le médiateur est désigné par un centre de médiation
> Lorsque le médiateur est désigné directement par les parties
> Lorsque le médiateur est désigné par le juge

Le médiateur se voit confier une mission par des parties, que ce soit par un contrat, à l'initiative des parties en dehors de tout procès (médiation conventionnelle) ou sous l'égide d'un juge saisi d'un conflit contentieux (médiation judiciaire).

Tout juge saisi d'un litige peut, après avoir recueilli l'accord des parties, en dehors des cas où le recours à un processus de médiation préalable est obligatoire[1], désigner un médiateur qu'il charge d'écouter les parties, de confronter leurs points de vue afin qu'elles trouvent une solution à leur différend.

Le processus de médiation est encadré par la loi et confère au médiateur une mission qu'il accomplit avec impartialité, compétence, diligence et indépendance[2].

Parmi les diligences qu'il doit accomplir et les garanties qu'il doit offrir, on peut différencier le cas de la médiation conventionnelle de la médiation judiciaire.

> Lorsque le médiateur est désigné par un centre de médiation

Les parties peuvent engager le processus de médiation, qu'il soit conventionnel ou judiciaire, par l'intermédiaire d'un centre de médiation[3] qui prendra en charge certaines formalités.

Au nombre de ces formalités, les centres doivent s'assurer que les parties acceptent les conditions et modalités de leur règlement, y inclus les frais de la médiation et les honoraires du médiateur. Ils doivent également veiller à ce que les médiateurs qu'ils présentent aux parties présentent bien toutes les garanties requises.

82.11 **Saisine du centre de médiation.** Lorsqu'un différend survient et que les parties (l'une d'elles ou plusieurs d'entre elles ou encore toutes les parties) conviennent de recourir à la médiation pour trouver une solution, le processus commence au moment où l'une d'elles envoie à un centre de médiation une demande de médiation.

1. V. s^{s} n°s 12.21 s.
2. C. pr. civ., art. 1530 ; v. s^{s} n°s 41.11 s.
3. CMAP, IEAM, CCI, OMPI, etc.

Cette demande doit contenir les informations essentielles relatives au litige, notamment les noms des parties et de leurs représentants et toute autre indication permettant de communiquer avec eux, une copie de la convention éventuelle comprenant une clause de recours à la médiation et une brève description du litige.

Ces renseignements ne servent ni à définir les questions litigieuses ni à délimiter l'argumentation ou les prétentions de la partie (ou les parties) qui présente(nt) la demande. Ils ont uniquement pour but de permettre au centre d'organiser la procédure. Ainsi, ce dernier doit savoir qui est impliqué dans le différend et quel est l'objet de celui-ci pour pouvoir aider les parties à choisir leur médiateur, sauf si elles l'ont déjà pressenti.

Cette manière de procéder est déterminante pour que le médiateur puisse bénéficier de la confiance de toutes les parties.

82.12 **Sélection des médiateurs par le centre de médiation.** En général, le centre commence par consulter les parties sur les principales qualités que doit posséder, à leur avis, le médiateur[1] afin de pouvoir leur proposer des candidats appropriés.

D'un commun accord entre les parties ou sur proposition du centre lorsque les caractéristiques du dossier s'y prêtent, le centre de médiation peut procéder à la désignation de plusieurs médiateurs qui ont rempli un certain nombre de conditions, notamment en produisant une attestation de non-condamnation et une attestation d'indépendance et d'absence de conflits d'intérêts. Il appartient aux médiateurs pressentis de faire connaître les circonstances qui seraient de nature à affecter leur indépendance et/ou leur impartialité. Ils doivent également confirmer leur disponibilité, surtout dans les cas où l'urgence est soulignée par les parties.

Après ces contrôles et vérifications d'usage, le centre adresse aux parties plusieurs noms de médiateurs en joignant leur curriculum vitae. Au besoin, d'autres noms peuvent être proposés jusqu'à ce que les parties se mettent d'accord.

Dans tous les cas, ce ou ces médiateurs auront reçu une formation de médiateur reconnue (CMAP, IEAM, IFOMÈNE, CNM et autres)[2] et répondront aux prescriptions légales[3].

1. V. s[s] n°s 41.11 s.
2. V. s[s] n°s 41.11 s. ; v. ég. : la plateforme du CNMA qui met à la disposition des justiciables et des avocats un référencement des avocats médiateurs formés, https://cnma.avocat.fr
3. C. pr. civ., art. 131-5 ; v. s[s] n° 41.12.

82.13 Choix du médiateur par les parties. Les parties s'accordent sur le nom d'un des médiateurs.

Le médiateur est informé de sa désignation par le centre.

Il convient de préciser que, si au cours du processus de médiation, le médiateur constate l'existence d'un élément de nature à mettre en cause son indépendance et/ou son impartialité, il doit en informer sans délai les parties et le centre. C'est seulement avec l'accord exprès des parties qu'il pourra poursuivre sa mission. À défaut, il doit suspendre la médiation et le centre de médiation procèdera alors à son remplacement.

82.14 Les questions d'ordre administratif relevant du centre de médiation. C'est à ce stade que le centre commence à examiner avec les parties les questions d'ordre matériel, par exemple le lieu de la médiation (généralement précisé dans la convention de médiation), le mode d'échanges à prévoir (réunions en distanciel et en présentiel) et les locaux et autres moyens nécessaires.

> PRÉCONISATIONS. Parallèlement, il appartient au médiateur désigné de prendre contact avec les parties et/ou leurs conseils pour organiser le calendrier des rencontres et, le cas échéant, s'entretenir avec eux. Cela peut lui permettre de réunir d'éventuels renseignements et pièces dont il pourrait avoir besoin pour une meilleure compréhension du dossier.

82.15 Présentation du cadre de la médiation. Lors de la première réunion, il est de la responsabilité du médiateur de fixer avec fermeté le cadre de la médiation, tout en manifestant une écoute « rassurante » à l'égard de toutes et tous. Il établit avec les parties les règles de base du processus qui va être engagé. Généralement, il rappelle à cette occasion les termes du règlement du centre que les parties se sont engagées à suivre et à respecter en choisissant cette voie amiable avec le centre de médiation librement retenu[1]. Ils ont notamment adhéré aux règles de confidentialité et aux conditions de paiement des honoraires du médiateur.

Il apporte également des précisions sur le déroulement des réunions, notamment en indiquant qu'elles pourront avoir lieu en plénière et/ou en aparté, selon les circonstances et les demandes des uns ou des autres, y

1. Règl. du centre de médiation du CMAP, www.cmap.fr ; Règl. du centre de médiation IEAM, www.ieam.eu ; Règl. du centre de médiation de la CCI, https://iccwbo.org

compris lui-même. Il prévoit à cet effet des fiches de présence qui doivent être signées en début de réunion.

Il s'assure que les parties ont bien compris les règles de confidentialité énoncées dans le règlement de médiation du centre.

Au cours de cette même réunion, le médiateur indique aux parties les renseignements et pièces complémentaires dont il peut avoir besoin. Il peut leur demander une fiche de présentation du différend (facultatif) en précisant que cette communication peut être faite à sa seule intention, sans que l'autre partie en ait connaissance. En effet, l'une des prérogatives de la médiation est l'absence du contradictoire, ce qui permet de fluidifier l'information au profit du médiateur tout en garantissant la confidentialité.

Le médiateur peut également, à l'occasion de cette première réunion, discuter avec les parties de l'éventuelle intervention d'un expert technique[1], du choix de la langue qui sera utilisée[2], éventuellement du recours à la visioconférence[3].

Les premiers contacts, échanges, regards ainsi que la posture du médiateur sont les marques exigeantes d'un savoir-faire et d'un savoir-être distinctifs chez un médiateur expérimenté et compétent.

> Lorsque le médiateur est désigné directement par les parties

82.21 **Avant la confirmation de sa désignation.** Dans le cas d'une saisine directe par une ou plusieurs parties, il appartient au médiateur de :

– apporter aux parties les éventuelles précisions qui pourraient lui être demandées (curriculum vitae, exemples d'expériences, etc.) ;

– discuter avec les parties, dès les premières prises de contact en vue de sa désignation, des conditions de son intervention, mais aussi de l'avantage éventuel de recourir à une co-médiation[4] tout en précisant les avantages et les inconvénients afin de permettre aux parties de prendre une décision éclairée.

1. V. s[s] n°s 84.11 s.
2. V. s[s] n° 61.06.
3. V. s[s] n°s 61.05, 72.04.
4. V. s[s] n°s 26.11 s.

82.22 Une fois sa désignation confirmée. Une fois désigné, le médiateur doit :

– formaliser l'engagement de médiation par une convention de médiation qui doit être adressée aux parties, avant le premier rendez-vous ; cette convention devra être signée au plus tard le jour de la 1re réunion[1] ;

– rappeler que les parties à la médiation devront détenir des pouvoirs permettant d'engager leurs mandants[2] ;

– préparer des fiches de présence à faire signer à chaque réunion[3] ;

– demander à chacune des parties une fiche de présentation du différend (facultatif) à communiquer à lui seulement, en n'ayant pas à respecter le principe du contradictoire, ce qui est une prérogative de la médiation (et permet de fluidifier l'information au profit du médiateur tout en garantissant la confidentialité).

> Lorsque le médiateur est désigné par le juge

82.31 La désignation du médiateur par le juge. Le médiateur peut être désigné judiciairement alternativement :

– après injonction de rencontrer un médiateur[4] ou dans l'ordonnance 2 en 1[5] ;

– à la requête d'une ou plusieurs parties ;

– sur sa proposition à l'audience.

Dans ces trois hypothèses, la médiation judiciaire ne pourra avoir lieu que si toutes les parties donnent leur consentement à l'engagement d'un tel processus, sauf les cas dans lesquels une médiation préalable obligatoire est prévue par les textes de loi[6].

1. Pour rappel des mentions essentielles, V. EXEMPLE D'ACTE s^s n° 111.13, Acte d'engagement de médiation judiciaire.
2. V. s^s n° 84.28.
3. V. EXEMPLE D'ACTE s^s n° 111.11, Feuille de présence (CMAP).
4. V. s^s n°s 92.01 s.
5. V. s^s n°s 92.09 s. ; v. ég. EXEMPLE D'ACTE s^s n° 111.06, Ordonnance d'injonction et de désignation « 2 en 1 ».
6. V. s^s n°s 12.11 s.

82.32 **Le versement de la provision au médiateur.** Le médiateur entreprendra sa mission de médiation après avoir validé le paiement de la provision d'honoraires telle que fixée par le juge. Depuis le décret du 25 février 2022, ce paiement doit être fait directement entre ses mains[1].

Cette modalité de paiement présente évidemment l'avantage de la rapidité et de l'absence d'encombrement inutile des greffes qui restent toutefois compétents pour délivrer, à la demande du juge, à la fin de la médiation, une ordonnance de taxation fixant le montant global des honoraires dus au médiateur[2].

Il s'attachera, en parallèle à solliciter des parties les mêmes éléments que ceux visés au paragraphe précédent[3].

1. Décr. n° 2022-245, 25 févr. 2022, préc.
2. V. s^s n° 44.11.
3. V. s^s n°s 82.31 s.

83
Dans quels cas opter pour une réunion en plénière ou en aparté ?

> Spécificités d'un entretien en aparté
> Objectifs fondamentaux de la réunion de toutes les parties dans une séance plénière
> Choix d'une réunion en aparté ou en plénière

Un entretien séparé entre le médiateur et une partie, encore dénommé « caucus » ou entretien en « aparté », ne répond pas aux mêmes règles et n'a pas les mêmes finalités qu'une réunion en plénière, en présence de toutes les parties à la médiation.

Le médiateur devrait-il privilégier les séances plénières ou les caucus privés ? Alors que le premier mode d'intervention constitue une rencontre où les personnes participant au processus sont conjointement présentes, le second s'avère plutôt un entretien privé entre le médiateur et l'une d'entre elles. Ces deux types de fonctionnements sont des outils précieux qu'il convient de bien maîtriser afin qu'ils soient efficaces. Mais est-ce que l'un prime sur l'autre ?

> Spécificités d'un entretien en aparté

83.11 **Cheminement progressif vers l'identification des intérêts.** La médiation nord-américaine s'est imposée comme modèle dans le monde occidental. Elle fut enseignée à l'origine à la *Harvard School of law*. Sans être exclusive, elle offre une méthode qui met en évidence l'efficacité de la tenue de réunions en apartés avec comme objectif de faire avancer des négociations particulièrement difficiles. Leurs enjeux sont tellement éloignés et issus de conflits exacerbés, que la mise en présence des protagonistes laisserait peu de place au cheminement vertueux du processus de médiation.

Ces entretiens en aparté sont au demeurant particulièrement sécurisés sur le plan de la confidentialité notamment. Le médiateur reçoit, tel un confident, les ressentis et les préoccupations d'une partie qui ne sera vraisemblablement pas en capacité, à tout le moins au démarrage de la médiation, de les formuler frontalement à destination de la partie ou des autres parties en conflit.

Le médiateur se verra ensuite autorisé ou non à révéler ces éléments confiés à ou aux autres parties en les présentant soit sous forme de questions ouvertes, de propositions optionnelles, etc. en tenant compte de la façon dont elles pourront être perçues, reçues.

Cependant, la possibilité que des informations demeurent confidentielles peut soulever un cas de conscience au médiateur lorsqu'une solution est prise par les parties dans l'ignorance par l'une d'elles d'une information. Il peut penser que l'une des parties ne prend pas sa décision en toute connaissance de cause. Sans doute, convient-il, dans une telle situation, de convaincre la partie à l'origine de l'information confidentielle de la déconfidentialiser, souvent dans l'intérêt même de la partie à l'origine de la confidence.

Quelle que soit l'issue de ces apartés, le médiateur aura davantage d'outils entre les mains pour faire progresser le processus de médiation ou, ce qui n'est jamais exclu, de tirer les conséquences d'une impossibilité de rapprochement.

En résumé, on soulignera que l'avantage du caucus réside essentiellement dans les effets suivants :

– cette rencontre individuelle permet de mieux contrôler les conversations, d'explorer les intérêts que chaque participant peut avoir et de tester seul à seul, des options de solution, sans la présence de l'autre avec qui il y a conflit ;

– le caucus est spécialement adapté lorsqu'il s'agit :

• de sonder les gens sur les intérêts qu'ils ne veulent pas nécessairement partager en public ;

• d'explorer une solution sans créer une situation où une personne dévalue ce qui est dit simplement parce que cela vient de l'autre ;

• de confronter la partie qui adopte des comportements ou une attitude contre-productive sans lui faire perdre la face vis-à-vis de l'autre[1].

> Objectifs fondamentaux de la réunion de toutes les parties dans une séance plénière

83.21 **Intérêt de la confrontation des positions.** La session conjointe, en réunion dite plénière, offre aux participants l'opportunité d'avoir un dialogue direct et encadré entre eux. En ce sens, travailler en plénière est généralement plus efficace, car le médiateur n'a pas à répéter deux fois les paroles qu'il a tenues. Cette rencontre présente surtout plus de transparence puisque chaque personne entend ce qui est dit, ce qui laisse moins de place à l'interprétation des propos que le médiateur a à l'endroit de l'une ou de l'autre ; donc, en général, il y a moins de suspicion. La séance plénière s'avère particulièrement appropriée pour :

– expliquer le déroulement de la démarche et s'entendre sur les règles de fonctionnement (ne pas couper la parole, éviter de hausser le ton, d'insulter l'autre, etc.) ;

1. J. Poitras, « The strategic use of caucus to facilitate parties'trust in mediators », *International Journal of Conflict Management,* 2013, vol. 24, n° 1, p. 23-39.

– obtenir toute l'information pertinente à la clarification de la situation ;
– favoriser une compréhension commune des enjeux de chacun ;
– explorer des solutions par le jeu de proposition et de contre-proposition.

Dans la transmission d'un message, le sens des mots ne compterait que pour 7 %, le ton et la voix pour 38 % et l'impression visuelle pour 55 % dans l'interprétation de ce qui est dit[1].

> Choix d'une réunion en aparté ou en plénière

83.31 Choix stratégique d'un caucus ou d'une plénière. En règle générale, les deux modes de fonctionnement sont appropriés et leur utilisation dépend du degré de confort du médiateur et des personnes participantes à travailler ensemble. Certaines situations demanderont de s'en tenir essentiellement aux caucus, comme lorsqu'elles sont incapables de s'entretenir calmement en raison du niveau de tension ou d'agressivité qui existe entre elles (exemple ci-dessus de *Camp David*)[2].

Néanmoins, la plénière présente un avantage important quand vient le temps de donner du crédit au fait que l'autre respectera sa parole ou encore de croire en la sincérité de ses excuses, le cas échéant. En effet, les recherches en neuropsychologie[3] suggèrent que rien ne vaut un contact direct entre les individus. Ainsi, la confiance dans une proposition dépendrait largement de la capacité d'y associer le langage facial de l'interlocuteur. En conséquence, l'annonce d'une entente et l'expression d'excuses ou de reconnaissance devraient se faire en séance plénière.

En conclusion, sur cet aspect, les études en neuroscience suggèrent l'importance de l'expression non verbale des personnes impliquées dans une médiation[4]. Cependant, rien n'empêcherait un médiateur de résumer l'entente ou les excuses, s'il croyait que la maladresse de l'une ou l'autre risquerait de tout faire « dérailler ». Ce qui doit être retenu, c'est qu'il faut

1. R. Birke, « Neuroscience and settlement : An examination of scientific innovations and practical applications », Ohio St. J. on Disp. Resol., 2010, vol. 25, p. 477.
2. V. s[s] n° 83.11.
3. J. Poitras, S. Pronovost, « *Médation : caucus, séance plénière et neuropsychologie* », 2 mars 2018, www.conflits-stratégies.com
4. J. Mestre, « Médiation en synthèse. Jacques Mestre pour le CMAP », www.youtube.com

qu'elles voient l'expression de leur vis-à-vis pendant que l'intervenant fait son compte-rendu. Sans doute s'agit-il là d'un bon compromis entre les avantages de contrôler le message que permet le caucus et la possibilité de démontrer la sincérité qu'offre la séance plénière.

84

Est-ce que des tiers peuvent ou doivent intervenir pour les besoins de la médiation ?

> Recours à un tiers expert

> Cas particulier de l'intervention d'un mandataire de justice

Le Code de procédure civile prévoit la faculté, pour le médiateur, avec l'accord des parties et pour les besoins de la médiation, d'entendre les tiers qui y consentent. Il précise également que le médiateur ne dispose pas lui-même de pouvoirs d'instruction. C'est à ce titre qu'il peut confier à un tiers expert une mission pour apporter un éclairage sur un point particulier[1].

Cet expert est un homme ou une femme de l'art, maîtrisant un domaine spécifique, susceptible d'apporter un éclairage sur des faits ou des options envisagées par les parties médiées. À titre indicatif, il s'agit du notaire pour un projet liquidatif de régime matrimonial, du géomètre pour une question de bornage, du commissaire-priseur pour une évaluation mobilière, un expert-comptable pour faire les comptes entre les parties, etc.

> Recours à un tiers expert

84.11 **Modalités de désignation et rôle de l'expert.** Les « tiers » qui peuvent être entendus ne sont pas uniquement des « experts », mais tout tiers dont la présence ou la parole pourrait aider les parties médiées à avancer, sous la condition rappelée par le texte de leur accord.

> PRÉCONISATIONS. Cette « audition » peut se faire en présence ou non des parties ou de certaines parties, sous réserve de définir avec les parties, les modalités de l'audition.

Cette expertise est généralement amiable. Elle peut être suggérée par l'une et/ou l'autre des parties ou encore par le médiateur. Elle suppose l'accord de tous les intervenants. Ce rapport d'expertise amiable, depuis la modification[2] de l'article 1554 du Code de procédure civile, a la même valeur qu'un rapport d'expertise judiciaire.

Parfois, elle est judiciaire, toujours en accord avec les parties. Dans ce cas, il appartient au médiateur et/ou aux parties de solliciter du juge la désignation de l'expert. L'intérêt de cette voie réside dans la volonté des parties de disposer d'un rapport judiciaire dont elles pourront se servir, à condition de l'avoir décidé dès la demande d'expertise.

1. C. pr. civ., art. 131-8.
2. Décr. n° 2021-1322, 11 oct. 2021, préc. (applicable depuis le 1er nov. 2021).

> PRÉCONISATIONS. Il sera prudent, de décider en amont de cette mesure du sort que les parties entendent réserver aux conclusions de l'expert, par exemple un rapport d'expertise ou un avis technique.

Pour rappel, la confidentialité est la règle sauf autre accord des parties. Par exemple, elles peuvent avoir intérêt, pour avancer dans la recherche d'une solution, à connaître les conséquences fiscales d'une liquidation de succession. Il leur appartient de décider que ce décompte ne sera pas confidentiel et pourra être produit en justice, quelle que soit l'issue de la médiation.

> PRÉCONISATIONS. Il appartient au médiateur de veiller au respect de cette règle, tout particulièrement en cas de désignation judiciaire de l'expert. Par ailleurs, il conviendra de veiller, s'il y a lieu à rémunération, à définir les modalités de paiement. Celui-ci se fait directement entre les mains du tiers expert.

84.12 **Recours à un tiers huissier de justice.** Il peut être nécessaire, en cours de médiation, de faire intervenir un huissier de justice pour effectuer des constatations, par exemple des malfaçons dans le cadre d'un différend portant sur la construction d'une maison.

Cette démarche peut être réalisée à titre conservatoire, à l'initiative d'une partie ou en accord avec les autres parties médiées. On rappellera que le constat d'huissier vaut présomption simple de vérité qui permet de faire constater, par un tiers indépendant et impartial, une situation de fait. Cela peut aider à la recherche d'une solution amiable. Cela peut également être utilisé à titre de preuve, dans le cadre du contentieux, en cas d'échec de la médiation.

Dans tous les cas, ce constat d'huissier ne sera pas confidentiel dans la mesure où il s'agit d'un acte authentique à valeur probante.

L'avantage de procéder en accord avec les autres parties médiées réside dans le maintien de l'esprit constructif de la médiation.

> Cas particulier de l'intervention d'un mandataire de justice

84.21 **Missions de conciliation sous le contrôle du juge.** Lorsqu'une personne morale rencontre des difficultés de nature à compromettre la continuité de son activité, elle peut recourir à une procédure de règlement amiable : le mandat *ad hoc* ou la conciliation.

Dans les deux cas, l'objectif est de trouver un accord entre la personne morale (entreprise, association, etc.) et ses principaux créanciers pour lui permettre de surmonter ses difficultés (par exemple, un contentieux portant sur certaines créances nées de la poursuite des contrats en cours comme le bail ou les cessions d'actifs).

Cependant, l'accord doit prendre en compte l'intérêt des créanciers et, à ce titre, respecter des règles d'ordre public : l'interdiction de paiement des créances antérieures au jugement d'ouverture (sauf les exceptions prévues par la loi), le « principe d'égalité des créanciers dans la masse[1] » ou encore « le principe d'ordre public de l'arrêt des poursuites individuelles[2] ». Dans les deux cas également, la procédure est confidentielle, le dirigeant n'est pas dessaisi. Il bénéficie d'un accompagnement pour trouver une solution, celle-ci résultant d'une négociation dans le cadre d'un échelonnement des dettes ou de toute autre solution selon la nature des difficultés qui ont justifié la désignation du mandataire de justice (*i.e.* : conflit entre actionnaires).

84.22 **Mandat *ad hoc*.** Le dirigeant peut solliciter, par voie de requête présentée devant le président du tribunal de commerce ou du tribunal judiciaire, selon la nature civile ou commerciale de l'entité, la désignation d'un mandataire *ad hoc*, à la condition toutefois que la personne morale ne se trouve pas en cessation de paiements.

Les conditions de rémunération du mandataire *ad hoc* sont fixées entre le demandeur et le mandataire de justice, et arrêtées par le Président du tribunal au moment de sa désignation et pour la durée de sa mission.

84.23 **Conciliation.** Le dirigeant peut également recourir à la procédure de conciliation, à condition de ne pas être en cessation des paiements depuis plus de quarante-cinq jours.

Le président du tribunal compétent désigne, dans ce cas, un conciliateur pour une période de quatre mois renouvelable une fois pour une durée d'un mois au plus.

Si un accord est conclu avec les créanciers, il peut soit demeurer confidentiel, soit être soumis à une certaine publicité, au choix du dirigeant.

1. Civ. 1re, 4 févr. 1992, n° 90-12.569, P.
2. Com. 2 juin 2004, n° 02-13.940, P.

Dans le premier cas, l'accord peut cependant être constaté par une ordonnance du Président du tribunal qui lui donne force exécutoire. La décision constatant l'accord n'est pas soumise à publicité. Elle n'est pas susceptible de recours. Elle demeure confidentielle et met fin à la procédure de conciliation[1].

Dans le second cas, l'accord est homologué par un jugement du tribunal, à condition qu'il ne porte pas atteinte aux intérêts des créanciers non-signataires et le jugement fait l'objet d'une publication par extrait au *Bodacc*.

Le rôle du mandataire *ad hoc* ou du conciliateur se distingue assez nettement de celui du médiateur. Ce dernier doit pratiquer une parfaite neutralité à l'égard des parties à la médiation quand le mandataire de justice peut et doit parfois s'opposer à une ou plusieurs parties pour toujours tenter de faire prévaloir l'intérêt de l'entreprise.

Le plus souvent, la médiation tend à rapprocher deux parties ou deux groupes de parties ayant respectivement des intérêts communs quand, dans le mandat ad hoc ou la conciliation, il s'agit davantage de trouver un compromis entre plusieurs parties défendant chacune son propre intérêt.

Si toutes les missions tendent à trouver un consensus, le médiateur accompagne les parties dans la recherche d'un équilibre qui leur est propre. Mandat *ad hoc* et conciliation, d'essence judiciaire, supposent d'insérer l'accord recherché dans le contexte d'une poursuite d'activité qui doit demeurer saine et ne pas nuire aux droits des tiers.

84.24 **Missions d'assistance ou de substitution du dirigeant.** On rappellera que, dans les procédures collectives (sauvegarde, redressement judiciaire, liquidation judiciaire), les mandataires de justice sont désignés par décision du président du tribunal compétent (tribunal de commerce ou tribunal judiciaire selon la nature commerciale ou civile de l'activité de la personne morale concernée), en principe dans le jugement qui ouvre la procédure.

La question de la célérité des procédures judiciaires se pose avec acuité pour toutes les procédures collectives, l'objectif étant de trouver rapidement des solutions pour, le cas échéant, sauvegarder l'entreprise, les emplois ou, dans le cadre d'une liquidation judiciaire, réaliser les actifs dans les meilleures conditions possibles. Il est désigné obligatoirement un mandataire judiciaire en charge de vérifier le passif et sous réserve de la taille de l'entreprise,

1. C. com., art. L. 611-8.

un administrateur judiciaire, dans les procédures de sauvegarde et de redressement judiciaire.

84.25 **Dans le cadre de la procédure de sauvegarde.** Dans la procédure de sauvegarde, le dirigeant n'est pas dessaisi de ses fonctions[1]. L'administrateur judiciaire reçoit une mission de contrôle des opérations de la procédure et le cas échéant, celle d'assister le dirigeant pour les actes de gestion et d'administration de la personne morale.

84.26 **Dans le cadre de la procédure de redressement judiciaire.** Dans la procédure de redressement judiciaire, la mission de l'administrateur judiciaire est modulable. Elle peut aller du simple contrôle à la gestion de la personne morale, en se substituant au dirigeant. Dans ce dernier cas, les actes du dirigeant sont alors inopposables à la procédure judiciaire, sauf ratification par l'administrateur judiciaire[2]. La mission d'assistance – de fait, la plus fréquente – ne prive pas complètement le dirigeant de ses prérogatives, il n'est que partiellement dessaisi et à l'exclusion des actes de gestion courante la participation de l'administrateur judiciaire est requise à peine d'inopposabilité de l'acte.

Certains actes particulièrement graves, tels que les transactions, doivent en outre être autorisés par le juge-commissaire, quelle que soit la procédure ou la mission du mandataire de justice.

84.27 **Dans le cadre d'une procédure de liquidation judiciaire.** Dans le cadre de la procédure de liquidation judiciaire, la liquidation emporte dessaisissement pour le débiteur de l'administration et de la disposition de ses biens et ses droits et actions concernant ses actifs sont exercés par le liquidateur. Ainsi, le débiteur est dessaisi de ses droits à l'exclusion de ses droits propres.

84.28 **Place du mandataire de justice dans le cadre d'une médiation.** Le médiateur doit vérifier qui a le pouvoir d'engager la partie en procédure collective.

Il convient de distinguer :

– les actes que le débiteur peut accomplir seul ;

– ceux pour lesquels l'administrateur doit intervenir ;

– et ceux, que le juge-commissaire doit autoriser.

1. Civ. 3e ch., 30 nov. 2017, nos 16-13.019, 16-13.467, NP.
2. Com. 19 mai 2021, n° 19-23.877, NP.

Cette distinction dépend de la mission confiée au mandataire de justice :

– une mission de gestion (par exemple, en cas de liquidation où le liquidateur judiciaire a une mission qui dessaisit le dirigeant ou encore, en cas d'administration judiciaire, pour certains actes déterminés). Dans ces hypothèses, le mandataire de justice exerce les droits et actions du débiteur sur son patrimoine ;

– une mission d'assistance (la plupart des actes de gestion et d'administration en cas d'administration judiciaire) : l'administrateur judiciaire assiste le dirigeant.

Ainsi, le dirigeant ne pourra pas engager l'entité qu'il représente si celle-ci est en phase de liquidation. En effet, en période de liquidation judiciaire c'est le liquidateur judiciaire qui a qualité pour demander l'autorisation de transiger[1]. Sa signature est donc requise en lieu et place de celle du dirigeant.

Par ailleurs, certains actes sont interdits au dirigeant en phase de redressement, ou ne peuvent être réalisés qu'avec l'accord du mandataire de justice et, le cas échéant, du juge-commissaire. Il convient donc de s'assurer que, même dans le cadre d'une mission d'assistance, le jugement n'a pas prévu une mission particulière du mandataire de justice, entraînant le dessaisissement du dirigeant dans le cadre de la médiation en cours.

Dans tous les cas, la prudence conduira le dirigeant à ne pas signer d'accord de médiation sans l'aval du mandataire de justice, voire sa co-signature.

S'il s'agit d'une transaction, elle devra être préalablement autorisée par le juge-commissaire, après avis du ministère public sur le point de savoir si la transaction est susceptible d'avoir une incidence déterminante sur l'issue de la procédure[2]. En effet, on rappellera que la médiation doit amener le dirigeant à une solution, mais sous le contrôle du juge-commissaire et avec l'intervention de l'administrateur judiciaire. Aussi, en pratique, il convient de veiller à ce que l'accord de médiation prévoie une condition suspensive de l'autorisation du juge-commissaire. À noter également que la transaction d'une valeur indéterminée ou excédant la compétence en dernier ressort (5000 euros) doit être homologuée par le tribunal[3]. En pratique, il peut

1. Com. 26 févr. 2020, n° 18-21.117, NP.
2. C. com., art. L. 622-7, II, en période d'observation ; C. com., art. L. 642-24, en cas de liquidation judiciaire.
3. C. com., art. L. 642-24, al. 2.

donc être nécessaire de prévoir également une condition suspensive de l'homologation par le tribunal.

Enfin, il conviendra de rester vigilant sur l'évolution de la procédure collective qui modifie tant les pouvoirs du dirigeant que ceux du mandataire de justice. Cette situation peut conduire le mandataire de justice à se substituer purement et simplement au dirigeant de l'entité mise en liquidation judiciaire.

84.29 **Vérifier l'état d'avancement de la procédure judiciaire.** Les actions judiciaires, qui étaient en cours au jour du jugement d'ouverture de la procédure et dans lesquelles le débiteur-personne physique ou morale visé par la procédure collective est partie, requièrent une régularisation de la procédure. En outre, le médiateur prendra la précaution d'informer toutes les parties à la médiation, y compris les mandataires de justice désignés.

Les actions judiciaires qui étaient en cours au jour du jugement d'ouverture de la procédure et dans lesquelles la personne morale visée par la procédure collective est en défense, sont suspendues par l'effet du jugement lorsqu'elles tendent à la condamnation du débiteur au paiement d'une somme d'argent. Elles ne peuvent être reprises qu'après que le demandeur a déclaré sa créance, à condition que la procédure ait été régularisée à l'égard du mandataire de justice. La médiation en cours suit le traitement de l'action judiciaire et ne pourra être poursuivie qu'en accord et en connaissance de la situation par toutes les parties. Le médiateur devra s'assurer du mandat en ce sens de chacune des parties.

Les actions engagées postérieurement au jugement doivent avoir pour objet la personne morale visée par la procédure collective et le mandataire de justice. Il en est de même des voies de recours et des actes de notification et signification. Dans le même esprit et selon sa mission, il appartient au mandataire de justice de participer, voire de piloter le processus de médiation (décision d'entrer en médiation, solutions de médiation à proposer et accord de médiation).

85
Sur la confidentialité

> Quelles sont les règles qui encadrent la confidentialité dans la médiation ?

> Qu'est-ce qui est confidentiel dans la médiation ?

> Qui est concerné par la confidentialité en cours de médiation ?

> Comment préserve-t-on la confidentialité ?

> Quelles responsabilités en cas de violation de la confidentialité ?

La confidentialité[1] est un avantage que la médiation offre aux parties car elle sécurise le dialogue qu'elles ont amorcé en présence du médiateur.

Sauf autre accord entre elles, elles n'ont à rendre publics ni les échanges et propositions formulées entre elles en cours de médiation, ni même le différend qui les oppose.

Que ce soit à titre privé ou professionnel, il s'agit de ne pas laisser les tiers accéder à des informations qui pourraient être préjudiciables à l'une ou l'autre des parties ultérieurement[2].

> Quelles sont les règles qui encadrent la confidentialité dans la médiation ?

85.11 **Trois textes principaux.** La confidentialité de la médiation est encadrée pour l'essentiel par trois textes :

– la loi du 8 février 1995, relative à l'organisation des juridictions et à la procédure civile, pénale et administrative[3] qui, en son article 21-3[4], prévoit que :

• « *sauf accord contraire des parties, la médiation est soumise au principe de confidentialité.*

Les constatations du médiateur et les déclarations recueillies au cours de la médiation ne peuvent être divulguées aux tiers ni invoquées ou produites dans le cadre d'une instance judiciaire ou arbitrale sans l'accord des parties.

Il est fait exception aux alinéas précédents dans les deux cas suivants :

a) En présence de raisons impérieuses d'ordre public ou de motifs liés à la protection de l'intérêt supérieur de l'enfant ou à l'intégrité physique ou psychologique de la personne ;

b) Lorsque la révélation de l'existence ou la divulgation du contenu de l'accord issu de la médiation est nécessaire pour sa mise en œuvre ou son exécution.

1. Romain Carayol, « La confidentialité en médiation », *Gaz. Pal.*, 17 mai 2022, n° 17, p. 14.
2. Tel sera le cas d'un prestataire avec l'un de ses clients. Le prestataire n'a aucun intérêt à ce qu'un concurrent ait connaissance de son différend.
3. Décr. 96-652, 22 juill. 1996, préc.
4. L. n° 95-125, 8 févr. 1995, préc., art. 21-3.

Lorsque le médiateur est désigné par un juge, il informe ce dernier de ce que les parties sont ou non parvenues à un accord. »[1]

Ces règles se retrouvent dans le Code de procédure civile qui prévoit, pour la médiation judiciaire, que « *Les constatations du médiateur et les déclarations qu'il recueille ne peuvent être ni produites ni invoquées dans la suite de la procédure sans l'accord des parties, ni en tout état de cause dans le cadre d'une autre instance.* »[2] et, pour la médiation conventionnelle, que celle-ci est soumise « [...] *au principe de confidentialité dans les conditions et selon les modalités prévues à l'article 21-3 de la loi du 8 février 1995 susmentionnée.* »[3]

Ces règles se retrouvent également dans tous les textes qui encadrent la médiation devant les différentes juridictions, par exemple dans le Code de justice administrative[4] ou encore dans le Code de la consommation[5].

– la directive du Parlement européen et du Conseil du 21 mai 2008[6] qui, en son article 7, invite les États membres à veiller :

• « *à ce que, sauf accord contraire des parties, ni le médiateur ni les personnes participant à l'administration du processus de médiation ne soient tenus de produire, dans une procédure judiciaire, civile ou commerciale ou lors d'un arbitrage, des preuves concernant les informations résultant d'un processus de médiation ou en relation avec celui-ci* » ;

• il est également prévu des exceptions à cette règle « *lorsque cela est nécessaire pour des raisons impérieuses d'ordre public dans l'État membre concerné, notamment pour assurer la protection des intérêts primordiaux des enfants ou empêcher toute atteinte à l'intégrité physique ou psychologique d'une personne et lorsque la mise en œuvre ou l'exécution de l'accord conclu en médiation, nécessite la divulgation de son contenu* » ;

1. On retrouve cette même exception au Canada : v. Cour Suprême du Canada, 17 déc. 2021, n° 39155, *AMFQ c/ Bouvier* : la Haute juridiction canadienne a en effet considéré que cette exception au privilège (à la confidentialité) relative au règlement (équivalent de l'accord de médiation) autorise la divulgation de communications protégées qui ont conduit à un règlement lorsque leur divulgation est nécessaire pour prouver l'existence ou la portée dudit règlement.
2. C. pr. civ., art. 131-14.
3. C. pr. civ., art. 1531.
4. CJA, art. L. 213-2.
5. Code de la consommation, art. L. 612-3.
6. Dir. 2008/52/CE, Parlement et Conseil, 21 mai 2008, préc., art. 7.

– l'ordonnance du 16 novembre 2011 portant transposition de la directive précitée 2008/52[1], sur certains aspects de la médiation en matière civile et commerciale[2].

La confidentialité est donc d'application très large, même si l'on retrouve dans la loi de 1995, comme dans la directive, les mêmes exceptions.

Cependant, on notera qu'aucun texte ne prévoit explicitement que le principe de confidentialité s'applique à l'injonction de rencontrer un médiateur[3].

> PRÉCONISATIONS. Sans doute serait-il prudent de prévoir explicitement le bénéfice de la confidentialité à cette phase de l'injonction de rencontrer un médiateur, par exemple, par la signature, en début de réunion et à l'initiative du médiateur, d'un engagement de confidentialité.

> Qu'est-ce qui est confidentiel dans la médiation ?

85.21 Éléments de nature différente. Dans le cadre de la médiation, les éléments échangés entre les participants sont de nature différente.

D'une part, il y a les constatations et les déclarations : ces éléments sont confidentiels dès lors qu'ils ont été créés dans le cadre de la médiation. Par exemple, une feuille de paperboard qui ferait état de points d'accord, le témoignage d'un tiers convié par une partie, le rapport amiable d'un expert consultant sollicité spécifiquement, l'évaluation de préjudice invoqué par une partie, etc.

Cette analyse est corroborée par le rapport au Président de la République en vue de la transposition de la directive européenne de 2008 qui précise que l'ordonnance de 2011 « *a pour objet d'empêcher les parties de divulguer les constatations du médiateur et les déclarations recueillies au cours du processus de médiation (et de) faire état au cours d'une procédure judiciaire ou arbitrale de tels éléments* ».

C'est en application de cette règle de confidentialité qu'un arrêt de la cour d'appel de Paris en date du 30 septembre 2016[4] a décidé « *d'écarter des*

1. Dir. 2008/52/CE, Parlement et Conseil, 21 mai 2008, préc.
2. Ord. n° 2011-1540, 16 nov. 2011, préc.
3. V. s^s n° 92.07.
4. Paris, pôle 04, ch. 1, 30 sept. 2016, RG n° 13/24930.

débats les développements relatifs à la médiation contenus dans les conclusions [...] et de rejeter des débats les pièces 26 à 30 communiquées par cette dernière à la même date, s'agissant des courriers échangés dans le cours de la médiation ordonnée par la Cour, les consorts X-Y s'opposant à ces productions et invocations ».

De même, un arrêt de la Cour de cassation du 29 janvier 2022[1] rappelle que, dans le cadre d'une instance judiciaire, les parties ne peuvent pas demander que soient versées au débat des pièces afférentes à une médiation, en raison de la confidentialité de la procédure.

Précédemment, un jugement du tribunal de grande instance de Paris du 18 janvier 1999 avait même retenu que : « *Dès lors qu'aucun accord n'a été conclu sur l'utilisation des informations couvertes par le secret de la médiation, la relation dans l'assignation ultérieure d'une des parties, de faits constatés ou d'informations reçues par le médiateur dans l'exercice de sa mission, (notamment la reconnaissance d'un droit à dédommagement et des propositions de paiement), est susceptible de constituer une violation du devoir de confidentialité s'imposant à tous les acteurs de la médiation et, par suite, un trouble manifestement illicite au sens de l'art. 809 al. 1er et 873 al. 1er.* »[2]

Par ailleurs, il y a les documents et autres éléments de preuve qui existent indépendamment du processus de médiation.

Cependant, le principe de confidentialité ne doit pas avoir pour effet d'empêcher une partie de faire valoir par voie judiciaire des éléments de preuve, au seul motif qu'ils ont été produits spontanément à titre confidentiel dans le cadre de la médiation[3].

85.22 **Attention au risque d'instrumentalisation.** Le principe de confidentialité ne doit pas avoir pour effet d'instrumentaliser le processus de médiation, par exemple en acceptant la médiation pour présenter à l'autre partie les pièces qu'elle réclamait dans le débat judiciaire et ainsi les neutraliser pour la suite du contentieux, en invoquant leur confidentialité.

En revanche, la confidentialité peut favoriser la production de pièces utiles à la recherche d'une solution, par exemple des notes confidentielles de la

1. Civ. 3e, 29 janv. 2022, 00-19.422, NP.
2. TGI Paris, 18 janv. 1999, décision citée par M. Juston, médiateur, dans Jurisprudence Médiation, marc-juston-mediateur.com
3. V. ss n° 85.22.

direction prouvant la réalité des griefs, lesquelles ne peuvent pas être rendues publiques par la partie qui s'en prévaut.

Il ne saurait donc être question de détourner le processus de médiation de son objectif ni de paralyser la poursuite, s'il y a lieu, d'un procès équitable.

Pour éviter toute confusion sur ce sujet sensible :

– d'une part, il convient que le médiateur soit très vigilant et qu'il veille à l'apposition de la mention « confidentiel », s'il y a lieu, de manière à rassurer les parties impliquées ;

– d'autre part, il lui appartient de rappeler aux parties les règles de confidentialité qui ont vocation à s'appliquer.

85.23 **Conséquences possibles de l'instrumentalisation.** Le rapport au président de la République relatif à l'ordonnance du 16 novembre 2011 précitée[1] indique que la confidentialité visée à l'article 21-3 de la loi du 8 février 1995 « *s'impose à l'ensemble des personnes qui y participent, sauf accord contraire des parties à la médiation* ».

Il précise que le principe de confidentialité « *innerve l'ensemble du processus de médiation* » et également que la formulation empruntée « *ne sera pas de nature à empêcher les parties de faire valoir devant la juridiction saisie des moyens de preuve qu'elles auraient pu produire à défaut d'une médiation. Ainsi, le principe du droit d'accès à un tribunal est préservé* »[2].

On pourrait donc penser que le principe de confidentialité consisterait à protéger l'ensemble des informations (pièces comprises) qui n'ont pu être obtenues que grâce au processus de médiation.

Cela signifierait que la partie qui apporte des pièces, au cours du processus de médiation, pourrait s'en servir en cas d'échec de la médiation dans le cadre d'une procédure judiciaire ou arbitrale ultérieure. Mais l'autre partie ne pourrait quant à elle utiliser ces pièces à son profit que si elle pouvait en connaître l'existence, en disposer ou pouvait les obtenir indépendamment du processus de médiation.

ANALYSE CRITIQUE. Le principe de confidentialité ne peut pas faire obstacle à la production ultérieure en justice des éléments de preuve, au seul motif qu'ils ont été produits par l'une des parties au cours du processus de

1. V. s[s] n° 85.11.
2. Rapp. au président Rép. relatif à l'ord. n° 2011-1540, 16 nov. 2011, préc.

médiation. En effet, ces éléments doivent pouvoir être produits en justice, en cas d'échec de la médiation.

Cette interprétation semble cohérente : en effet, le texte de l'article 21-3 fait bien uniquement référence aux constatations du médiateur et aux déclarations recueillies.

C'est d'ailleurs en ce sens que s'est prononcée la cour d'appel de Paris[1] en considérant que les pièces produites (il s'agissait d'une attestation et d'une photocopie de chèques émis lors des pourparlers dans le cadre de la médiation) ne sont pas concernées par le principe de confidentialité relatif à la médiation qui ne couvre que les opérations de médiation et les déclarations des parties.

> Qui est concerné par la confidentialité en cours de médiation ?

85.31 **Règle de la confidentialité.** La directive européenne de 2008 apporte une réponse en indiquant que sont concernées par la confidentialité « *les personnes participant à l'administration du processus de médiation.* »

Comme l'ordonnance du 16 novembre 2011 de transposition n'a pas repris cette formulation, il existe une zone d'incertitude, même si le rapport au président de la République en vue de cette transposition précise que la confidentialité visée à l'article 21-3 de l'ordonnance « *s'impose à l'ensemble des personnes qui y participent, sauf accord contraire des parties à la médiation* »[2].

ANALYSE CRITIQUE. Dans la pratique et par sécurité, il convient de considérer que tous les participants au processus de médiation sont tenus à la plus stricte confidentialité. Cela concerne aussi bien les parties présentes et représentées, que les avocats, les tiers sollicités (sachants, experts, etc.).

Cette règle s'applique également au médiateur qui devra, notamment lorsqu'il doit rendre compte de difficultés ou rendre son rapport de fin de mission, veiller au respect de la confidentialité. Il n'est pas toujours évident d'évoquer une difficulté, sans déflorer le contexte et les faits d'espèce.

1. Paris, Pôle 02, ch. 02, 12 juin 2015, RG n° 2015160.
2. Ord. n° 2011-1540, 16 nov. 2011, préc., art. 1.

Pourtant, il est impératif que le médiateur évite d'influencer le juge en lui délivrant des informations qui sont, par leur nature et en conséquence du contexte dans lequel elles sont révélées, à savoir pour faire progresser la médiation, strictement confidentielles.

Sans doute conviendrait-il à l'avenir, pour lever toute ambiguïté, de faire préciser dans la loi que : « *sauf accord contraire des parties et sauf disposition légale contraire, la médiation est soumise au principe de confidentialité qui s'impose à toutes les personnes qui participent au processus de médiation* ».

85.32 **Confidentialité renforcée en aparté.** Les échanges en aparté bénéficient d'une confidentialité renforcée.

Ils sont non seulement confidentiels comme tous les échanges qui interviennent au cours de la médiation le sont à l'égard des tiers, mais ils sont de surcroît confidentiels à l'égard de tous les intervenants de la médiation qui n'ont pas participé à l'aparté. En effet, la transmission de messages ou le partage d'information doit se faire sous le contrôle du médiateur, avec l'accord de la partie concernée, après que celle-ci a été informée. Le médiateur joue sur ce point particulier un rôle souvent déterminant pour faire avancer une solution. Il lui appartient d'expliquer l'intérêt du processus de communication ou non des informations qu'il aura recueillies en aparté.

En tout état de cause, il est interdit aux participants au processus de médiation de divulguer ces informations, éventuellement révélées, en dehors de la sphère protectrice de la médiation.

> Comment préserve-t-on la confidentialité ?

85.41 **Contrôle du médiateur.** Les pièces utilisées au cours d'une médiation n'acquièrent pas de caractère confidentiel du seul fait de leur production au cours de la médiation. Elles peuvent donc être produites comme moyen de preuve dans le cadre de la procédure judiciaire ou arbitrale[1].

Aussi, dans l'hypothèse où l'une ou des parties souhaiterai(en)t, en cas d'échec de la médiation, préserver le caractère confidentiel de certaines pièces, voire de propos échangés en cours de médiation, la question doit être traitée en accord avec toutes les parties.

1. V. s[s] n°s 85.21 s.

Le médiateur a ici un rôle important. Il peut être force de propositions. Il peut suggérer un mode opératoire, par exemple examiner certaines pièces avec l'une ou l'autre des parties, séparément, voire seul. Prenons l'exemple d'un document relevant du secret des affaires, utile pour éclairer les discussions, mais sensible par rapport à la concurrence que la partie concernée ne souhaite en aucun cas rendre public. Il conviendra de qualifier clairement, en accord entre toutes les parties, le document révélé, afin d'éviter toute ambiguïté et interprétations divergentes, quant à la confidentialité ou non de cette production.

Dans l'hypothèse d'une suite contentieuse sur ce sujet de la confidentialité[1], ce sont bien les preuves constituées, donc les écrits notamment, qui apporteront les éclairages nécessaires sur ces questions.

85.42 **Une clause pénale.** Les parties peuvent décider de l'étendue de la confidentialité d'un document (sur la durée ou sur certains éléments du document).

> PRÉCONISATIONS. Dans cet objectif, il peut être utile de prévoir, dans la convention d'engagement de médiation, une clause pénale sanctionnant la violation du principe de confidentialité par le versement d'une somme forfaitaire déterminée.

> Quelles responsabilités en cas de violation de la confidentialité ?

85.51 **La responsabilité civile délictuelle.** La divulgation d'informations couvertes par la confidentialité dans le cadre d'une procédure judiciaire constitue une faute dont la réparation pourra être demandée sur le fondement des articles 1240 et 1241 du Code civil.

La Cour de cassation a même précisé que cette réparation doit être « intégrale »[2].

Dans cette affaire, si la cour d'appel a justement considéré « *qu'en faisant état dans ses écritures postérieures, de l'état des échanges entre les parties devant le médiateur, Mme I... a enfreint cette règle de confidentialité (...)* »,

1. V. s^{s} n°s 85.51 s.
2. Civ. 3e, 12 déc. 2019, n° 18-22.961, NP.

elle n'en a pas tiré les conséquences. La Haute juridiction a ainsi rappelé que « *le préjudice doit être réparé dans son intégralité et non pour le principe ; qu'en condamnant M*^{me} *I... au paiement de dommages et intérêts à hauteur d'un euro symbolique, la cour d'appel a méconnu l'article 1382, devenu 1240 du code civil (...)* ».

De même, dans le cadre d'une instance dans laquelle une société avait violé la confidentialité de la procédure suivie devant le médiateur de l'Autorité des marchés financiers, en produisant, sans l'accord de l'autre partie, des lettres échangées dans le cadre de la médiation, la Cour d'appel de Colmar[1] a précisé que le fait que la partie, qui invoquait la violation de la confidentialité, ait elle-même produit certains documents issus de la médiation n'exonérait pas la société de sa responsabilité ni ne privait l'autre partie d'obtenir l'indemnisation de son préjudice.

85.52 **La responsabilité civile contractuelle.** La responsabilité contractuelle des personnes ayant participé au processus de médiation pourra être engagée, en cas de violation de la confidentialité, lorsque ces dernières ont signé un accord de confidentialité.

85.53 **La nature de la responsabilité de l'avocat, conseil d'une partie médiée.** L'avocat est également soumis au secret professionnel. Cette obligation couvre toutes les confidences qu'il reçoit au titre de ses fonctions ainsi que l'ensemble des éléments dont il a pu avoir connaissance au cours de la médiation. Ce secret l'engage dans le cadre de son exercice professionnel, peu importe qu'il accompagne son client à l'occasion d'un processus de médiation, cela ne lui donne ni plus ni moins d'obligations à ce titre.

Toute violation du secret professionnel l'expose à des sanctions civiles, mais également pénales, « *la révélation d'une information à caractère secret par une personne qui en est dépositaire soit par état ou par profession, soit en raison d'une fonction ou d'une mission temporaire* » étant punie d'un an d'emprisonnement et de 15 000 euros d'amende[2].

Il encourt également des sanctions ordinales pour manquement aux règles de sa profession, notamment à la dignité de la fonction.

85.54 **La responsabilité du médiateur.** Le médiateur est tenu, comme les parties, au respect de la confidentialité. En cas de manquement, sa responsa-

1. Colmar, ch. civ. 01, sect. A, 8 mars 2017 ; RG n° 15/03737.
2. C. pén., art. 226-13.

bilité personnelle pourrait être engagée[1]. À ce titre, il doit souscrire à une assurance responsabilité civile.

La question s'est posée de savoir si sa responsabilité pénale pouvait être engagée pour violation du secret professionnel ? La réponse est négative, le médiateur n'étant pas soumis au secret professionnel. Aucun texte ne prévoit en effet qu'il est tenu à une telle obligation.

La question s'est également posée de savoir si le médiateur, lorsqu'il exerce une profession assujettie au secret professionnel – avocat par exemple – est soumis au secret professionnel ? La réponse est négative. En effet, le médiateur, même s'il exerce une profession assujettie au secret professionnel, est tenu à l'obligation de confidentialité dans l'exercice de ses fonctions de médiateur et sa responsabilité est à ce titre strictement de nature civile, délictuelle ou contractuelle, comme indiqué précédemment.

Mais il peut, au titre de sa profession, encourir également des sanctions spécifiques prévues par le règlement de sa profession. Par exemple, s'il est avocat, la violation de la confidentialité peut ouvrir la voie de l'action disciplinaire.

On rappellera qu'en sa qualité d'avocat inscrit à un barreau français, le médiateur-avocat, y compris lorsqu'il est avocat honoraire, peut bénéficier de l'assurance souscrite par l'Ordre couvrant sa responsabilité professionnelle consécutive à un acte constituant une faute ou négligence involontaire dans l'exercice habituel de sa profession, y inclus son activité de médiateur.

ANALYSE CRITIQUE. Au regard de ce qui précède, la question de la création d'un secret professionnel spécifique du médiateur mérite d'être posée. Elle renforcerait certainement la protection d'une éventuelle violation du principe de la confidentialité. Elle entraînerait cependant la nécessité d'une organisation contraignante de l'exercice de la fonction de médiateur, risquant ainsi de la professionnaliser et de fragiliser sa souplesse.

On pourra éviter de se trouver dans la situation, condamnée en son temps par l'un des magistrats pionniers du développement de la médiation, Monsieur Jean-Claude Magendie[2], en donnant au Conseil national de la

1. Sur la confidentialité et le secret professionnel, E. Costa, « La médiation, entre secrets et confidences », préc.
2. V. s^s n° 86.21.

médiation qui sera mis en place[1] la mission de « *rendre des avis dans le domaine de la médiation et de proposer toutes mesures propres à l'améliorer* »[2] plutôt que de « corseter » le processus[3].

1. L. n° 2021-1729, 22 déc. 2021, préc., art. 45.
2. L. n° 2021-1729, 22 déc. 2021, préc., art. 21-6.
3. J.-Cl. Magendie, ancien Premier président de la cour d'appel de Paris de 2007 à 2010 ; v. s[s] n°s 86.11 s., spéc. 86.21.

86

Dans quels cas la responsabilité du médiateur est-elle engagée ?

> Manquements à des règles applicables à son statut
> Médiation, un espace de liberté
> Prolifération de « machines » à faire de la médiation et ses dangers
> Manquements à des règles applicables à une mission particulière qui lui est attribuée par les parties

Le médiateur qui enfreint les règles applicables à son statut peut voir sa responsabilité engagée[1].

Encore faut-il que ces règles soient précisément édictées et que leur violation soit reconnue pas un organe, une institution, une juridiction ou autre, habilités pour en connaître et, le cas échéant, sanctionner le médiateur.

> Manquements à des règles applicables à son statut

86.11 **Règles générales issues de la loi.** Tout comme le conciliateur de justice, pour pouvoir remplir sa mission, le médiateur doit répondre à diverses conditions tenant à sa moralité et à son aptitude. Ces conditions, mentionnées à l'article 131-5 du Code de procédure civile sont particulièrement détaillées.

Ainsi, aux termes de cet article, le médiateur ne saurait avoir fait l'objet d'aucune condamnation, incapacité ou déchéance susceptible d'être mentionnée sur le bulletin n° 2 du casier judiciaire, pas plus qu'il ne saurait être l'auteur de faits contraires à l'honneur, la probité ou les bonnes mœurs ayant donné lieu à une sanction disciplinaire ou administrative.

Voici pour les règles légales.

Par ailleurs, le médiateur doit posséder la qualification requise eu égard à la matière litigieuse, tout comme il doit justifier d'une expérience adaptée à la pratique de la médiation. À cela s'ajoute l'exigence de « *garanties d'indépendance nécessaires à l'exercice de la médiation* ».

Voici pour l'aptitude

86.12 **Règles codifiées et évolutions en cours.** Le Code de procédure civile a une vertu normative en régissant notamment l'exercice des professions.

Les Codes de déontologie professionnelle ont établi des principes régulateurs destinés à guider les médiateurs dans leurs interventions. Ils fixent les orientations générales qui doivent tracer la ligne de conduite des médiateurs, mais ils ne peuvent pas prévoir tous les enjeux et questionnements éthiques qui interviennent dans le cours des activités de médiation.

1. Sur la responsabilité pour manquement à l'obligation de confidentialité, v. s[s] n° 85.54.

Une instance pourrait servir de « laboratoire d'idées, de confident, de conseiller », mais certainement pas de « gendarme » du médiateur dont l'éthique ne rentrerait pas dans un cadre préétabli. C'est pourtant ce qui est actuellement recommandé dans le Livre blanc, élaboré par un collectif, nommé « Médiation 21 », au mois de juin 2019[1].

Ces recommandations ont été présentées à la Chancellerie et ont fait l'objet de propositions de loi dans le courant du dernier trimestre 2021, à l'occasion du vote de la loi sur la « Confiance dans les institutions judiciaires ».

Il y était notamment proposé la création d'un Comité national d'éthique et de déontologie de la médiation et l'élaboration d'un Code unique de déontologie de la médiation[2].

La loi sur la confiance dans les institutions judiciaires[3] a pris en compte ces propositions. Est ainsi prévue la mise en place d'un Conseil national de la médiation, chargé notamment de rendre des avis dans le domaine de la médiation et de proposer aux pouvoirs publics toutes mesures propres à l'améliorer[4].

1. Ont notamment contribué à ce Livre blanc remis à N. Belloubet, garde des Sceaux, plusieurs médiateurs de renom : M. Bacqué, G. Planès, P. Malbosc, J. Faget, B. Delcourt, etc.

2. V. s[s] n° 86.21.

3. L. n° 2021-1729, 22 déc. 2021, préc., art. 45.

4. « *Art. 21-6. Un Conseil national de la médiation est placé auprès du ministre de la Justice. Il est chargé de :*
« *1° Rendre des avis dans le domaine de la médiation définie à l'article 21 et proposer aux pouvoirs publics toutes mesures propres à l'améliorer ;*
« *2° Proposer un recueil de déontologie applicable à la pratique de la médiation ;*
« *3° Proposer des référentiels nationaux de formation des médiateurs et faire toute recommandation sur la formation ;*
« *4° Émettre des propositions sur les conditions d'inscription des médiateurs sur la liste prévue à l'article 22-1 A.*
« *Pour l'exercice de ses missions, le Conseil national de la médiation recueille toutes informations quantitatives et qualitatives sur la médiation.*
« *Un décret en Conseil d'État fixe l'organisation, les moyens et les modalités de fonctionnement du Conseil national de la médiation.*
« *Art. 21-7. Siègent au Conseil national de la médiation des personnalités qualifiées ainsi que des représentants des associations intervenant dans le champ de la médiation, des administrations, des juridictions et des professions du droit. Une majorité des membres ont une expérience pratique ou une formation à la médiation.*
« *Un décret en Conseil d'État fixe les modalités de sa composition.* »

> Médiation, un espace de liberté

86.21 **Préserver la souplesse du dispositif de médiation.** Comme le disait Monsieur Jean-Claude Magendie, ancien Premier président de la cour d'appel de Paris de 2007 à 2010, ce serait une erreur de vouloir « corseter » le processus, ce qui ouvrirait « *inévitablement la voie des monopoles socioprofessionnels là où la richesse des médiateurs à travers la diversité de leurs parcours, fait la richesse de la médiation* »[1]. C'est toute la problématique du principe d'une médiation de qualité dont les vertus seront reconnues à condition qu'elle reste un processus souple.

En effet, certains considèrent qu'il faut un traitement différencié pour la médiation judiciaire et la médiation conventionnelle. Ainsi, « *dans le domaine judiciaire, la médiation doit être encadrée et répondre à des critères de mise en œuvre (coûts, délais, etc.) ainsi que des modes de sélection et de désignation des médiateurs qui soient homogènes entre les juridictions, afin d'assurer une égalité d'accès à la médiation pour tous les justiciables* ». À l'inverse, « *il est* [...] *difficile d'envisager que le champ d'intervention du Conseil ait vocation à s'étendre à la médiation conventionnelle, ou encore à la médiation internationale* ». Les auteurs observent que les spécificités de la médiation conventionnelle (flexibilité, confidentialité, discrétion, etc.) interdisent à un organisme comme le Conseil national de la médiation de s'immiscer dans le libre choix des médiateurs des parties. Ils plaident pour l'autorégulation par les acteurs du marché de la médiation dite « privée, conventionnelle ou internationale »[2].

Alors, faut-il une instance pour garantir l'éthique et la déontologie du médiateur ?

L'éthique revêt une dimension essentiellement subjective ; elle se réfère à des valeurs qui ont cours en un lieu et un temps circonscrit dans le présent.

La déontologie traduit l'action juste en règles et en devoirs régissant notamment l'exercice des professions.

La médiation est souvent source de dilemmes qui font intervenir l'éthique, la déontologie et le droit...

1. Interview de Jean-Claude Magendie dans le Nouvel Économiste publié le 23 juillet 2014.
2. S. Henry, L. Degos, « Création du Conseil national de la médiation : une bonne idée pour le service public de la justice », *L'Opinion*, 8 nov. 2021, www.lopinion.fr

Les Codes de déontologie professionnelle ont établi des principes régulateurs destinés à guider les médiateurs dans leurs interventions. Ils fixent les orientations générales qui doivent tracer la ligne de conduite des médiateurs, mais ils ne peuvent pas prévoir tous les enjeux et questionnements éthiques qui interviennent dans le cours des activités de médiation. On a peut-être les mêmes valeurs sauf qu'on ne vit pas tous de la même façon la même chose en même temps.

Un Code de déontologie unique présenterait certainement le mérite de clarifier la situation pour l'exercice de la médiation en France. Et la réussite de la médiation passe par des contraintes qui se présentent pour les justiciables comme des garanties.

ANALYSE CRITIQUE. Pour aller plus loin sur le terrain de l'éthique et de la déontologie, si nous voulons éviter que la machine se grippe, nous restons convaincues que ce sont le savoir-être, le savoir-faire et la souplesse du cadre dans lequel évoluent tous les protagonistes : prescripteurs, accompagnateurs et médiateurs, qui garantiront l'exercice et le développement de la médiation, dans des conditions de crédibilité et de confiance.

En tant que facilitateur du processus, le médiateur obtient des informations privilégiées qu'il doit savoir utiliser afin de favoriser la conclusion d'un accord, tout en respectant les exigences de confidentialité. L'exercice n'est pas simple…

La nécessité de maintenir un juste équilibre entre les parties devient particulièrement apparente lors des rencontres individuelles. Se créent alors des cercles concentriques de confidentialité. Lors de ces caucus, des informations confidentielles sont révélées, souvent accompagnées d'instructions spécifiques sur la façon de les dévoiler ou non à l'autre partie. L'habileté du médiateur est de savoir tracer la mince ligne entre la prudence excessive qui immobilise la négociation et l'audace excessive qui affecte son impartialité et fragilise la confiance que les médiés peuvent avoir en lui.

PRÉCONISATIONS. Le principe de base, à valeur cardinale, qu'il faut toujours garder à l'esprit, est que la médiation judiciaire est une mesure d'administration judiciaire, ce n'est en aucune manière une délégation donnée par le juge à un tiers de ses pouvoirs et de ses devoirs : le processus de médiation s'exécute « sous le contrôle du juge » dans un cadre général posé par le Code de procédure civile.

Restons confiants dans le fait que les modifications apportées par la loi du 22 décembre 2021 sur la confiance dans l'institution judiciaire préservent cette souplesse garante de la liberté offerte par la médiation.

> Prolifération de « machines » à faire de la médiation et ses dangers

86.31 Principes fondamentaux de la médiation mis à mal. À titre anecdotique, viennent de naître sur le marché français, des legaltechs qui proposent de simplifier l'accès du justiciable à la médiation pour des litiges de moins de 5 000 euros :

– coût symbolique ;

– les responsables se félicitent de ce que « *l'un des éléments les plus importants d'une médiation est d'enlever le côté émotionnel. Il est indispensable de se concentrer uniquement sur les éléments factuels.* [...] *L'idée est d'aider les parties à échanger en les guidant dans la façon dont il faut négocier grâce à un cadre préétabli par la machine*[1]. »

C'est l'exemple d'une médiation sans médiateur, sans émotion, à moindre coût : il s'agit bien d'une ubérisation de la médiation.

Rien n'empêchera la prolifération de ce type de plateformes pour des litiges aux enjeux modestes. Il y a d'ailleurs peut-être un besoin pour un espace de discussion en ligne avant d'engager un procès, même si les taux de succès risquent d'être limités.

L'éthique et la déontologie que la médiation appelle de ses vœux sont incompatibles avec ces formes de médiation en ligne.

Le problème réside cependant très sérieusement dans la confusion terminologique qui règne entre différents processus qui n'ont rien à voir les uns avec les autres.

En conclusion, un nombre considérable de situations et d'acteurs gravitent autour de la médiation ; la déontologie et l'éthique ne revêtent pas la même dimension dans toutes les circonstances.

1. V. Delphine Iweins, « Justice.cool parie sur la médiation en ligne », *Les Échos entrepreneurs*, 20 janv. 2020, business.lesechos.fr.

ANALYSE CRITIQUE. Dans ce contexte, les principes généraux énoncés dans les Codes de déontologie et les éventuelles missions dévolues au Comité national de la Médiation resteront lettre morte, s'il s'agit de les ériger en statue du commandeur avec des pouvoirs normatifs de sanction.
Le Comité pourrait avoir un rôle d'orientation du médiateur dans sa quête de solution à des dilemmes éthiques, sans toutefois avoir pour mission de lui offrir le jugement de l'oracle.
Il serait, selon nous, un support incontournable, souple et attentif à l'adaptation des principes à la réalité de la pratique.
Cependant, partage d'expériences et de pratiques, demandes d'avis et formation continue, doivent constituer le fer de lance de la pratique du médiateur.

> Manquements à des règles applicables à une mission particulière qui lui est attribuée par les parties

86.41 **Médiateur séquestre.** Le séquestre intervient en cas de difficulté sur l'attribution d'une somme d'argent, comme un prix de vente ou une indemnité.

Il est nommé par l'autorité judiciaire ou désigné par convention entre les parties.

Le séquestre est responsable de la bonne représentation des fonds et de leur bonne répartition quand telle est sa mission, d'où l'intérêt souvent d'avoir recours à un mandataire judiciaire, professionnel des répartitions.

Dans le cadre d'un processus de médiation, les contraintes et les urgences peuvent conduire à prendre des décisions au titre d'un séquestre « sur le champ ».

Bien entendu, il conviendra alors de désigner le séquestre conventionnellement ou judiciairement de façon à sécuriser la mission et à limiter les risques de mise en cause de la responsabilité du séquestre.

Les parties qui recourent à la prestation d'un séquestre choisissent une personne de confiance, puisque les conditions de libération du séquestre, avec remise des fonds ou des documents séquestrés à l'une ou l'autre des parties, peuvent être soumises à des conditions qui risquent toujours d'être interprétées différemment par les parties concernées.

La responsabilité du séquestre est grande et le médiateur, puisqu'il s'agit, dans la médiation, de la personne de confiance à qui s'adressent les parties pour opérer la mesure, s'assurera que les conditions de levée du séquestre sont claires et susceptibles de jouer mécaniquement, sans autre forme d'appréciation de sa part.

Mais la prudence s'impose lors de l'acceptation de cette mission : tout règlement erroné est susceptible d'engager la responsabilité du séquestre, aussi le mandataire judiciaire, professionnel du droit et de la gestion des conflits d'intérêts ainsi que de la gestion et de la distribution des fonds, s'avère tout naturellement l'interlocuteur privilégié pour remplir cette mission[1].

1. V. ss nos 84.11 s.

87
Dans quels cas le médiateur ou les parties peuvent-ils saisir le juge ?

> Saisine du juge avant le début de la médiation

> Saisine du juge pendant le déroulement de la médiation

> Saisine du juge à la fin de la médiation

> Une mission pour le Conseil de la médiation ?

Le juge doit être tenu informé des difficultés rencontrées par le médiateur dans l'accomplissement de sa mission[1] et/ou par les parties.

Il va sans dire que c'est de médiation judiciaire qu'il s'agit principalement, puisque le juge ne désigne pas le médiateur et n'intervient, dans la médiation de nature conventionnelle, que pour son éventuelle homologation ou à raison de difficultés liées à sa validité ou son exécution.

C'est en effet dans la sphère de la médiation judiciaire que le rôle du juge revêt toute son importance dans la mesure où le choix par les parties de rentrer dans le processus ne le dessaisit en aucune manière. Il apparaît alors naturel de le saisir en cas de besoin.

> Saisine du juge avant le début de la médiation

87.11 **Période des démarches préalables au choix de la médiation.** La mesure de médiation n'ayant pas encore pris effet, elle n'est pas prononcée (ambiguïté toutefois de la technique de l'ordonnance de 2 en 1[2]) et elle ne sera peut-être jamais ordonnée du fait du refus d'une ou plusieurs parties d'y recourir, les parties et le médiateur étant au simple stade de l'information[3]...

Or, cette étape préalable à l'entrée en médiation n'exclut pas un échange d'informations entre les parties.

Cet échange et les éventuelles informations communiquées par les parties sont-ils couverts par la confidentialité[4] ?

Le médiateur peut-il informer le juge du refus de l'une des parties de répondre à son invitation ? Peut-il évoquer au besoin les raisons invoquées par cette partie pour refuser la rencontre ? Peut-il partager avec le juge des informations portées à sa connaissance par l'une ou l'autre des parties ?

En d'autres termes, étant en amont de la médiation, doit-on considérer que cette période est protégée ou non par la règle de la confidentialité, l'une des caractéristiques fondamentales de la médiation[5] ?

1. C. pr. civ., art. 131-9.
2. V. s^s^ n° 92.09 ; v. ég. : EXEMPLE D'ACTE s^s^ n° 111.06, Ordonnance d'injonction et de désignation « 2 en 1 ».
3. V. s^s^ n°s 92.01 s.
4. V. s^s^ n° 92.07.
5. V. s^s^ n°s 85.11.

PRÉCONISATIONS. On retiendra par prudence deux règles :

– soit le juge encadre cette période préalable à l'entrée en médiation en fixant par exemple les cas précis dans lesquels les difficultés rencontrées devront lui être restituées sans aborder le fond du dossier. Ce sera par exemple la confirmation demandée au médiateur de la tenue effective de cette réunion d'information, voire des raisons invoquées par celle des parties qui refuserait d'y participer ;

– soit les parties encadrent les conditions du déroulement de cette réunion d'information. Elles signent un engagement de confidentialité[1] auquel se substituera ensuite l'engagement de médiation[2] dans l'hypothèse où cette réunion déboucherait sur une entrée en médiation.

Les auteures, par prudence, préconisent la confidentialité des échanges dans le cadre de la réunion d'information et, à ce titre, la signature de cet engagement de confidentialité. Dans le respect de la confidentialité inhérente à la médiation, le juge n'a pas à connaître de cette période charnière. Il ne devrait être informé que de l'entrée en médiation qui va, de ce fait, suspendre la procédure judiciaire en cours et interrompre les délais de prescription[3]. L'entrée dans le processus ouvre la période au cours de laquelle le juge se verra investi de la mission donnée *stricto sensu* par les termes de l'article 131-9 du Code de procédure civile.

> Saisine du juge pendant le déroulement de la médiation

87.21 **Un recours prévu par la loi[4].** Sur le principe, pendant le déroulement de la médiation judiciaire, toute difficulté, que ce soit du côté d'une ou de

1. V. EXEMPLE D'ACTE s^s n° 111.10, Accord de confidentialité dans le cadre d'une médiation judiciaire.
2. V. EXEMPLE D'ACTE s^s n° 111.13, Acte d'engagement de médiation judiciaire.
3. V. s^s n° 104.01.
4. C. pr. civ., art. 131-9 : « *La personne physique qui assure la médiation tient le juge informé des difficultés qu'elle rencontre dans l'accomplissement de sa mission.* » ; C. pr. civ., art. 131-10 : « *Le juge peut mettre fin, à tout moment, à la médiation sur demande d'une partie ou à l'initiative du médiateur. Le juge peut également y mettre fin d'office lorsque le bon déroulement de la médiation apparaît compromis ou lorsqu'elle est devenue sans objet. Dans tous les cas, l'affaire doit être préalablement rappelée à une* ▶

l'autre des parties ou du côté du médiateur, doit être soumise au juge. Cette obligation relève de la loi et est expressément rappelée dans l'ordonnance qui désigne le médiateur. On citera notamment la formulation d'une décision de la cour d'appel de Paris dans ce sens « *Rappelle au médiateur désigné son obligation d'informer la Cour sans délai de toutes difficultés qu'il pourrait rencontrer dans l'accomplissement de sa mission, et qu'à l'expiration de celle-ci il devra indiquer à la Cour par écrit si les parties sont ou non parvenues à trouver une solution au conflit qui les oppose. Dit qu'en cas de difficultés nées de l'exécution de la présente décision, la partie la plus diligente pourra à nouveau saisir la Cour*[1]. »

Le médiateur peut saisir le juge en cas de besoin pour faire désigner, avec l'accord des parties, un tiers expert[2] ou encore pour solliciter le versement d'une provision complémentaire[3].

87.22 **Une mise en œuvre périlleuse.** Dans la pratique, la mise en œuvre de cette règle est de nature, dans certains cas, à soulever des difficultés, car elle peut porter atteinte à la confidentialité des échanges entre les parties.

Prenons l'exemple d'un accord de médiation signé par toutes les parties, prévoyant le paiement immédiat d'une indemnité par l'une des parties à l'autre ainsi qu'une demande d'homologation de l'accord de médiation. Si la partie qui s'y est engagée ne procède pas au paiement convenu dans le délai imparti, s'agit-il :

– d'une difficulté d'exécution que le médiateur doit porter à la connaissance du juge ?

– d'un échec de la médiation ?

– d'un accord de médiation à contresigner par les avocats et à déposer au greffe ou alternativement à faire homologuer par le juge, afin de lui donner force exécutoire ?[4]

Le médiateur peut être légitimement embarrassé dans une telle situation où la difficulté portée devant le juge contredirait la règle de la confidentialité.

► *audience à laquelle les parties sont convoquées à la diligence du greffe par lettre recommandée avec demande d'avis de réception.* [...] »

1. Paris, pôle 06, ch. 07, 12 mai 2022, RG n° 19/11651.
2. V. s^s n° 84.11.
3. V. s^s n° 44.11.
4. V. s^s n°s 106.11 s.

Prenons l'exemple d'une procédure judiciaire dans laquelle les deux parties s'entendent pour engager un processus de médiation qui pourrait aboutir à un accord de médiation. Or, un intervenant volontaire à la procédure qui a participé à la médiation refuse l'accord de médiation. Une telle difficulté qui bloque le processus de médiation doit-elle être portée devant le juge ? Dans l'affirmative, le juge n'a-t-il pas, dans cette affaire, accès à des informations confidentielles de nature à influencer son jugement si la procédure se poursuit ?

87.23 **Le périmètre de la médiation initiale à redéfinir.** Le déroulement de la médiation peut révéler l'existence de contentieux distincts, mais connexes en cours ou à naître, ne relevant pas nécessairement de la même juridiction et n'impliquant pas obligatoirement les mêmes parties. Celles-ci peuvent être attraites ou avoir saisi simultanément d'autres juridictions, civile, pénale, administrative, etc.

Or, seule une solution globale permettrait de mettre fin au différend entre les parties concernées par la médiation initiale.

Dans un tel contexte, il n'est pas possible de solliciter du juge qui a ordonné la médiation initiale, une extension sur des demandes qui ont été présentées pour partie devant d'autres juridictions.

La démarche la plus efficace serait donc d'inciter les parties à convertir en médiation conventionnelle « étendue » la médiation judiciaire en cours. Il conviendra dans cette hypothèse que les parties informent les juridictions concernées de la mise en œuvre de la médiation conventionnelle, laquelle suspend les délais de prescription[1].

> Saisine du juge à la fin de la médiation

87.31 **Les différentes raisons de saisine du juge en fin de médiation.** Le juge peut être saisi :

– à des fins d'homologation de l'accord de médiation[2] et éventuellement des difficultés d'exécution de l'accord de médiation[3] ;

1. V. s^{s} n°s 103.01 s.
2. V. s^{s} n° 107.01.
3. V. s^{s} n° 107.03.

– à des fins de fixation des honoraires du médiateur[1] et/ou des tiers experts qui seront intervenus.

> Une mission pour le Conseil de la médiation ?

87.41 Des clarifications nécessaires.

> ANALYSE CRITIQUE. Il existe des périodes « charnière » au cours desquelles les parties ne sont pas encore entrées dans la médiation judiciaire et ne se trouvent pas davantage dans le cadre d'une médiation conventionnelle. Ces zones « grises » devront être observées et sécurisées pour l'avenir, dans l'intérêt de la médiation.

Le Conseil national de la médiation, que le législateur a prévu de mettre en place, avec le vote de la loi sur la confiance dans l'institution judiciaire et de son décret d'application du 25 février 2022, pourrait et devrait, selon les auteures, faire des propositions dans ce sens[2]. Un décret en Conseil d'État devrait préciser son rôle et ses missions.

Le médiateur peut en effet rencontrer des difficultés lors de l'information qu'il donne aux justiciables. Peu importe que le médiateur soit déjà désigné grâce à la technique de l'ordonnance « 2 en 1 »[3] ou qu'il donne une information sur simple proposition du juge, dans cette hypothèse en général à l'audience, la médiation, dans ces deux situations, n'a pas débuté, et le médiateur peut, à l'intérieur de ce délai, être confronté à des difficultés.

Les questions sont nombreuses. À titre d'illustration, le médiateur peut-il recevoir les parties séparément pour leur donner l'information sur la médiation sur injonction du juge ? Que se passe-t-il si le médiateur qui a donné l'information n'est pas nommé par le juge malgré l'accord des parties sur le choix de ce médiateur ? S'agit-il de difficultés à soumettre au juge ?

Ce sont des voies de réflexion sur lesquelles le Conseil national de la médiation, aidé en cela par la compétence et l'expérience requises de ses membres, pourra faire les propositions qui devront lever ces incertitudes.

1. V. s[s] n° 108.04.
2. Décr. n° 2022-245, 25 févr. 2022, préc.
3. V. s[s] n° 92.09.

88

Existe-t-il une durée maximale pour une médiation ?

Le processus de médiation présente l'avantage, par rapport à une procédure judiciaire, de pouvoir se dérouler sur une durée restreinte allant en général de trois à six mois.

C'est une durée moyenne, qui peut s'avérer plus courte dans l'hypothèse d'une médiation conventionnelle. Il arrive parfois que la médiation se déroule sur une ou deux journées complètes qui se suivent, ce qui peut favoriser une dynamique dans la négociation propice à la recherche de solutions, en particulier lorsque les parties sont géographiquement éloignées[1].

88.01 **Qui décide de la durée de la mission du médiateur ?** En matière de médiation judiciaire, le délai de la mission du médiateur est fixé par le Code de procédure civile : « *La durée initiale de la médiation ne peut excéder trois mois à compter du jour où la provision à valoir sur la rémunération du médiateur est versée entre les mains de ce dernier. Cette mission peut être renouvelée une fois, pour une même durée, à la demande du médiateur.* »[2]

En matière conventionnelle, les délais sont variables. Ils sont fixés soit par les parties directement, soit par le médiateur avec l'accord des parties, soit encore par un centre de médiation. Le plus souvent, les délais s'alignent sur la durée maximum de six mois. C'est le cas du CMAP. Mais parfois les délais sont plus courts et les statistiques publiées par le CMAP le confirment en annonçant une durée moyenne de seize heures[3].

88.02 **Quelle est la date de fin d'une médiation ?** En matière de médiation judiciaire, le principe est que chacune des parties peut à tout moment mettre fin à la médiation. L'une ou l'autre des parties peut également s'opposer à une prorogation de délai proposée par le médiateur. De même, le juge peut décider de mettre fin d'office à la médiation lorsque son bon déroulement apparaît compromis ou lorsqu'elle est devenue sans objet[4].

Le délai de trois mois n'est renouvelable qu'une seule fois. Aussi, à l'issue de ce délai maximum de six mois, le juge n'a pas en principe le pouvoir de le proroger. Cependant, comme aucune sanction n'est prévue, la mesure de médiation peut se poursuivre. Par ailleurs, les parties peuvent d'un commun accord donner mandat au médiateur de poursuivre sa mission.

1. V. s[s] n° 72.01.
2. C. pr. civ., art. 131-3.
3. Baromètre CMAP 2020, www.cmap.fr
4. C. pr. civ., art. 131-10.

Il conviendra toutefois d'en informer le juge, notamment pour que celui-ci puisse prendre toutes mesures utiles au regard des délais de prescription et de procédure qui courent. Il devra notamment veiller au respect du calendrier procédural.

88.03 **Le cas particulier de la conversion d'une médiation judiciaire en médiation conventionnelle.** Dans l'hypothèse de la poursuite de la médiation au-delà du délai de six mois prévu pour la médiation judiciaire, c'est une nouvelle médiation, cette fois conventionnelle, qui démarre d'un commun accord entre les parties.

Les délais de prescription sont alors suspendus dans les conditions de l'article 2238 du Code civil.

Par précaution, il est prudent que les parties actent de la suspension effective des délais de prescription et de forclusion jusqu'à la fin de la médiation conventionnelle. On rappellera que celle-ci peut être enfermée dans un délai contractuellement convenu entre les parties[1] ou qu'elle peut se terminer à l'initiative de l'une des parties par notification à l'autre partie, de fin de la médiation[2].

1. V. EXEMPLE D'ACTE n° 13, Engagement de médiation conventionnelle.
2. Pour plus de précisions sur les règles de suspension de la prescription, v. s[s] n°s 103.01 s.

9
Le rôle du juge

91 Quel est le rôle du juge dans le déclenchement d'une médiation ? 342

92 Rôle incitatif du juge avec l'injonction de recevoir une information sur la médiation 348

93 Quel est le rôle du juge en fin de médiation ? 358

91
Quel est le rôle du juge dans le déclenchement d'une médiation ?

Il entre spécifiquement dans la mission du juge de concilier les parties[1]. Il s'agit d'un principe directeur du procès.

En effet, le serment du magistrat[2] et le foisonnement récent de dispositions du Code de procédure civile[3] l'obligent, lorsque cela s'avère opportun et adapté, à participer et à concourir à ce qu'un processus amiable de règlement d'un conflit soit favorisé.

91.01 **Est-ce que le juge peut prendre l'initiative de proposer une médiation ?** Il est prévu que le juge, lorsque les parties ne justifient pas de démarches et diligences en faveur d'un règlement amiable, préalablement à sa saisine, peut inviter les parties à rencontrer un médiateur[4].

Il lui appartient de sélectionner préalablement les dossiers susceptibles de relever de la médiation :

– soit parce qu'elle constitue un préalable obligatoire[5] ;

– soit parce que la nature de l'affaire peut justifier le recours à un mode amiable de règlement du différend. Une fois le principe de la médiation accepté par les parties, il désigne le médiateur[6]. Cependant, « *le principe de base, à valeur cardinale, qu'il faut toujours garder à l'esprit, est que la médiation judiciaire est une mesure d'administration judiciaire, ce n'est en aucune manière une délégation donnée par le juge à un tiers de ses pouvoirs et de ses devoirs : le processus de médiation s'exécute sous le contrôle du juge dans un cadre général posé par le Code de procédure civile.* [...] »

Aussi, la médiation ne dessaisit pas le juge. Ce dernier aura toujours mission de trancher le litige si le processus de médiation n'a pas favorablement abouti. Le juge doit ainsi rester actif tout au long du processus de médiation « *en gardant toutefois les distances qu'il convient pour se donner toutes les chances : rester en retrait durant le temps de la mission impartie au médiateur,*

1. C. pr. civ., art. 21.
2. Pour rappel, le serment du magistrat est rédigé comme suit : « *Je jure de bien et fidèlement remplir mes fonctions, de garder le secret des délibérations et de me conduire en tout comme un digne et loyal magistrat.* »
3. C. pr. civ., art. 56 et 58 ; C. pr. civ., art. 12 ; L. n° 2019-222, 23 mars 2019, préc.
4. C. pr. civ., art. 54 et 58.
5. V. s^s^ n°s 12.31 s.
6. V. s^s^ n°s 41.11 s.

mais toujours garder le contrôle des opérations à ces différentes phases, entre souplesse et nécessité d'intervention »[1].

Les éventuelles difficultés peuvent être portées à son attention, soit à l'initiative du médiateur[2], soit des parties.

Il lui appartient de rester attentif, jusqu'au rapport de fin de mission du médiateur et même au-delà, à un strict équilibre, dans le respect des droits respectifs des parties, notamment à la garantie de la confidentialité. Cette exigence éthique et professionnelle qui est attendue du juge, dans un certain cadre législatif et réglementaire, renvoie plus généralement à ses propres devoirs déontologiques[3].

91.02 **À quel moment le juge doit-il proposer la médiation ?** S'il est recommandé de mettre en œuvre la médiation le plus tôt possible, dès le début de la procédure judiciaire, l'invitation du juge à recourir à la médiation peut intervenir à tout moment, à n'importe quelle étape du procès, même après les plaidoiries :

– pendant la phase de la mise en état, devant les juridictions civiles (tribunal judiciaire, cour d'appel), le juge de la mise en état s'adressant soit aux représentants des parties, soit aux parties elles-mêmes ou devant les juridictions commerciales (tribunal de commerce), le juge rapporteur pouvant convoquer les parties à cet effet ;

– lors d'audiences « de proposition de médiation » dans certaines matières où le recours à la médiation est fréquent[4]. Des médiateurs sont invités à tenir une permanence à ces audiences, afin de délivrer plus rapidement et efficacement l'information sur la médiation. Permanence à laquelle sont présents des médiateurs que le juge a conviés à l'audience ;

– lors de l'audience de jugement, en renvoyant l'affaire et en ordonnant la comparution personnelle des parties si elles n'assistent pas à l'audience, pour évoquer l'opportunité de recourir à la médiation ;

1. B. Holleaux, M. Jaudel, lors de leur intervention « Déontologie et éthique de la médiation », aux journées de la médiation internationale du *Congress for all mediations*, Angers, 5, 6 et 7 févr. 2020.
2. C. pr. civ., art. 131-9 ; v. s[s] n° 87.11.
3. Recueil des obligations déontologiques des magistrats (CSM), Chap. V, « La conscience professionnelle », www.conseil-superieur-magistrature.fr
4. Par exemple, pour les affaires prud'homales, v. s[s] n°s 56.11 s. ou familiales, v. s[s] n°s 57.11 s.

– elle peut même être proposée après l'audience de plaidoiries, ce qui entraîne une réouverture des débats pour pouvoir recueillir l'accord des parties, soit par l'intermédiaire de leurs avocats, soit en ordonnant la comparution personnelle des parties ;

– elle peut enfin être post-sentencielle : dans de nombreux cas où le juge, qui tranche un litige, ne met pas un terme au conflit qui, de manière plus large, oppose les parties, le recours à une médiation postérieurement à la décision judiciaire :

• permettra aux intéressés de tenter de trouver une solution à cette partie immergée du conflit ;

• et évitera, ce faisant, en cas de réussite du processus de médiation, d'autres saisines judiciaires.

La loi du 22 décembre 2021 pour la confiance dans l'institution judiciaire a, après d'âpres discussions au Parlement, adopté un nouvel article 22-1 du Code de procédure civile généralisant la possibilité pour le juge de donner injonction aux parties de rencontrer un médiateur, afin de recevoir une information sur le processus de médiation[1].

La médiation post-sentencielle a d'autre part été étendue au-delà de la sphère de la médiation familiale[2]. Le domaine civil et commercial se révèle notamment être une pratique innovante de la juridiction des référés du tribunal judiciaire de Paris. S'inspirant de la pratique des juges aux affaires familiales, consacrée ensuite par le législateur, il est apparu que ce dispositif pouvait trouver toute sa place devant la juridiction des référés, dans des contentieux civils ou commerciaux. En effet, dans de nombreuses affaires, le juge des référés rend une décision en vidant sa saisine alors que le conflit à l'origine persiste. Une mesure de médiation peut se révéler alors opportune à ce stade, tant que le litige sur le fond n'a pas été tranché.

Face à toutes ces hypothèses, la démarche du juge, consistant à proposer aux justiciables la médiation, peut être portée à leur connaissance, soit oralement à l'audience, soit par écrit (par exemple par lettre, courriel ou RPVA).

1. L. n° 2021-1729, 22 déc. 2021, préc.
2. F. Vert et H. Dehghani-Azar, « La médiation post-sentencielle : un dispositif pour l'efficacité de la justice », *D. actu.*, 29 oct. 2021.

En cas d'accord des parties pour recourir au processus de médiation, la décision du juge désigne le médiateur, ordonne s'il y a lieu la prolongation du délibéré en précisant la date à laquelle l'affaire sera rappelée, soit pour constater l'accord de médiation, soit pour fixer la date du délibéré.

91.03 **Quelle conséquence peut avoir le refus ou l'absence de réponse d'une partie à l'invitation du juge de recourir à la médiation ?** En dehors des cas où le recours à la médiation est obligatoire[1], les parties sont toujours libres d'accepter ou de refuser l'invitation du juge à recourir à la médiation.

Cependant, pour inciter plus fermement les parties à recourir à la médiation, le législateur a prévu que le juge pouvait faire injonction aux parties de rencontrer un médiateur[2].

Le juge peut décider qu'« *en cas de refus de l'une des parties, ou des deux, ou à défaut d'informer la cour, à l'expiration du délai prévu, de la mise en place d'une médiation, l'affaire poursuivra son cours et sera renvoyée à la mise en état* »[3].

Par ailleurs, rien n'empêche le juge, dans l'hypothèse où les parties ne répondraient pas à cette invitation ou n'en justifieraient pas avec un motif valable, d'en tenir compte dans l'application des dispositions de l'article 700 du Code de procédure civile. Cependant, la question fait débat. Faut-il condamner la partie qui oppose un refus, sans motif légitime, de participer à la résolution amiable du litige ? Comment ? Faut-il la condamner aux frais de justice ? Faut-il permettre au juge de rejeter la demande fondée sur l'article 700 du Code de procédure civile[4] ?

Selon le garde des Sceaux, Éric Dupont-Moretti, il n'y aurait pas lieu de sanctionner la partie qui refuse l'entrée en médiation.

Fabrice Vert[5], l'un des premiers magistrats à avoir saisi cette opportunité, considère qu'il peut inciter les parties à s'informer complètement sur le processus de médiation, lorsque le dossier paraît adapté.

1. V. ss n° 12.31.
2. C. pr. civ., art. 127-1. Cet article a généralisé la faculté pour le juge, « *en tout état de la procédure, y compris en référé, lorsqu'il estime qu'une résolution amiable du litige est possible* [...], *s'il n'a pas recueilli l'accord des parties (de) leur enjoindre de rencontrer un médiateur qu'il désigne* [...]. » ; v. ss nos 92.01 s.
3. Douai, 23 avr. 2021, RG n° 19/00905.
4. V. ss n° 12.13.
5. Premier Vice-Président au TJ de Paris.

Ces dispositifs présentent, selon les auteures, l'immense avantage non pas de rendre obligatoire le recours à la médiation, mais de sensibiliser et familiariser les justiciables et leurs conseils, à cette voie alternative.

Pédagogie et incitations sont les outils moteurs pour convaincre de l'opportunité de cette option mise à la disposition des acteurs qui concourent à l'œuvre de justice.

92
Rôle incitatif du juge avec l'injonction de recevoir une information sur la médiation

Le juge peut faire injonction de rencontrer un médiateur à tous les stades de la procédure, dès qu'il considère qu'une affaire peut trouver une solution médiée[1]. Cette mesure ne vise pas à imposer aux parties le recours à la médiation. Elle a pour objet de donner au justiciable les informations sur la médiation (son objet, son déroulement, etc.) pour qu'il puisse décider s'il entend y recourir ou non.

92.01 **À quel moment le juge peut-il enjoindre aux parties de rencontrer un médiateur.** Le juge peut délivrer l'injonction au stade du référé, y compris en référé d'heure à heure.

Cette injonction peut même être délivrée avant l'audience, dès la saisine du juge qui peut, dans ce cas, délivrer l'injonction par courrier. Il peut également y avoir une double convocation, l'une pour l'audience, l'autre pour rencontrer le médiateur, cette formule permettant de mettre à profit le délai entre la saisine du juge et la date de l'audience pour que puisse intervenir la rencontre avec le médiateur.

Elle peut être délivrée au moment de l'audience, sur le siège. L'injonction peut même être délivrée après que l'affaire a été mise en délibéré si le juge considère que le dossier mérite d'explorer la voie d'une solution médiée. Le juge peut enfin délivrer une injonction post-sentencielle.

92.02 **Comment s'organise la réunion d'information ?** Le médiateur organise la réunion d'information comme il le souhaite. En principe, cette réunion est plénière, l'objectif de la mise en présence des parties étant de confronter leurs positions respectives. Parfois, cependant, la réunion en aparté peut être plus adaptée à l'état d'esprit des parties.

Les parties pourront choisir, à l'issue du rendez-vous avec le médiateur, soit d'engager une médiation conventionnelle[2], soit de solliciter du juge une ordonnance pour débuter une médiation judiciaire, soit d'entreprendre le processus de médiation dans l'hypothèse où le juge aurait prononcé une ordonnance « 2 en 1 », soit encore de poursuivre l'instance à une date de renvoi fixée par le juge.

La pratique de certains juges consiste à prévoir directement dans leur décision désignant le médiateur aux fins d'information, la faculté pour ce

1. F. Vert, C. Féral-Schuhl, « L'injonction de rencontrer un médiateur : regards croisés d'un juge prescripteur et d'une avocate médiatrice sur une nouvelle pratique », *D.* 2021. 917, n° 17/7906.
2. C. pr. civ., art. 1530.

dernier de mettre en œuvre le processus de médiation, dès qu'il reçoit l'accord des parties[1].

On notera également l'expérience menée au tribunal judiciaire de Toulouse depuis septembre 2021, qui prévoit la faculté de mener une médiation conventionnelle à l'issue de la procédure judiciaire[2].

92.03 **Sous quelle forme est prononcée l'injonction du juge ?** Il s'agit, comme le texte le précise, d'une mesure d'administration judiciaire et, à ce titre, non susceptible de recours : « *La décision ordonnant ou renouvelant la médiation ou y mettant fin est une mesure d'administration judiciaire.* »[3]

Le juge peut indiquer la date de renvoi de l'affaire, invitant les parties à rencontrer un médiateur dans l'intervalle.

Cette injonction étant une simple mesure d'administration judiciaire, le juge peut l'acter par simple mention au dossier, sans aucune formalité, indiquant juste la date de renvoi de l'affaire avant laquelle les parties doivent rencontrer le médiateur pour recevoir une information sur la médiation.

Comme toute mesure d'administration judiciaire, cette injonction n'est pas susceptible de recours.

Le juge peut également délivrer cette injonction par courrier. En cas d'urgence, l'injonction peut être délivrée avant l'audience. Il peut également prononcer une ordonnance d'injonction de rencontrer un médiateur.

92.04 **Quel est le délai d'exécution de l'injonction ?** Depuis le décret du 25 février 2022 pris en application de la loi pour la confiance dans l'institution judiciaire, il est précisé que le juge peut enjoindre aux parties de rencontrer un médiateur « *dans un délai qu'il détermine* »[4].

Auparavant, les juges prenaient l'initiative de proposer un délai, à l'instar des chambres sociales de la cour d'appel de Paris qui fixaient, à l'issue des plaidoiries des parties, un délai de huit à quinze jours afin de leur permettre de rencontrer un médiateur (généralement dès la fin de l'audience). La décision d'entrer ou non dans le processus de médiation devait leur parvenir en retour dans le délai précité (sans autre information ni explication et sans même

1. V. EXEMPLE D'ACTE s[s] n° 111.06, Ordonnance d'injonction et de désignation 2 en 1.
2. « Le tribunal judiciaire de Toulouse à la pointe de la médiation », 10 août 2021, forum-famille.dalloz.fr
3. C. pr. civ., art. 131-15.
4. Décr. n° 2022-245, 25 févr. 2022, préc. ; C. pr. civ., art. 127-1.

indiquer, qui des deux parties décidait de ne pas aller en médiation, dans l'hypothèse où l'une des deux serait d'accord pour engager le processus)[1].

Mais le plus souvent, dans le cadre de l'injonction de rencontrer un médiateur, le seul scénario envisagé était celui d'une simple notification par le greffe, suivie d'une réunion organisée par le médiateur et/ou les parties afin de donner l'information permettant aux parties de se déterminer sur l'entrée ou non en médiation.

Or, les praticiens ont pu rencontrer d'autres scénarii, plus complexes, de nature à prolonger ce temps d'échange préalable et nécessaire pour que les parties puissent se mettre d'accord sur l'engagement du processus de médiation.

Par exemple, le délai de saisine du ou des médiateurs, les délais nécessaires pour se faire communiquer parfois les noms et les coordonnées des avocats, les délais de notification puis de fixation d'une date de réunion, les contraintes géographiques ou de contexte (Covid), les rencontres ensemble et/ou séparément des parties, les délais de réflexion subséquents, les prérequis de certaines parties (un représentant nommément désigné, une radiation administrative, voire le désistement d'instance, etc.), la négociation liée à une clause pénale à insérer dans l'accord de confidentialité pour la médiation… constituaient autant de facteurs différents qui pouvaient prolonger ce temps de l'avant-médiation.

Le médiateur désigné et les avocats accompagnant les parties ne devaient pas manquer d'imagination et de loyauté constructive afin de ne pas retarder le processus. Quelle que soit la décision prise ensuite, en concertation, par les parties, à savoir de recourir ou non à la médiation, la phase « exploratoire », « préparatoire », d'information devait être facilitée par l'ensemble des protagonistes pour se donner une chance d'entrer en médiation.

Les questions étaient multiples : devait-on considérer que le délai de cette étape était nécessairement enfermé dans celui de la durée initiale de la médiation ? Ou bien le délai nécessaire à exécuter « l'injonction de rencontrer un médiateur » s'inscrivait-il en amont du point de départ du délai de la durée initiale de la médiation ? Que se passait-il en l'absence de réponse de l'une des parties ? Au bout de combien de temps devait-on considérer que le silence d'une partie valait refus d'entrer en médiation ?

1. V. s[s] n° 103.01.

Au regard de ces situations, certes peu nombreuses mais source de difficultés, il était urgent que le juge puisse déterminer précisément cette période préalable à l'entrée en médiation en fixant une date butoir pour acter de l'acceptation ou du refus d'engager le processus. Voilà qui est fait avec l'article 127-1 du Code de procédure civile !

Cependant, certaines interrogations demeurent. Comment traiter le cas où deux parties seulement sur trois décideraient d'entrer en médiation, à l'instar d'une troisième partie qui, elle, ne répondrait pas ou s'y opposerait ou encore considérerait tout simplement qu'elle n'a rien à voir avec le différend, à l'exemple d'un intervenant forcé ? Peut-on imaginer une médiation partielle avec deux parties seulement[1] ? La réponse est sans doute affirmative, si celle-ci n'affecte pas ou ne prive pas la troisième partie de ses droits (par exemple le cas d'un intervenant forcé), à condition de ne pas la priver des demandes éventuelles qu'elle aurait souhaité formuler devant la juridiction (demande reconventionnelle, art. 700 du Code de procédure civile, etc.).

Dans toute autre situation, ne s'agit-il pas d'une difficulté à soumettre au juge, par extension de l'application de l'article 131-9 du Code de procédure civile qui prévoit que « *la personne physique qui assure la médiation tient le juge informé des difficultés qu'elle rencontre dans l'accomplissement de sa mission* » ?

Et pourtant, la mesure de médiation n'a pas encore pris effet, les parties et le médiateur étant au simple stade de l'information... Et au surplus cela ouvre un débat sur la confidentialité des échanges[2].

92.05 **Est-ce que l'exécution de cette mission est entièrement gratuite ?** Si dans le cadre d'une pratique naissante, le bénévolat du médiateur peut se comprendre dans le cadre de cette injonction, la question du financement de cette injonction peut légitimement se poser.

Certains médiateurs devant certaines juridictions, notamment en matière familiale, encouragés en cela par les nombreuses associations de médiateurs, proposent aux parties de tenir ensemble ou séparément une réunion d'information rémunérée (autour de 200 euros), qui équivaut en réalité à un

1. Par opposition, v. l'extension d'une médiation devant d'autres juridictions, v. s[s] n° 87.23.

2. V. Dans quelles mesures les échanges entre le médiateur et les parties sont-ils confidentiels dans cette phase ? V. s[s] n° 92.07.

mini diagnostic qui doit permettre à chacun de prendre de façon éclairée la décision d'engager ou non un processus de médiation.

En effet, comme indiqué ci-dessus, la phase de l'information peut donner lieu à de nombreux rendez-vous et nécessiter un engagement en temps important de la part du médiateur qui procède à l'information.

Il sera relevé qu'au Québec, l'État offre gratuitement au justiciable une première réunion de médiation. Une précision en ce sens lèverait toute difficulté, car, actuellement, l'indemnisation du médiateur relève uniquement de la bonne volonté et de l'accord des parties.

92.06 **Est-ce que les avocats peuvent représenter leurs clients lors de la réunion d'information ?** La loi a prévu que l'injonction de rencontrer un médiateur est faite « aux parties ».

Lorsque le médiateur rencontre les parties « en personne », pas de difficulté.

Mais qu'en est-il lorsqu'une partie refuse de se présenter et se fait représenter par son avocat ? Doit-on considérer qu'il s'agit d'un refus de déférer à l'injonction du juge ? Quelles conséquences en tirer ? De la même manière, doit-on exiger du représentant d'une partie de produire un mandat comme dans le cadre de la médiation ?

> ANALYSE CRITIQUE. Sans doute peut-on penser que seule la rencontre des parties nommément désignées permet de favoriser la décision d'entrer en médiation. Mais l'avocat a également un mandat de représentation qui lui donne non seulement le droit de représenter son client, mais aussi des devoirs et des obligations éthiques et déontologiques : informer son client, répercuter l'injonction du juge et les informations du médiateur, analyser avec lui l'opportunité ainsi donnée d'engager un processus de médiation, etc. En tout état de cause, les précisions apportées par le juge permettront sans aucun doute de lever toute ambiguïté sur ces différentes questions, notamment celle de la présence de l'avocat en lieu et place de la partie convoquée au stade de l'injonction de rencontrer un médiateur.

92.07 **Les échanges entre le médiateur et les parties sont-ils confidentiels dans cette phase ?** Le premier réflexe serait sans doute d'étendre la règle de la confidentialité[1] à la période qui couvre la phase de l'injonction de ren-

1. C. pr. civ., art. 131-14.

contrer un médiateur. Celui-ci prendra d'ailleurs généralement la précaution de faire signer aux parties un engagement de confidentialité[1].

Mais qu'en est-il si l'une des parties refuse de signer cet engagement ? Est-ce que le médiateur et/ou l'autre partie sont délié(e)s de tout engagement de confidentialité ? Peuvent-ils rapporter au juge les échanges ? L'une des parties peut-elle s'en servir dans le cadre du procès ?

On peut s'interroger sur la pertinence de faire signer un accord de confidentialité si la confidentialité s'applique en tout état de cause. Mais si cet accord est nécessaire, ne faudrait-il pas décider qu'il doit être signé obligatoirement et préalablement par toutes les parties, en amont de leurs discussions, dans le cadre de l'injonction prononcée ? Ou alternativement, *quid* de prévoir que la période de discussions dans cette phase sera obligatoirement couverte par la confidentialité telle qu'elle régit la médiation ?

Dans le doute, n'est-ce pas ici encore une difficulté à soumettre au juge, par extension de l'application de l'article 131-9 du Code de procédure civile ?

Pourtant la mesure de médiation n'a pas encore pris effet, les parties et le médiateur étant au simple stade de l'information…

92.08 **Quelles sont les sanctions attachées au non-respect de l'injonction de rencontrer un médiateur ?** Comme souvent en droit, c'est au stade de la sanction que vient s'apprécier la vigueur d'une norme. Et c'est certainement ici que se dessine tout le paradoxe de la question de l'injonction de médiation.

Si l'injonction n'est pas assortie d'une sanction, elle perd tout son caractère péremptoire et le justiciable n'est pas plus incité que lorsqu'on lui a simplement proposé la mesure.

Mais si le refus de rencontrer le médiateur est sanctionné par le juge, l'injonction risque d'être appréciée par le justiciable comme une obligation déguisée d'entrer en médiation. Ce qui serait à la fois contraire à l'esprit et à la lettre des textes.

> ANALYSE CRITIQUE. N'oublions pas la vocation pédagogique de la démarche du médiateur qui rencontre les parties sur injonction du juge pour les informer du processus de médiation : cela en réalité ne ferait pas de l'injonction une obligation déguisée d'entrer en médiation, mais une obligation

1. V. EXEMPLE D'ACTE s[s] n° 111.10, Accord de confidentialité dans le cadre d'une médiation judiciaire.

solide de s'informer pour décider ensuite en pleine connaissance de cause.

L'équilibre est donc fragile. Aujourd'hui les juges ne sanctionnent pas directement une injonction qui n'aurait pas été honorée, mais tirent toutes les conséquences qu'ils veulent de ce refus.

Ils prennent de plus en plus ce manque de diligence en compte dans l'application éventuelle de l'article 700 du Code de procédure civile.

Mais cela suppose que la partie récalcitrante ait perdu au fond. Or, il peut être affirmé assez aisément que la partie qui s'oppose catégoriquement à entrer en médiation est persuadée d'être dans son bon droit et d'obtenir gain de cause en cas de procédure au fond.

La menace paraît donc un peu vaine sauf à s'orienter vers des décisions de radiation tant que l'injonction de rencontrer les médiateurs n'aura pas été honorée.

En tout état de cause, il semble que la clé de toutes ces interrogations repose davantage sur le juge et les avocats que sur le législateur. En ce qui concerne l'avocat, on rappellera que « *Lorsque la loi ne l'impose pas, il est recommandé à l'avocat d'examiner avec ses clients la possibilité de résoudre leurs différends par le recours aux modes amiables ou alternatifs de règlement des différends préalablement à toute introduction d'une action en justice ou au cours de celle-ci, ou lors de la rédaction d'un acte juridique en introduisant une clause à cet effet.* »[1]

En effet, afin de préserver la dimension alternative de la résolution du litige tout en s'efforçant de la rendre plus attractive, les textes ne sauraient être trop exhaustifs. La liberté du juge et des parties est le corollaire du caractère alternatif de la mesure, sans quoi cette dernière risquerait d'être absorbée dans le champ traditionnel de la procédure judiciaire.

Si le médiateur devenait une extension du juge, il risquerait de perdre sa légitimité auprès des parties et, surtout, de ne plus être en mesure d'assurer sa mission originelle. Il s'agit en effet de donner aux parties l'opportunité de trouver elles-mêmes, avec l'aide d'un tiers impartial, une solution « apaisée » et, par voie de conséquence, de soulager les juridictions d'une procédure qui peut être réglée à l'amiable.

1. RIN, 18 déc. 2020, 6.1, al. 4.

En outre, le magistrat ne dispose d'aucun moyen de sanctionner la ou les parties qui refusent de se rendre à la réunion d'information au regard de la loi du 23 mars 2019. Il peut néanmoins en tenir compte lors de son appréciation de l'équité, dans le cadre d'une demande formée du chef de l'article 700 du Code de procédure civile[1] ou ordonner la radiation de l'affaire, si c'est le demandeur qui refuse sans motif légitime, de déférer à cette injonction.

On peut s'interroger sur l'efficacité de la mesure d'injonction en l'absence de sanction annoncée. C'est d'ailleurs cette absence de sanction qui n'avait pas permis au système dit de la double convocation, de rencontrer le succès escompté (ce système consiste à inviter les parties à se rendre à une information sur la médiation à une date antérieure à celle prévue pour l'audience de plaidoirie, dans le cadre d'une permanence gratuite de médiateurs organisée dans la juridiction) en raison de la non-comparution de parties à la réunion d'information.

Il a donc été proposé dans les deux rapports de la cour d'appel de Paris sur la médiation d'ajouter un deuxième alinéa à l'article 22-1 de la loi du 8 février 1995 : « *La partie à l'instance qui ne déférera pas à cette injonction pourra être privée par le juge du bénéfice de l'article 700 du Code de procédure civile. En outre, si c'est le demandeur à l'instance qui ne défère pas à cette injonction, l'instance pourra être radiée administrativement par le magistrat si le défendeur ou l'un des défendeurs ne s'y oppose pas.* »[2]

92.09 Pour une meilleure efficacité et un gain de temps dans l'hypothèse d'une reprise de la procédure.

1° – La technique de l'ordonnance « 2 en 1 »[3].

Par une même décision, le médiateur est désigné et il lui est donné mission :

– d'expliquer aux parties le principe, le but et les modalités d'une mesure de médiation ;

1. À ce sujet, voir les développements sur les débats préparatoires au vote de la loi n° 2021-1729, 22 déc. 2021, préc. ; v. s^s n° 13.01.
2. L. n° 95-125, 8 févr. 1995, préc., art. 22-1, préc. ; Interview de J.-M. Hayat, V. Lasserre, « Promotion et encadrement des MARD : publication du rapport de la cour d'appel de Paris », *D. actu.*, 25 mars 2021.
3. B. Henry, « Médiation : les décisions "2 en 1" se multiplient sur tout le territoire », www.village-justice.com ; V. EXEMPLE D'ACTE s^s n° 111.06, Ordonnance d'injonction et de désignation « 2 en 1 ».

– de recueillir par écrit leur consentement ou leur refus de cette mesure dans un délai de trois semaines à compter de la présente ordonnance ;

– et en cas d'accord, de mener à son terme la mission de médiation, dans les meilleurs délais.

2° – L'accord ou le refus d'entrer en médiation recueilli par le médiateur de l'ordonnance « 2 en 1 ».

Après avoir expliqué aux parties le principe, le but et les modalités d'une mesure de médiation en vue de recueillir par écrit leur consentement ou le refus de cette mesure, le médiateur informe le juge :

– au moins l'une des parties a refusé le principe de la médiation, dès lors le médiateur a cessé ses opérations ;

– toutes les parties ont donné leur accord pour entrer en médiation. Dans cette hypothèse, les consentements ont été recueillis par écrit et conservés en respect du principe de confidentialité propre à la médiation. Le médiateur débute ses opérations de médiation.

Le médiateur demande au juge d'en prendre acte.

Dans le cas où au moins l'une des parties refuserait le principe de la médiation, le médiateur en informera sans délai le tribunal et cessera ses opérations, sans défraiement.

En revanche, si toutes les parties donnaient leur accord à la médiation ainsi proposée, le médiateur pourrait commencer immédiatement les opérations de médiation.

La désignation du médiateur est faite pour une durée de trois mois à compter « *du jour où la provision à valoir sur la rémunération du médiateur est versée entre les mains de ce dernier* ». Ce délai pourra être renouvelé une fois pour une même durée à la demande du médiateur[1].

Le médiateur assure sa mission avec diligence et informe le juge de l'état d'avancement de sa mission avant le terme fixé par l'ordonnance 2 en 1.

Au terme de la médiation, le médiateur informe le tribunal, soit que les parties sont parvenues à un accord, soit qu'elles n'y sont pas parvenues, sans davantage de précision.

1. C. pr. civ., art. 131-3.

93
Quel est le rôle du juge en fin de médiation ?

Le juge est amené à intervenir en fin de médiation judiciaire soit pour tirer les conséquences d'un accord de médiation, qu'il soit partiel ou total, soit pour proroger la mission du médiateur, soit pour constater le désaccord des parties, soit encore pour homologuer l'accord de médiation[1].

Dans une médiation conventionnelle, son rôle consiste, à la demande de toutes les parties, à procéder à l'homologation de l'accord de médiation et/ou à lui donner force exécutoire[2].

93.01 **En cas d'accord de médiation.** En cas d'accord de médiation, il appartient au juge d'en tirer toutes les conséquences, il doit :

– statuer, le cas échéant, sur les dépens de la procédure et/ou sur les frais de médiation, si cette question n'a pas été purgée par les parties dans le cadre de leur accord[3] ;

– homologuer l'accord de médiation, à la demande des parties, afin de lui donner force exécutoire[4] ;

– mettre fin à la procédure en cours en constatant le désistement des parties.

PRÉCONISATIONS. Attention, il peut arriver que les parties n'adressent pas de conclusions de désistement, laissant ainsi la procédure perdurer. Aussi, le médiateur pourrait utilement joindre à son compte-rendu constatant l'accord de médiation, les désistements des parties, de manière à faciliter la régularisation de la procédure et faire constater l'extinction de la procédure en cours. De même, il pourrait être utile de compléter l'article 384, al. 1, du Code de procédure civile pour inclure la faculté pour le juge de constater son dessaisissement sur la base du compte-rendu du médiateur l'informant de l'accord de médiation.

93.02 **À défaut de conclure un accord de médiation.** Si un accord n'a pas été conclu au terme de la durée initiale de trois mois, on rappellera que le juge peut proroger la mission du médiateur, sur demande de celui-ci, s'il pense par exemple qu'une solution est susceptible d'être trouvée ou encore à la demande des parties[5]. La prorogation est faite pour une nouvelle

1. C. pr. civ., art. 131-12. et s^{s} n° 106.14.
2. C. pr. civ., art. 1565 s. ; v. s^{s} n°s 59.44 et 106.14.
3. V. s^{s} n°s 44.11 s.
4. V. s^{s} n°s 107.01 s. ; C. pr. civ., art. 131-12.
5. C. pr. civ., art. 131-3.

période de trois mois. En principe, c'est la période maximum, mais le dépassement n'est assorti d'aucune sanction. Il appartient cependant au juge de veiller à ne pas retarder le déroulement de la procédure. Dans la mesure du possible, il devra conserver le calendrier de procédure, notamment des plaidoiries.

93.03 **À défaut de prorogation de la mission du médiateur.** À défaut de prorogation de la mission du médiateur, il appartient au juge d'y mettre fin lorsque son déroulement paraît compromis :

– si une des parties le demande ;

– ou si le médiateur le demande.

Tel sera le cas lorsque le processus de médiation aura échoué :

– parce que les parties sont sur le point de conclure un accord que le médiateur estime contraire à l'ordre public ;

– ou si le médiateur le demande lui-même au juge.

L'instance judiciaire doit alors reprendre immédiatement.

93.04 **En cas d'accord de médiation partielle.** Il convient également de tenir compte de la situation particulière d'un accord de médiation partiel[1].

1. V. s[s] n°s 102.01 s.

10 Fin de la médiation

101 À quel moment doit-on considérer que la médiation est terminée ? 362

102 Peut-on avoir un accord partiel en médiation ? 367

103 Quel est le sort de la procédure judiciaire pendant la médiation ?. 370

104 À quel moment la procédure judiciaire peut-elle reprendre son cours ? 373

105 Quels sont les effets produits par la fin de la médiation sur la procédure judiciaire en cours ?.. 375

106 Quelles sont les spécificités respectives d'un accord de médiation et d'une transaction ?. 377

107 Comment exécute-t-on un accord de médiation ?.. 388

108 Quelles sont les suites du constat d'échec d'une médiation ?. 392

101
À quel moment doit-on considérer que la médiation est terminée ?

> La fin de la médiation

> La fin de la médiation

101.11 **Accord ou échec.** La date de fin de médiation est un sujet important dans la mesure où elle va déterminer le point de départ de reprise des délais de prescription de l'action, suspendue au moment de l'entrée en médiation[1]. La médiation peut aboutir à un accord, soit partiel, soit total, entre les parties ou se terminer par un constat d'échec, le différend persistant entre les parties.

Dans l'hypothèse d'un accord partiel[2], qu'il soit judiciaire ou conventionnel, les parties actent des points d'accord et retrouvent leur liberté d'action sur les points du différend qui n'auraient pas trouvé de solution en cours de médiation.

La médiation conventionnelle peut prendre fin à l'initiative :

– des parties qui restent toujours libres de mettre fin à la mesure de médiation ;

– du médiateur qui peut considérer qu'il est inutile de poursuivre la mesure de médiation, les parties n'étant pas dans un esprit de dialogue et de volonté de trouver un accord.

La médiation judiciaire peut également prendre fin à l'initiative du juge, sur demande des parties.

Sur un plan formel, la médiation est terminée selon le cas :

– en médiation judiciaire, le médiateur remet au juge qui l'a désigné un rapport de fin de mission, actant du succès de la médiation ou de son échec[3]. On rappellera qu'il ne peut ni reproduire dans son rapport les déclarations des parties formulées en cours de médiation[4], ni faire part au magistrat de son avis ou de son sentiment sur le fond de l'affaire, ni indiquer quelle est la partie qui a pris l'initiative de mettre fin à la médiation[5] ;

– en cas d'échec de la médiation, l'affaire est rappelée à l'audience à la diligence du greffe, par lettre recommandée avec demande d'avis de réception, afin que la procédure reprenne son cours[6]. Un arrêt de la Cour de cas-

1. V. s^s n° 104.01.
2. V. s^s n°s 102.01 s.
3. C. pr. civ., art. 131-11.
4. Obs. sous Paris, 4e ch., sect. A, 20 mars 2002, *Gaz. Pal.*, n° 98, 8 avr. 2003, p. 27, Le Tarnec.
5. E. Costa, « La médiation, entre secret et confidences », préc. ; v. s^s n° 85.41.
6. C. pr. civ., art. 131-10.

sation du 14 janvier 2014 a rappelé cette exigence en considérant qu'« *en rendant un arrêt sur le fond sans avoir au préalable tenu une audience en vue de la fin de la médiation qui était en cours, la cour d'appel a violé l'article 131-10 du Code de procédure civile* »[1]. On notera que, devant la Cour de cassation, l'affaire doit être « *appelée à la date d'audience fixée par le président de la formation à laquelle elle a initialement été distribuée* »[2] ;

– en médiation conventionnelle, le médiateur constate, soit qu'il y a un accord définitif ou partiel des parties, formalisé par écrit et régularisé, soit qu'il y a un accord verbal que les parties ne souhaitent pas formaliser par écrit, soit qu'il n'y a pas d'accord, les parties n'ayant pas trouvé de solution à leur différend. Quelle que soit la raison de la fin de sa mission, le médiateur adresse aux parties un courrier ou leur remet un procès-verbal actant de la fin de sa mission.

S'il y a un accord, celui-ci se concrétise en général par la rédaction d'un écrit valant transaction au sens de l'article 2044 du Code civil. Cependant, il convient de noter que la formalisation de l'accord par une transaction n'est pas une obligation. En effet, un accord de médiation ne comprend pas nécessairement des concessions réciproques.

Lorsqu'il y a un accord écrit, même seulement partiel, il revêt l'autorité de la chose jugée.

Il pourra ensuite être homologué par le juge sur simple requête d'une partie (ou de plusieurs), conférant ainsi à l'acte force exécutoire[3]. Le juge vérifie seulement que l'accord n'inclut aucune disposition contraire à l'ordre public. Il n'a pas besoin d'entendre les parties, sauf cas exceptionnels.

Il peut également être contresigné par avocats. Depuis le décret du 25 février 2022, un accord contresigné par les avocats avec formule exécutoire apposée par le greffe produit les mêmes effets, quant à la force exécutoire de l'accord de médiation, que l'homologation judiciaire[4].

101.12 **Différentes situations.** Différentes situations produisant des effets sur la fin de la médiation peuvent se présenter :

– les parties ne souhaitent pas d'accord écrit : s'être serré la main devant le médiateur leur suffit ;

1. Soc. 14 janv. 2014, n° 12-28.295, P.
2. C. pr. civ., art. 131-10.
3. C. pr. civ., art. 131-12.
4. Décr. n° 2022-245, 25 févr. 2022, préc. ; v. s^s n°s 106.14 et 106.15.

– les parties ont besoin d'un délai pour formaliser par écrit et signer un accord de médiation. Des points techniques et/ou juridiques justifient l'intervention des avocats. Il appartient au médiateur d'organiser, en concertation avec les parties et les avocats, le calendrier pour le processus rédactionnel et la signature ;

– ou encore, l'une et/ou l'autre des parties souhaite(nt) faire valider l'accord par sa/leur hiérarchie.

101.13 **Importance du formalisme.** La loi n'impose aucun formalisme.

L'accord de médiation peut donc être un simple accord verbal entre les parties.

Or, il peut arriver que faute de formalisation et de signature en séance de médiation, les parties s'exposent à des risques et à des difficultés de rapporter la preuve des termes de l'accord.

Il peut également survenir un désaccord entre les parties sur les termes de l'accord obtenu, soit qu'elles interprètent différemment leurs échanges, soit que l'une d'entre elles ait changé d'avis.

> PRÉCONISATIONS. Il appartient au médiateur de faire comprendre aux parties que, sauf cas exceptionnels, la médiation ne sera terminée qu'avec la production d'un accord écrit et signé par toutes les parties.
>
> Dans cet objectif, il lui appartient de les inciter à formaliser et signer l'accord de médiation dans les plus brefs délais.
>
> Dans l'intervalle et pour éviter des remises en cause, il peut également inviter les parties, en présence de leurs conseils lorsque ceux-ci les accompagnent, à acter en séance (par exemple sur paperboard) les points principaux de l'accord (ou de certains d'entre eux). Même si cela ne garantit pas totalement les parties contre des interprétations divergentes, cette pratique permet de consolider certains points du règlement du différend et de limiter le risque de désaccord futur en rappelant les parties à leur obligation de loyauté.
>
> Il peut même être convenu entre les parties que cet accord « simplifié », paraphé et signé, ne sera pas couvert par la confidentialité, de manière à pouvoir être produit en justice. Cette formule présente l'avantage de marquer une avancée concrète, même si les conditions et modalités d'exécution de l'accord ne sont pas valablement réglées.

À l'opposé, rien ne les empêche de décider dans un document écrit et signé que ce document n'aura qu'une valeur morale destinée à mémoriser les intentions des uns et des autres.

Par ailleurs, si les parties souhaitent rendre leur accord opposable aux tiers, en présence d'enjeux importants ou encore lorsque l'exécution de l'accord de médiation s'inscrit dans la durée et que plusieurs personnes sont concernées, il est prudent de faire homologuer par le juge les termes de l'accord. Il faudra donc faire acter les termes de l'accord dans le cadre d'un jugement pour lui donner force obligatoire. On rappellera que les parties peuvent également établir un acte contresigné par avocats et déposé au greffe qui apposera la formule exécutoire[1].

1. V. s[s] n° 106.14.

102

Peut-on avoir un accord partiel en médiation ?

Dans la mesure où les parties décident d'engager un processus de médiation de bonne foi, elles poursuivent un objectif précis : trouver un accord qui préserve leurs intérêts et réponde à leurs préoccupations et besoins du moment.

Précisément, la volonté des parties est de mettre un terme définitif au conflit en construisant un accord global.

102.01 **L'accord partiel de médiation est toujours possible.** L'accord partiel de médiation constate :

– soit l'accord d'une partie seulement sur des points en discussion entre les parties médiées ;

– soit l'accord de certaines des parties médiées seulement sur l'ensemble des points en discussion ;

– soit l'accord de certaines des parties médiées sur une partie seulement des points en discussion entre les parties médiées.

102.02 **Quelques précautions à prendre.** En présence d'un accord partiel, comme il n'y a pas de règlement global de la situation telle que présentée au début du processus de médiation (*opening statement*[1]), il convient de traiter par anticipation plusieurs difficultés potentielles :

– lorsque l'accord partiel de médiation ne porte que sur certains points en discussion :

• si l'accord partiel est conclu dans le cadre d'une médiation judiciaire, il ne met pas nécessairement fin à la médiation et les parties restent libres de poursuivre la mesure de médiation pour trouver un accord sur les autres points en discussion. Elles peuvent également décider de soumettre les points non réglés par l'accord partiel au juge. Ce dernier constatera l'accord partiel et procèdera, si les parties le lui demandent, à son homologation[2]. Pour les points non réglés par l'accord partiel, il rappellera l'affaire à son audience pour trancher le différend ;

• les parties peuvent néanmoins souhaiter conserver confidentielle la teneur de l'accord partiel et décider de ne laisser trancher le juge que sur certains des points de la requête d'origine. Cette dernière situation s'avérant

1. Expression anglo-saxonne qui fait référence aux déclarations, exposés liminaires des parties au début du processus de médiation, pour en fixer le cadre.

2. La force exécutoire de l'accord partiel peut aussi être obtenue par l'acte contresigné des avocats avec apposition de la formule exécutoire par le greffe ; v. s^s^ n° 101.13.

en pratique source de désaccord, il conviendra de l'organiser précisément dans l'accord partiel. À défaut, les parties n'auront pas d'autre choix que de se désister des demandes faisant l'objet de la requête initiale et traitées par l'accord partiel et de réintroduire une nouvelle demande limitée aux points non résolus à l'amiable. Elles pourront toutefois être dispensées de la phase de conciliation ou de médiation préalable. On rappellera que les parties peuvent remettre en cause la teneur de l'accord partiel tant qu'il n'est pas formalisé[1] et que, par nature, l'accord partiel tout comme l'accord global de médiation restent confidentiels, sauf disposition contraire des parties ;

– lorsque l'accord partiel de médiation ne concerne que certaines parties médiées, il peut être nécessaire de le rendre opposable à ces parties comme aux tiers :

• en effet, il ne faut pas exclure le risque qu'une ou plusieurs parties non-signataires contestent l'accord dans la mesure où il porterait atteinte à leurs droits. Il convient donc d'être très vigilant, sauf à s'exposer de leur part à une procédure en nullité ou une sommation d'avoir à communiquer l'accord litigieux. Il est donc prudent de faire homologuer l'accord partiel, la date d'homologation faisant courir les délais de recours d'usage ;

• si les parties de l'accord partiel souhaitent maintenir la confidentialité, il conviendra, comme pour toute convention, de prévoir dans l'accord partiel la mention « en présence de » qui permettra de rendre l'accord opposable aux seules parties présentes, même si elles ne sont pas parties prenantes à l'accord.

1. V. s[s] n° 101.11.

103
Quel est le sort de la procédure judiciaire pendant la médiation ?

La règle générale prévoit que la procédure judiciaire doit être suspendue le temps de la médiation, qu'il s'agisse d'une médiation conventionnelle ou judiciaire :

« *La prescription est suspendue à compter du jour où, après la survenance d'un litige, les parties conviennent de recourir à la médiation ou à la conciliation ou, à défaut d'accord écrit, à compter du jour de la première réunion de médiation ou de conciliation.* [...]

Le délai de prescription recommence à courir pour une durée qui ne peut être inférieure à six mois à compter de la date à laquelle soit l'une des parties ou les deux, soit le médiateur ou le conciliateur déclarent que la médiation ou la conciliation est terminée. [...] »[1]

Au-delà de cette prescription générale, certaines précisions complémentaires doivent être apportées lorsque la médiation est judiciaire.

103.01 **Harmonisation de la règle de suspension devant la cour d'appel.** Le décret du 25 février 2022 met fin à une difficulté procédurale spécifique à la cour d'appel[2], consécutive au délai imposé aux parties de déposer leurs conclusions dans un délai de trois mois[3]. Ce délai n'était pas suspendu par l'injonction du juge de rencontrer un médiateur en vue d'une information sur la médiation ou encore par la décision ordonnant une médiation[4], ce qui revenait à interdire l'injonction avant le dépôt des conclusions en appel des justiciables puisque d'une part, le justiciable risquait de voir son appel rejeté, d'autre part, l'avocat pouvait voir sa responsabilité professionnelle engagée. La seule solution d'évitement consistait à préconiser que l'injonction de rencontrer un médiateur intervienne après le dépôt des conclusions dans le délai imparti de trois mois de l'article 908 précité.

La cour d'appel de Toulouse, dans un arrêt du 5 mars 2021[5], a également fait la démonstration de cette difficulté en relevant que « *hormis les cas prévus par la loi, ni les parties, ni le juge ne peuvent s'affranchir des délais pour conclure* ». Dans le cas d'espèce, l'ordonnance de constat de fin de mission du conseiller de la mise en état indiquait que « *les délais pour conclure et for-*

1. C. civ., art. 2238.
2. Devant le TJ, c'est le magistrat qui reste maître du calendrier de procédure, à l'exception de la péremption d'instance (C. pr. civ., art. 386).
3. Décr. n° 2022-245, 25 févr. 2022, préc. ; C. pr. civ., art. 908.
4. Anc. C. pr. civ., art. 910-2.
5. Toulouse, 5 mars 2021, ch. 03, RG n° 208/2021.

mer appel incident des articles 905-2 et 908 à 910 sont interrompus à compter de la présente décision (soit le 24 septembre 2018) jusqu'à la décision constatant l'expiration de la mission du médiateur (soit le 16 avril 2019) ». Or l'ancien article 910-2 du Code de procédure civile prévoyait expressément que l'interruption des délais produisait ses effets « *jusqu'à l'expiration de la mission du médiateur* ». La lettre du médiateur actant de l'échec de la médiation était en date du 2 avril 2019. C'est cette dernière date qui faisait donc courir le délai de trois mois, peu important que le conseiller ait, à la même date du 2 avril 2019, rendu une ordonnance prorogeant de trois mois, soit jusqu'au 2 juillet 2019 la mesure de médiation. En déposant ses conclusions le 26 juillet 2019, l'appelant était hors délai.

Désormais, il est expressément prévu que « *la décision qui enjoint aux parties de rencontrer un médiateur en application de l'article 127-1 ou qui ordonne une médiation en application de l'article 131-1 interrompt les délais impartis pour conclure et former appel incident mentionnés aux articles 905-2 et 908 à 910. L'interruption produit ses effets jusqu'à l'expiration de la mission du médiateur.* »[1]

1. C. pr. civ., art. 910-2.

104
À quel moment la procédure judiciaire peut-elle reprendre son cours ?

Pendant la durée de la médiation, plusieurs dispositions prévoient la suspension de la prescription[1] qui recommence à être décomptée à partir du constat d'un échec total ou partiel de la médiation acté par le médiateur et/ou l'une ou l'autre des parties.

104.01 **Reprise des délais de prescription.** Il est prévu que la « *prescription est suspendue à compter du jour où, après la survenance d'un litige, les parties conviennent de recourir à la médiation ou à la conciliation ou, à défaut d'accord écrit, à compter du jour de la première réunion de médiation ou de conciliation.* [...] *Le délai de prescription recommence à courir pour une durée qui ne peut être inférieure à six mois à compter de la date à laquelle soit l'une des deux parties ou les deux, soit le médiateur* [...] *déclarent que la médiation* [...] *est terminée.* »[2]

Depuis le décret du 25 février 2022, l'effet suspensif s'applique également à la procédure en appel, nonobstant les délais impartis pour conclure et former appel incident mentionnés aux articles 905-2 et 908 à 910 du Code de procédure civile[3].

1. V. s^s n°s 103.01 s.
2. C. civ., art. 2238.
3. C. pr. civ., art. 910-2 ; décr. n° 2022-245, 25 févr. 2022, préc. ; v. s^s n°s 103.01 s.

105
Quels sont les effets produits par la fin de la médiation sur la procédure judiciaire en cours ?

La médiation est un processus alternatif de règlement des différends.

À ce titre, elle a des conséquences juridiques sur la poursuite ou non de la procédure judiciaire.

105.01 **En cas d'accord global de médiation.** La procédure judiciaire n'a plus lieu d'être et prendra fin avec un accord donnant lieu :

– soit à une homologation par le juge[1] ;

– soit, parce qu'il aura été contresigné par les avocats de chacune des parties, à l'apposition par le greffe de la juridiction compétente, sur demande de l'une quelconque des parties, de la formule exécutoire ;

– soit à une demande de désistement à l'initiative du demandeur.

105.02 **En cas d'accord partiel de médiation.** Il conviendra de se reporter aux préconisations précédemment développées[2].

Il est possible de reprendre le cours de la procédure pour les points non solutionnés. Attention au sort que les parties veulent réserver au principe de la confidentialité[3].

105.03 **En cas d'échec de la médiation.** La procédure judiciaire peut, selon la situation, être engagée, poursuivie, voire abandonnée.

C'est à compter du constat d'un échec total ou partiel de la médiation, acté par le médiateur et/ou l'une ou l'autre des parties, que la prescription recommence à être décomptée[4].

1. V. s[s] n° 107.01.
2. V. s[s] n°s 102.01 s.
3. V. s[s] n°s 85.11 s.
4. V. s[s] n°s 104.01 et 108.01 s.

106

Quelles sont les spécificités respectives d'un accord de médiation et d'une transaction ?

> Nature juridique de l'accord de médiation
> Absence d'autorité de la chose jugée
> Différence entre un accord de médiation et une transaction
> Sur le plan fiscal, le sort commun des sommes versées au titre de ces accords

Le champ des modes amiables de règlement des différends est large et diversifié. Les solutions qui en ressortent sont, en tout état de cause, revêtues d'un effet juridique qui les distingue les uns des autres et qui doit sécuriser les parties.

> Nature juridique de l'accord de médiation

106.11 **Convention.** L'accord de médiation est une convention qui lie toutes les parties signataires. Conformément à l'article 1103 du Code civil, « *les contrats légalement formés tiennent lieu de loi à ceux qui les ont faits* ».

Cependant, l'accord de médiation peut revêtir différentes formes et sa nature juridique s'en trouvera modifiée :

– selon qu'il s'agit d'un accord de médiation « homologué » par le juge ou « contresigné par les avocats et déposé au greffe » ;

– s'il s'agit d'un simple accord de médiation ;

– ou encore s'il s'agit d'un accord transactionnel de médiation.

106.12 **Simple accord de médiation.** Un accord de médiation ne comporte pas nécessairement des concessions réciproques.

Les parties peuvent, à l'occasion du déroulement de la médiation, avoir obtenu, par la seule restauration d'une communication entre elles, ce que l'une et/ou l'autre recherchai(en)t, à savoir une écoute, une reconnaissance sans parvenir nécessairement à se mettre d'accord sur leur désaccord.

La médiation aura toutefois porté ses fruits et un accord verbal ou écrit entérinant ces points de rencontre et consignant, le cas échéant, un désistement d'instance et d'action sur le litige en cours, mettra un terme au différend. Même en l'absence de désistement venant constater la fin du différend, le succès de la médiation pourra être atteint avec le simple fait pour les parties d'avoir repris le dialogue.

106.13 **Accord de médiation transactionnel.** Dans le cas d'un accord de médiation transactionnel, l'accord a la nature juridique d'une transaction, c'est-à-dire que les parties, en transigeant et en s'accordant des concessions réciproques, ont renoncé dans le même temps à introduire ou à poursuivre une action en justice ayant le même objet que la transaction. En effet, conformément à l'article 2052 du Code civil : « *La transaction fait obstacle à l'introduction ou à la poursuite entre les parties d'une action en justice ayant le même objet.* »

Nous sommes donc en présence d'une transaction, non revêtue de l'autorité d'une décision de justice[1], qui ne constitue pas un titre exécutoire, parce qu'il n'est pas homologué (avec le contreseing des avocats, il peut désormais bénéficier des prérogatives du titre exécutoire[2]).

La transaction, ce contrat que l'on peut rapprocher du jugement, ne doit pas induire en erreur quant à sa nature exacte : tandis que ce dernier est un acte juridictionnel qui procède de la volonté du juge, la transaction, en revanche, est et reste en tout état de cause[3] un contrat de droit privé soumis au droit commun des obligations comme aux règles particulières de la transaction. Il s'ensuit notamment que la transaction n'est pas susceptible de faire l'objet de voies de recours, mais uniquement d'actions en nullité[4], dans la mesure où il serait rapporté la preuve du défaut de concessions réciproques, dont l'appréciation souveraine appartient au juge.

106.14 **Accord de médiation « homologué » par le juge.** L'homologation d'un accord de médiation est une démarche facultative. En effet, l'accord de médiation est généralement respecté par les parties et donne lieu à exécution sans difficulté.

Toutefois, les parties peuvent souhaiter « sécuriser » le dispositif en donnant force exécutoire à l'accord de médiation ; elles ont alors le choix entre l'homologation ou l'acte contresigné par avocats avec l'apposition par le greffe de la formule exécutoire[5].

1. L. n° 2016-1547, 18 nov. 2016 a mod. C. civ., art. 2052 qui prévoyait que : « *les transactions ont, entre les parties, l'autorité de la chose jugée en dernier ressort* ». En retirant cette formulation, la transaction n'est plus assimilée à une décision de justice. Pour autant, il n'est toujours pas possible de rejuger un différend qui a fait l'objet d'une transaction.
2. C. pr. civ., art. 1571 : étend le processus du contreseing des avocats revêtu de la force exécutoire à l'acte d'avocat constatant une transaction. Il sera donc intéressant pour les avocats de recourir à l'acte d'avocat en matière de transaction là où la pratique les conduisait, jusqu'à présent, à ne la faire signer que par leurs seuls clients ; v. ég. : s[s] n° 106.15.
3. Autrement dit, la transaction n'est pas un acte juridictionnel, même si elle fait l'objet d'un constat ou d'une homologation par le juge.
4. F. Kernaleguen, « La solution conventionnelle des litiges civils » *in Le droit contemporain des contrats*, L. Cadiet (dir.), G. Cornu (préf.), Economica, 1987, p. 65 s. ; Y. Muller, *Le contrat judiciaire en droit privé*, th. Paris I, 1995, p. 145 s., n° 135.
5. V. s[s] n° 106.15.

L'homologation par le juge[1], qui relève de la matière gracieuse et qui est accordée par le juge statuant seul[2], a pour effet de délivrer un titre donnant force exécutoire à l'accord de médiation, qu'il soit transactionnel ou non : « *l'accord auquel sont parvenues les parties à une médiation* [...] *peut être soumis, aux fins de le rendre exécutoire, à l'homologation du juge compétent pour connaître du contentieux dans la matière considérée* [...] »[3].

Ce titre exécutoire permet d'obtenir l'exécution forcée d'un accord de médiation qui n'aurait pas été spontanément exécuté par les parties.

Un arrêt de la Cour de cassation du 3 février 2022[4] apporte une précision intéressante, en indiquant que le titre exécutoire obtenu par l'homologation du juge n'est pas le jugement d'homologation, mais l'accord de médiation lui-même. En conséquence, si le jugement d'homologation ne reprend pas les termes principaux de l'accord, il conviendra de joindre au jugement d'homologation, pour obtenir l'exécution forcée, l'accord de médiation.

Pour éviter cette communication, il convient de veiller à ce que le juge dispose des éléments à intégrer dans son jugement afin que ce dernier reprenne bien les termes de l'accord et constitue sans ambiguïté possible le titre exécutoire.

Par ailleurs, la Cour de cassation, par un arrêt du 28 septembre 2017[5], a jugé que « *l'homologation d'un accord transactionnel qui a pour seul effet de lui conférer la force exécutoire ne fait pas obstacle à une contestation de la validité de cet accord devant le juge de l'exécution* ».

Dans certains cas, la procédure d'homologation exige le dépôt de conclusions concordantes des parties. Tel est le cas en matière de médiation familiale, où il résulte de l'article 268 du Code civil que le juge ne peut prononcer l'homologation d'une convention portant règlement de tout ou partie des conséquences du divorce, qu'en présence de conclusions concordantes des époux en ce sens. En effet, l'homologation sollicitée a pour objectif de valider les termes de l'accord et pas seulement d'en obtenir la force exécutoire[6].

1. C. pr. civ., art. 131-12.
2. Par opposition à l'homologation administrative qui est accordée par les juges statuant en collégialité (v. s^s^ n° 59.44).
3. C. pr. civ., art. 1565 s.
4. Civ. 2e, 3 févr. 2022, n° 20-15.420, P.
5. Civ. 2e, 28 sept. 2017, n° 16-19.184, P.
6. Civ., 1re ch., 9 juin 2021, 19-10.550, P.

106.15 **Accord contresigné par les avocats avec formule exécutoire apposée par le greffe.** Introduit en 2011[1] en droit français, puis dans le Code civil en 2016[2] à l'article 1374, l'acte sous signature privée contresigné par avocat fait foi de l'écriture et de la signature des parties[3]. Il permet de valider une situation de fait ou de droit.

Par ailleurs, les récentes réformes de la procédure civile ont introduit l'acte de procédure d'avocat[4]. En effet, l'article 1546-3 du Code de procédure civile prévoit que cet acte est « *établi conjointement par les avocats des parties à un litige ayant ou non donné lieu à la saisine d'une juridiction, en dehors ou dans le cadre d'une procédure participative* ».

Depuis la loi du 22 décembre 2021[5] avec son décret d'application du 25 février 2022, l'accord de médiation peut prendre la forme d'un acte contresigné par les avocats de chacune des parties[6]. Cet acte peut être revêtu, à la demande d'une partie, de la formule exécutoire[7].

On notera que la demande peut être formalisée à l'initiative d'une seule partie, sans que l'autre partie en soit obligatoirement informée[8]. Tout intéressé a la faculté de contester la formule exécutoire devant tout tribunal compétent.

1. L. n° 2011-331, 28 mars 2011, de modernisation des professions judiciaires ou juridiques et certaines professions réglementées, *JO* 29 mars, art. 3.

2. Ord. n° 2016-131, 10 févr. 2016 portant réforme du droit des contrats, du régime général et de la preuve des obligations, *JO* 11 févr., texte 26, art. 4.

3. V. « Formalisme de l'acte d'avocat : les bonnes pratiques » et « L'acte d'avocat : mode d'emploi », www.cnb.avocat.fr

4. L. Cadiet, « Le développement de la procédure participative », *Procédures,* 2020, ét. 5 ; S. Amrani-Mekki, « La résolution amiable des différends comme mesure de modernisation et de simplification de la procédure civile », *Gaz. Pal.,* 25 juill. 2017, n° 299r2, p. 60.

5. L. n° 2021-1729, 22 déc. 2021, préc., art. 44 ; P. Aufière, Fr. Housty, « Médiation et formule exécutoire », *AJ fam.* 2022. 124.

6. Décr. n° 2022-245, 25 févr. 2022, préc.

7. Contrairement à l'article 44 de la loi du 22 décembre 2021, préc., l'article 1568 du Code de procédure civile n'évoque plus la « transaction », celle-ci étant spécifiquement visée à l'article 1571 du même Code.

8. À noter que la demande d'homologation d'un accord à la demande d'une seule partie, sans information des autres parties, était possible sous l'empire de l'ancien article 1441-4 du Code de procédure civile (abr.).

Cette demande est formée par écrit, en double exemplaire, auprès du greffe de la juridiction du domicile du demandeur matériellement compétente pour connaître du contentieux de la matière dont relève l'accord.

Le greffier n'appose la formule exécutoire qu'après avoir vérifié sa compétence et la nature de l'acte.

On notera qu'il n'existe aucun recours possible en cas de refus de délivrance de la formule exécutoire. En effet, il est prévu que « *L'acte contresigné par avocats et revêtu de la formule exécutoire ou la décision de refus du greffier est remis ou adressé au demandeur par lettre simple. Le double de la demande ainsi que la copie de l'acte et, le cas échéant, la décision de refus du greffier sont conservés au greffe.* »[1] Cependant, on peut penser qu'un même demandeur peut renouveler sa demande.

En revanche, « *Toute personne intéressée peut former une demande aux fins de suppression de la formule exécutoire devant la juridiction dont le greffe a apposé cette formule. La demande est formée, instruite et jugée selon les règles de la procédure accélérée au fond.* »[2] Vraisemblablement cette faculté est ouverte aux signataires de l'accord de médiation, mais également à des personnes qui peuvent être directement concernées par cet accord, sans avoir pour autant participé au processus de médiation et à la formalisation de l'accord. On notera que, pour contester l'apposition de la formule exécutoire, ce sont les règles habituelles de représentation qui ont vocation à s'appliquer. Enfin, pour former cette demande devant la juridiction compétente, les règles de représentation et du Code de procédure civile ont vocation à s'appliquer.

On relèvera également que toutes les dispositions visées ci-dessus « sont applicables à la transaction »[3], confirmant s'il en est besoin, que l'accord de médiation n'est pas automatiquement une transaction[4].

On constatera que l'acte d'avocat électronique a la même force probante que l'acte d'avocat sur support papier et présente de nombreux atouts pour l'avocat et son client :

– la signature électronique permet, à l'aide d'un procédé cryptographique, de garantir l'intégrité d'un document numérique et l'identité du signataire ;

1. C. pr. civ., art. 1569.
2. C. pr. civ., art. 1570.
3. C. pr. civ., art. 1571.
4. V. s^s n° 106.32.

– l'acte d'avocat électronique permet de signer un document sans l'imprimer (économie de papier), de l'envoyer par courriel (économie de timbre) et de le signer sans se rencontrer (réduction des déplacements) ;

– enfin l'acte d'avocat électronique accélère et simplifie largement le processus ; il permet de conserver le document au format numérique.

L'acte d'avocat électronique offre ainsi un haut niveau de sécurité.

Sa mise en œuvre à travers les services en ligne déployés par le Conseil national des barreaux lui confère une souplesse et une sécurité accrues[1].

> Absence d'autorité de la chose jugée

106.21 Actes du juge constatant l'accord. Les actes du juge relatifs à la solution du litige ont pu être définis comme ceux qui visent les « *accords contractuels que les parties soumettent au juge après la disparition de la contestation* »[2] et par lesquels le juge « *ne fait que constater l'accord sans lui conférer l'autorité de la chose jugée* ». Le juge n'exerce aucun contrôle de légalité, du respect ou non de la règle de droit par ceux ou celui qui lui présentent l'accord. C'est pourquoi ces « jugements » ou « ordonnances » ne sont pas des décisions judiciaires, mais des actes judiciaires non juridictionnels[3].

Cette définition, par sa généralité, est parfaitement applicable aux actes du juge par lesquels celui-ci constate la conciliation des parties, qu'il s'agisse du jugement de donner acte[4], du procès-verbal[5], de conciliation[6] ou encore du

1. V. « Acte électronique : comment ça marche ? », www.cnb.avocat.fr ; v. ég. les tutoriels, www.cnb.avocat.fr/fr/tutoriels

2. J. Vincent, S. Guinchard, *Précis de procédure civile et commerciale,* 12e éd., Dalloz, 1960, n° 200, *a).*

3. J. Vincent et S. Guinchard, *préc.*, n° 200, *a).*

4. Ch. Jarrosson, « Les dispositions sur la conciliation et la médiation judiciaires de la loi du 8 février 1995 », *Rev. arb.* 1995. 219 s., spéc. n° 20 : cet auteur assimile les jugements d'homologation aux jugements de donner acte ; Dans le même sens, Y. Muller, *Le contrat judiciaire en droit privé,* th., préc., nos 147 s.

5. B. Faucher, dans sa thèse, assimile les procès-verbaux de conciliation aux jugements de donner acte : B. Faucher, *La conciliation*, th. Paris II, 1980, spéc. p. 363 s. ; v. aussi : Y. Muller, *Le contrat judiciaire en droit privé,* th., préc., nos 147 s. ; P. Cuche, J. Vincent, *Précis de procédure civile et commerciale,* préc., n° 75, p. 678 ; H. Solus, R. Perrot, *Droit judiciaire privé. Procédure de première instance*, Sirey, 1991, n° 1184.9.

6. C. pr. civ., art. 130 et 863.

jugement d'homologation[1], qui sont tous autant de modes d'enregistrement de l'accord des parties, mettant fin à leur litige[2].

Ces actes ne confèrent en aucun cas l'autorité de la chose jugée à de tels accords.

> Différence entre un accord de médiation et une transaction

106.31 **Processus structuré.** L'accord de médiation intervient dans le cadre d'un processus structuré de médiation[3]. Ce processus peut conduire à la signature d'un accord qui sera, dans certains cas, transactionnel.

106.32 **L'accord de médiation peut être un accord transactionnel ou non.** L'accord de médiation constitue un accord transactionnel lorsque l'accord des parties met fin à une contestation née ou à naître entre elles[4]. À ce titre, il doit comporter des concessions réciproques[5] et remplir les conditions prévues par les textes sur la transaction[6]. Cet accord « *fait obstacle à l'introduction ou à la poursuite entre les parties d'une action en justice ayant le même objet* »[7].

Lorsqu'une médiation se conclut par l'acquiescement d'une partie aux prétentions des autres parties, s'il s'agit bien d'un accord de médiation, celui-ci n'est pas pour autant « transactionnel ». En effet, les parties ne se sont pas accordées de concessions réciproques. Aussi, en cas d'inexécution de cet accord, la partie lésée pourra, à son choix, saisir le juge pour homologuer la décision afin d'obtenir l'exécution forcée, ou faire constater l'exception d'inexécution.

1. C. pr. civ., art. 131-12 et 1441-4.
2. H. Solus et R. Perrot, *Droit judiciaire privé, préc.*, n° 1184.
3. L. n° 95-125, 8 févr. 1995, préc., art. 21.
4. L. n° 2016-1547, 18 nov. 2016, préc.
5. C. civ., art. 2044.
6. C. civ., art. 2046 s.
7. C. civ., art. 2052 ; L. n° 2016-1547, 18 nov. 2016 a mod. art. 2052 qui prévoyait que « *les transactions ont, entre les parties, l'autorité de la chose jugée en dernier ressort* ». En retirant cette formulation, la transaction n'est plus assimilée à une décision de justice. Pour autant, il n'est toujours pas possible de rejuger un différend qui a fait l'objet d'une transaction.

106.33 Nombreux points communs. Les points communs entre l'accord de médiation et la transaction sont nombreux.

Il s'agit notamment :

– de la formalisation par écrit de l'accord ;

– du respect des règles de validité des contrats liées notamment au consentement des parties, à la licéité de l'objet[1], au respect des droits dont les parties n'ont pas la libre disposition[2], ainsi que du respect des règles d'ordre public. La non-conformité de l'acte à ces règles entraînerait la nullité de l'accord de médiation. On rappellera que le délai de l'action en nullité (cinq ans) court, en cas d'erreur ou de dol, à compter du jour où ils ont été découverts et, en cas de violence, du jour où elle a cessé :

• de l'impossibilité d'introduire ou de poursuivre une action en justice ayant le même objet[3] ;

• de la force de loi de l'accord de médiation à l'égard des parties signataires[4] ;

• de la possibilité de demander l'homologation de l'accord pour lui donner force exécutoire[5]. En cas de refus de cette homologation, le contrôle du juge aura seulement privé l'accord du bénéfice de la force exécutoire et ne l'aura pas purgé de tous les vices du consentement qui l'entacheraient. Seule une instance introduite au fond aux fins d'annulation pourrait les faire disparaître.

Plus généralement, on retiendra que l'accord de médiation, transactionnel ou non, ne doit pas porter atteinte à des droits dont les parties n'ont pas la libre disposition.

106.34 Différence essentielle. Il existe toutefois une différence essentielle entre l'accord de médiation transactionnel et l'accord de médiation non transactionnel.

En effet, si les parties n'ont pas à s'accorder obligatoirement des concessions réciproques et équilibrées dans l'accord de médiation, elles doivent le faire impérativement dans une transaction.

1. C. civ., art. 6.
2. L. n° 95-125, 8 févr. 1995, art. 21-4.
3. C. civ., art. 2052.
4. C. civ., art. 1103.
5. V. s[s] n° 107.01, l'acte contresigné par avocats avec formule exécutoire apposée par le greffe produisant les mêmes effets.

Le juge auquel l'homologation serait demandée devra seulement contrôler le respect de l'ordre public dans l'accord de médiation. Il devra également vérifier, lorsqu'il s'agit d'un accord transactionnel de médiation, que celui-ci ne constitue pas une libéralité et que les concessions des parties sont bien réciproques et équilibrées.

Ainsi, les deux régimes, qui sont très similaires, ne sont pas absolument identiques.

> Sur le plan fiscal, le sort commun des sommes versées au titre de ces accords

106.41 **Le juge fiscal n'est pas lié par les qualifications retenues dans l'accord.** Lorsqu'un protocole transactionnel a été conclu à la suite d'un accord de médiation, les sommes, versées au titre de ce protocole et qui trouvent leur source dans l'accord de médiation, sont qualifiées et imposées en fonction de leur objet, c'est-à-dire des prestations qu'elles représentent[1].

Cette solution est parfaitement transposable aux sommes versées à l'issue de l'accord de médiation, car elles constituent des revenus disponibles.

En effet, les sommes versées dans le cadre d'un accord de médiation recouvrent diverses prestations en fonction de l'objet du litige pour lequel la médiation a été conduite et des prestations ou engagements en contrepartie desquels elles sont payées[2].

Dans le même sens, lorsque les sommes versées sont la contrepartie d'une livraison de biens ou d'une prestation de service réalisée par un agent économique assujetti à la taxe sur la valeur ajoutée, ces sommes supporteront ladite taxe.

1. CE 9e et 10e ch. réunies, 12 févr. 2020, req. n° 423914, mentionné dans les tables du Recueil *Lebon*.
2. À titre d'illustration, les sommes versées représentant la contribution d'un parent, à la prise en charge d'un enfant par le parent qui le garde, dans le cadre d'une médiation sur le droit de visite et d'hébergement d'un enfant, seront considérées fiscalement comme des pensions. En revanche, les sommes versées en vertu d'un accord de médiation sur un litige de voisinage pourraient vraisemblablement être analysées comme une indemnité de réparation d'un préjudice.

Il appartient au juge fiscal, en cas de litige, de déterminer la qualification des sommes objet d'un accord de médiation. Celui-ci n'est pas lié par les qualifications retenues par les parties à la médiation.

107
Comment exécute-t-on un accord de médiation ?

L'accord de médiation résulte de la construction commune d'un accord par les parties elles-mêmes.

Il s'exécute donc en principe spontanément.

Il existe cependant des situations particulières, par exemple en présence d'un accord à exécution successive ou en cas de refus de l'une des parties d'exécuter l'engagement qu'elle a pris, etc. Dans ces dernières hypothèses, l'exécution spontanée ne pourra pas intervenir.

107.01 **Procédure d'homologation**[1]**.** Pour pallier les difficultés d'exécution, il faut faire homologuer l'accord intervenu soit par le juge[2] soit, depuis le décret du 25 février 2022[3], en sollicitant l'apposition de la formule exécutoire par le greffe sur l'acte contresigné par les avocats des parties, afin de le rendre exécutoire[4].

Dans le premier cas, l'accord de médiation est soumis au juge aux fins d'homologation par voie de requête. Dans le second cas, il peut être déposé au greffe lorsque l'accord est contresigné par les avocats, ce qui lui donne force exécutoire.

> PRÉCONISATIONS. Concernant la demande d'homologation au juge, on notera que, pour la médiation judiciaire ou la médiation conventionnelle en cours d'instance, la requête est présentée par les parties ou la plus diligente d'entre elles[5], alors que pour la médiation conventionnelle, la requête est présentée par l'ensemble des parties ou de l'une d'elles avec l'accord exprès des autres[6]. Par ailleurs, les parties qui veulent faire homologuer par le juge leur accord doivent soumettre à l'homologation du juge[7] « *l'accord issu de la médiation* ». Le médiateur n'a pas le pouvoir de rédiger l'accord[8].

1. Th. Goujon-Bethan, *L'homologation par le juge. Essai sur une fonction juridictionnelle*, th. Univ. Côte d'Azur, 2019, « Bibl. dr. priv. », LGDJ, sept. 2021.
2. V. s^s n°s 106.14 et 59.44 pour l'accord de médiation administrative.
3. Décr. n° 2022-245, 25 févr. 2022, préc.
4. Sur l'accord contresigné par les avocats et la formule exécutoire apposée par le greffe, v. s^s n° 106.15.
5. C. pr. civ., art. 131-12.
6. C. pr. civ., art. 1534.
7. C. pr. civ., art. 131-12.
8. L. n° 2016-1547, 18 nov. 2016, art. 4-5 ; mod. par L. 23 mars 2019 : le législateur rappelle que les personnes physiques ou morales mentionnées aux art. 4-1, 4-2 et 4-4 ne peuvent réaliser des actes d'assistance ou de représentation que dans les ▶

Dans tous les cas, le juge statue sur la requête qui lui est présentée sans débat, à moins qu'il estime nécessaire d'entendre les parties. Il doit vérifier que l'accord de médiation a été conclu de bonne foi, que les parties adhèrent en pleine connaissance de leurs droits, que le texte ne présente pas de difficulté d'exécution (tel serait le cas en présence d'une clause suspensive) ou d'interprétation, qu'il ne se heurte pas à des dispositions d'ordre public ou qu'il n'est pas conclu en fraude des droits de tiers.

Le juge ne peut pas modifier les termes de l'accord, mais il n'est pas obligé de l'homologuer, s'il considère par exemple que l'accord est vicié (erreur, dol, violence) ou qu'il est de nature à porter atteinte à l'ordre public.

S'il est fait droit à la requête d'homologation, tout intéressé peut en référer directement au juge qui a rendu la décision[1].

107.02 **Effets de la procédure d'homologation.** En cas d'homologation de l'accord de médiation ou d'accord contresigné par les avocats et déposé au greffe, celui-ci est revêtu de la formule exécutoire.

Dans l'hypothèse où le juge homologue l'accord, il convient de noter que sa décision d'homologation n'a pas autorité de chose jugée. Elle n'est pas susceptible d'appel. Toute contestation éventuelle ne pourra se faire que devant le juge du fond saisi d'une demande de nullité de l'accord ou de rescision pour cause de lésion.

En cas de refus d'homologation, l'accord de médiation est privé de la force exécutoire. La décision de refus d'homologation peut, quant à elle, faire l'objet d'un recours s'agissant de médiation conventionnelle[2]. Rien n'est prévu pour la médiation judiciaire.

Lorsque l'appel peut être formé, il doit l'être dans un délai de quinze jours[3], par déclaration au greffe de la cour d'appel. Il est jugé selon la procédure gracieuse[4].

S'agissant du point de départ du délai de quinze jours, le silence des textes donne matière à débat. La Cour de cassation a considéré que ce délai

► conditions prévues par L. n° 71-1130, 31 déc. 1971, préc., art. 4. Elles ne peuvent donner des consultations juridiques ou rédiger des actes sous seing privé qu'à la condition de respecter les obligations résultant de l'art. 54 de la même loi.

1. C. pr. civ., art. 1566, al. 2.
2. C. pr. civ., art. 1566, al. 3.
3. C. pr. civ., art. 538.
4. C. pr. civ., art. L. 131-12.

court à compter du jour du prononcé de l'ordonnance ou de la date à laquelle le requérant en a eu connaissance, peu important que la notification de la décision ait été ordonnée ou non[1]. Il est donc prudent de retenir comme point de départ du délai de recours, la date du prononcé de la décision du juge sur l'homologation.

Dans l'hypothèse où la force exécutoire est acquise du fait du contreseing des avocats avec apposition par le greffe de la formule exécutoire, l'article 1570 du Code de procédure civile prévoit que « *toute personne intéressée peut former une demande aux fins de suppression de la formule exécutoire devant la juridiction dont le greffe a apposé cette formule* ».

La demande de suppression est alors formée, instruite et jugée selon les règles de la procédure accélérée au fond.

107.03 **Difficultés liées au non-respect des termes de l'accord de médiation.** Il n'est pas inconcevable, bien que rare, qu'un accord de médiation signé ne soit pas spontanément exécuté par l'une des parties.

L'homologation ou l'accord de médiation contresigné par avocat et déposé au greffe[2] apportera la formule exécutoire qui permettra de « forcer » (huissier, saisies, etc.) la partie défaillante à tenir ses engagements contractés dans le cadre de la médiation.

Toutefois, la partie qui se trouve exposée à cette situation peut préférer, au regard de la résistance déloyale du cocontractant, plutôt que de forcer l'exécution, reprendre sa liberté.

Peut-il demander au juge l'annulation de l'accord de médiation, hors les cas indiqués ci-dessus[3] ? La réponse est en principe négative, à moins que l'accord de médiation prévoie une clause par laquelle tous les engagements sont indissociables l'un de l'autre, et que le non-respect d'un seul, quel qu'il soit, puisse entraîner l'annulation de l'entier accord, dans sa globalité. Le dispositif suppose une exécution loyale et spontanée de l'accord de médiation. À défaut, celle des parties qui souhaite l'exécution peut demander l'apposition de la formule exécutoire pour y parvenir ou, dans certains cas expressément convenus, l'annulation de l'accord.

1. Civ. 2e, 22 févr. 2007, n° 05-21.314, P ; *RTD civ.* 2007. 385, obs. R. Perrot.
2. V. s[s] n°s 106.14, 106.15
3. V. s[s] n° 106.33.

108

Quelles sont les suites du constat d'échec d'une médiation ?

L'échec de la médiation peut être constaté à l'initiative de l'une quelconque des parties, du médiateur ou du juge. On rappellera que les parties peuvent à tout moment mettre fin au processus de médiation.

L'échec de la médiation peut être seulement partiel, un accord pouvant intervenir sur certains points du différend[1].

En tout état de cause, le médiateur, les parties ou, le cas échéant, le juge, doivent acter de la fin de la médiation.

108.01 **Nouvelle étape : poursuivre ou non une procédure judiciaire.** La date de la fin de la médiation ne met pas fin pour autant à la faculté pour les parties de continuer à rechercher entre elles, en dehors de l'intervention du médiateur et/ou du juge, une solution à leur différend persistant. En effet, les échanges dans le cadre de la médiation auront parfois permis de rétablir le dialogue entre les parties, ouvrant la voie à des solutions différées dans le temps, voire en parallèle d'une procédure judiciaire en cours.

Sur un plan procédural, la date de fin de la médiation ouvre, au choix des parties, la faculté d'engager ou de poursuivre ou non une procédure judiciaire. Elle marque en tout état de cause, le point de départ du cours des délais qui ont été suspendus ou interrompus du fait du processus de médiation[2]. Cette date est donc importante et doit être actée pour éviter toute contestation ultérieure, notamment procédurale. Par exemple, la durée de la garantie biennale, suspendue du fait de la médiation, va reprendre pour le temps restant à courir, étant cependant précisé que cette durée ne pourra pas être inférieure à six mois[3].

108.02 **Preuve de la fin de la médiation.** Dans le processus de médiation conventionnelle, la partie qui entend se prévaloir de la fin de la médiation peut le faire par tout moyen.

Cette preuve peut être établie notamment par :

– la conclusion d'un accord écrit, signé par les parties ;

PRÉCONISATIONS. Parfois, les parties sollicitent le médiateur pour qu'il signe également. Sa signature ne nous paraît pas opportune dans la mesure où le médiateur n'est pas partie à la médiation. En revanche, la signature de l'accord par les parties peut intervenir avec la mention « en présence du

1. V. s[s] n°s 102.01 s.
2. V. s[s] n° 104.01 s.
3. C. civ., art. 2238.

médiateur », sans que cela soit une obligation ; il sera prudent d'indiquer dans cet accord la date convenue pour « acter » de la fin de la médiation.

– la déclaration écrite du médiateur indiquant que la poursuite de la médiation ne se justifie plus, par exemple à raison du refus de l'une des parties de participer aux réunions de médiation malgré plusieurs tentatives d'organisation de celles-ci ;

– ou la déclaration écrite d'une partie ou des parties, adressée au médiateur indiquant qu'elles mettent fin à la procédure de médiation.

PRÉCONISATIONS. Pour éviter tout désaccord éventuel sur la date de fin de la médiation, il est recommandé que ce soit le médiateur qui fixe la date à retenir comme date de clôture de la médiation ou qui veille à la faire préciser contradictoirement par les parties.

108.03 **Lorsque le processus de médiation est judiciaire.** La médiation prend fin dans les cas suivants :

– soit à l'expiration du délai de médiation, sauf si les parties décident conjointement de prolonger ce délai en accord avec le médiateur et le juge. La durée initiale de la médiation judiciaire ne peut pas excéder trois mois à compter du jour du versement de la provision directement entre les mains du médiateur, durée renouvelable une fois à la demande du médiateur[1] ;

– soit à l'initiative du juge qui peut mettre fin à la mission du médiateur, à tout moment, sur demande des parties ou à l'initiative du médiateur ou encore d'office s'il considère que le déroulement de la médiation est compromis ou lorsqu'elle est devenue sans objet[2] ;

– soit encore à l'initiative du médiateur qui informe par écrit le juge de ce que les parties ne sont pas parvenues à un accord.

Dans tous les cas, l'affaire doit être obligatoirement préalablement rappelée à l'audience à laquelle les parties sont convoquées[3].

1. C. pr. civ., art. 131-3.
2. C. pr. civ., art. 131-10 et 131-11.
3. « *Viole l'art. 131-10, la cour d'appel qui rend un arrêt sur le fond, sans avoir au préalable tenu une audience en vue de la fin de la médiation qui était en cours* », Soc. 14 janv. 2014, n° 12-28.295, P ; *D.* 2014. Actu. 218 ; *LPA* 6 oct. 2013, p. 5, note A. Albarian ; *JCP S* 2014. 1285, note L. Flament ; Soc. 5 avr. 2018, n° 16-22.598, inédit.

C'est à la date de cette audience à laquelle le juge met fin à la mission du médiateur que la procédure judiciaire reprend son cours.

Cette date constitue la date de fin de la médiation.

108.04 **Suites pratiques.** La fin de la médiation conduit à l'arrêté de la rémunération du médiateur et, s'il y a lieu, de ses frais (déplacement, réservation de salles, etc.)[1].

Il est possible que les parties aient échangé des informations et des pièces au cours de la médiation. Sauf autre accord entre les parties, sauf s'il s'agit de documents dans le domaine public ou d'ores et déjà utilisés en dehors de la médiation, ces éléments sont couverts par la confidentialité.

PRÉCONISATIONS. Il est prudent d'organiser le cas échéant la restitution de certains éléments et/ou d'acter et de marquer le caractère confidentiel qui doit être préservé après la fin de la médiation pour tout ou partie de ces éléments[2]. À cet effet, le procès-verbal dressé par le médiateur peut permettre d'anticiper toute difficulté éventuelle en lien avec certaines pièces. À défaut d'accord entre les parties, il appartiendra à celle qui entendra se prévaloir de la confidentialité d'une information ou d'une pièce produite par l'autre partie d'en rapporter la preuve.

Enfin, l'une des conséquences quant à la préservation des droits du justiciable d'accéder au juge, c'est la reprise des délais de prescription des actions en justice qui ont été suspendues par l'entrée en médiation[3].

108.05 **Contraintes spécifiques dans certains cas.** Certains règlements de centres de médiation prévoient des contraintes spécifiques. Par exemple, le règlement de médiation de l'Organisation mondiale de la propriété intellectuelle exige que la notification écrite du médiateur, qui lui est adressée en fin de mission, reste secrète. Elle « *ne peut, sauf dans la mesure nécessaire si une action est intentée en justice relativement à l'exécution d'une transaction ou si la loi en dispose autrement, divulguer à quiconque, ni l'existence, ni l'issue de la procédure de médiation* »[4].

1. V. s[s] n° 44.11.
2. C. pr. civ., art. 131-14.
3. V. s[s] n°s 104.01 et 105.03.
4. Règl. Ompi, art. 20.

Dans l'objectif de préserver la confidentialité totale des échanges, ce dernier règlement prévoit même que « *sauf sur injonction d'un tribunal ou autorisation écrite des parties, le médiateur ne peut, à aucun autre titre que celui de médiateur, intervenir dans une procédure judiciaire, arbitrale ou autre, en instance ou à venir, liée à la question en litige* »[1].

Le médiateur ne peut donc pas venir témoigner à l'audience et divulguer par ce biais des informations qu'il aurait recueillies au cours de la médiation. Cette formule nous paraît pertinente et conforme à l'esprit de la médiation qui ne doit en aucun cas permettre à une partie d'obtenir à l'occasion de la médiation des informations « utiles » à l'engagement ou à la poursuite d'une procédure.

1. Régl. Ompi, art. 21.

11

Compléments

111 Exemples d'actes

112 Mini Code

Les auteures remercient très sincèrement pour les autorisations données à la reproduction d'exemples d'actes :

– le Centre de Médiation et d'Arbitrage de Paris (CMAP, https://www.cmap.fr/),

– la Fédération Française des Centres de Médiation (FFCM, https://www.ffcmediation.org/),

– le Groupement Européen des Magistrats pour la Médiation (kit médiation du GEMME, https://www.gemme-mediation.eu/),

– le Singapore International Arbitration Center (SIAC, https://www.siac.org.sg),

– et Maître Aline Jacquet-Duval (avocate et médiatrice).

Ainsi que les juges qui contribuent à la rédaction d'ordonnances, de jugements et d'arrêts en matière de médiation judiciaire.

111 Exemples d'actes

- Médiation judiciaire à l'initiative d'une partie : lettre du juge adressée à l'autre partie (GEMME) 111.01
- Médiation judiciaire à l'initiative d'une partie : lettre du juge adressée à l'avocat de cette partie (GEMME) 111.02
- Médiation judiciaire à l'initiative du juge : lettre du juge adressée aux avocats (GEMME) 111.03
- Deux exemples de notice d'information sur la médiation judiciaire (GEMME) 111.04
- Ordonnance ou jugement d'injonction de rencontrer un médiateur 111.05
- Ordonnance d'injonction et de désignation « 2 en 1 » 111.06
- Lettre informant le médiateur de sa désignation (GEMME).. .. .. 111.07
- Lettre du médiateur informant le tribunal de l'acceptation ou du refus de sa mission (GEMME) 111.08
- Ordonnance de médiation. 111.09
- Accord de confidentialité dans le cadre d'une médiation judiciaire 111.10
- Feuille de présence (CMAP) 111.11
- Lettre du médiateur au juge lui demandant le renouvellement de la durée de la médiation et/ou une provision complémentaire 111.12
- Acte d'engagement de médiation judiciaire 111.13
- Engagement de médiation conventionnelle 111.14
- Ordonnance de prorogation de médiation (GEMME) 111.15
- Lettre du médiateur faisant connaître au tribunal que les parties sont parvenues à un accord (GEMME). 111.16
- Lettre du médiateur faisant connaître au tribunal que les parties ne sont pas parvenues à un accord (GEMME). 111.17
- Convocation à une audience de fin de médiation lorsqu'il est mis fin de façon anticipée à la médiation (GEMME). 111.18

> Jugement/arrêt de fin de médiation (GEMME) 111.19

> Homologation de l'accord de médiation par la juridiction (GEMME) 111.20

> Ordonnance de taxe (GEMME) .. . 111.21

> Conclusions de désistement à la suite d'un accord de médiation 111.22

> Conclusions d'acquiescement à désistement à la suite d'un accord de médiation 111.23

> Jugement/arrêt de désistement (GEMME) 111.24

> Contreseing des avocats 111.25

> Acte non équivoque de tentative de recours à une médiation.. .. .. .111.26

> Clause de recours à la médiation .. 111.27

> Clause prévoyant le recours à la médiation (CMAP) 111.28

> Clause de médiation dans un contrat de travail (A. Jacquet-Duval) 111.29

> Clause prévoyant le recours à la médiation (FFCM) 111.30

> Clause de med-arb (CMAP) 111.31

> Clause de arb-med-arb de Singapour (SIAC) 111.32

> Acceptation de mission, déclaration d'indépendance, déclaration sur l'honneur (CMAP) 111.33

> Avis du médiateur dans un litige de la consommation (exemple).. .. 111.34

111.01 Médiation judiciaire à l'initiative d'une partie : lettre du juge adressée à l'autre partie (GEMME[1])

GEMME
France

Références
n° d'enrôlement/date d'audience

Aff. *X c/ Y*

Madame/Monsieur,

« Y » m'a indiqué qu'il souhaiterait engager un processus de médiation dans cette affaire.

Je pense qu'une médiation judiciaire pourrait, en effet, permettre de trouver une solution.

Cette médiation judiciaire ne peut être mise en place que si vous en êtes d'accord.

Je vous remercie en conséquence de bien vouloir me faire savoir si vous acceptez cette demande. Je vous invite à en discuter avec votre conseil.

Vous trouverez en annexe une note vous éclairant sur le sujet. Si vous le souhaitez, [je suis disposé(e)]/le médiateur de permanence est également à votre disposition pour vous recevoir avec votre conseil afin de discuter de l'intérêt du recours à un tel processus.

J'adresse copie de la présente à votre avocat.

Je vous prie de croire, Madame/Monsieur, à l'assurance de ma parfaite considération.

111.02 Médiation judiciaire à l'initiative d'une partie : lettre du juge adressée à l'avocat de cette partie (GEMME[2])

GEMME
France

Références
n° d'enrôlement/date d'audience

1. GEMME : Groupement européen des magistrats pour la médiation, https://www.gemme-mediation.eu/
2. GEMME : Groupement européen des magistrats pour la médiation, https://www.gemme-mediation.eu/

Aff. *X c/ Y*

Maître,

« Y » m'a indiqué qu'il souhaiterait engager un processus de médiation dans cette affaire.

Je pense qu'une médiation judiciaire pourrait, en effet, permettre de trouver une solution.

Je vous invite en conséquence à vous rapprocher de votre client(e) pour examiner avec lui (elle) l'intérêt de recourir à une telle mesure, et de me faire part, dans l'affirmative, de son accord.

Comme vous le savez, une médiation judiciaire ne peut être engagée qu'avec l'accord de toutes les parties.

Vous trouverez en annexe une note sur la médiation à l'attention de votre client(e). Si vous le souhaitez, [je suis disposé(e)]/le médiateur de permanence est également à votre disposition pour vous recevoir avec votre client afin de discuter de l'intérêt du recours à un tel processus.

Je vous prie de croire, Maître, à l'assurance de ma parfaite considération.

111.03 Médiation judiciaire à l'initiative du juge : lettre du juge adressée aux avocats (GEMME[1])

Références
n° d'enrôlement/date d'audience

Aff. *X c/ Y*

Maître,

Après avoir examiné le dossier cité en référence, je constate que le processus de médiation judiciaire pourrait être adapté pour faciliter la recherche d'une solution au différend.

1. GEMME : Groupement européen des magistrats pour la médiation, https://www.gemme-mediation.eu/

Vous trouverez en annexe une note sur la médiation à l'attention de votre client(e). Si vous le souhaitez, [je suis disposé(e)]/le médiateur de permanence est également à votre disposition pour vous recevoir avec votre client(e) afin de discuter de l'intérêt du recours à un tel processus.

Je vous prie de croire, Maître, à l'assurance de ma parfaite considération.

111.04 Deux exemples de notice d'information sur la médiation judiciaire (GEMME[1])

GEMME
France

FORMULAIRE 1

Ce document est envoyé au justiciable par le greffe au moment de l'enrôlement ou avec la convocation à l'audience si ces deux opérations sont voisines dans le temps. Il comporte en bas du texte un volet détachable à retourner par le justiciable. Des permanences gratuites d'information sur la médiation sont tenues à .... [lieu]

UNE AUTRE FAÇON DE RÉSOUDRE VOTRE CONFLIT : LA MÉDIATION

Instituée par la loi n° 95-125 du 8 février 1995 et régie par le décret n° 96-652 du 22 juillet 1996, codifiés aux articles 131-1 à 131-15 du Code de procédure civile, la médiation est une autre manière de régler les conflits.

Qu'est-ce que la médiation ?

Cette mesure vous permet de rechercher et de négocier vous-même des solutions satisfaisantes.

Une tierce personne impartiale, nommée par le juge, le médiateur, vous aide au cours d'entretiens confidentiels à vous expliquer, à renouer le dialogue et à exprimer vos attentes tout en écoutant celles de votre contradicteur.

Le juge reste saisi de votre affaire. Si aucun accord n'est trouvé, le litige est jugé et le tribunal rend un jugement. À tout instant vous pouvez consulter votre conseil qui peut vous assister au cours de la médiation.

Quels sont les avantages de la médiation ?

Elle favorise le dialogue plutôt que l'affrontement.

1. GEMME : Groupement européen des magistrats pour la médiation, https://www.gemme-mediation.eu/

Elle vous permet de prendre vous-même les décisions qui vous engagent. Elle évite une solution imposée par la décision de justice.

C'est une procédure rapide (la mission du médiateur est limitée à une durée maximum de trois mois, renouvelable une fois à la demande du médiateur et sous réserve de l'accord des parties).

Qui sont les médiateurs ?

Les médiateurs sont des professionnels des relations humaines et du règlement amiable des conflits.

Ils sont extérieurs et indépendants de la juridiction que vous avez saisie.

Ils sont spécialement formés aux techniques de la médiation et tenus d'observer la plus stricte confidentialité sur tout ce qui a été dit devant eux, y compris envers le juge qui les a désignés.

Avec votre adversaire, tout dialogue est impossible ?

Vous pensez que tout dialogue est impossible, que vous avez tout essayé. Le choix de la médiation doit se faire par rapport à votre propre point de vue, sans tenir compte du comportement vrai ou supposé de l'autre partie. C'est le rôle du médiateur d'établir ou de rétablir le dialogue.

Comment la demander ?

Si vous souhaitez avoir recours à la médiation, vous pouvez, dans les procédures où la représentation est obligatoire, vous adresser à votre conseil qui, en fera part au juge et contactera votre adversaire pour obtenir son accord sur la mise en place d'une médiation.

Dans les procédures sans représentation obligatoire, vous pouvez le demander directement au juge.

La mesure de médiation ne peut être ordonnée qu'une fois que l'accord de votre adversaire sera obtenu.

La rémunération du médiateur est fixée par le juge qui peut prendre en considération divers éléments notamment, les possibilités financières de chaque partie, les barèmes indicatifs des centres de Médiation, les enjeux financiers, la complexité de l'affaire. La rémunération peut être forfaitaire ou selon un barème horaire. Les frais et honoraires incombant à la partie bénéficiaire de l'aide juridictionnelle sont à la charge de l'État. L'aide juridictionnelle prend en charge la participation du bénéficiaire de cette aide. Vous pouvez également vous renseigner auprès de votre assureur « protection juridique ». Certains assureurs et certaines mutuelles prennent en charge le coût de la médiation sur la base de barèmes.

....

Volet détachable à retourner

(préciser le service et l'adresse de la juridiction concernée)

N° d'enrôlement : ....
N° de chambre et date d'audience : ....

Après avoir pris connaissance de la notice d'information sur la médiation judiciaire :

- je demande à aller en médiation
- je ne désire pas aller en médiation
- je souhaite des informations complémentaires

Nom et adresse

Signature

FORMULAIRE 2

NOTICE D'INFORMATION SUR LA MÉDIATION JUDICIAIRE (FORMULAIRE 2 DIFFUSÉ PAR LE GEMME[1])[2]

Ce document est envoyé au justiciable par le greffe au moment de l'enrôlement ou avec la convocation à l'audience si ces deux opérations sont voisines dans le temps. Il comporte en bas du texte un volet détachable à retourner par le justiciable.

La médiation judiciaire a été instituée par la loi n° 95-125 du 8 février 1995 et est régie par le décret n° 96-652 du 22 juillet 1996, codifiés aux articles 131-1 à 131-15 du Code de procédure civile.

1. GEMME : Groupement européen des magistrats pour la médiation, https://www.gemme-mediation.eu/
2. Des permanences gratuites d'information sur la médiation sont tenues à .... [lieu].

La médiation consiste à confier à un tiers impartial, qualifié, sans pouvoir de décision sur le fond, le « médiateur », la mission d'entendre les parties en conflit et de confronter leur point de vue au cours d'entretiens, contradictoires ou non, afin de les aider à rétablir une communication et à trouver elles-mêmes des accords mutuellement acceptables.

Le médiateur est désigné par le juge individuellement ou comme membre d'une association ou d'un centre de médiation.

Le recours à la médiation peut être décidé avant toute audience.

Le recours à la médiation résulte, soit d'une demande adressée par les parties au juge, qui peut l'accepter ou la refuser, soit d'une proposition du juge aux parties. Il peut s'agir du juge du fond, du juge des référés, ou encore du juge de la mise en état.

Après avoir recueilli l'accord des parties, le juge peut décider, à tout moment, de recourir à la médiation sur tout ou partie du litige.

Le juge, maître en dernier ressort de l'opportunité du recours à la médiation, n'est pas dessaisi de l'affaire et peut prendre à tout moment les autres mesures qui lui paraissent nécessaires.

Dès le prononcé de la décision désignant le médiateur, le greffe de la juridiction en notifie copie par lettre simple aux parties et au médiateur. Ce dernier fait connaître sans délai au juge son acceptation.

Outre la désignation du médiateur et l'accord des parties sur le principe de la médiation, la décision du juge mentionne la durée initiale de la médiation ainsi que la date à laquelle l'affaire sera rappelée à l'audience.

Ce délai ne peut excéder trois mois mais peut être renouvelé, à la demande du médiateur et avec l'accord des parties, une fois pour une même durée.

Le médiateur tient le juge informé des difficultés qu'il rencontre dans l'accomplissement de sa mission. Cependant, la médiation reposant sur le principe de la confidentialité, les constatations du médiateur et les déclarations qu'il recueille au cours de la médiation ne peuvent être produites ni invoquées dans la suite de la procédure sans l'accord des parties, ni en tout état de cause dans le cadre d'une autre instance.

Le médiateur ne dispose d'aucun pouvoir d'instruction, mais peut néanmoins, sous réserve de l'accord des parties, entendre les tiers qui y consentent, sous la même règle de confidentialité.

Le médiateur informe, à la fin de sa mission, le juge de ce que les parties sont ou non parvenues à un accord.

Le juge peut mettre fin à la médiation à tout moment, sur demande expresse d'une des parties, à l'initiative du médiateur ou même d'office si le bon déroulement de la médiation apparaît compromis.

La rémunération du médiateur est fixée par le juge à la fin de sa mission. Le juge fixe, cependant, lors de la désignation du médiateur, le montant de sa provision à valoir sur sa rémunération. La désignation du médiateur, à défaut de versement de la provision entre les mains du médiateur dans le délai imparti, est caduque et l'instance se poursuit[1].

À l'expiration de la médiation, le juge fixe la rémunération définitive du médiateur et ordonne, s'il y a lieu, le versement de sommes complémentaires ou la restitution des sommes déjà versées en excédent.

L'aide juridictionnelle, octroyée dans les conditions prévues par la loi, est applicable à la médiation.

Si la médiation est conduite avec succès, l'accord écrit intervenu entre les parties peut être soumis, à leur demande, à l'homologation du juge, afin de constituer un titre exécutoire. Durant cette procédure, les parties peuvent également se faire assister par un avocat.

Volet détachable à retourner

(préciser le service et l'adresse de la juridiction concernée)

N° d'enrôlement : ....

N° de chambre et date d'audience : ....

Après avoir pris connaissance de la notice d'information sur la médiation judiciaire :

- Je demande à aller en médiation
- Je ne désire pas aller en médiation
- Je souhaite des informations complémentaires

Nom et adresse

Signature

1. Cette phrase a été aménagée par les auteures pour tenir compte du décret n° 2022-245 du 25 février 2022 qui prévoit désormais que le versement de la provision se fait directement entre les mains du médiateur.

111.05 Ordonnance ou jugement d'injonction de rencontrer un médiateur

Vu l'instance enrôlée sous le n° RG ………… :

Aux termes des dispositions de l'article 127-1 du Code de procédure civile, « *à défaut d'avoir recueilli l'accord des parties prévu à l'article 131-1, le juge peut leur enjoindre de rencontrer, dans un délai qu'il détermine, un médiateur chargé de les informer de l'objet et du déroulement d'une mesure de médiation. Cette décision est une mesure d'administration judiciaire* ».

L'affaire présentant des critères d'éligibilité à une mesure de médiation, il y a lieu de donner injonction aux parties de rencontrer un médiateur pour un rendez-vous d'information sur la médiation délivré gratuitement par le médiateur désigné à cet effet.

À l'issue du rendez-vous, les parties pourront convenir d'entrer en médiation conventionnelle, ou, si elles le préfèrent, demander au juge d'ordonner une médiation judiciaire ou encore indiquer qu'elles ne souhaitent pas entrer en médiation.

Si les parties donnent leur accord pour entrer en médiation, l'affaire, qui reste inscrite au rôle, bénéficiera, à l'issue du processus de médiation, d'un rôle prioritaire pour une éventuelle homologation judiciaire de l'accord, ou, à défaut d'accord, pour que le juge statue.

PAR CES MOTIFS

Statuant par mesure d'administration judiciaire non susceptible de recours,

Donnons injonction aux parties de rencontrer pour un rendez-vous d'information sur la médiation dès réception des présentes et avant le ………… le médiateur/la médiatrice : ………… (identité, adresse, tél., mail).

Invitons chaque partie à prendre contact directement par mail avec le médiateur et à se présenter au rendez-vous en personne accompagnée, le cas échéant de son conseil,

Rappelons que ce rendez-vous est obligatoire et gratuit, et peut se faire par visio-conférence en cas d'impossibilité d'une rencontre en présentiel,

Rappelons que les parties peuvent choisir d'entrer en médiation conventionnelle (dans les conditions des articles 1530 et suivants du Code de procédure civile) avant, pendant ou à l'issue du rendez-vous, sans que le tribunal soit dessaisi,

Disons que, dans l'hypothèse où les parties donneraient leur accord à une mesure de médiation conventionnelle, le médiateur pourra immédiatement commencer sa mission et en informera la juridiction,

Disons qu'aux fins de vérification de l'exécution de la présente injonction, le médiateur indiquera à la juridiction l'identité et la qualité des personnes s'étant présentées au rendez-vous d'information,

Rappelons que l'inexécution de cette injonction, sans motif légitime, est susceptible de constituer un défaut de diligences justifiant une radiation du dossier ou pourra constituer un des critères de l'équité lors de l'appréciation par le juge des demandes formées du chef des dispositions de l'article 700 du Code de procédure civile[1],

Renvoyons l'affaire à l'audience du …………

Le greffier Le président

111.06 Ordonnance d'injonction et de désignation « 2 en 1 »

COUR D'APPEL DE PARIS

Chambre :

Références
n° d'enrôlement
Nature de l'acte de saisine : Déclaration d'appel valant inscription au rôle
Date de l'acte de saisine :
Date de saisine :
Nature de l'affaire : Demande d'indemnités liées à la rupture du contrat de travail CDI ou CDD, son exécution ou inexécution
Décision attaquée : n° …………

Appelant : **M.** …………

1. Les auteures rappellent que le garde des Sceaux a considéré lors des débats au Parlement sur la loi n° 2021-1729 du 22 décembre 2021 pour la confiance dans l'institution judiciaire, que les parties restent libres d'aller ou non en médiation, sans avoir à s'exposer à une condamnation.

Intimée : **M.** …………

Nous, …………, magistrat chargé de la mise en état à la cour d'appel de …………, greffier,

Vu la déclaration d'appel enregistrée le …………

dans le dossier n° RG …………

M. …………

Assistée de …………

ORDONNANCE D'INJONCTION/MÉDIATION

A interjeté appel du jugement du conseil de prud'hommes – formation paritaire de Paris rendu le ………… dans l'affaire l'opposant à : …………

Vu l'article 22-1 de la loi n° 95-125 du 8 février 1995 dans sa rédaction issue de la loi n° 2019-222 du 23 mars 2019, aux termes duquel en tout état de la procédure y compris en référé, lorsqu'il estime qu'une résolution amiable du litige est possible, le juge peut, s'il n'a pas recueilli l'accord des parties, leur enjoindre de rencontrer un médiateur qu'il désigne. Celui-ci informe les parties sur l'objet et le déroulement d'une mesure de médiation,

Vu les articles 21 et suivants de la loi n° 95-125 du 8 février 1995,

Vu les articles 131-1 et suivants du Code de procédure civile,

Il apparaît à l'examen du jugement et des conclusions de ce dossier que, dans l'intérêt des parties, le recours à la médiation judiciaire rendrait possible une issue adaptée au règlement de leur affaire.

Afin de permettre aux parties de réfléchir à l'opportunité d'une médiation, il convient de leur enjoindre de rencontrer un médiateur aux fins de présentation de cette mesure par laquelle les parties tentent de parvenir à un accord raisonnable, avec l'aide d'un tiers désigné par la cour, pour mettre un terme à leur litige dans un bref délai.

En cas d'accord des parties pour recourir à la médiation avec le médiateur désigné, celui-ci pourra commencer ses opérations dans les conditions énoncées au dispositif.

PAR CES MOTIFS

Statuant par mesure d'administration judiciaire insusceptible de recours :

DONNONS INJONCTION AUX PARTIES DE RENCONTRER :

M…………

médiateur inscrit sur la liste de la cour d'appel, demeurant, ..., téléphone : ....

courrier électronique : ....

Enjoignons à chaque partie de prendre contact avec le médiateur par courrier électronique dans le délai de **15 jours** à compter de la date de la présente ordonnance,

Disons que le médiateur fixera un rendez-vous aux parties, auquel elles seront tenues de participer en personne, les personnes morales devant être représentées par un mandataire dûment habilité, et avec leurs conseils respectifs,

Disons que le médiateur aura pour mission :

– d'expliquer aux parties le principe, le but et les modalités de la médiation,

– de recueillir l'accord ou le refus des parties sur la mise en œuvre de cette mesure dans le délai maximum de **15 jours**[1] après la réunion d'information,

Disons que cette réunion d'information par le médiateur est **obligatoire et gratuite** et qu'elle doit être réalisée en présence de toutes les parties, par visioconférence ou en présentiel,

Disons que si l'une des parties ne prend pas contact avec le médiateur dans le délai imparti, ne lui répond pas ou refuse de participer à cette réunion de présentation de la médiation, le médiateur en informera immédiatement le magistrat de la mise en état et cessera ses opérations,

Disons que les parties seront informées de la date de clôture et de plaidoiries,

En cas d'accord des parties sur la mise en œuvre de la médiation,

ORDONNONS UNE MÉDIATION,

Donnons mission au médiateur ci-dessus désigné, d'entendre les parties et/ou leurs conseils, de confronter leurs points de vue, de prendre connaissance de tous éléments utiles et le cas échéant, avec l'accord des parties, d'entendre tout tiers utile, pour permettre aux parties de trouver une solution au conflit qui les oppose.

Fixons la provision à valoir sur la rémunération du médiateur à la somme de .... **€ HT** (euros hors taxes) qui sera versée à concurrence de .... **€ HT** (euros hors taxes) par le défendeur et de .... **€ HT** (euros hors taxes)

1. À noter que depuis le décret n° 2022-245 du 25 février 2022 pris en application de la loi pour la confiance dans l'institution judiciaire, il est précisé que le juge peut enjoindre aux parties de rencontrer un médiateur « dans un délai qu'il détermine ».

par le demandeur, directement entre les mains du médiateur dans le délai **de 15 jours** suivant la date à laquelle celui-ci aura recueilli l'ensemble des accords à la mesure.

Disons que le médiateur fera parvenir au magistrat de la mise en état l'accord signé des parties en vue de l'instauration d'une médiation.

Disons que la partie bénéficiaire de **l'aide juridictionnelle** sera dispensée de ce règlement par application des dispositions de l'article 22, alinéa 3, de la loi du 8 février 1995.

Disons qu'en l'absence de versement de la provision fixée entre les mains du médiateur dans les conditions et délai impartis, la décision de désignation du médiateur sera caduque et l'instance se poursuivra.

Disons que sauf renouvellement sollicité dans les conditions de l'article 131-3 du Code de procédure civile, la mission du médiateur est d'une durée de **trois mois à compter du jour où la provision à valoir sur la rémunération du médiateur est versée entre les mains de ce dernier.**

Rappelons au médiateur son obligation d'informer le magistrat de la mise en état de toutes difficultés qu'il rencontrerait dans l'accomplissement de sa mission et qu'à l'expiration de celle-ci, il devra remettre au magistrat de la mise en état ainsi qu'à chacune des parties son rapport écrit, qui ne fera pas état des propositions transactionnelles ayant pu émaner de l'une ou l'autre des parties, accompagné de sa note de frais.

Invitons les parties à informer le magistrat de la mise en état des suites réservées au processus de médiation par message transmis par RPVA.

Disons que l'affaire sera rappelée à la conférence virtuelle de mise en état du ………… :

– pour permettre aux parties de faire valoir leurs observations sur la poursuite ou l'abandon de la procédure de médiation en application de l'article 131-10 du Code de procédure civile,

Et suivant la requête des parties,

– pour constater le désistement d'instance et d'action des parties, qui devront communiquer leurs conclusions au plus tard 48 heures ouvrables avant l'audience,

– pour statuer sur la demande d'homologation de leur accord, après transmission au magistrat de la mise en état du protocole d'accord au plus tard 15 jours avant l'audience afin de transmission au ministère public pour avis en application des articles 131-12 et 798 du Code de procédure civile,

– pour, en cas d'abandon de la procédure de médiation, procéder à une fixation de l'affaire à une audience de plaidoiries.

Disons que la présente ordonnance sera notifiée au représentant des parties ainsi que, par mail, au médiateur.

Fait à …………

Le …………

Le greffier Le magistrat de la mise en état

111.07 Lettre informant le médiateur de sa désignation (GEMME[1])

Références
n° d'enrôlement/date d'audience
Aff. *X c/ Y*

Madame, Monsieur,

Je vous prie de bien vouloir trouver, ci-joint, la copie de la décision par laquelle vous avez été désigné(e) comme médiateur (médiatrice) dans l'affaire ci-dessus référencée.

Je vous informe que le montant de la provision à vous verser est de ………… ; il appartient aux parties de vous verser ce montant, selon la répartition indiquée dans la décision, directement entre vos mains et dans un délai de ………

À défaut de versement intégral de la provision dans le délai prescrit, la décision sera caduque et l'instance se poursuivra. Vous voudrez bien en conséquence me tenir informé(e) du règlement à intervenir dans le délai indiqué.

OU

X/Y n'ont pas à verser de provision sur vos honoraires car ils bénéficient de l'aide juridictionnelle. Il vous appartient alors de déposer à la fin de

1. GEMME : Groupement européen des magistrats pour la médiation, https://www.gemme-mediation.eu/

votre mission un mémoire pour la part de vos frais et honoraires imputables à X/Y.

Je vous remercie de bien vouloir informer la juridiction par écrit au plus tard le ………… si les parties sont ou non parvenues à une solution au conflit qui les oppose.

Il vous appartient de faire connaître sans délai votre acceptation ou votre refus de cette mission.

Je vous prie de croire, Madame, Monsieur, à l'assurance de ma parfaite considération.

Le greffier,

111.08 Lettre du médiateur informant le tribunal de l'acceptation ou du refus de sa mission (GEMME[1])

GEMME
France

Références
N° d'enrôlement/date d'audience
Aff. *X c/ Y*

Madame/Monsieur le Juge,

J'ai l'honneur de vous faire connaître que, dans l'affaire en référence :

J'accepte la mission qui m'a été confiée (1)

Je ne puis accepter la mission qui m'a été confiée (1) pour les motifs suivants :

Le …………

LE MÉDIATEUR

Très important : réponse à retourner dans les meilleurs délais au juge de la mise en état/au juge ayant ordonné la médiation.

(1) Rayer la mention inutile.

1. GEMME : Groupement européen des magistrats pour la médiation, https://www.gemme-mediation.eu/

111.09 Ordonnance de médiation

Vu l'instance enrôlée sous le n° RG ....,

Il convient, vu l'accord des parties, d'ordonner une mesure de médiation entre elles et de désigner .... comme médiateur ;

Il est rappelé qu'en application des articles 131-2, 131-9 et 131-10 du Code de procédure civile, la médiation ne dessaisit pas le juge qui, dans le cadre du contrôle de la mesure, peut être saisi de toute difficulté et mettre fin à la mission du médiateur à la demande de ce dernier et/ou des parties ou s'il estime que les circonstances l'imposent.

Le médiateur est désigné pour trois mois à compter du jour où la provision à valoir sur la rémunération du médiateur est versée entre les mains de ce dernier, durée qui peut être renouvelée une fois à la demande du médiateur. Il appartient au médiateur ayant accepté la mission de convoquer les parties dans les meilleurs délais dès qu'il a reçu la provision ou dès réception de la justification de la dispense de ce versement par une partie bénéficiant des dispositions relatives à l'aide juridictionnelle.

À l'expiration de sa mission, le médiateur devra informer le juge de l'accord intervenu entre les parties ou de l'échec de la mesure.

En cas d'accord, les parties pourront soit saisir le juge d'une demande d'homologation de cet accord soit, après contreseing des avocats, le déposer au greffe afin d'en obtenir la force exécutoire.

PAR CES MOTIFS

Statuant par mise à disposition au greffe par mesure d'administration judiciaire,

Ordonnons une mesure de médiation ;

Désignons en qualité de médiateur : ....

Fixons la provision à valoir sur la rémunération du médiateur à la somme de .... euros, qui sera versée à concurrence de .... par le défendeur et de .... par le demandeur directement entre les mains du médiateur contre récépissé avant le .... ;

Disons que, pour mener à bien sa mission, le médiateur, devra convoquer les parties dans les meilleurs délais, dès réception de la provision afin de les entendre, et de confronter leurs points de vue pour leur permettre de trouver une solution amiable au litige qui les oppose ;

Fixons la durée de la médiation à 3 mois à compter du jour où la provision à valoir sur la rémunération du médiateur est versée entre les mains de ce dernier, et disons que la mission pourra être renouvelée une fois, pour la même durée, à la demande du médiateur ;

Disons qu'à l'expiration de sa mission, le médiateur devra informer par écrit le juge de ce que les parties sont ou non parvenues à trouver une solution au différend qui les oppose ;

Disons qu'en cas d'accord, les parties pourront soit saisir le juge d'une demande d'homologation de cet accord soit, après contreseing des avocats, le déposer au greffe afin d'en obtenir la force exécutoire.

Rappelons que les parties peuvent être assistées devant le médiateur par toute personne ayant qualité pour le faire devant la juridiction qui a ordonné la médiation ;

Renvoyons l'affaire à l'audience du …………

Le Greffier Le Président

111.10 Accord de confidentialité dans le cadre d'une médiation judiciaire

N° de dossier : …………

Nom du dossier : …………

ACCORD DE CONFIDENTIALITÉ

Dans le cadre de la réunion d'information sur la médiation/de médiation en date du …………

Les parties s'engagent à conserver confidentielles toutes les informations et propositions d'accord transmises entre elles, ou entre elles et le médiateur, tous les propos échangés, tous les courriers ou documents éventuels relatifs au processus de médiation.

Pour mémoire, le(s) médiateur(s) et les avocats sont, par leur serment, tenus d'ores et déjà à cette obligation de confidentialité.

Cette confidentialité s'applique notamment à l'égard du juge qui pourrait avoir à connaître du litige en cas d'échec de la médiation. Le médiateur s'engage à ne fournir aucun rapport sur le contenu ou le déroulement de la médiation à quiconque.

Cet engagement de confidentialité subsistera après la réunion, quelle qu'en soit l'issue.

Le même engagement de confidentialité s'appliquera à toute personne (tiers, expert, consultant…) qui pourrait être présent au cours de la réunion. Elle sera tenue de signer cet accord de confidentialité.

Fait à …………, le …………

…………

Partie

…………

Partie

…………

111.11 Feuille de présence (CMAP[1])

Réf. Dossier : ………… Médiateur(trice) : …………

Date : ………… Lieu : …………

Heure début : ………… Fin : …………

NOM – Prénom	Qualité	Coordonnées	Émargement
		Tél. : Mail :	
		Tél. : Mail :	
		Tél. : Mail :	
		Tél. : Mail :	
		Tél. : Mail :	
		Tél. : Mail :	
		Tél. : Mail :	
		Tél. : Mail :	
		Tél. : Mail :	
		Tél. : Mail :	
		Tél. : Mail :	

1. Centre de Médiation et d'Arbitrage de Paris, www.cmap.fr

111.12 Lettre du médiateur au juge lui demandant le renouvellement de la durée de la médiation et/ou une provision complémentaire

N° RG ....

N° Portalis ....

À l'attention de Monsieur ...., juge de la mise en état

Monsieur le Président,

J'ai été désigné(e) médiateur/médiatrice suivant votre ordonnance de médiation du ....

Pour des raisons diverses, notamment les contraintes sanitaires, la première réunion de médiation n'a pu se tenir que le .... Nous avons depuis eu plusieurs réunions et échanges téléphoniques et visio et je ne désespère pas de parvenir à une solution de médiation.

En accord avec les avocats des parties qui me lisent en copie, il conviendrait de renouveler la période de médiation pour une période de trois mois, soit jusqu'au ....

Je sollicite également une provision complémentaire, le temps passé ayant déjà largement dépassé la provision initiale fixée à .... TTC par partie. Je pense, sous réserve de l'avis des avocats des parties qui me lisent en copie et que j'ai tenus informés de cette démarche, que ce dossier nécessite une forte mobilisation justifiant une provision complémentaire que je propose de fixer à .... euros TTC par chacune des parties (soit environ .... HT par partie).

Je reste bien sûr à votre disposition pour vous apporter toutes précisions utiles.

Vous remerciant de l'attention portée à ce message,

Je vous prie (formule de politesse)

111.13 Acte d'engagement de médiation judiciaire

Entre les soussignés,

La société .... représentée par M. ....,

ayant donné pouvoir pour les besoins de la présente médiation à Monsieur ...., dûment habilité,

dont le siège social est à ....
Assistée de .... ; Cabinet d'avocats ....

Et
La société .... représentée par ...., dûment habilité,
Dont le siège social est à ....
Assistée de Maître .... du Cabinet d'avocats ....

Ci-après dénommés « les parties »
En présence de
Madame/Monsieur ....
Médiatrice/Médiateur ....

Saisi d'un litige opposant les parties susnommées, le tribunal de commerce de Paris, statuant en référé, constatant l'accord des intéressés pour recourir à une médiation, a désigné ...., en qualité de médiateur, par ordonnance de référé prononcée le ....

Les parties reconnaissent être informées par le médiateur que :

1. le processus de médiation a pour objectif d'aider les parties à trouver par elles-mêmes une solution au différend qui les oppose,

2. le médiateur agit auprès des parties comme facilitateur, c'est-à-dire qu'il les aidera à dialoguer et à rechercher une solution entre elles, sans les contraindre ni même les orienter vers une solution ou l'autre,

3. le médiateur interviendra dans le respect des principes **d'impartialité, de neutralité** et **d'indépendance** (c'est-à-dire que le médiateur ne prendra parti ni pour l'une ni pour l'autre des parties, que le médiateur mettra à distance ses propres croyances, sentiments et intérêts),

4. les réunions de médiation se tiendront, aussi bien pour les réunions plénières que pour les entretiens séparés, en présentiel ou en distanciel, selon les circonstances et les besoins exprimés, le médiateur gardant la maîtrise du choix du procédé et de l'organisation les mieux adaptés,

5. le médiateur ainsi que tous les participants au processus de médiation s'obligent à préserver la **confidentialité** totale des propos tenus, documents établis et renseignements révélés au cours de la médiation,

6. le principe de confidentialité s'appliquera en réunion plénière comme aux entretiens séparés que pourra avoir le médiateur avec les parties, de sorte que le médiateur ne pourra, sans autorisation ou instruction de la partie à l'entretien séparé, rapporter à l'autre partie ce qui lui aura été dit au cours de cet entretien,

7. la confidentialité de la médiation implique aussi qu'il ne pourra être demandé au médiateur de témoigner en justice,

8. le médiateur, comme les parties, peuvent mettre librement fin au processus de médiation à tout moment, la provision sur honoraires versée entre les mains du médiateur, restant alors due intégralement,

9. la provision comprend notamment :

- le temps d'étude du dossier ;
- le temps d'organisation des réunions ;
- le temps passé en séances de médiation ;
- les communications téléphoniques avec les parties et/ou leurs conseils ;
- le temps passé pour faire rapport de toutes difficultés au magistrat ;
- le temps passé en conversations avec des tiers intervenants (experts, témoins etc.) ;
- le temps passé en entretiens séparés pendant les séances de médiation ou en dehors d'elles.

Cette provision est fixée à .... euros HT (soit .... euros TTC) par partie et est remise par chacune d'elles entre les mains du médiateur, à la signature du présent engagement ; elle pourra être revue en fonction de l'évolution, de la durée et de la complexité de la médiation. Elle pourra alors faire l'objet d'une demande de paiement d'une somme complémentaire qui sera soumise par le médiateur à autorisation préalable du juge après accord des parties, en cas de complexité particulière de la médiation. À titre indicatif, le médiateur interviendra moyennant un taux horaire de .... euros HT, le montant total des honoraires, après taxation par le Tribunal de commerce, étant supporté par moitié par chacune des parties, sauf accord particulier entre elles.

10. à l'expiration de sa mission, le médiateur informera le juge par écrit de ce que les parties sont ou non parvenues à trouver une solution au conflit qui les oppose, sans autres précisions.

Dans ces conditions, les parties signataires s'engagent notamment à :

– participer aux entretiens de médiation dans le respect et l'écoute de chacun et à coopérer avec bonne foi et loyauté au processus,

– respecter le principe de confidentialité, les propos tenus en médiation et les propositions qui auront été faites oralement, électroniquement ou sur un quelconque support ne pouvant être utilisés dans l'instance actuellement suspendue ni dans aucune autre instance judiciaire.

Fait en trois exemplaires, à Paris

Le …………

Société …………

représentée par …………

Société …………

représentée par …………

111.14 Acte d'engagement de médiation conventionnelle

Entre les soussignées,

La société ………… représentée par Monsieur …………,

ayant donné pouvoir pour les besoins de la présente médiation à Monsieur …………, dûment habilité,

dont le siège social est à …………

Assistée de ………… Cabinet d'avocats …………

Et

La société ………… représentée par …………, dûment habilité,

Dont le siège social est à …………

Assistée de Maître ………… du Cabinet d'avocats …………

Ci-après dénommés « les parties »

En présence de

Madame/Monsieur …………

Médiatrice/Médiateur …………

Les parties, confrontées à un différend les opposant et faisant obstacle à la poursuite de leurs relations …………, ont décidé de recourir à une médiation conventionnelle et ont désigné …………, en qualité de médiateur, dans le respect des dispositions 1532 à 1535 du Code de procédure civile.

Les parties reconnaissent être informées par le médiateur que :

1. le processus de médiation a pour objectif d'aider les parties à trouver par elles-mêmes une solution au différend qui les oppose,

2. le médiateur agit auprès des parties comme facilitateur, c'est-à-dire qu'il les aidera à dialoguer et à rechercher une solution entre elles, sans les contraindre ni même les orienter vers une solution ou l'autre,

3. le médiateur interviendra dans le respect des principes **d'impartialité, de neutralité** et **d'indépendance** (c'est-à-dire que le médiateur ne prendra parti ni pour l'une ni pour l'autre des parties, que le médiateur mettra à distance ses propres croyances, sentiments et intérêts),

4. les réunions de médiation se tiendront, aussi bien pour les réunions plénières que pour les entretiens séparés, en présentiel ou en distanciel, selon les circonstances et les besoins exprimés, le médiateur gardant la maîtrise du choix du procédé et de l'organisation les mieux adaptés,

5. la durée de la médiation est fixée à ………… (jours/semaines/mois) et pourra être prorogée en concertation avec chacune des parties qui devront accepter cette prorogation,

6. la date de début de la médiation est fixée à ………… (la date de signature des présentes/la date de tenue de la 1re réunion plénière entre les parties), date à laquelle les délais de prescription seront suspendus (conformément aux dispositions de l'article 2238 du Code civil) pour recommencer à courir, pour une durée qui ne sera pas inférieure à six mois, à compter de la date de la fin de la médiation (date de la délivrance par le médiateur d'une attestation de fin de médiation),

7. le médiateur ainsi que tous les participants au processus de médiation s'obligent à préserver la **confidentialité** totale des propos tenus, documents établis et renseignements révélés au cours de la médiation,

8. le principe de confidentialité s'appliquera en réunion plénière comme aux entretiens séparés que pourra avoir le médiateur avec les parties, de sorte que le médiateur ne pourra, sans autorisation ou instruction de la partie à l'entretien séparé, rapporter à l'autre partie ce qui lui aura été dit au cours de cet entretien,

9. la confidentialité de la médiation implique aussi qu'il ne pourra être demandé au médiateur de témoigner en justice,

10. le médiateur, comme les parties, peuvent mettre librement fin au processus de médiation à tout moment, la provision sur honoraires versée entre les mains du médiateur, restant alors due intégralement,

11. la provision comprend notamment :

– le temps d'étude du dossier ;

– le temps d'organisation des réunions ;

– le temps passé en séances de médiation ;

– les communications téléphoniques avec les parties et/ou leurs conseils ;

– le temps passé pour faire rapport de toutes difficultés au magistrat ;

– le temps passé en conversations avec des tiers intervenants (experts, témoins etc.) ;

– le temps passé en entretiens séparés pendant les séances de médiation ou en dehors d'elles.

Cette provision est fixée à .... euros HT (soit .... euros TTC) par partie et est remise par chacune d'elles entre les mains du médiateur, à la signature du présent engagement ; elle pourra être revue en fonction de l'évolution, de la durée et de la complexité de la médiation. Elle pourra alors faire l'objet d'une demande de paiement d'une somme complémentaire qui sera facturée par le médiateur à chacune des parties à part égale, sur la base du temps passé pour la totalité de sa mission moyennant un taux horaire de .... euros HT, le montant total des honoraires étant supporté par moitié par chacune des parties, sauf accord particulier entre elles.

Dans ces conditions, les parties signataires s'engagent notamment à :

– participer aux entretiens de médiation dans le respect et l'écoute de chacun et à coopérer avec bonne foi et loyauté au processus,

– respecter le principe de confidentialité, les propos tenus en médiation et les propositions qui auront été faites oralement, électroniquement ou sur un quelconque support ne pouvant être utilisés dans l'instance actuellement suspendue ni dans aucune autre instance judiciaire,

– verser la provision sur frais et honoraires sollicitée au plus tard lors de la 1re réunion de médiation.

Fait en trois exemplaires, à Paris

Le …………

Société …………

représentée par …………

Société …………

représentée par …………

111.15 Ordonnance de prorogation de médiation (GEMME[1])

GEMME France

NOUS …………, magistrat de la mise en état,
Vu les articles 21 et suivants de la loi du 8 février 1995,
Vu les articles 131-1 et suivants du Code de procédure civile,

Par décision en date du …………, après avoir recueilli l'accord des parties pour recourir à une médiation, une mesure de médiation a été ordonnée pour une durée de ………… mois et M./Mme ………… désigné(e) en qualité de médiateur.

L'affaire a été rappelée à l'audience du …………

SUR CE

Un accord étant susceptible d'intervenir, le médiateur a sollicité le renouvellement de sa mission pour une durée de …………

1. GEMME : Groupement européen des magistrats pour la médiation, https://www.gemme-mediation.eu/

Eu égard aux explications fournies, il convient de faire droit à sa demande.

PAR CES MOTIFS

DISONS que la durée de la médiation ordonnée le ………… est prorogée pour une période de ………… mois.

RENVOYONS l'affaire à l'audience du …………

RÉSERVONS les dépens.

Fait à …………, le …………

Le magistrat de la mise en état,

Le greffier,

111.16 Lettre du médiateur faisant connaître au tribunal que les parties sont parvenues à un accord (GEMME[1])

GEMME
France

Références
n° d'enrôlement/date d'audience

Aff. *X c/Y*

Monsieur/Madame le …………,

Par décision du …………, une mesure de médiation a été ordonnée.

J'ai été désigné(e) en qualité de médiateur (médiatrice) avec pour mission d'entendre les parties et de confronter leurs points de vue pour leur permettre de trouver une solution au conflit qui les oppose.

La durée de la médiation a été fixée à ………… mois (3 mois maximum), à compter du versement de l'intégralité de la provision entre les mains du médiateur. (Elle a été prorogée par décision du …………).

1. GEMME : Groupement européen des magistrats pour la médiation, https://www.gemme-mediation.eu/

La mission s'est déroulée à ………… du ………… au ………… selon le calendrier suivant :

Date de saisine : …………

Date des séances plénières ou entretiens séparés : …………

Lors de la première séance, les parties accompagnées de leurs conseils, et informées par ceux-ci de leurs droits respectifs, ont décidé de conclure un accord.

La médiation n'a fait l'objet d'aucune difficulté particulière.

OU

À la séance du …………, il a été constaté que les parties étaient parvenues à un accord et il a été mis fin à la médiation.

(Les parties m'ont demandé de vous transmettre l'accord ci-annexé)

Veuillez agréer, Madame/Monsieur le …………, l'expression de mes sentiments distingués.

Le médiateur

111.17 Lettre du médiateur faisant connaître au tribunal que les parties ne sont pas parvenues à un accord (GEMME[1])

GEMME France

Références
n° d'enrôlement/date d'audience
Aff. *X c/Y*

Monsieur/Madame le …………,

Par décision du …………, une mesure de médiation a été ordonnée ;

J'ai été désigné(e) en qualité de médiateur (médiatrice).

(La mesure de médiation a été prorogée au ………… par décision du …………).

La mission s'est déroulée selon le calendrier suivant :

Date de saisine : …………

1. GEMME : Groupement européen des magistrats pour la médiation, https://www.gemme-mediation.eu/

Date des séances plénières ou entretiens séparés : ....

Lors de la première séance, il a été vérifié que les parties (accompagnées de leurs conseils) étaient informées de leurs droits respectifs.

La médiation n'a fait l'objet d'aucune difficulté particulière.

À la séance du ...., il a cependant été constaté que les parties n'étaient pas parvenues à un accord et il a été mis fin à la médiation.

Veuillez agréer, Madame/Monsieur, l'assurance de ma parfaite considération.

Le médiateur

111.18 Convocation a une audience de fin de médiation lorsqu'il est mis fin de façon anticipée à la médiation (GEMME[1])

GEMME France

Références n° d'enrôlement/date d'audience

Aff. *X c/Y*

L'affaire citée en référence sera évoquée à l'audience du .... pour proposer la fin de la mesure de médiation.

La présence (des avocats et/ou celle des parties) (est/sont) nécessaire(s).

IMPORTANT

À cette audience :

– s'il est mis fin à la médiation, l'affaire sera renvoyée à la mise en état ou pour plaider ;

– si la médiation se poursuit : au jour fixé lors de la mise en place de la médiation.

Fait à ...., le ....

Le greffier,

1. GEMME : Groupement européen des magistrats pour la médiation, https://www.gemme-mediation.eu/

111.19 Jugement/arrêt de fin de médiation (GEMME[1])

Vu les articles 131-11 et suivants du Code de procédure civile ;

Vu la décision en date du ………… désignant M./Mme ………… en qualité de médiateur/médiatrice.

SUR CE

Par lettre en date du …………, le médiateur/la médiatrice a fait connaître que les parties ne sont pas parvenues à un accord.

Il y a lieu de renvoyer l'affaire à l'audience de la mise en état du ………… pour conférer, la date des plaidoiries demeurant fixée au …………

PAR CES MOTIFS

LE TRIBUNAL/LA COUR, statuant publiquement, contradictoirement, après en avoir délibéré conformément à la loi,

RENVOIE l'affaire à l'audience de mise en état du …………,

DIT que la date des plaidoiries demeure fixée au …………,

FIXE la rémunération du médiateur à la somme de ………… euros,

CONSTATE que ladite somme a déjà été versée au médiateur/à la médiatrice.

Ou

DIT que le médiateur/la médiatrice devra restituer la somme de ………… euros.

Ou

DIT que X et/ou Y devront verser un complément de rémunération, soit la somme de ………… euros à verser au médiateur/à la médiatrice,

DIT qu'il nous en sera référé en cas de difficultés.

RÉSERVE les dépens.

Fait à …………, le …………

Le président Le greffier

1. GEMME : Groupement européen des magistrats pour la médiation, https://www.gemme-mediation.eu/

111.20 Homologation de l'accord de médiation par la juridiction (GEMME[1])

GEMME
France

NOUS, magistrat de la mise en état,
Par ordonnance/jugement/arrêt du ...., le .... a ordonné une médiation.

Un protocole d'accord a été signé le ....
(X ou Y ou les parties) ont demandé l'homologation du protocole d'accord.

SUR CE

Il résulte de l'échange des conclusions et des pièces de la procédure que les parties ont été informées de leurs droits respectifs ; que devant nous, elles maintiennent les termes de leur accord et demandent son homologation[2].

Que rien ne s'oppose à faire droit à la demande d'homologation dudit accord ;

Par cette homologation, l'accord recevra force exécutoire et à défaut de respect, il appartiendra à la partie intéressée de faire procéder à l'exécution forcée du titre exécutoire ;

PAR CES MOTIFS

Statuant contradictoirement, par décision rendue en chambre du Conseil, (après communication au ministère public),

Vu l'article 131-12 du Code de procédure civile,

Vu la décision du .... (ordonnant la médiation),

Vu le protocole d'accord du ....,

HOMOLOGUONS ledit protocole et lui conférons force exécutoire.

Fait à ...., le ....

Le magistrat de la mise en état/conseiller

Le greffier,

1. GEMME : Groupement européen des magistrats pour la médiation, https://www.gemme-mediation.eu/
2. Les auteurs rappellent que, pour éviter la communication de l'intégrité de l'accord de médiation, il convient de reprendre dans le jugement d'homologation les termes principaux de l'accord : v. s[s] n° 106.14.

111.21 Ordonnance de taxe (GEMME[1])

Nous …………,

Vu les articles 131-13 du Code de procédure civile,

Vu l'état des frais et honoraires présentés par le médiateur, M./Mme …………, désigné dans l'affaire opposant Y à Z par ordonnance/jugement/arrêt du ………… qui justifie de ses diligences,

FIXONS la rémunération du médiateur à la somme de ………… euros HT (généralement la même somme que celle ordonnée à titre de provision), dont ………… euros HT à la charge de Y et ………… euros HT à la charge de Z (ces sommes ayant déjà été consignées/versées au médiateur).

AUTORISONS le médiateur à se faire remettre, jusqu'à due concurrence, les sommes consignées à cet effet au secrétariat du greffe de ………… (uniquement si les sommes ont été consignées) ou

DISONS que les parties lui verseront directement le complément de rémunération excédant les sommes qui lui ont déjà été versées, à concurrence d'un montant de ………… euros HT par Y, et d'un montant de ………… euros HT par Z.

Fait à …………, le …………

Le juge

…………

111.22 Conclusions de désistement à la suite d'accord de médiation

À Messieurs les Président et Conseillers composant la Cour d'Appel de PARIS

RG N° : …………

Pôle ………… **– Chambre** …………

Audience du ………… **à** ………… **heures**

1. GEMME : Groupement européen des magistrats pour la médiation, https://www.gemme-mediation.eu/

CONCLUSIONS DE DÉSISTEMENT

POUR :

La société ...., immatriculée au registre du commerce et des sociétés de Nanterre sous le numéro .... dont le siège est situé ....

Ayant pour Avocat
Maître ....

CONTRE :

Monsieur ...., né le .... demeurant ....

Ayant pour Avocat
Maître ....

PLAISE À LA COUR

Suivant arrêt rendu le ...., la Cour d'Appel de PARIS a :

– Enjoint aux parties de se rapprocher de Madame ...., médiatrice au pôle social de la cour d'appel de Paris,

– Ordonné la réouverture des débats à l'audience du .... afin d'acter officiellement la position des parties quant à l'ouverture d'un processus de médiation dans les conditions prévues aux articles 131-1 et suivants du Code de procédure civile

– Sursis à statuer sur l'ensemble des demandes et réserve les dépens.

Les parties assistées de leurs conseils respectifs ont accepté le principe de la médiation sous l'égide de Madame ....

Suivant arrêt de médiation rendu le ...., la Cour a :

– Ordonné une médiation,

– Désigné Madame .... en qualité de médiatrice,

– Fixé à .... euros la provision à valoir sur la rémunération du médiateur,

– Dit que le rapport de fin de mission établi par la médiatrice, qui ne fera pas état des propositions transactionnelles ayant pu éventuellement émaner de l'une ou l'autre des parties, sera remis à la Cour sans délai,

– Invite les parties à informer la Cour des suites réservées au processus de médiation,

– Dit que l'affaire sera rappelée à l'audience du ………… à ………… heures,

– Dit qu'en cas de demande d'homologation, les parties devront soumettre à la Cour leur protocole d'accord dans un délai maximum de 15 jours afin d'une transmission au ministère public pour avis en application des articles 131-12, 798 et 953 du Code de procédure civile.

À la suite de diverses réunions de médiation au cours desquelles les parties étaient assistées de leur conseil, et de multiples échanges, et afin de purger définitivement le contentieux les opposant qui pourrait être préjudiciable aux deux parties, celles-ci ont choisi, après discussions, de se rapprocher et régler amiablement leur litige.

Un protocole d'accord transactionnel a été conclu entre la société ………… et Monsieur ………… le …………

En conséquence, la société ………… se désiste de l'appel.

PAR CES MOTIFS

Il est demandé à la Cour de :

– constater le désistement d'appel de la société …………,

– constater l'acquiescement à ce désistement par Monsieur ………… et le désistement de son appel incident,

– dire le dessaisissement parfait,

– constater l'extinction de l'instance et le dessaisissement de la Cour,

– dire que les parties conservent chacune à leur charge les dépens et frais irrépétibles.

111.23 Conclusions d'acquiescement à désistement à la suite d'un accord de médiation

À Mesdames et Messieurs les Président et Conseillers

composant la ………… Chambre de la cour d'appel de Paris

RG N° …………
Audience du …………

Dépôt par RPVA le …………

CONCLUSIONS D'ACQUIESCEMENT À DÉSISTEMENT D'INSTANCE ET D'ACTION

POUR :

Monsieur …………, de nationalité française, domicilié …………,

Ci-après dénommé « *le Salarié* » ou « *Monsieur* ………… »

INTIMÉ À TITRE PRINCIPAL APPELANT À TITRE RECONVENTIONNEL

Ayant pour avocat : …………

CONTRE :

La société ………… prise en la personne de son représentant légal,

APPELANTE À TITRE PRINCIPAL, INTIMÉE À TITRE RECONVENTIONNEL

Ci-après dénommée « *La société* »

Ayant pour avocat : …………

PLAISE À LA COUR

Monsieur ………… est intimé à titre principal, sur appel régulièrement interjeté par la société ………… d'un jugement rendu par la section encadrement du Conseil de Prud'hommes de Paris le …………

Par arrêt rendu le…………, la cour d'appel de Paris a :

– Enjoint aux parties de se rapprocher de Madame …………, médiatrice au pôle social de la cour d'appel de Paris,

– Ordonné la réouverture des débats à l'audience du ………… afin d'acter officiellement la position des parties quant à l'ouverture d'un processus de médiation dans les conditions prévues aux articles 131-1 et suivants du Code de procédure civile,

– Sursis à statuer sur l'ensemble des demandes et réservé les dépens.

Les parties, assistées de leurs conseils respectifs, ont accepté le principe de la médiation sous l'égide de Madame …………

Suivant arrêt de médiation rendu le …………, la Cour a :

– Ordonné une médiation,

– Désigné Madame ………… en qualité de médiatrice,

– Fixé à ………… euros HT la provision à valoir sur la rémunération de la médiatrice,

– Dit que le rapport de fin de mission établi par la médiatrice, qui ne fera pas état des propositions transactionnelles ayant pu éventuellement émaner de l'une ou l'autre des parties, sera remis à la Cour sans délai,

– Invité les parties à informer la Cour des suites réservées au processus de médiation,

– Dit que l'affaire sera rappelée à l'audience du …………,

– Dit qu'en cas de demande d'homologation, les parties devront soumettre à la Cour leur protocole d'accord, dans un délai maximum de quinze jours afin d'une transmission au ministère public pour avis en application des articles 131-12, 798 et 953 du Code de procédure civile.

À la suite de diverses réunions de médiation au cours desquelles les Parties étaient assistées de leur Conseil, et de multiples discussions et réflexions, et afin de purger définitivement le contentieux les opposant qui pourrait être préjudiciable aux deux parties, les parties sont parvenues à un accord amiable ayant conduit la société ………… à se désister de son appel.

En vertu de l'article 400 du Code de procédure civile, « *le désistement de l'appel ou de l'opposition est admis en toutes matières, sauf dispositions contraires* ».

Par les présentes écritures et dans ces conditions, Monsieur ………… demande à la Cour de lui donner acte de son acquiescement au désistement d'instance et d'action de la Société …………

Monsieur ………… demande également à la Cour de lui donner acte de son désistement d'instance et d'action au titre de son appel reconventionnel.

PAR CES MOTIFS

Il est demandé à la Cour de :

DONNER ACTE à Monsieur ………… de ce qu'il acquiesce au désistement de son appel par la Société ………… ;

DONNER ACTE à Monsieur ………… de ce qu'il se désiste de son appel à titre reconventionnel.

111.24 Jugement/arrêt de désistement (GEMME[1])

Par ordonnance/jugement/arrêt du ...., le ....
a ordonné une médiation.

Un protocole d'accord a été signé le ....

Par décision du ...., l'accord a été homologué.

Les parties se sont désistées de leurs demandes (et action), il convient de leur en donner acte ;

À défaut de précision dans le procès-verbal d'accord, les dépens seront partagés par moitié entre les parties ;

PAR CES MOTIFS

Statuant contradictoirement, publiquement, après en avoir délibéré conformément à la loi,

Vu la décision du .... homologuant le protocole d'accord du ....,

CONSTATE le désistement des parties,

CONSTATE le dessaisissement du Tribunal/de la Cour,

DIT que les frais de l'instance seront supportés par les parties conformément à leur accord, chacune conservant la charge de ses frais et dépens.

Fait à ...., le ....

Le président,

Le greffier,

111.25 Contreseing des avocats

Maître ....

Avocat (e) de ....

Et

Maître ....

1. GEMME : Groupement européen des magistrats pour la médiation, https://www.gemme-mediation.eu/

Avocat (e) de …………

Ci-après les Parties

Les avocats susnommés interviennent en qualité de rédacteurs et contresignataires du présent acte sous signature privée.

Ils certifient et attestent que l'identité complète des Parties dénommées aux termes des présentes, telle qu'indiquée en tête de la présente convention a été régulièrement justifiée. Conformément aux dispositions de l'article 66-3-1 de la loi n° 2011-331 du 28 mars 2011 : *« En contresignant un acte sous seing privé, l'avocat atteste avoir éclairé pleinement la ou les parties qu'il conseille sur les conséquences juridiques de cet acte. »*

Les parties signataires reconnaissent que les rédacteurs des présentes leur ont donné lecture du présent acte, ont répondu à l'ensemble de leurs questions, leur ont donné tous les conseils et informations utiles, les ont éclairées sur les conséquences juridiques dudit acte, ce dernier relatant fidèlement leur commune intention.

Chaque avocat assume seul la responsabilité professionnelle, au titre de l'obligation d'information et de conseil, à l'égard de la partie qui l'a désigné en qualité de contresignataire du présent acte.

CONSERVATION DE L'ACTE D'AVOCAT

Le présent acte fera l'objet d'un enregistrement et d'un archivage auprès du service *e-barreau*.

Maître ………… est expressément désigné avocat déposant et s'engage à effectuer les formalités nécessaires aux fins d'enregistrement, de conservation et d'archivage du présent acte d'avocat auprès du service *e-barreau*, dans un délai de ………… mois à compter de la signature des présentes.

Les parties sont informées que le Conseil national des barreaux met en œuvre un traitement de données à caractère personnel, dont il est responsable, ayant pour finalité la gestion de la plateforme *Acte avocat* et de ses fonctionnalités et notamment de la réalisation d'actes, la signature électronique de ces actes, leur horodatage et leur archivage.

Les données collectées sont indispensables à ce traitement. Ces données sont destinées aux services habilités du Conseil national des barreaux ainsi que, le cas échéant, à ses sous-traitants ou prestataires.

Les parties sont titulaires d'un droit d'interrogation, d'accès et de rectifications des données les concernant, ainsi que d'un droit d'opposition pour motif légitime à ce que les données à caractère personnel les concernant fassent l'objet d'un traitement.

Ces droits s'exercent par courrier accompagné d'une copie d'un titre d'identité signé à l'adresse postale suivante :

Conseil national des barreaux, Service informatique, 180, boulevard Haussmann – 75008 Paris ou par courriel à : donneespersonnelles@cnb.avocat.fr

SIGNATURES ET EXEMPLAIRES

Maître …………, conseil de Madame/Monsieur …………

et

Maître …………, conseil de Madame/Monsieur …………

après avoir donné lecture de la présente convention aux parties, vérifié et recueilli leurs écritures et signatures sur ladite convention, à la date mentionnée ci-après, la contresignent, avec l'accord des parties.

Un exemplaire de la présente convention et ses annexes est remis à chaque signataire ainsi qu'à la juridiction saisie (plus 1 si une demande d'aide juridictionnelle a été formulée).

Fait à …………

Le …………

En …………

111.26 Acte non équivoque de tentative de recours à une médiation

Entre les soussignés :

Partie …………

Partie …………

Etc.

En application des dispositions de l'article 2238 du Code civil :

« *La prescription est suspendue à compter du jour où, après la survenance d'un litige, les parties conviennent de recourir à la médiation ou à la conciliation ou, à défaut d'accord écrit, à compter du jour de la première réunion de médiation ou de conciliation. [...]*

Le délai de prescription recommence à courir, pour une durée qui ne peut être inférieure à six mois, à compter de la date à laquelle soit l'une des parties ou les deux, soit le médiateur ou le conciliateur déclarent que la médiation ou la conciliation est terminée. [...] En cas d'échec de la procédure prévue au même article, le délai de prescription recommence à courir à compter de la date du refus du débiteur, constaté par l'huissier, pour une durée qui ne peut être inférieure à six mois. »

Les parties attestent par la présente de leur volonté respective de tenter, dans les meilleurs délais, une médiation afin de rechercher ensemble, avec l'aide d'un(e) médiateur(trice), une solution à leur litige pendant devant la juridiction ...., enregistrée sous le n° .... RG ....

En conséquence, les parties sont d'accord pour, avant même la 1re réunion de médiation, constater ensemble la suspension de la prescription avec toutes les conséquences de droit qui y sont attachées.

Fait à ....

Le ....

En .... originaux

Signatures

....

....

111.27 Clause de recours à la médiation

Les Parties acceptent de soumettre tout litige, controverse
ou réclamation découlant du présent contrat ou présentant un lien
avec celui-ci à un processus de médiation visant à trouver un règlement amiable avec l'aide d'un médiateur. Chaque Partie peut entamer un processus de médiation en transmettant à l'autre Partie une demande écrite de médiation (ci-après la « Demande de médiation ») indiquant l'objet du litige et une proposition de médiateur (ou un centre de médiation).

À défaut pour les parties de parvenir à désigner d'un commun accord un médiateur agréé dans les quinze jours suivant la date de la demande de médiation, chaque Partie peut présenter une demande de désignation d'un médiateur agréé directement auprès d'un centre de médiation de son choix.

La médiation se déroule de manière confidentielle, sans porter atteinte aux droits des Parties.

Les Parties supporteront à parts égales les frais de la médiation ainsi que leurs propres frais.

Les règles applicables au processus de médiation seront celles du médiateur ou du centre de médiation désigné par les Parties.

Si le litige n'est pas réglé dans les quatre-vingt-dix jours à compter de la date d'envoi de la demande de médiation à l'autre Partie, ou dans tout autre délai sur lequel les Parties sont susceptibles de s'être accordées, la juridiction compétente[1] pourra être saisie du litige à la requête de l'une quelconque des Parties.

111.28 Clause prévoyant le recours à la médiation (CMAP[2])

Les différends qui viendraient à se produire à propos de la validité, de l'interprétation, de l'exécution ou de l'inexécution, de l'interruption ou de la résiliation du présent contrat, seront soumis à la médiation conformément au règlement de médiation du CMAP auquel les parties déclarent adhérer.

111.29 Clause de médiation dans un contrat de travail (A. Jacquet Duval[3])

Les parties au présent contrat conviennent que tout différend découlant du présent contrat ou s'y rapportant, ayant trait notamment à sa formation, son existence, sa validité, son interprétation, son exécution ou son inexécution, son interruption ou sa résiliation, relèvera de la compétence du Centre de médiation ...., qui organisera le processus conformément à son règlement de médiation.

Le Centre de médiation .... pourra être saisi par demande conjointe ou par demande unilatérale d'une partie,

- si la demande émane de l'employeur, le salarié a la possibilité de s'y opposer,
- si la demande émane du salarié, elle oblige l'employeur.

1. Le cas échéant, la clause de renvoi devant la juridiction compétente peut être remplacée par une clause d'arbitrage commercial.
2. Centre de Médiation et d'Arbitrage de Paris, www.cmap.fr
3. Avocate et médiatrice.

Il est possible de récuser le médiateur pour une circonstance intervenue ou révélée après sa désignation, à condition d'adresser une demande motivée, immédiatement et au plus tard dans les 30 jours de la survenance de la cause de récusation ou de sa révélation.

Les parties ont la possibilité de se faire assister au cours du processus par un avocat ou un défendeur syndical dûment mandaté.

L'employeur s'engage à prendre en charge au moins 70 % des coûts de ladite médiation.

Le médiateur s'efforcera de réunir les parties dans le mois suivant sa saisine et de clore la médiation dans les trois mois, sauf demande de prolongation par les parties en accord entre elles.

Si un accord intervient, il a force de transaction et met fin au conflit.

En cas de désaccord, les parties sont alors libres de saisir les tribunaux.

111.30 Clause prévoyant le recours à la médiation (FFCM[1])

ffcm
Fédération française des centres de médiation

Tout différend qui viendrait à se produire entre les parties au présent contrat, à propos de sa validité, de son interprétation, de son exécution ou de son inexécution, de son interruption ou de sa résiliation, sera, obligatoirement et préalablement à toute saisine de la juridiction compétente pour trancher le litige au fond ou d'une instance arbitrale, soumis à la médiation d'un médiateur.

Les parties sont convenues expressément des modalités suivantes pour la mise en œuvre effective de la médiation :

A. Désignation du médiateur

La partie la plus diligente saisira par lettre recommandée avec accusé de réception et copie à l'autre partie, le Centre/Association de Médiation « .... »,

dont le siège social est situé : ....,

membre adhérent de la Fédération Française des Centres de Médiation.

Dans les huit jours de sa saisine, le Centre soumettra à l'agrément des parties, par tout moyen (mail, courrier etc.), le nom d'un ou deux médiateurs (binôme possible) agréés FFCM figurant sur la liste du Centre.

1. Fédération Française des Centre de Médiation, www.ffcmediation.org

Les parties disposeront d'un délai de huit jours pour accepter cette proposition et notifier leur acceptation au Centre.

À défaut d'accord sur le choix du ou des médiateurs la partie la plus diligente saisira, sur requête ou par voie de référé, le juge compétent dans le ressort de l'élection de domicile ci-après, afin qu'il désigne un ou deux médiateurs.

B. Lieu où se déroulera la médiation

Il est convenu que la médiation aura lieu dans le ressort départemental du domicile ci-après élu par les parties.

C. Mise en œuvre de la médiation

1. Une fois la désignation du ou des médiateurs acceptée par les parties, celles-ci seront contactées par le ou les médiateurs dans la huitaine aux fins d'organiser dans les meilleurs délais, et au plus tard dans le mois de cette désignation, une première réunion de médiation.

2. Les frais et indemnités de médiation seront supportés à parts égales par chacune des parties, sauf autre accord au cours du processus. Le montant d'une provision, à consigner par les parties entre les mains du ou des médiateurs, est fixé et dû dès la première réunion.

3. La médiation devra être exécutée de bonne foi et activement par les parties, et avec diligence par le ou les médiateurs, conformément au contrat déontologique régularisé par les parties lors de la première réunion.

4. La médiation n'a pas vocation à retarder la saisine éventuelle de la juridiction compétente, mais à trouver dans les meilleurs délais une solution d'intérêt mutuel au différend qui oppose les parties.

5. La présente clause de médiation obligatoire et préalable s'impose aux parties et au juge.

6. En cas d'urgence, des mesures d'instruction ou conservatoires pourront être sollicitées en justice pendant le processus de médiation.

D. Confidentialité de la médiation

En régularisant, dès la première réunion de médiation, le contrat déontologique, les parties et le ou les médiateurs s'engagent à respecter l'obligation de confidentialité attachée au processus durant toute sa durée et portant sur les propos, actes, documents ou le déroulement même du processus.

Par contre, les étapes antérieures au processus, telles que la saisine du médiateur, l'invitation de l'autre partie, la date de la première réunion, ou postérieures à la fin du processus, peuvent être justifiées par les parties ou, à la demande de l'une ou l'autre d'entre elles, par le médiateur.

Les parties pourront solliciter du juge compètent l'homologation de l'accord auquel elles sont parvenues[1].

E. Durée de la médiation

Il est convenu que la durée du processus de médiation ne pourra pas excéder **trois mois** à compter de la consignation[2], sauf accord exprès des parties et du médiateur pour une prorogation.

Après avoir participé activement à la première réunion de médiation, les parties et le médiateur pourront mettre fin librement au processus de médiation.

F. Suspension de la prescription

À compter de la réception par le Centre de Médiation de la lettre recommandée avec AR la saisissant, le délai de prescription des actions est suspendu.

Le délai de la prescription recommence à courir, pour une durée qui ne peut être inférieure à six mois, à compter de la date à laquelle soit l'une des parties ou les deux, soit le médiateur, déclarent que la médiation est terminée.

La preuve de la fin de la médiation peut être apportée par chacune des parties ou par le médiateur à la demande de l'une ou des deux parties.

À défaut d'accord trouvé en médiation, les parties pourront librement engager les procédures à leur disposition.

G. Langue choisie par les parties : …………

H. Sanction de l'absence de mise en œuvre de la présente clause de médiation

Il est rappelé que l'absence de mise en œuvre du préalable obligatoire de médiation rend irrecevable la saisine du juge compétent pour trancher le litige au fond, et que cette omission ne peut être régularisée en cours d'instance,

1. Depuis le décret n° 2022-245 du 25 février 2022, il est recommandé de rajouter « *ou faire contresigner l'accord de médiation par les avocats des parties en vue de son dépôt au greffe lui donnant ainsi la force obligatoire* ». Cette précision place le contreseing d'avocat déposé au greffe au même rang que l'homologation par le juge.

2. Depuis le décret n° 2022-245 du 25 février 2022, la consignation est remplacée par un versement directement entre les mains du médiateur. Il convient de remplacer « *à compter de la consignation* » par « *à compter du jour où la provision à valoir sur la rémunération du médiateur est versée entre les mains de ce dernier* ».

conformément à la jurisprudence établie par la chambre mixte de la Cour de cassation[1].

I. Élection de domicile

Les parties déclarent faire expressément élection de domicile à …………

Fait à …………,

Le …………

En autant d'exemplaires que de parties.

Signatures et qualités.

111.31 Clause de med-arb (CMAP[2])

Article 1 : objet de la procédure de med-arb simultanés

La procédure de med-arb simultanés est une procédure dans laquelle les parties demandent au CMAP une solution à leur litige par la mise en place simultanée d'une médiation et d'un arbitrage, dans un délai convenu et pour un coût fixé par avance.

Article 2 : convention de med-arb simultanés

2.1 Les parties conviennent de recourir à la procédure de med-arb simultanés soit dans un contrat, soit après la naissance du litige.

2.2 Toute procédure de med-arb simultanés dont l'organisation est confiée au CMAP emporte adhésion des parties au présent règlement.

Article 3 : mise en œuvre de la procédure de med-arb simultanés

3.1 Le Centre est saisi :

- soit par demande conjointe des parties qui porte les indications suivantes :

– L'état civil ou la dénomination sociale et l'adresse de chacune des parties et, le cas échéant, le nom et l'adresse de leur conseil ;

– La copie des conventions pertinentes liant les parties ;

1. Mixte, 14 févr. 2003, n°s 00-19.423 et 00-19.424 ; mixte, 12 déc. 2014, n° 13-19.684.
2. Centre de Médiation et d'Arbitrage de Paris, www.cmap.fr

– L'origine et la nature du différend ;

– Les prétentions des parties et leurs fondements ;

– L'indication du nombre d'arbitres dont elles sont convenues ou leur demande de décision du CMAP à ce sujet ;

– L'indication du ou des arbitres que les parties proposent de désigner ou leur demande de désignation par le CMAP ;

– L'indication du médiateur que les parties proposent de désigner ou leur demande de désignation par le CMAP.

• soit par une demande unilatérale de med-arb simultanés, accompagnée des quatre premiers éléments visés à l'alinéa ci-dessus et de l'indication du nombre d'arbitres souhaité.

3.2 En présence d'une convention de med-arb simultanés, le Centre, à la demande d'une des parties, accompagnée des éléments visés à l'article 3.1, met en application le présent règlement, ce qui entraîne l'organisation immédiate de la procédure.

3.3 Les pièces justificatives, et notamment, s'il en a été établi une, la convention de med-arb simultanés, sont fournies en copie en autant d'exemplaires qu'il y a de parties, plus un pour le Centre, un pour le tribunal arbitral et un pour le médiateur, et accompagnées d'un bordereau de pièces communiquées et numérotées.

3.4 Si la procédure présente un caractère international, la saisine du Centre n'est recevable que si l'une au moins des parties est française, sauf s'il existe entre les parties une convention de med-arb simultanés. À défaut de convention particulière des parties sur ce point, la saisine est rédigée en langue française. Les pièces sont fournies dans leur langue d'origine. Leur traduction peut être demandée par le Centre, le médiateur ou le tribunal arbitral.

3.5 La demande n'est enregistrée que si elle est accompagnée du paiement des frais d'ouverture du dossier tels que fixés selon le barème en vigueur à la date de sa réception au Centre.

Article 4 : réponse à la demande unilatérale de med-arb simultanés

4.1 En cas de saisine unilatérale, le Centre informe l'autre partie dès l'enregistrement de la demande et lui propose la mise en œuvre de la procédure de med-arb simultanés. Il lui adresse, par lettre recommandée avec demande d'avis de réception, le présent règlement et lui laisse un délai de quinze jours pour répondre.

4.2 S'il existe entre les parties une clause de med-arb simultanés, le Centre informe, par la même voie, l'autre partie de la mise en œuvre de cette clause.

Article 5 : refus de med-arb simultanés

5.1 Si les parties ne sont pas liées par une clause de med-arb simultanés, et en l'absence de réponse ou en cas de refus explicite de la proposition, le Centre en informe la partie qui l'a saisi. Il lui demande s'il souhaite qu'il soit fait à l'autre partie une nouvelle proposition limitée à une médiation ou à un arbitrage avant de clore le dossier.

5.2 En cas de renonciation à aller plus avant, d'absence de réponse de la part de la partie qui l'a saisi, comme en cas de refus de l'autre partie, le Centre clôt le dossier, le montant des frais d'ouverture lui demeurant acquis.

Article 6 : consignation des provisions

6.1 Dès l'accord des parties ou à la demande de l'une d'elles lorsque le contrat contient une clause d'adhésion au présent règlement, le Centre invite les parties à préciser, dans les huit (8) jours, le montant de leurs demandes respectives.

6.2 Paiement

6.2.1 En possession de ces précisions, le Centre établit un devis des frais et honoraires dus au titre de cette procédure et adresse à chaque partie une demande identique de paiement des provisions. Le Centre fixe le délai dans lequel doivent être versées ces provisions.

6.2.2 À défaut de paiement par une partie de la provision lui incombant avant l'expiration du délai fixé, le Centre invite l'autre partie à pallier cette défaillance dans un délai de quinze (15) jours. À défaut de paiement dans ce délai, le Centre est en droit de considérer la procédure non avenue, les frais administratifs lui demeurant acquis.

6.2.3 Toutefois, si une partie offre de pallier la défaillance de l'autre, elle peut demander à la Commission d'agrément et de nomination du CMAP que le montant de la provision totale soit révisé et fixé en fonction de sa seule demande. Dans ce dernier cas, le tribunal arbitral n'est saisi que de la demande de cette partie, après notification par lettre recommandée avec demande d'avis de réception adressée à la partie défaillante. Cette dernière ne peut saisir le tribunal arbitral d'une demande reconventionnelle qu'après avoir procédé au paiement de la provision initialement mise à sa charge.

6.3 Si, en cours d'arbitrage, des demandes additionnelles sont formulées, le Centre, à la demande du tribunal arbitral, peut appeler une provision complémentaire dont le paiement est soumis aux alinéas précédents. Toutefois, le paiement de cette provision est à la charge de la partie qui procède à cette demande additionnelle. En cas de défaut de paiement dans le délai imparti, toute demande additionnelle est réputée non avenue.

Article 7 : désignation des médiateur et arbitre(s)

7.1 Dès réception des provisions, la Commission d'agrément et de nomination du CMAP désigne :

– un médiateur choisi en fonction de la nature du litige et des souhaits exprimés par les parties, – un ou trois arbitres selon la nature et l'importance du litige, sauf convention préalable ou accord des parties sur le nombre des arbitres.

7.2 Le médiateur et le ou les arbitres sont ainsi désignés, sauf proposition des parties dans la requête conjointe. Toute proposition de médiateur ou d'arbitre(s) effectuée par les parties est soumise à validation de la Commission.

Article 8 : durée de la procédure de med-arb simultanés

8.1 Sauf convention contraire, la durée totale de la procédure de med-Arb simultanés est de trois (3) mois à compter de la notification de la constitution du tribunal arbitral et du nom du médiateur par le Centre.

8.2 La notification des noms du ou des arbitres du tribunal arbitral et du médiateur, adressée par le Centre aux parties par lettre recommandée avec demande d'avis de réception, comporte mention de la date de la fin de la mission du médiateur et de celle à laquelle la sentence arbitrale sera rendue, à défaut d'accord mettant fin au différend dans le cadre de la médiation.

8.3 La date du prononcé de la sentence ne pourra être fixée à moins de huit jours après la date de la fin de la mission du médiateur.

Article 9 : indépendance des procédures

La médiation et l'arbitrage se déroulent indépendamment l'une de l'autre. Le Centre ne fait pas connaître au médiateur le nom du ou des arbitres et vice versa. Le médiateur et le ou les arbitres ont interdiction de s'entretenir de l'affaire s'ils viennent à se connaître.

Article 10 : la médiation

10.1 Indépendance, impartialité et neutralité du médiateur

10.1.1 Le médiateur signe une acceptation de mission accompagnée d'une déclaration d'indépendance. Dès lors, il peut immédiatement entreprendre sa mission.

10.1.2 Le médiateur doit être indépendant, impartial et neutre à l'égard des parties et des arbitres. Le cas échéant, il doit faire connaître aux parties et au centre les circonstances qui, selon lui, seraient de nature à affecter son indépendance ou son impartialité aux yeux des parties. Il ne peut alors être confirmé ou maintenu dans sa mission qu'après décision de la Commission d'agrément et de nomination et avec l'accord de toutes les parties.

10.1.3 Si, au cours de la médiation, le médiateur constate l'existence d'un élément de nature à mettre en cause son indépendance ou son impartialité, il en informe les parties. Sur accord écrit de celles-ci, il poursuit sa mission. Dans le cas contraire, il suspend la médiation. La Commission d'agrément et de nomination du CMAP procède alors au remplacement du médiateur conformément à l'article 10.3.

10.2 Récusation

10.2.1 Tout médiateur désigné peut être récusé s'il existe des circonstances de nature à faire douter, aux yeux des parties, de son impartialité ou de son indépendance.

10.2.2 La partie qui entend faire récuser le médiateur, pour une circonstance intervenue ou révélée après sa désignation, doit adresser au Centre, par lettre recommandée avec demande d'avis de réception, une demande motivée dans les quinze (15) jours de la survenance de la cause de la récusation ou de sa révélation.

10.2.3 Après avoir procédé à une instruction contradictoire, la Commission d'agrément et de nomination statue sur cette demande par une décision non motivée et non susceptible de recours. Elle procède, le cas échéant, au remplacement du médiateur.

10.3 Remplacement

10.3.1 Le médiateur s'engage à accomplir sa mission jusqu'à son terme.

10.3.2 En cas de récusation, d'empêchement, de défaillance ou de décès du médiateur, il est pourvu à son remplacement de la même façon que lors de sa désignation.

10.3.3 Le délai de la médiation est suspendu depuis la survenance de la cause de remplacement jusqu'à l'acceptation de sa mission par le nouveau médiateur.

10.3.4 Le Secrétariat général du Centre informe immédiatement le tribunal arbitral de cette suspension, puis de la reprise de la médiation. La date du prononcé de la sentence arbitral est alors reportée en tenant compte de la durée de la suspension de la médiation, sauf opposition d'une des parties.

10.4 Mission du médiateur

10.4.1 Le médiateur aide les parties à rechercher une solution négociée à leur différend.

10.4.2 Dans la loyauté et le souci du respect des intérêts de chacune des parties, le médiateur est maître des modalités d'exécution de sa mission. S'il l'estime utile, il peut, avec l'accord des parties, les entendre séparément.

10.4.3 Le CMAP peut proposer aux parties qu'assiste aux réunions de médiation un médiateur en formation qui est alors tenu à la même obligation de confidentialité que le médiateur.

10.4.4 Chaque partie peut se faire assister par toute personne de son choix.

10.4.5 Le médiateur et les parties sont tenus à la plus stricte confidentialité pour tout ce qui concerne la médiation. Aucune constatation, déclaration ou proposition effectuée devant le médiateur ou par lui ne peut être utilisée ultérieurement, même en justice, sauf accord formel de toutes les parties.

10.4.6 Fin anticipée de la médiation

10.4.6.1 À tout moment, chacune des parties peut librement mettre un terme à la médiation.

10.4.6.2 S'il apparaît au médiateur que le processus de médiation n'aboutira pas à un accord, il peut mettre fin d'office à sa mission.

10.4.6.3 Dans l'hypothèse où le médiateur s'estime dans l'impossibilité de mener à bien sa mission, il suspend cette dernière et en avertit aussitôt le centre. La Commission d'agrément et de nomination procède alors à son remplacement conformément à l'article 10.3 ci-dessus.

10.4.7 Accord des parties

10.4.7.1 L'accord intervenu au cours de la médiation fait l'objet d'un écrit signé par les parties. Il indique soit que l'accord met fin à l'ensemble du litige et emporte renonciation à la poursuite de l'arbitrage, soit précise les points demeurant en litige et restant soumis à l'arbitrage. Il peut également prévoir que les parties solliciteront du tribunal arbitral une sentence d'accord-parties entérinant leur accord.

10.4.7.2 La conclusion d'un accord est immédiatement portée à la connaissance du tribunal arbitral par une lettre signée par toutes les parties et le médiateur, et remise au Secrétariat général du CMAP. La lettre précise si le tribunal reste saisi de certains chefs de demande.

10.4.7.3 Le Secrétariat général du CMAP notifie cette lettre à l'arbitre unique, ou au président du tribunal arbitral au plus tard trois (3) jours avant la date prévue à l'article 8.2 ci-dessus pour le prononcé de la sentence.

10.4.7.4 À défaut d'accord intervenu dans les conditions ci-dessus énoncées, le médiateur en rend compte au Secrétariat général du CMAP dès le lendemain du jour de l'expiration de sa mission.

10.4.8 Une fois l'accord signé ou l'échec constaté, le médiateur ne peut intervenir à quelque titre que ce soit relativement au litige ou à sa résolution, sauf à la demande de toutes les parties et après en avoir informé le Secrétariat général du CMAP.

Article 11 : l'arbitrage

11.1 Assistance et représentation des parties

11.1.1 Chaque partie peut se faire assister par toute personne de son choix.

11.1.2 Elle peut se faire représenter à l'instance arbitrale par toute personne à qui elle a donné pouvoir à cet effet.

11.2 Mesures conservatoires et provisoires

Après la saisine du tribunal arbitral, les mesures conservatoires et provisoires sont de la compétence de ce dernier, sauf si leur nature implique qu'elles soient ordonnées par une autre autorité.

11.3 Indépendance, impartialité et neutralité des arbitres

11.3.1 Les arbitres doivent être indépendants, impartiaux et neutres à l'égard des parties. Le cas échéant, ils doivent faire connaître à chaque partie et au Centre les circonstances qui, selon eux, seraient de nature à affecter leur indépendance ou leur impartialité aux yeux des parties.

11.3.2 Ils ne peuvent alors être confirmés ou maintenus dans leur mission qu'après décision de la Commission d'agrément et de nomination du CMAP et avec l'accord écrit de toutes les parties.

11.4 Récusation

11.4.1 Tout arbitre peut être récusé s'il existe des circonstances de nature à faire douter, aux yeux des parties, de son indépendance ou de son impartialité.

11.4.2 La partie qui entend faire récuser un arbitre, pour une circonstance intervenue ou révélée après sa désignation, doit adresser au Centre, par lettre recommandée avec demande d'avis de réception, une demande motivée dans les quinze (15) jours de la survenance de la cause de la récusation ou de sa révélation.

11.4.3 Après avoir procédé à une instruction contradictoire, la Commission d'agrément et de nomination du CMAP statue sur cette demande par une décision non motivée et non susceptible de recours. Elle désigne, le cas échéant, l'arbitre remplaçant.

11.4.4 La procédure arbitrale est suspendue pendant l'instruction de la demande. Cette suspension n'empêche pas la poursuite du déroulement de la médiation dont, sauf décision contraire d'une partie, la durée est prolongée du temps de la suspension de la procédure d'arbitrage.

11.4.5 Dans l'hypothèse d'un remplacement intervenu dans les conditions prévues à l'article précédent, le tribunal arbitral ainsi complété décide par ordonnance non susceptible de recours s'il y a lieu de recommencer totalement pour la durée prévue à l'article 8 ci-dessus ou partiellement la procédure arbitrale.

11.5 Remplacement

11.5.1 L'arbitre s'engage à accomplir sa mission jusqu'à son terme.

11.5.2 En cas d'empêchement, de défaillance ou de décès d'un arbitre, il est pourvu à son remplacement de la même façon que lors de sa désignation, le délai d'arbitrage étant suspendu depuis la survenance de la cause de remplacement jusqu'à l'acceptation de sa mission par le nouvel arbitre.

11.5.3 La durée de la procédure de med-Arb simultanés est prolongée de la durée de cette suspension, sauf si les parties en décident autrement. Le tribunal arbitral ainsi complété décide par ordonnance non susceptible de recours s'il y a lieu de recommencer totalement pour la durée prévue à l'article 8 ci-dessus ou partiellement la procédure arbitrale.

11.6 Lieu et langue de l'arbitrage

11.6.1 Sauf convention contraire des parties, l'arbitrage a lieu à Paris où sera prononcée la sentence arbitrale, ce qui n'exclut pas que le tribunal arbitral puisse se réunir en tout autre endroit.

11.6.2 En matière d'arbitrage international, la langue de la procédure est le français, sauf convention contraire des parties.

11.7 Procédure

11.7.1 Lorsque le tribunal arbitral est constitué, le centre adresse à chacun des arbitres une copie des prétentions et demandes des parties ainsi que les pièces justificatives.

11.7.2 Il appartient ensuite au tribunal arbitral d'organiser la procédure, sous la forme qu'il estime appropriée, en fonction de la nature de l'affaire et en tenant compte des conventions éventuelles des parties.

11.7.3 Sauf accord des parties et du tribunal arbitral, la procédure arbitrale est confidentielle et l'audience des plaidoiries n'est pas publique.

11.8 Mémoires et notes écrites

Tout mémoire, dossier, correspondance ou pièce doit faire l'objet d'une communication simultanée à toutes les parties, à leur conseil et à chacun des membres du tribunal arbitral.

11.9 Ordonnances de procédure

Le tribunal arbitral, ou son président s'il a été habilité à le faire par les autres arbitres, peut régler par ordonnance tout problème de procédure. Les ordonnances de procédure ne sont pas motivées. Elles ne sont pas susceptibles de recours.

11.10 Notifications

Toutes les notifications sont valablement faites à l'adresse indiquée par les parties ou, à leur demande, à leurs représentants. Tout changement d'adresse doit être notifié au Centre par lettre recommandée avec demande d'avis de réception.

11.11 Sentence

11.11.1 À défaut d'accord notifié dans les conditions prévues à l'article 10.4.7 ci-dessus, la sentence est rendue par le tribunal arbitral à la date prévue à l'article 8.2 du présent règlement. Cette date ne peut être reportée que par l'accord de toutes les parties, constaté par écrit, ou dans les hypothèses prévues à l'article 11.4.3 ci-dessus. Le Centre en est immédiatement tenu informé.

11.11.2 Le tribunal arbitral statue en droit, sauf si les parties lui ont conféré des pouvoirs d'amiable composition.

11.11.3 Toute sentence est motivée. Elle est rendue à la majorité.

11.11.4 La sentence, datée et signée par les arbitres ou, le cas échéant, avec mention du refus de signature de l'un des arbitres, est remise au Centre en autant d'originaux que de parties plus un original qui sera conservé aux archives du Centre.

11.11.5 La sentence ne peut être frappée d'appel sauf convention contraire des parties.

11.12 Sentences partielles ou intermédiaires

11.12.1 S'il l'estime approprié, le tribunal arbitral rend des sentences partielles ou intermédiaires.

11.12.2 Il peut ordonner d'office toute mesure d'instruction ou d'expertise dont il fixe les modalités et la durée.

11.12.3 De telles décisions ne peuvent avoir pour effet, sauf accord écrit de toutes les parties, de reporter la date de la fin de la mission du tribunal arbitral au-delà d'une durée de trois (3) mois à compter de la date de la décision.

11.13.1 Au vu du projet de sentence qui lui est communiqué par le tribunal arbitral, le Centre indique le montant des frais et honoraires d'arbitrage calculé conformément au barème en vigueur au jour de sa saisine et dont la charge sera imputée aux parties dans la proportion fixée par le tribunal arbitral.

11.13.2 Le CMAP procède aussitôt à l'appel du complément du montant des frais et honoraires.

11.14 Notification de la sentence aux parties

11.14.1 Après paiement intégral des frais et honoraires, le Centre notifie la sentence aux parties par lettre recommandée avec demande d'avis de réception. Une copie en est envoyée aux conseils. Des copies certifiées conformes par le Centre peuvent être ultérieurement délivrées aux seules parties ou à leurs ayants droit.

11.14.2 La sentence est confidentielle. Toutefois, elle peut être publiée avec l'accord de toutes les parties à la procédure et du tribunal arbitral.

11.15 Sentence d'accord des parties

Les parties parvenues à un accord au cours de la médiation ou de la procédure d'arbitrage peuvent demander au tribunal arbitral, si ce dernier y consent, de le constater dans une sentence.

11.16 Rectification d'erreurs matérielles, omissions de statuer et interprétation

11.16.1 Le tribunal arbitral peut, d'office ou à la requête d'une partie, réparer les erreurs matérielles qui affecteraient la sentence.

11.16.2 À la requête d'une partie, le tribunal arbitral, s'il a omis de statuer sur une demande dont il était saisi ou s'il lui est demandé d'interpréter la sentence, peut compléter sa sentence.

11.16.3 Les demandes de rectification d'erreur matérielle et d'omission de statuer ou d'interprétation sont adressées au Centre qui en saisit le tribunal arbitral.

11.16.4 Elles ne sont cependant recevables que si elles sont formées moins d'un (1) an après que la sentence a été notifiée.

11.16.5 Si le tribunal arbitral ne peut être réuni ou l'arbitre unique saisi, la Commission d'agrément et de nomination désigne, selon le cas, un nouveau tribunal ou un arbitre, dans les conditions prévues à l'article 7 ci-dessus.

11.16.6 Toutes ces procédures font l'objet d'une instruction contradictoire. Le tribunal arbitral statue dans les plus brefs délais.

11.17 Exécution de la sentence

Dans l'hypothèse où une partie serait contrainte d'avoir recours à la procédure d'exequatur, le CMAP, dépositaire de la sentence en vertu des dispositions de l'article 11.11.4 ci-dessus du présent règlement, procédera sur sa demande aux formalités prévues à l'article 1477 du nouveau Code de procédure civile.

12 : Interprétation et règlement en vigueur

12.1 Toute interprétation du présent règlement est du ressort du Centre.

12.2 La procédure de med-arb simultanés est soumise au règlement en vigueur au jour de son introduction.

111.32 Clause de arb-med-arb de Singapour (SIAC[1])

SIAC[2] – SIMC arb-med-arb clause

Any dispute arising out of or in connection with this contract, including any question regarding its existence, validity or termination, shall be referred to and finally resolved by arbitration administered by the Singapore International Arbitration Centre ("SIAC") in accordance with the Arbitration Rules of the Singapore International Arbitration Centre ("SIAC Rules") for the time being in force, which rules are deemed to be incorporated by reference in this clause.

The seat of the arbitration shall be [Singapore][3].

1. Singapore International Arbitration Center, www.siac.org.sg
2. Cette clause a été reproduite avec l'aimable autorisation du SIAC : Arbitration Rules of the Singapore International Arbitration Centre SIAC Rules (6th Edition, 1 August 2016) Copyright © 2016 Singapore International Arbitration Centre.
3. *Parties should specify the seat of arbitration of their choice. If the parties wish to select an alternative seat to Singapore, please replace "[Singapore]" with the city and country of choice (e.g., "[City, Country]").*

The Tribunal shall consist of ....[1] arbitrator(s).

The language of the arbitration shall be ....

The parties further agree that following the commencement of arbitration, they will attempt in good faith to resolve the Dispute through mediation at the Singapore International Mediation Centre ("SIMC"), in accordance with the SIAC-SIMC Arb-Med-Arb Protocol for the time being in force. Any settlement reached in the course of the mediation shall be referred to the arbitral tribunal appointed by SIAC and may be made a consent award on agreed terms.

Version française

Tout litige découlant de/ou en relation avec ce contrat, y compris toute question concernant son existence, sa validité ou sa résiliation, sera soumis et finalement résolu par arbitrage administré par le Centre d'arbitrage international de Singapour (« SIAC ») conformément aux règles d'arbitrage du Centre d'arbitrage international de Singapour (« règles SIAC ») actuellement en vigueur, lesquelles règles sont réputées être incorporées par référence dans la présente clause.

Le siège de l'arbitrage sera [Singapour][2].

Le Tribunal sera composé de ....[3] arbitre(s).

La langue de l'arbitrage sera ....

Les parties conviennent en outre qu'après le début de l'arbitrage, elles tenteront de bonne foi de résoudre le différend par la médiation au Centre international de médiation de Singapour (« SIMC »), conformément au protocole

1. *State an odd number. Either state one, or state three.*
2. Les parties doivent spécifier le siège de l'arbitrage de leur choix. Si les parties souhaitent choisir un siège alternatif à Singapour, veuillez remplacer « [Singapour] » par la ville et le pays de votre choix (par exemple, « [Ville, Pays] »).
3. Indiquez soit un, soit trois.

SIAC-SIMC Arb-Med-Arb pour le moment étant en vigueur. Tout règlement conclu au cours de la médiation sera soumis au tribunal arbitral nommé par la SIAC et pourra faire l'objet d'une sentence par consentement aux conditions convenues.

....

111.33 Acceptation de mission, déclaration d'indépendance, déclaration sur l'honneur (CMAP[1])

N° Réf. : Médiation N°

ACCEPTATION DE MISSION
DÉCLARATION D'INDÉPENDANCE
DÉCLARATION SUR L'HONNEUR
(CMAP)

Je, soussigné(e) .... déclare par la présente accepter la mission de médiateur qui m'a été confiée conformément au règlement de médiation du CMAP – Centre de Médiation et d'Arbitrage de Paris.

Après avoir été informé(e) des éléments de ce litige tels qu'ils m'ont été communiqués par le Centre, je déclare être indépendant(e) des parties en cause et n'avoir, à ce jour, connaissance d'aucune circonstance qui pourrait être de nature, aux yeux des parties, à affecter cette indépendance.

Je déclare sur l'honneur :

– n'avoir été l'objet d'aucune condamnation, incapacité ou déchéance inscrite au bulletin n° 3 de mon casier judiciaire ;

– n'avoir pas commis de faits contraires à l'honneur, à la probité et aux mœurs ayant donné lieu à une sanction disciplinaire ou administrative de destitution, radiation, révocation, de retrait d'agrément ou d'autorisation.

Fait à ....,

Le ....

Signature

1. Centre de Médiation et d'Arbitrage de Paris, www.cmap.fr

111.34 Avis du médiateur dans un litige de la consommation (exemple)

SAISINE DU MÉDIATEUR

À la suite du litige les opposant, Madame ………… a saisi le Centre de ………… dans le courant du mois de …………

Celui-ci a désigné …………, ci-après désignée « le médiateur », le …………

Madame ………… a émis une réclamation écrite auprès de la société …………, courant …………

Des discussions ont ensuite eu lieu entre elles et elles n'ont pas abouti à un accord.

LES FAITS

Madame ………… a commandé sur internet, sur le site …………, un sac de la marque ………… (commande n° …………), modèle …………, le …………

Le prix du sac s'élevait à ………… euros TTC et avait fait l'objet d'un prélèvement en ligne du même montant, sur le compte bancaire de la consommatrice.

L'article devait être livré par DHL, le …………, en période de confinement, au domicile de Madame …………, à …………

LE LITIGE

Le jour convenu pour la livraison par DHL, le livreur a passé un appel téléphonique à la cliente afin de l'informer de son passage imminent.

Madame ………… a indiqué au livreur qu'elle n'était pas à son domicile, mais que le colis pouvait être déposé devant la porte de sa maison située dans un environnement sûr

Il semblerait, ce qui n'est pas contesté par la consommatrice, que le livreur avait demandé à la cliente une confirmation par écrit, en l'occurrence par SMS, s'agissant d'une directive expressément donnée par elle, usage devenu plus courant pendant cette période de pandémie.

Les services DHL ont confirmé par la suite que le colis avait été déposé le ………… à ………… devant la porte de Madame …………, conformément aux directives qu'elle avait données par SMS quelques minutes auparavant.

Dès le lendemain, la cliente saisit la société du fait qu'elle n'a pas reçu la livraison et une enquête est ouverte auprès des services de DHL.

Il ressortirait de ces investigations que le colis avait été déposé, conformément aux directives écrites de la consommatrice, en un lieu qu'elle avait prétendu sûr, devant son domicile et en son absence.

L'AVIS DU MÉDIATEUR

La situation semble pouvoir se résumer comme suit :

1) Il existe une évidente divergence non pas sur les circonstances de la livraison, mais sur ses conséquences et sur l'imputabilité du défaut de remise de l'article acheté en ligne par la consommatrice.

2) Il n'est pas contesté que le contexte particulier de la crise sanitaire a conduit à des modes opératoires spécifiques de livraison. Parmi les questions qui se sont posées tout au long de la crise sanitaire, on s'est demandé si un livreur avait notamment le droit de laisser un colis sur le palier d'un domicile sans réception de la signature du récipiendaire, pour éviter les contacts et une éventuelle contamination.

3) Pour répondre à la problématique, il faut distinguer deux cas de figure :

– Dans l'hypothèse où le client ne se trouve pas à son domicile ou au lieu de réception du colis, tel que communiqué, le livreur doit repartir avec le colis mais également informer le destinataire de l'endroit où il pourra le récupérer.

– Dans le cas où le destinataire est présent, le livreur peut déposer le colis sur le palier sans exiger de signature en retour. C'était d'ailleurs la procédure recommandée pour éviter tout contact entre livreur et destinataire. Au lieu de cela, il doit apporter la preuve de distribution par différentes informations : nom et prénom du destinataire, attestation sur l'honneur émise par le livreur attestant la remise du pli, la date et l'heure de distribution, le numéro d'identification de l'envoi et enfin la mention « procédure spéciale Covid-19 ».

– Pour autant, cela ne peut pas se faire sans l'accord du client. Il faut en effet acter la réception du colis et solliciter le consommateur par un appel téléphonique ou écrit (mails, SMS) avant la livraison.

– Dans le cas d'espèce, le livreur a été sollicité par Madame .... par SMS afin que le colis soit laissé sur le palier, en son absence.

4) L'article L 221-15 du Code de la consommation dispose :

« Le professionnel est responsable de plein droit à l'égard du consommateur de la bonne exécution des obligations résultant du contrat conclu à distance, que ces obligations soient exécutées par le professionnel qui a conclu ce contrat ou par d'autres prestataires de services, sans préjudice de son droit de recours contre ceux-ci. Toutefois il peut s'exonérer de tout ou partie de sa responsabilité en apportant la preuve

que l'inexécution ou la mauvaise exécution du contrat est imputable soit au consommateur, soit au fait, imprévisible et insurmontable, d'un tiers au contrat, soit en cas de force majeure ».

5) En conséquence, le médiateur est d'avis que, par extension et interprétation des règles et circonstances ci-dessus rappelées, le transfert de responsabilité vers la consommatrice peut être avéré dans la mesure où cette dernière a donné par écrit au livreur des instructions spécifiques de livraison et de dépôt de l'article commandé.

6) Toutefois en équité et en tenant compte du fait que Madame ………… est une cliente de la maison …………, le médiateur recommande à la société de faire bénéficier la consommatrice d'un avoir sur un prochain achat de marque ………… qu'elle effectuerait dans une boutique …………, en France ou en Suisse, dans un délai de douze mois à compter de la date de l'éventuelle acceptation par les deux parties (en retenant la date de la 2nde acceptation) de la présente proposition.

7) Le médiateur recommande de fixer le montant de cet avoir à la somme de …………,00 euros TTC, qui serait considéré comme un acompte à imputer sur un prochain achat, en présentiel dans une boutique ………… (à Genève, Lausanne ou Paris), dans les conditions ci-dessus, d'un article de la société …………, dont le prix total ne saurait être inférieur à …………,00 euros TTC.

Chaque partie dispose d'un délai de quinze jours à compter de la date d'envoi par courriel du présent avis pour l'accepter ou le refuser.

Fait à …………,

Le …………

…………

Médiateur de la consommation

TRÈS IMPORTANT

L'avis du médiateur ne lie pas les parties.

À tout moment, les parties peuvent se retirer du processus de médiation (C. conso., art. R. 612-2).

Elles sont libres d'accepter ou de refuser sa proposition de solution. La participation à la médiation n'exclut pas la possibilité d'un recours devant une juridiction. La solution apportée peut être différente de la décision qui serait rendue par un juge (C. conso., art. R. 612-4).

Chaque partie dispose de quinze jours à compter de la réception de l'avis pour l'accepter ou le refuser[1].

Conformément à l'article 1531 du Code de procédure civile, « *les constatations du médiateur et les déclarations recueillies au cours de la médiation ne peuvent être divulguées aux tiers ni invoquées ou produites dans le cadre d'une instance judiciaire ou arbitrale sans l'accord des parties.* »

Les dispositions prévues ci-dessus le sont en application de l'ordonnance du 20 août 2015 relatif au règlement des litiges de consommation et du décret du 30 octobre 2015 relatif à la médiation de la consommation.

Réponse des parties sur l'avis du médiateur .... **rendu le** ....

Mme ....

Acceptation : OUI ou NON

Société ....[2]

Acceptation : OUI ou NON

1. Les auteures précisent que ce délai est fixé librement à l'initiative du médiateur.
2. Entourer la réponse, dater et signer.

112 Mini-code des procédures de médiation

112.01 Code de procédure civile – art. 12, 21, 54, 127, 127-1, 128, 129, 129-1, 129-2, 129-3, 131-1, 131-2, 131-3, 131-4, 131-5, 131-6, 131-7, 131-8, 131-9, 131-10, 131-11, 131-12, 131-13, 131-14, 131-15, 145, 750-1, 820, 821, 827, 860-2, 863, 887, 908, 910-2, 1012, al 3, 1071, 1528, 1530, 1532, 1533, 1534, 1535, 1544, 1546-1, 1546-3, 1554, 1557, 1559, 1560, 1562, 1565, 1566, 1568, 1569, 1570, 1571

112.02 Code des procédures civiles d'exécution – art. L. 111-3

112.03 Code civil – art. 6, 255, 373-2-10, 388-1, 1103, 1128, 1374, 2046, 2052, 2062, 2063, 2238, 2241

112.04 Code pénal – art. 40-1, 41-1

112.05 Code de procédure pénale – art. R. 15-33-33 à R. 15-33-37

112.06 Code du travail – art. L. 1152-6, R. 1471-1, R. 1471-2, R. 5312-5, R. 5312-47, R. 5412-48, R. 5411-18, R. 5412-8, R. 5423-14, R. 5426-11, R. 5426-17-1, R. 5426-19

112.07 Code de justice administrative – art. L. 114-1, L. 213-1 à L. 213-3, L. 213-5, L. 213-7, L. 213-11 à L. 213-13, L. 213-14, R. 213-1, R. 213-2, R. 213-3, R. 213-3-1, R. 213-4, R. 213-5, R. 213-6, R. 213-7, R. 213-8, R. 213-9, R. 213-10, R. 213-11, R. 213-12, R. 213-13

112.08 Code de la consommation – art. L. 211 3, L. 611-1, L. 611-2, L. 611-4, L. 612-1 à L. 612-4, L. 613-1, L. 613-2, L. 614-2, L. 614-3, L. 616-1, L. 623-1, L. 623-23, R. 612-3, R. 612-4, R. 613-1, R. 616-1

112.09 Code général des collectivités territoriales – art. L. 1112-24

112.10 Code du commerce – art. L. 611-4 et L. 611-8

Les textes suivants ne sont pas reproduits ci-après au sein du mini-code, mais constituent des textes de référence :

– L. n° 71-1130, 31 déc. 1971 portant réforme de certaines professions judiciaires et juridiques, *JO* 5 févr., art. 6, 8 ;

– Décr. n° 78-381, 20 mars 1978 relatif aux conciliateurs de justice, *JO* 23 mars, art. 1, 3 ;

– L. n° 91-647, 10 juill. 1991 relative à l'aide juridique, *JO* 13 juill., art. 2, 3, 6, 7, 10, 11-1, 11-2, 25, 27, 35, 50, 51, 52 ;

– L. n° 95-125, 8 févr. 1995 relative à l'organisation des juridictions et à la procédure civile, pénale et administrative, *JO* 9 févr., art. 21, 21-2, 21-3, 21-4, 22, 22-1, 22-3, 23, 25 ;

– Dir. 2008/52/CE, Parlement et Conseil, 21 mai 2008 sur certains aspects de la médiation en matière civile et commerciale, *JO* 24 mai ;

– L. n° 2010-1609, 22 déc. 2010, relative à l'exécution des décisions de justice, aux conditions d'exercice de certaines professions réglementées et aux experts judiciaires, *JO* 23 déc., texte 1 ;

– Dir. 2013/11/UE, Parlement et Conseil, 21 mai 2013 relative au règlement extrajudiciaire des litiges de consommation et modifiant le règlement (CE) n° 2006/2004, *JOUE* 18 juin ;

– L. n° 2016-1547, 18 nov. 2016 de modernisation de la justice du XXIe siècle, dite loi J21, *JO* 19 nov., texte 1, art. 4, 4-1, 4-2, 4-3, 4-4, 4-5, 4-6, 4-7, 7 ;

– Circ. 20 janv. 2017 relative à la prise en charge de la médiation au titre de l'aide juridique, NOR JUST17020335C ;

– Décr. n° 2017-1457, 9 oct. 2017 relatif à la liste des médiateurs auprès de la cour d'appel, *JO* 11 oct., texte 9, art. 1 à 5, 7 à 10 ;

– Décr. n° 2018-101, 16 févr. 2018 portant expérimentation d'une procédure de médiation préalable obligatoire en matière de litiges de la fonction publique et de litiges sociaux, *JO* 17 févr., texte 9, art. 1, 2, 4 à 7 (abrogé par le décret du 25 mars 2022) ;

– L. n° 2018-493, 20 juin 2018 relative à la protection des données, art. 21, *JO* 21 juin, texte 1, art. 21 ;

– Décr. n° 2019-1089, 25 oct. 2019 relatif à la certification des services en ligne de conciliation, de médiation et d'arbitrage, *JO* 27 oct., texte 4, art. 1 à 10 ;

– Décr. n° 2020-1682, 23 déc. 2020 relatif à la procédure d'accréditation des organismes certificateurs délivrant la certification des services en ligne fournissant des prestations de conciliation, de médiation et d'arbitrage, *JO* 26 déc., texte 62, art. 1 à 4 ;

– Décr. n° 2020-1717, 28 déc. 2020 portant application de L. n° 91-647, 10 juill. 1991 relative à l'aide juridique et relatif à l'aide juridictionnelle et à l'aide à l'intervention de l'avocat dans les procédures non juridictionnelles, *JO* 29 déc., texte 32, art. 78, 81, 86, 99, 100 ;

– Arr. 29 janv. 2021 fixant la liste des pièces justificatives à fournir pour l'inscription sur la liste prévue à l'art. 22-1 A, L. n° 95-125, 8 févr. 1995, préc., *JORF* 31 janv., texte 41, art. 1 à 4 ;

– L. n° 2021-1729, 22 déc. 2022 pour la confiance dans l'institution judiciaire, *JO* 23 déc., texte 2 ;

– Décr. n° 2022-245, 25 févr. 2022 favorisant le recours à la médiation, portant application de la loi pour la confiance dans l'institution judiciaire et modifiant diverses dispositions, *JO* 26 févr., texte 27 ;

– Décr. n° 2022-433, 25 mars 2022 relatif à la procédure de médiation préalable obligatoire applicable à certains litiges de la fonction publique et à certains litiges sociaux, *JO* 27 mars, texte 25.

112.01 Code de procédure civile

– art. 12, 21, 54, 127, 127-1, 128, 129, 129-1, 129-2, 129-3, 131-1, 131-2, 131-3, 131-4, 131-5, 131-6, 131-7, 131-8, 131-9, 131-10, 131-11, 131-12, 131-13, 131-14, 131-15, 145, 750-1, 820, 821, 827, 860-2, 863, 887, 908, 910-2, 1012, al 3, 1071, 1528, 1530, 1532, 1533, 1534, 1535, 1544, 1546-1, 1546-3, 1554, 1557, 1559, 1560, 1562, 1565, 1566, 1568, 1569, 1570, 1571

C. pr. civ., art. 12, al. 4

Le litige né, les parties peuvent aussi, dans les mêmes matières et sous la même condition, conférer au juge mission de statuer comme amiable compositeur, sous réserve d'appel si elles n'y ont pas spécialement renoncé.

C. pr. civ., art. 21

Il entre dans la mission du juge de concilier les parties.

C. pr. civ., art. 54

La demande initiale est formée par assignation ou par requête remise ou adressée au greffe de la juridiction. La requête peut être formée conjointement par les parties.

À peine de nullité, la demande initiale mentionne :

[...]

5° Lorsqu'elle doit être précédée d'une tentative de conciliation, de médiation ou de procédure participative, les diligences entreprises en vue d'une résolution amiable du litige ou la justification de la dispense d'une telle tentative.

C. pr. civ., art. 127

Hors les cas prévus à l'article 750-1, le juge peut proposer aux parties qui ne justifieraient pas de diligences entreprises pour parvenir à une résolution amiable du litige une mesure de conciliation ou de médiation.

C. pr. civ., art. 127-1

À défaut d'avoir recueilli l'accord des parties prévu à l'article 131-1, le juge peut leur enjoindre de rencontrer, dans un délai qu'il détermine, un médiateur chargé de les informer de l'objet et du déroulement d'une mesure de médiation. Cette décision est une mesure d'administration judiciaire.

C. pr. civ., art. 128

Les parties peuvent se concilier, d'elles-mêmes ou à l'initiative du juge, tout au long de l'instance.

C. pr. civ., art. 129

La conciliation est tentée, sauf disposition particulière, au lieu et au moment que le juge estime favorables et selon les modalités qu'il fixe.

Le juge qui doit procéder à une tentative préalable de conciliation peut enjoindre aux parties de rencontrer un conciliateur de justice qui les informera sur l'objet et le déroulement de la conciliation, dans les conditions prévues par l'article 22-1 de la loi n° 95-125 du 8 février 1995.

C. pr. civ., art. 129-1

Les parties peuvent toujours demander au juge de constater leur conciliation.

C. pr. civ., art. 129-2

Lorsque le juge, en vertu d'une disposition particulière, délègue sa mission de conciliation, il désigne un conciliateur de justice à cet effet, fixe la durée de sa mission et indique la date à laquelle l'affaire sera rappelée. La durée initiale de la mission ne peut excéder trois mois. Cette mission peut être renouvelée une fois, pour une même durée, à la demande du conciliateur.

C. pr. civ., art. 129-3

Pour procéder à la tentative de conciliation, le conciliateur de justice convoque en tant que de besoin les parties aux lieu, jour et heure qu'il détermine.

Les parties peuvent être assistées devant le conciliateur de justice par une personne ayant qualité pour le faire devant la juridiction ayant délégué la conciliation.

C. pr. civ., art. 131-1

Le juge saisi d'un litige peut, après avoir recueilli l'accord des parties, ordonner une médiation.

Le médiateur désigné par le juge a pour mission d'entendre les parties et de confronter leurs points de vue pour leur permettre de trouver une solution au conflit qui les oppose.

La médiation peut également être ordonnée en cours d'instance par le juge des référés.

C. pr. civ., art. 131-2

La médiation porte sur tout ou partie du litige.

En aucun cas elle ne dessaisit le juge, qui peut prendre à tout moment les autres mesures qui lui paraissent nécessaires.

C. pr. civ., art. 131-3

La durée initiale de la médiation ne peut excéder trois mois à compter du jour où la provision à valoir sur la rémunération du médiateur est versée entre les mains de ce dernier. Cette mission peut être renouvelée une fois, pour une même durée, à la demande du médiateur.

C. pr. civ., art. 131-4

La médiation peut être confiée à une personne physique ou à une personne morale.

Si le médiateur désigné est une personne morale, son représentant légal soumet à l'agrément du juge le nom de la ou des personnes physiques qui assureront, au sein de celle-ci et en son nom, l'exécution de la mesure.

C. pr. civ., art. 131-5

La personne physique qui assure l'exécution de la mesure de médiation doit satisfaire aux conditions suivantes :

1° Ne pas avoir fait l'objet d'une condamnation, d'une incapacité ou d'une déchéance mentionnées sur le bulletin n° 2 du casier judiciaire ;

2° N'avoir pas été l'auteur de faits contraires à l'honneur, à la probité et aux bonnes mœurs ayant donné lieu à une sanction disciplinaire ou administrative de destitution, radiation, révocation, de retrait d'agrément ou d'autorisation ;

3° Posséder, par l'exercice présent ou passé d'une activité, la qualification requise eu égard à la nature du litige ;

4° Justifier, selon le cas, d'une formation ou d'une expérience adaptée à la pratique de la médiation ;

5° Présenter les garanties d'indépendance nécessaires à l'exercice de la médiation.

C. pr. civ., art. 131-6

La décision qui ordonne une médiation mentionne l'accord des parties, désigne le médiateur et la durée initiale de sa mission et indique la date à laquelle l'affaire sera rappelée à l'audience.

La décision fixe le montant de la provision mentionnée à l'article 131-3 à un niveau aussi proche que possible de la rémunération prévisible, ainsi que le délai dans lequel les parties qu'elle désigne procéderont à son versement, directement entre les mains du médiateur. Si plusieurs parties sont désignées, la décision précise dans quelle proportion chacune effectuera le versement.

À défaut de versement intégral de la provision dans le délai prescrit, la décision est caduque et l'instance se poursuit.

C. pr. civ., art. 131-7

Dès le prononcé de la décision désignant le médiateur, le greffe de la juridiction en notifie copie par lettre simple aux parties et au médiateur.

Le médiateur fait connaître sans délai au juge son acceptation. Il informe les parties des modalités de versement de la provision.

Le médiateur convoque les parties dès qu'il a reçu la provision. Les parties qui sont dispensées de ce versement en vertu des dispositions relatives à l'aide juridictionnelle lui en apportent la justification.

Les parties peuvent être assistées devant le médiateur par toute personne ayant qualité pour le faire devant la juridiction qui a ordonné la médiation.

C. pr. civ., art. 131-8

Le médiateur ne dispose pas de pouvoirs d'instruction. Toutefois, il peut, avec l'accord des parties et pour les besoins de la médiation, entendre les tiers qui y consentent.

Le médiateur ne peut être commis, au cours de la même instance, pour effectuer une mesure d'instruction.

C. pr. civ., art. 131-9

La personne physique qui assure la médiation tient le juge informé des difficultés qu'elle rencontre dans l'accomplissement de sa mission.

C. pr. civ., art. 131-10

Le juge peut mettre fin, à tout moment, à la médiation sur demande d'une partie ou à l'initiative du médiateur.

Le juge peut également y mettre fin d'office lorsque le bon déroulement de la médiation apparaît compromis ou lorsqu'elle est devenue sans objet.

Dans tous les cas, l'affaire doit être préalablement rappelée à une audience à laquelle les parties sont convoquées à la diligence du greffe par lettre recommandée avec demande d'avis de réception.

À cette audience, le juge, s'il met fin à la mission du médiateur, peut poursuivre l'instance. Le médiateur est informé de la décision.

Devant la Cour de cassation, l'affaire est appelée à la date d'audience fixée par le président de la formation à laquelle elle a initialement été distribuée.

C. pr. civ., art. 131-11

À l'expiration de sa mission, le médiateur informe par écrit le juge de ce que les parties sont ou non parvenues à trouver une solution au conflit qui les oppose. Le jour fixé, l'affaire revient devant le juge.

Devant la Cour de cassation, cette information est communiquée par le médiateur avant la date d'audience fixée par le président de la formation.

C. pr. civ., art. 131-12

À tout moment, les parties, ou la plus diligente d'entre elles, peuvent soumettre à l'homologation du juge l'accord issu de la médiation. Le juge statue sur la requête qui lui est présentée sans débat, à moins qu'il n'estime nécessaire d'entendre les parties à l'audience.

L'homologation relève de la matière gracieuse.

Les dispositions des deux alinéas précédents s'appliquent à l'accord issu d'une médiation conventionnelle intervenue alors qu'une instance judiciaire est en cours.

C. pr. civ., art. 131-13

La rémunération du médiateur est fixée, à l'issue de sa mission, en accord avec les parties. L'accord peut être soumis à l'homologation du juge en application de l'article 1565.

À défaut d'accord, la rémunération est fixée par le juge.

Lorsqu'il envisage de fixer un montant inférieur à celui demandé par le médiateur, le juge invite ce dernier à formuler ses observations. S'il y a lieu, le médiateur restitue aux parties la différence entre le montant de la provision et celui de sa rémunération.

La charge des frais de la médiation est répartie conformément aux dispositions de l'article 22-2 de la loi n° 95-125 du 8 février 1995 relative à l'organisation des juridictions et à la procédure civile, pénale et administrative.

Le juge ordonne, s'il y a lieu, le versement de sommes complémentaires après déduction de la provision. Il désigne la ou les parties qui en ont la charge.

Une copie exécutoire de la décision est délivrée au médiateur, sur sa demande.

C. pr. civ., art. 131-14

Les constatations du médiateur et les déclarations qu'il recueille ne peuvent être ni produites ni invoquées dans la suite de la procédure sans l'accord des parties, ni en tout état de cause dans le cadre d'une autre instance.

C. pr. civ., art. 131-15

La décision ordonnant ou renouvelant la médiation ou y mettant fin est une mesure d'administration judiciaire.

C. pr. civ., art. 145

S'il existe un motif légitime de conserver ou d'établir avant tout procès la preuve de faits dont pourrait dépendre la solution d'un litige, les mesures d'instruction légalement admissibles peuvent être ordonnées à la demande de tout intéressé, sur requête ou en référé.

C. pr. civ., art. 750-1

À peine d'irrecevabilité que le juge peut prononcer d'office, la demande en justice doit être précédée, au choix des parties, d'une tentative de conciliation menée par un conciliateur de justice, d'une tentative de médiation ou d'une tentative de procédure participative, lorsqu'elle tend au paiement d'une somme n'excédant pas 5 000 euros ou lorsqu'elle est relative à l'une des actions mentionnées aux articles R. 211-3-4 et R. 211-3-8 du code de l'organisation judiciaire ou à un trouble anormal de voisinage.

Les parties sont dispensées de l'obligation mentionnée au premier alinéa dans les cas suivants :

1° Si l'une des parties au moins sollicite l'homologation d'un accord ;

2° Lorsque l'exercice d'un recours préalable est imposé auprès de l'auteur de la décision ;

3° Si l'absence de recours à l'un des modes de résolution amiable mentionnés au premier alinéa est justifiée par un motif légitime tenant soit à l'urgence manifeste soit aux circonstances de l'espèce rendant impossible une telle tentative ou nécessitant qu'une décision soit rendue non contradictoirement soit à l'indisponibilité de conciliateurs de justice entraînant l'organisation de la première réunion de conciliation dans un délai manifestement excessif au regard de la nature et des enjeux du litige ;

4° Si le juge ou l'autorité administrative doit, en application d'une disposition particulière, procéder à une tentative préalable de conciliation ;

5° Si le créancier a vainement engagé une procédure simplifiée de recouvrement des petites créances, conformément à l'article L. 125-1 du code des procédures civiles d'exécution.

C. pr. civ., art. 820

La demande en justice peut être formée aux fins de tentative préalable de conciliation hors les cas dans lesquels le premier alinéa de l'article 750-1 s'applique.

La demande aux fins de tentative préalable de conciliation est formée par requête faite, remise ou adressée au greffe.

La prescription et les délais pour agir sont interrompus par l'enregistrement de la demande.

C. pr. civ., art. 821

Le juge peut déléguer à un conciliateur de justice la tentative préalable de conciliation.

Le greffier avise par tous moyens le défendeur de la décision du juge. L'avis précise les nom, prénoms, profession et adresse du demandeur et l'objet de la demande.

C. pr. civ., art. 827

Le juge s'efforce de concilier les parties.

Le juge peut également, à tout moment de la procédure, inviter les parties à rencontrer un conciliateur de justice aux lieu, jour et heure qu'il détermine. Les parties en sont avisées, selon le cas, dans l'acte de convocation à l'audience ou par tous moyens. L'avis indique la date de l'audience à laquelle l'affaire sera examinée afin que le juge constate la conciliation ou tranche le litige. L'invitation peut également être faite par le juge à l'audience.

C. pr. civ., art. 860-2

Si une conciliation entre les parties apparaît envisageable, la formation de jugement peut désigner un conciliateur de justice à cette fin. Cette désignation peut revêtir la forme d'une simple mention au dossier.

C. pr. civ., art. 863

Le juge chargé d'instruire l'affaire constate la conciliation, même partielle, des parties.

Il peut également désigner un conciliateur de justice dans les conditions prévues à l'article 860-2.

C. pr. civ., art. 887

Au jour indiqué, il est procédé, devant le tribunal, à une tentative de conciliation dont il est dressé procès-verbal.

Le tribunal peut déléguer la mission de conciliation à un conciliateur de justice désigné à cette fin.

En cas de non-comparution de l'une des parties, son absence est constatée dans le procès-verbal.

C. pr. civ., art. 908

À peine de caducité de la déclaration d'appel, relevée d'office, l'appelant dispose d'un délai de trois mois à compter de la déclaration d'appel pour remettre ses conclusions au greffe.

C. pr. civ., art. 910-2

La décision qui enjoint aux parties de rencontrer un médiateur en application de l'article 127-1 ou qui ordonne une médiation en application de l'article 131-1 interrompt les délais impartis pour conclure et former appel incident mentionnés aux articles 905-2 et 908 à 910. L'interruption produit ses effets jusqu'à l'expiration de la mission du médiateur.

C. pr. civ., art. 1012, al. 3

Il peut, après avoir recueilli l'accord des parties, désigner un médiateur afin d'entendre les parties et de confronter leurs points de vue pour leur permettre de trouver une solution au conflit qui les oppose, conformément à l'article 131-1. La décision ordonnant la médiation est prise après le dépôt des mémoires et, s'il y a lieu, après avis du procureur général. Le président de la formation à laquelle l'affaire a été distribuée fixe la durée de la médiation conformément à l'article 131-3, en considération de la date de l'audience qu'il a fixée.

C. pr. civ., art. 1071

Le juge aux affaires familiales a pour mission de tenter de concilier les parties.

Saisi d'un litige, il peut proposer une mesure de médiation et, après avoir recueilli l'accord des parties, désigner un médiateur familial pour y procéder.

La décision enjoignant aux parties de rencontrer un médiateur familial en application des articles 255 et 373-2-10 du code civil n'est pas susceptible de recours.

C. pr. civ., art. 1528

Les parties à un différend peuvent, à leur initiative et dans les conditions prévues par le présent livre, tenter de le résoudre de façon amiable avec l'assistance d'un médiateur, d'un conciliateur de justice ou, dans le cadre d'une procédure participative, de leurs avocats.

C. pr. civ., art. 1530

La médiation et la conciliation conventionnelles régies par le présent titre s'entendent, en application des articles 21 et 21-2 de la loi du 8 février 1995 susmentionnée, de tout processus structuré, par lequel deux ou plusieurs parties tentent de parvenir à un accord, en dehors de toute procédure judiciaire en vue de la résolution amiable de leurs différends, avec l'aide d'un tiers choisi par elles qui accomplit sa mission avec impartialité, compétence et diligence.

C. pr. civ., art. 1532

Le médiateur peut être une personne physique ou morale.

Lorsque le médiateur est une personne morale, il désigne, avec l'accord des parties, la personne physique chargée d'accomplir la mission de médiation.

C. pr. civ., art. 1533

Le médiateur et, le cas échéant, la personne mentionnée au second alinéa de l'article 1532, doit satisfaire aux conditions suivantes :

1° Ne pas avoir fait l'objet d'une condamnation, d'une incapacité ou d'une déchéance mentionnées sur le bulletin n° 3 du casier judiciaire ;

2° Posséder, par l'exercice présent ou passé d'une activité, la qualification requise eu égard à la nature du différend ou justifier, selon le cas, d'une formation ou d'une expérience adaptée à la pratique de la médiation.

C. pr. civ., art. 1534

La demande tendant à l'homologation de l'accord issu de la médiation est présentée au juge par requête de l'ensemble des parties à la médiation ou de l'une d'elles, avec l'accord exprès des autres.

C. pr. civ., art. 1535

Lorsque l'accord issu de la médiation a été rendu exécutoire par une juridiction ou une autorité d'un autre État membre de l'Union européenne dans les conditions prévues par les dispositions de l'article 6 de la directive 2008/52/CE du 21 mai 2008 du Parlement européen et du Conseil sur certains aspects de la médiation en matière civile et commerciale, il est reconnu et déclaré exécutoire en France dans les conditions prévues par les articles 509-2 à 509-7.

C. pr. civ., art. 1544

Les parties, assistées de leurs avocats, œuvrent conjointement, dans les conditions fixées par convention, à un accord mettant un terme au différend qui les oppose ou à la mise en état de leur litige.

C. pr. civ., art. 1546-1

Les parties peuvent conclure une convention de procédure participative aux fins de mise en état à tout moment de l'instance.

Les parties ont, à tout moment, la possibilité de renoncer expressément à se prévaloir de toute fin de non-recevoir, de toute exception de procédure et des dispositions de l'article 47, à l'exception de celles qui surviennent ou sont révélées postérieurement à la signature de la convention de procédure participative.

Lorsque les parties et leurs avocats justifient avoir conclu une convention de procédure participative aux fins de mise en état, le juge peut, à leur demande, fixer la date de l'audience de clôture de l'instruction et la date de l'audience de plaidoiries. Il renvoie l'examen de l'affaire à la première audience précitée. À défaut de demande en ce sens, le juge ordonne le retrait du rôle.

C. pr. civ., art. 1546-3

L'acte de procédure contresigné par avocat est établi conjointement par les avocats des parties à un litige ayant ou non donné lieu à la saisine d'une juridiction, en dehors ou dans le cadre d'une procédure participative.

Par actes contresignés par avocats précisés dans la convention de procédure participative, les parties peuvent notamment :

1° Énumérer les faits ou les pièces qui ne l'auraient pas été dans la convention, sur l'existence, le contenu ou l'interprétation desquels les parties s'accordent ;

2° Déterminer les points de droit auxquels elles entendent limiter le débat, dès lors qu'ils portent sur des droits dont elles ont la libre disposition ;

3° Convenir des modalités de communication de leurs écritures ;

4° Recourir à un technicien selon les modalités des articles 1547 à 1554 ;

5° Désigner un conciliateur de justice ou un médiateur ayant pour mission de concourir à la résolution du litige. L'acte fixe la mission de la personne désignée, le cas échéant, le montant de sa rémunération et ses modalités de paiement ;

6° Consigner les auditions des parties, entendues successivement en présence de leurs conseils, comportant leur présentation du litige, leurs prétentions, les questions de leurs avocats ainsi que leurs réponses et les observations qu'elles souhaitent présenter ;

7° Consigner les déclarations de toute personne acceptant de fournir son témoignage sur les faits auxquels il a assisté ou qu'il a personnellement constatés, recueillies ensemble par les avocats, spontanément ou sur leur interrogation. L'acte contient les mentions prévues au deuxième alinéa de l'article 202. Le témoin fait précéder sa signature de la mention prévue au troisième alinéa du même article ;

8° Consigner les constatations ou avis donnés par un technicien recueillis ensemble par les avocats.

C. pr. civ., art. 1554

À l'issue des opérations, le technicien remet un rapport écrit aux parties, et, le cas échéant, au tiers intervenant.

Le rapport a valeur de rapport d'expertise judiciaire.

C. pr. civ., art. 1557, al. 1 et 2

La demande tendant à l'homologation de l'accord des parties établi conformément à l'article 1555 est présentée au juge par requête de la partie la plus diligente ou de l'ensemble des parties.

À peine d'irrecevabilité, la requête est accompagnée de la convention de procédure participative.

C. pr. civ., art. 1559

Devant le tribunal judiciaire et à moins que l'entier différend n'ait été soumis à la procédure de droit commun, l'affaire est directement appelée à une audience de jugement de la formation à laquelle elle a été distribuée. L'affaire ne peut être renvoyée devant le juge de la mise en état que dans les cas prévus au deuxième et troisième alinéa de l'article 1561.

C. pr. civ., art. 1560

Lorsque les parties ne sont parvenues qu'à un accord partiel et à moins qu'elles ne demandent que son homologation conformément à l'article 1557, elles peuvent saisir le juge à l'effet qu'il statue sur le différend résiduel soit conformément aux règles régissant la procédure applicable devant lui, soit par une requête conjointe signée par les avocats les ayant assistées au cours de la procédure participative dans les conditions prévues par le présent paragraphe.

Cette requête contient, à peine d'irrecevabilité que le juge peut soulever d'office, outre les mentions prévues par l'article 57 :

– les points faisant l'objet d'un accord entre les parties, dont elles peuvent demander au juge l'homologation dans la même requête ;

– les prétentions respectives des parties relativement aux points sur lesquels elles restent en litige, accompagnées des moyens de fait et de droit sur lesquels chacune de ces prétentions est fondée, avec l'indication pour chaque prétention des pièces invoquées.

Sous la même sanction, cette requête est accompagnée de la convention de procédure participative, des pièces prévues à l'article 2063 du code civil, le cas échéant, du rapport du technicien, ainsi que des pièces communiquées au cours de la procédure conventionnelle.

C. pr. civ., art. 1562

Lorsque le différend persiste en totalité, le juge peut en connaître :

– soit conformément aux règles régissant la procédure applicable devant lui ;

– soit selon les modalités prévues au paragraphe 2 ;

– soit sur requête unilatérale sur laquelle il statue suivant les règles applicables devant lui sous réserve des dispositions du présent paragraphe.

C. pr. civ., art. 1565

L'accord auquel sont parvenues les parties à une médiation, une conciliation ou une procédure participative peut être soumis, aux fins de le rendre exécutoire, à l'homologation du juge compétent pour connaître du contentieux dans la matière considérée.

L'accord sur la rémunération du médiateur conclu conformément à l'article 131-13 peut être rendu exécutoire dans les mêmes conditions, à la demande d'une partie ou du médiateur, par le juge qui a ordonné la médiation.

Le juge à qui est soumis l'accord ne peut en modifier les termes.

C. pr. civ., art. 1566

Le juge statue sur la requête qui lui est présentée sans débat, à moins qu'il n'estime nécessaire d'entendre les parties.

S'il est fait droit à la requête, tout intéressé peut en référer au juge qui a rendu la décision.

La décision qui refuse d'homologuer l'accord peut faire l'objet d'un appel. Cet appel est formé par déclaration au greffe de la cour d'appel. Il est jugé selon la procédure gracieuse.

C. pr. civ., art. 1568

Lorsque l'accord auquel sont parvenues les parties à une médiation [...] prend la forme d'un acte contresigné par les avocats de chacune des parties, cet acte peut être revêtu, à la demande d'une partie, de la formule exécutoire.

La demande est formée par écrit, en double exemplaire, auprès du greffe de la juridiction du domicile du demandeur matériellement compétente pour connaître du contentieux de la matière dont relève l'accord.

Le greffier n'appose la formule exécutoire qu'après avoir vérifié sa compétence et la nature de l'acte.

C. pr. civ., art. 1569

L'acte contresigné par avocats et revêtu de la formule exécutoire, ou la décision de refus du greffier, est remis ou adressé au demandeur par lettre simple.

Le double de la demande ainsi que la copie de l'acte et, le cas échéant, la décision de refus du greffier sont conservés au greffe.

C. pr. civ., art. 1570

Toute personne intéressée peut former une demande aux fins de suppression de la formule exécutoire devant la juridiction dont le greffe a apposé cette formule.

La demande est formée, instruite et jugée selon les règles de la procédure accélérée au fond.

C. pr. civ., art. 1571

Les dispositions de la présente section sont applicables à la transaction.

112.02 Code des procédures civiles d'exécution – art. L. 111-3

C. pr. exéc., art. L. 111-3

Seuls constituent des titres exécutoires : [...]

7° Les transactions et les actes constatant un accord issu d'une médiation, d'une conciliation ou d'une procédure participative, lorsqu'ils sont contresignés par les avocats de chacune des parties et revêtus de la formule exécutoire par le greffe de la juridiction compétente.

112.03 Code civil – art. 6, 255, 373-2-10, 388-1, 1103, 1128, 1374, 2046, 2052, 2062, 2063, 2238, 2241

C. civ., art. 6

On ne peut déroger, par des conventions particulières, aux lois qui intéressent l'ordre public et les bonnes mœurs.

C. civ., art. 255, 1° et 2°

Le juge peut notamment :

1° Proposer aux époux une mesure de médiation, sauf si des violences sont alléguées par l'un des époux sur l'autre époux ou sur l'enfant, ou sauf emprise manifeste de l'un des époux sur son conjoint, et, après avoir recueilli leur accord, désigner un médiateur familial pour y procéder ;

2° Enjoindre aux époux, sauf si des violences sont alléguées par l'un des époux sur l'autre époux ou sur l'enfant, ou sauf emprise manifeste de l'un des époux sur son conjoint, de rencontrer un médiateur familial qui les informera sur l'objet et le déroulement de la médiation.

C. civ., art. 373-2-10

En cas de désaccord, le juge s'efforce de concilier les parties.

À l'effet de faciliter la recherche par les parents d'un exercice consensuel de l'autorité parentale, le juge peut leur proposer une mesure de médiation, sauf si des violences sont alléguées par l'un des parents sur l'autre parent ou sur l'enfant, ou sauf emprise manifeste de l'un des parents sur l'autre parent, et, après avoir recueilli leur accord, désigner un médiateur familial pour y procéder, y compris dans la décision statuant définitivement sur les modalités d'exercice de l'autorité parentale.

Il peut de même leur enjoindre, sauf si des violences sont alléguées par l'un des parents sur l'autre parent ou sur l'enfant, ou sauf emprise manifeste de l'un des parents sur l'autre parent, de rencontrer un médiateur familial qui les informera sur l'objet et le déroulement de cette mesure.

C. civ., art. 388-1

Dans toute procédure le concernant, le mineur capable de discernement peut, sans préjudice des dispositions prévoyant son intervention ou son consentement, être entendu par le juge ou, lorsque son intérêt le commande, par la personne désignée par le juge à cet effet.

Cette audition est de droit lorsque le mineur en fait la demande. Lorsque le mineur refuse d'être entendu, le juge apprécie le bien-fondé de ce refus. Il peut être entendu seul, avec un avocat ou une personne de son choix. Si ce choix n'apparaît pas conforme à l'intérêt du mineur, le juge peut procéder à la désignation d'une autre personne.

L'audition du mineur ne lui confère pas la qualité de partie à la procédure.

Le juge s'assure que le mineur a été informé de son droit à être entendu et à être assisté par un avocat.

C. civ., art. 1103

Les contrats légalement formés tiennent lieu de loi à ceux qui les ont faits.

C. civ., art. 1128

Sont nécessaires à la validité d'un contrat :

1° Le consentement des parties ;

2° Leur capacité de contracter ;

3° Un contenu licite et certain.

C. civ., art. 1374

L'acte sous signature privée contresigné par les avocats de chacune des parties ou par l'avocat de toutes les parties fait foi de l'écriture et de la signature des parties, tant à leur égard qu'à celui de leurs héritiers ou ayants cause.

La procédure de faux prévue par le code de procédure civile lui est applicable.

Cet acte est dispensé de toute mention manuscrite exigée par la loi.

C. civ., art. 2046

On peut transiger sur l'intérêt civil qui résulte d'un délit.

La transaction n'empêche pas la poursuite du ministère public.

C. civ., art. 2052

La transaction fait obstacle à l'introduction ou à la poursuite entre les parties d'une action en justice ayant le même objet.

C. civ., art. 2062

La convention de procédure participative est une convention par laquelle les parties à un différend s'engagent à œuvrer conjointement et de bonne foi à la résolution amiable de leur différend ou à la mise en état de leur litige.

Cette convention est conclue pour une durée déterminée.

C. civ., art. 2063

La convention de procédure participative est, à peine de nullité, contenue dans un écrit qui précise :

1° Son terme ;

2° L'objet du différend ;

3° Les pièces et informations nécessaires à la résolution du différend ou à la mise en état du litige et les modalités de leur échange.

4° Le cas échéant, les actes contresignés par avocats que les parties s'accordent à établir, dans des conditions prévues par décret en Conseil d'État.

C. civ., art. 2238

La prescription est suspendue à compter du jour où, après la survenance d'un litige, les parties conviennent de recourir à la médiation ou à la conciliation ou, à défaut d'accord écrit, à compter du jour de la première réunion de médiation ou de conciliation. La prescription est également suspendue à compter de la conclusion d'une convention de procédure participative ou à compter de l'accord du débiteur constaté par l'huissier de justice pour participer à la procédure prévue à l'article L. 125-1 du code des procédures civiles d'exécution.

Le délai de prescription recommence à courir, pour une durée qui ne peut être inférieure à six mois, à compter de la date à laquelle soit l'une des parties ou les deux, soit le médiateur ou le conciliateur déclarent que la médiation ou la conciliation est terminée. En cas de convention de procédure participative, le délai de prescription recommence à courir à compter du terme de la convention, pour une durée qui ne peut être inférieure à six mois. En cas d'échec de la procédure prévue au même article, le délai de prescription recommence à courir à compter de la date du refus du débiteur, constaté par l'huissier, pour une durée qui ne peut être inférieure à six mois.

C. civ., art. 2241

La demande en justice, même en référé, interrompt le délai de prescription ainsi que le délai de forclusion.

Il en est de même lorsqu'elle est portée devant une juridiction incompétente ou lorsque l'acte de saisine de la juridiction est annulé par l'effet d'un vice de procédure.

112.04 Code pénal – art. 40-1, 41-1

C. pén., art. 40-1

Lorsqu'il estime que les faits qui ont été portés à sa connaissance en application des dispositions de l'article 40 constituent une infraction commise par une personne dont l'identité et le domicile sont connus et pour laquelle aucune disposition légale ne fait obstacle à la mise en mouvement de l'action publique, le procureur de la République territorialement compétent décide s'il est opportun ;

1° Soit d'engager des poursuites ;

2° Soit de mettre en œuvre une procédure alternative aux poursuites en application des dispositions des articles 41-1, 41-1-2 ou 41-2 ;

3° Soit de classer sans suite la procédure dès lors que les circonstances particulières liées à la commission des faits le justifient.

C. pén., art. 41-1

S'il lui apparaît qu'une telle mesure est susceptible d'assurer la réparation du dommage causé à la victime, de mettre fin au trouble résultant de l'infraction ou de contribuer au reclassement de l'auteur des faits, le procureur de la République peut, préalablement à sa décision sur l'action publique, directement ou par l'intermédiaire d'un officier de police judiciaire, d'un délégué ou d'un médiateur du procureur de la République :

[...]

5° Faire procéder, à la demande ou avec l'accord de la victime, à une mission de médiation entre l'auteur des faits et la victime. En cas de réussite de la médiation, le procureur de la République ou le médiateur du procureur de la République en dresse procès-verbal, qui est signé par lui-même et par les parties, et dont une copie leur est remise ; si l'auteur des faits s'est engagé à verser des dommages et intérêts à la victime, celle-ci peut, au vu de ce procès-verbal, en demander le recouvrement suivant la procédure d'injonction de payer, conformément aux règles prévues par le code de procédure civile. En cas de violences au sein du couple relevant de l'article 132-80 du code pénal, il ne peut pas être procédé à une mission de médiation.

112.05 Code de procédure pénale – art. R. 15-33-33 à R. 15-33-37

C. pr. pén., art. R. 15-33-33

Le médiateur ou le délégué du procureur de la République doit satisfaire aux conditions suivantes :

1° Ne pas exercer de fonctions judiciaires ou participer au fonctionnement du service de la justice ou être investi d'un mandat électif dans le ressort de la cour d'appel ;

2° Ne pas avoir fait l'objet d'une condamnation, incapacité ou déchéance mentionnée sur le bulletin n° 2 du casier judiciaire ;

3° Présenter des garanties de compétence, d'indépendance et d'impartialité ;

4° Ne pas être âgé de plus de 75 ans ;

5° Sauf dispense accordée par le garde des sceaux, ministre de la justice, ne pas être conjoint, concubin, parent ou allié jusqu'au degré d'oncle ou de neveu inclusivement d'un magistrat ou d'un fonctionnaire de la juridiction ou lié avec l'un d'entre eux par un pacte civil de solidarité.

Le médiateur ou le délégué du procureur de la République appelé à se voir confier des missions concernant des mineurs doit en outre s'être signalé par l'intérêt qu'il porte aux questions de l'enfance.

Lorsqu'une association envisage une modification de la liste mentionnée au 7° de l'article R. 15-33-32 ou de désigner, pour accomplir les missions confiées à l'association, une personne physique n'ayant pas été personnellement habilitée, elle doit en aviser le procureur de la république. Ce dernier lui indique, le cas échéant, les personnes qui, ne remplissant pas les conditions mentionnées aux alinéas précédents, ne peuvent être autorisées à accomplir les missions confiées à l'association.

C. pr. pén., art. R. 15-33-34

Le médiateur et le délégué du procureur de la République sont tenus à l'obligation du secret dans les conditions fixées par l'article 226-13 du code pénal.

C. pr. pén., art. R. 15-33-35

Après avoir fait procéder à toutes les diligences qu'il juge utiles, le procureur de la République ou, si l'intéressé doit exercer ses fonctions dans le ressort de la cour d'appel, le procureur général décide de l'habilitation de la personne pour une durée probatoire d'un an.

À l'issue de cette période, le procureur de la République ou le procureur général décide de l'habilitation de la personne pour une période de cinq ans, après avis de l'assemblée générale des magistrats du siège et du parquet du tribunal ou de la cour d'appel, ou de la commission restreinte de l'assemblée générale des magistrats du siège et du parquet dans les juridictions où sa constitution est obligatoire.

L'habilitation est renouvelable pour une même durée selon la même procédure.

Les décisions prévues au présent article précisent si la personne est habilitée comme médiateur ou comme délégué du procureur de la République et si elle est habilitée à se voir confier des missions concernant les mineurs.

C. pr. pén., art. R. 15-33-36

Dès qu'il est habilité en application des dispositions du premier alinéa de l'article R. 15-33-35, le médiateur ou le délégué du procureur de la République prête devant le tribunal judiciaire ou devant la cour d'appel le serment suivant :

« Je jure d'exercer mes fonctions avec rigueur, loyauté, impartialité et dignité et de respecter le secret professionnel. »

Ce serment est également prêté par les personnes physiques représentant les personnes morales habilitées, mentionnées au 7° de l'article R. 15-33-32.

C. pr. pén., art. R. 15-33-37

L'habilitation peut être retirée si la personne cesse de satisfaire à l'une des conditions prévues par l'article R. 15-33-33 ou si elle n'exécute pas de façon satisfaisante les missions qui lui sont confiées. Ce retrait est prononcé, après que l'intéressé a été mis à même de présenter ses observations orales, selon la procédure prévue par l'article R. 15-33-35 pour la décision d'habilitation.

En cas d'urgence, le procureur de la République ou le procureur général peut retirer provisoirement l'habilitation en attendant de pouvoir procéder aux consultations prévues par le deuxième alinéa de l'article R. 15-33-35.

112.06 Code du travail – art. L. 1152-6, R. 1471-1, R. 1471-2, R. 5312-5, R. 5312-47, R. 5412-48, R. 5411-18, R. 5412-8, R. 5423-14, R. 5426-11, R. 5426-17-1, R. 5426-19

C. trav., art. L. 1152-6

Une procédure de médiation peut être mise en œuvre par toute personne de l'entreprise s'estimant victime de harcèlement moral ou par la personne mise en cause.

Le choix du médiateur fait l'objet d'un accord entre les parties.

Le médiateur s'informe de l'état des relations entre les parties. Il tente de les concilier et leur soumet des propositions qu'il consigne par écrit en vue de mettre fin au harcèlement.

Lorsque la conciliation échoue, le médiateur informe les parties des éventuelles sanctions encourues et des garanties procédurales prévues en faveur de la victime.

C. trav., art R. 1471-1

Les dispositions du livre V du code de procédure civile sont applicables aux différends qui s'élèvent à l'occasion d'un contrat de travail.

Le bureau de conciliation et d'orientation homologue l'accord issu d'un mode de résolution amiable des différends, dans les conditions prévues par les dispositions précitées.

Ces dispositions sont applicables à la transaction conclue sans qu'il ait été recouru à une médiation, une conciliation ou une procédure participative. Le bureau de conciliation est alors saisi par la partie la plus diligente ou l'ensemble des parties à la transaction.

C. trav., art R. 1471-2

Le bureau de conciliation et d'orientation ou le bureau de jugement peut, quel que soit le stade de la procédure :

1° Après avoir recueilli l'accord des parties, désigner un médiateur afin de les entendre et de confronter leurs points de vue pour permettre de trouver une solution au litige qui les oppose ;

2° Enjoindre aux parties de rencontrer un médiateur qui les informe sur l'objet et le déroulement de la mesure.

L'accord est homologué, selon le cas, par le bureau de conciliation et d'orientation ou le bureau de jugement.

C. trav., art R. 5312-5

Pôle emploi représente l'État devant les juridictions administratives compétentes en cas de litiges relatifs à des décisions prises ou à des conventions conclues pour son compte.

C. trav., art. R. 5312-47

La procédure de médiation préalable obligatoire prévue par l'article L. 213-11 du code de justice administrative est applicable aux recours contentieux formés contre les décisions individuelles suivantes prises par Pôle emploi et relevant du champ de compétence du juge administratif :

1° Les décisions prises en application des délibérations du conseil d'administration de Pôle emploi mentionnées au 2° de l'article R. 5312-6 ;

2° Les décisions relatives à la cessation d'inscription sur les listes des demandeurs d'emploi ou au changement de catégorie mentionnées à l'article R. 5411-18 ;

3° Les décisions de radiation de la liste des demandeurs d'emploi, prévues aux articles L. 5412-1 et L. 5412-2 ;

4° Les décisions de suppression du revenu de remplacement, prévues à l'article L. 5426-2 ;

5° Les décisions relatives à la pénalité administrative mentionnée à l'article L. 5426-5 ;

6° Les décisions relatives au remboursement des allocations, aides, ainsi que toute autre prestation indûment versées mentionnées à l'article L. 5426-8-1 ;

7° Les décisions prises pour le compte de l'État relatives :

a) aux allocations destinées aux jeunes s'engageant dans un parcours contractualisé d'accompagnement vers l'emploi et l'autonomie prévues aux articles L. 5131-5 et L. 5131-6 ;

b) à l'allocation de solidarité spécifique prévue aux articles L. 5423-1 à L. 5423-3 ;

c) aux allocations de solidarité mentionnées à l'article L. 5424-21 servies aux intermittents du spectacle ;

d) à l'aide à la création ou à la reprise d'entreprise prévue au II de l'article 136 de la loi 96-1181 du 30 décembre 1996 de finances pour 1997.

C. trav., art. R. 5312-48.

Le médiateur chargé de la médiation préalable obligatoire mentionnée à l'article R. 5312-47 est le médiateur régional de Pôle emploi territorialement compétent.

C. trav., art. R. 5411-18

La décision motivée par laquelle le directeur régional de Pôle emploi constate la cessation d'inscription sur la liste des demandeurs d'emploi ou le changement de catégorie est notifiée à l'intéressé.

La personne qui entend la contester engage une médiation auprès du médiateur régional de Pôle emploi dans les conditions prévues aux articles R. 213-10 à R. 213-13 du code de justice administrative.

C. trav., art. R. 5412-8

La personne qui entend contester une décision de radiation de la liste des demandeurs d'emploi engage une médiation auprès du médiateur régional de Pôle emploi dans les conditions prévues aux articles R. 213-10 à R. 213-13 du code de justice administrative.

C. trav., art. R. 5423-14

La personne qui entend contester une décision relative à l'attribution ou au renouvellement de l'allocation de solidarité spécifique engage une médiation auprès du médiateur régional de Pôle emploi dans les conditions prévues aux articles R. 213-10 à R. 213-13 du code de justice administrative.

C. trav., art. R. 5426-11

Le demandeur d'emploi intéressé engage, lorsqu'il entend contester la décision de suppression du revenu de remplacement, une médiation auprès du médiateur régional de Pôle emploi dans les conditions prévues aux articles R. 213-10 à R. 213-13 du code de justice administrative.

C. trav., art. R. 5426-17-1

Le demandeur d'emploi intéressé engage, lorsqu'il entend contester la décision de pénalité administrative, une médiation auprès du médiateur régional de Pôle emploi dans les conditions prévues aux articles R. 213-10 à R. 213-13 du code de justice administrative.

C. trav., art. R. 5426-19

Le débiteur qui conteste le caractère indu des prestations mentionnées aux articles L. 5422-1 et L. 5424-25 qui lui sont réclamées forme un recours gracieux préalable devant le directeur général de Pôle emploi dans un délai de deux mois à compter de la date de notification de l'indu par Pôle emploi.

Conformément aux dispositions de l'article L. 411-7 du code des relations entre le public et l'administration, lorsque la décision du directeur général de Pôle emploi sur ce recours gracieux n'a pas été portée à la connaissance du requérant dans le délai de deux mois, l'intéressé peut considérer sa contestation comme rejetée. Il peut alors, s'il le souhaite, se pourvoir devant le juge compétent.

112.07 Code de justice administrative – art. L. 114-1, L. 213-1 à L. 213-3, L. 213-5, L. 213-7, L. 213-11 à L. 213-13, L. 213-14, art. R. 213-1, R. 213-2, R. 213-3, R. 213-3-1, R. 213-4, R. 213-5, R. 213-6, R. 213-7, R. 213-8, R. 213-9, R. 213-10, R. 213-11, R. 213-12, R. 213-13

C. just. admin., art. L. 114-1

Lorsque le Conseil d'État est saisi d'un litige en premier et dernier ressort, il peut, après avoir obtenu l'accord des parties, ordonner une médiation pour tenter de parvenir à un accord entre celles-ci selon les modalités prévues au chapitre III du titre Ier du livre II.

C. just. admin., art. L. 213-1

La médiation régie par le présent chapitre s'entend de tout processus structuré, quelle qu'en soit la dénomination, par lequel deux ou plusieurs parties tentent de parvenir à un accord en vue de la résolution amiable de leurs différends, avec l'aide d'un tiers, le médiateur, choisi par elles ou désigné, avec leur accord, par la juridiction.

C. just. admin., art. L. 213-2

Le médiateur accomplit sa mission avec impartialité, compétence et diligence.

Sauf accord contraire des parties, la médiation est soumise au principe de confidentialité. Les constatations du médiateur et les déclarations recueillies au cours de la médiation ne peuvent être divulguées aux tiers ni invoquées ou produites dans le cadre d'une instance juridictionnelle ou arbitrale sans l'accord des parties.

Il est fait exception au deuxième alinéa dans les cas suivants :

1° En présence de raisons impérieuses d'ordre public ou de motifs liés à la protection de l'intérêt supérieur de l'enfant ou à l'intégrité physique ou psychologique d'une personne ;

2° Lorsque la révélation de l'existence ou la divulgation du contenu de l'accord issu de la médiation est nécessaire pour sa mise en œuvre.

C. just. admin., art. L. 213-3

L'accord auquel parviennent les parties ne peut porter atteinte à des droits dont elles n'ont pas la libre disposition.

C. just. admin., art. L. 213-5

Les parties peuvent, en dehors de toute procédure juridictionnelle, organiser une mission de médiation et désigner la ou les personnes qui en sont chargées.

Elles peuvent également, en dehors de toute procédure juridictionnelle, demander au président du tribunal administratif ou de la cour administrative d'appel territorialement compétent d'organiser une mission de médiation et de désigner la ou les personnes qui en sont chargées, ou lui demander de désigner la ou les personnes qui sont chargées d'une mission de médiation qu'elles ont elles-mêmes organisée.
Le président de la juridiction peut déléguer sa compétence à un magistrat de la juridiction.
Lorsque le président de la juridiction ou son délégataire est chargé d'organiser la médiation et qu'il choisit de la confier à une personne extérieure à la juridiction, il détermine s'il y a lieu d'en prévoir la rémunération et fixe le montant de celle-ci.
Les décisions prises par le président de la juridiction ou son délégataire en application du présent article ne sont pas susceptibles de recours [...].

C. just. admin., art. L. 213-7

Lorsqu'un tribunal administratif ou une cour administrative d'appel est saisi d'un litige, le président de la formation de jugement peut, après avoir obtenu l'accord des parties, ordonner une médiation pour tenter de parvenir à un accord entre celles-ci.

C. just. admin., art. L. 213-11

Les recours formés contre les décisions individuelles qui concernent la situation de personnes physiques et dont la liste est déterminée par décret en Conseil d'État sont, à peine d'irrecevabilité, précédés d'une tentative de médiation. Ce décret en Conseil d'État précise en outre le médiateur relevant de l'administration chargé d'assurer la médiation.

C. just. admin., art. L. 213-12

Lorsque la médiation constitue un préalable obligatoire au recours contentieux, son coût est supporté exclusivement par l'administration qui a pris la décision attaquée.

C. just. admin., art. L. 213-13

La saisine du médiateur compétent interrompt le délai de recours contentieux et suspend les délais de prescription, qui recommencent à courir à compter de la date à laquelle soit l'une des parties, soit les deux, soit le médiateur déclarent, de façon non équivoque et par tout moyen permettant d'en attester la connaissance par l'ensemble des parties, que la médiation est terminée.

C. just. admin., art. L. 213-14

Lorsque le Défenseur des droits est saisi dans son champ de compétences d'une réclamation relative à une décision concernée par la médiation préalable obligatoire, cette saisine entraîne les mêmes effets que la saisine du médiateur compétent au titre de l'article L. 213-11.

C. just. admin., art. R. 213-1

La médiation porte sur tout ou partie d'un litige.

C. just. admin., art. R. 213-2

La médiation peut être confiée à une personne physique ou à une personne morale. Si le médiateur désigné est une personne morale, son représentant légal désigne la ou les personnes physiques qui assureront, au sein de celle-ci et en son nom, l'exécution de la mission.

C. just. admin., art. R. 213-3

La personne physique qui assure la mission de médiation doit posséder, par l'exercice présent ou passé d'une activité, la qualification requise eu égard à la nature du litige. Elle doit en outre justifier, selon le cas, d'une formation ou d'une expérience adaptée à la pratique de la médiation.

C. just. admin., art. R. 213-3-1

Les parties peuvent être assistées devant le médiateur par toute personne de leur choix.

C. just. admin., art. R. 213-4

Par dérogation à l'article L. 411-2 du code des relations entre le public et l'administration, lorsque, en application de l'article L. 213-6 du présent code, le délai de recours contentieux a été interrompu par l'organisation d'une médiation, l'exercice d'un recours gracieux ou hiérarchique ne l'interrompt pas de nouveau, sauf s'il constitue un préalable obligatoire à l'exercice d'un recours contentieux.

C. just. admin., art. R. 213-5

Lorsque le juge estime que le litige dont il est saisi est susceptible de trouver une issue amiable, il peut à tout moment proposer une médiation. Il fixe aux parties un délai pour répondre à cette proposition.

C. just. admin., art. R. 213-6

Outre les éléments figurant à l'article L. 213-8, la décision qui ordonne une médiation mentionne l'accord des parties. Elle désigne le médiateur et, le cas échéant, la durée de sa mission et les modalités de sa rémunération. Cette décision est notifiée au médiateur et aux parties.

C. just. admin., art. R. 213-7

Lorsque la mission de médiation est rémunérée, le président de la juridiction, après consultation du président de la formation de jugement, peut, soit au début de la médiation, soit au cours de celle-ci, accorder au médiateur, sur sa demande, une allocation provisionnelle à valoir sur le montant de ses honoraires et débours.

C. just. admin., art. R. 213-8

En aucun cas la médiation ne dessaisit le juge, qui peut prendre à tout moment les mesures d'instruction qui lui paraissent nécessaires.

C. just. admin., art. R. 213-9

Le médiateur peut, avec l'accord des parties et pour les besoins de la médiation, entendre les tiers qui y consentent.

Le médiateur tient le juge informé des difficultés qu'il rencontre dans l'accomplissement de sa mission.
Le juge met fin à la médiation à la demande d'une des parties ou du médiateur. Il peut aussi y mettre fin d'office lorsque le bon déroulement de la médiation lui apparaît compromis.

C. just. admin., art. R. 213-10

La médiation préalable obligatoire est engagée auprès du médiateur compétent dans le délai de recours contentieux prévu à l'article R. 421-1, majoré, le cas échéant, dans les conditions prévues à l'article R. 421-7.
La notification de la décision ou l'accusé de réception prévu à l'article L. 112-3 du code des relations entre le public et l'administration mentionne cette obligation et indique les coordonnées du médiateur compétent. À défaut, le délai de recours contentieux ne court pas à l'encontre de la décision litigieuse.
La lettre de saisine du médiateur est accompagnée de la décision contestée ou, lorsque celle-ci est implicite, d'une copie de la demande et de l'accusé de réception ayant fait naître cette décision.

C. just. admin., art. R. 213-11

La saisine du médiateur compétent interrompt le délai de recours contentieux et suspend les délais de prescription dans les conditions prévues à l'article L. 213-13.
La réclamation auprès du Défenseur des droits, lorsqu'elle est faite dans les conditions prévues à l'article L. 213-14, produit les mêmes effets.

C. just. admin., art. R. 213-12

Lorsqu'un tribunal administratif est saisi dans le délai de recours contentieux d'une requête n'ayant pas été précédée d'une médiation qui était obligatoire, son président ou le magistrat qu'il délègue rejette cette requête par ordonnance et transmet le dossier au médiateur compétent.
Le médiateur est supposé avoir été saisi à la date d'enregistrement de la requête.

C. just. admin., art. R. 213-13

L'exercice d'un recours gracieux ou hiérarchique après la médiation n'interrompt pas de nouveau le délai de recours.

112.08 Code de la consommation – art. L. 211-3, L. 611-1, L. 611-2, L. 611-4, L. 612-1 à L. 612-4, L. 613-1, L. 613-2, L. 614-2, L. 614-3, L. 616-1, L. 623-1, L. 623-23, art. R. 612-3, R. 612-4, R. 613-1, R. 616-1

C. consom., art. L. 211-3

Lors de la conclusion de tout contrat écrit, le consommateur est informé par le professionnel de la possibilité de recourir, en cas de contestation, à la procédure de médiation de la consommation dans les conditions prévues au titre Ier du livre VI.

C. consom., art. L. 611-1

Pour l'application du présent titre, on entend par :
1° Litige national : un litige de nature contractuelle entre un consommateur et un professionnel portant sur l'exécution d'un contrat de vente ou de fourniture de services, lorsqu'au moment de sa conclusion, le consommateur réside dans le même État membre que celui du lieu d'établissement du professionnel ;
2° Litige transfrontalier : un litige de nature contractuelle entre un consommateur et un professionnel portant sur l'exécution d'un contrat de vente ou de fourniture de services, lorsqu'au moment de sa conclusion le

consommateur réside dans un État membre autre que celui du lieu d'établissement du professionnel ;

3° Contrat de vente : tout contrat au sens de l'article 1582 du code civil, ainsi que tout contrat ayant à la fois pour objet la vente d'un bien et la fourniture d'un service, conclu entre un professionnel et un consommateur ;

4° Contrat de prestation de services : tout contrat ayant pour objet la fourniture d'un service par le professionnel en contrepartie duquel le consommateur s'engage à payer le prix ;

5° Médiation des litiges de la consommation : un processus de médiation conventionnelle, tel que défini à l'article 21 de la loi n° 95-125 du 8 février 1995 relative à l'organisation des juridictions et de la procédure civile, pénale et administrative ou un autre processus de médiation conventionnelle prévu par la loi ;

6° Médiateur de la consommation : la personne physique ou la personne morale accomplissant une mission de médiation conventionnelle ;

7° Médiateur public : médiateur désigné par une autorité publique dans les conditions fixées par la loi, laquelle détermine également son statut, son champ de compétences dans le domaine des litiges prévus au présent titre et ses modalités d'intervention.

C. consom., art. L. 611-2

La médiation de la consommation s'applique à un litige national ou transfrontalier entre un consommateur et un professionnel. Elle est régie par les dispositions du présent titre ainsi que, dans la mesure où elles ne leur sont pas contraires, par celles du chapitre Ier du titre II de la loi du 8 février 1995 mentionnée à l'article L. 611-1.

C. consom., art. L. 611-4

Ne sont pas considérés comme des litiges de consommation, au sens du présent titre, les litiges concernant :

1° Les services d'intérêt général non économiques ;

2° Les services de santé fournis par des professionnels de la santé aux patients pour évaluer, maintenir ou rétablir leur état de santé, y compris la prescription, l'administration et la fourniture de médicaments et de dispositifs médicaux ;

3° Les prestataires publics de l'enseignement supérieur.

C. consom., art. L. 612-1

Tout consommateur a le droit de recourir gratuitement à un médiateur de la consommation en vue de la résolution amiable du litige qui l'oppose à un professionnel. À cet effet, le professionnel garantit au consommateur le recours effectif à un dispositif de médiation de la consommation.

Le professionnel peut mettre en place son propre dispositif de médiation de la consommation ou proposer au consommateur le recours à tout autre médiateur de la consommation répondant aux exigences du présent titre.

Lorsqu'il existe un médiateur de la consommation dont la compétence s'étend à l'ensemble des entreprises d'un domaine d'activité économique dont il relève, le professionnel permet toujours au consommateur d'y recourir.

Les modalités selon lesquelles le processus de médiation est mis en œuvre sont précisées par décret en Conseil d'État.

C. consom., art. L. 612-2

Un litige ne peut être examiné par le médiateur de la consommation lorsque :

1° Le consommateur ne justifie pas avoir tenté, au préalable, de résoudre son litige directement auprès du professionnel par une réclamation écrite selon les modalités prévues, le cas échéant, dans le contrat ;

2° La demande est manifestement infondée ou abusive ;

3° Le litige a été précédemment examiné ou est en cours d'examen par un autre médiateur ou par un tribunal ;

4° Le consommateur a introduit sa demande auprès du médiateur dans un délai supérieur à un an à compter de sa réclamation écrite auprès du professionnel ;

5° Le litige n'entre pas dans son champ de compétence.

Le consommateur est informé par le médiateur, dans un délai de trois semaines à compter de la réception de son dossier, du rejet de sa demande de médiation.

C. consom., art. L. 612-3

La médiation des litiges de consommation est soumise à l'obligation de confidentialité prévue par l'article 21-3 de la loi n° 95-125 du 8 février 1995 relative à l'organisation des juridictions et de la procédure civile, pénale et administrative.

C. consom., art. L. 612-4

Est interdite toute clause ou convention obligeant le consommateur, en cas de litige, à recourir obligatoirement à une médiation préalablement à la saisine du juge.

C. consom., art. L. 613-1

Le médiateur de la consommation accomplit sa mission avec diligence et compétence, en toute indépendance et impartialité, dans le cadre d'une procédure transparente, efficace et équitable. Il établit chaque année un rapport sur son activité.

Il satisfait aux conditions suivantes :

1° Posséder des aptitudes dans le domaine de la médiation ainsi que de bonnes connaissances juridiques, notamment dans le domaine de la consommation ;

2° Être nommé pour une durée minimale de trois années ;

3° Être rémunéré sans considération du résultat de la médiation ;

4° Ne pas être en situation de conflit d'intérêts et le cas échéant le signaler.

Il est inscrit sur la liste des médiateurs notifiée à la commission européenne.

Les modalités d'application du présent article sont fixées par décret en conseil d'État.

C. consom., art. L. 613-2

Lorsqu'il est employé ou rémunéré exclusivement par le professionnel, le médiateur de la consommation satisfait aux conditions supplémentaires suivantes :

1° Il est désigné, selon une procédure transparente, par un organe collégial mis en place par l'entreprise, comprenant des représentants d'associations de défense des consommateurs agréées et des représentants du professionnel, ou relevant d'une instance nationale consultative dans le domaine de la consommation ou propre à un secteur d'activité dans des conditions fixées par décret ;

2° À l'issue de son mandat, le médiateur a l'interdiction de travailler pendant au moins trois ans pour le professionnel qui l'a employé ou pour la fédération à laquelle ce professionnel est affilié ;

3° Aucun lien hiérarchique ou fonctionnel entre le professionnel et le médiateur ne peut exister pendant l'exercice de sa mission de médiation. Le médiateur est clairement séparé des organes opérationnels du professionnel et dispose d'un budget distinct et suffisant pour l'exécution de ses missions.

C. consom., art. L. 614-2

Le médiateur fournit sur son site internet un lien électronique vers la plate-forme européenne de résolution en ligne des litiges prévue par le règlement (UE) n° 524/2013 du Parlement européen et du Conseil du 21 mai 2013 relatif au règlement en ligne des litiges de consommation et modifiant le règlement (CEE) n° 2006/2004 et la directive n° 2009/22/CE (règlement relatif au RLLC).

C. consom., art. L. 614-3

Les parties doivent toujours avoir la possibilité de recourir à la médiation par voie postale.

C. consom., art. L. 616-1

Tout professionnel communique au consommateur, selon des modalités fixées par décret en Conseil d'État, les coordonnées du ou des médiateurs compétents dont il relève.

Le professionnel est également tenu de fournir cette même information au consommateur, dès lors qu'un litige n'a pas pu être réglé dans le cadre d'une réclamation préalable directement introduite auprès de ses services.

C. consom., art. L. 623-1

Une association de défense des consommateurs représentative au niveau national et agréée en application de l'article L. 811-1 peut agir devant une juridiction civile afin d'obtenir la réparation des préjudices individuels subis par des consommateurs placés dans une situation similaire ou identique et ayant pour cause commune un manquement d'un ou des mêmes professionnels à leurs obligations légales, relevant ou non du présent code, ou contractuelles :

1° À l'occasion de la vente de biens ou de la fourniture de services ainsi que dans le cadre de la location d'un bien immobilier ;

2° Ou lorsque ces préjudices résultent de pratiques anticoncurrentielles au sens du titre II du livre IV du code de commerce ou des articles 101 et 102 du traité sur le fonctionnement de l'Union européenne.

C. consom., art. L. 623-23

Tout accord négocié au nom du groupe est soumis à l'homologation du juge, qui vérifie s'il est conforme aux intérêts de ceux auxquels il a vocation à s'appliquer et lui donne force exécutoire.

Cet accord précise les mesures de publicité nécessaires pour informer les consommateurs concernés de la possibilité d'y adhérer, ainsi que les délais et modalités de cette adhésion.

C. consom., art. R. 612-3

Le médiateur communique, à la demande de l'une des parties, tout ou partie des pièces du dossier.

Le médiateur peut recevoir les parties ensemble ou séparément. À défaut d'accord amiable entre elles, il leur propose une solution pour régler le litige.

C. consom., art. R. 612-4

Le médiateur, en faisant connaître aux parties la solution qu'il propose, leur rappelle, par courrier simple ou par voie électronique :

1° Qu'elles sont libres d'accepter ou de refuser sa proposition de solution ;

2° Que la participation à la médiation n'exclut pas la possibilité d'un recours devant une juridiction ;

3° Que la solution peut être différente de la décision qui serait rendue par un juge.

Le médiateur précise également quels sont les effets juridiques de l'acceptation de la proposition de solution et fixe un délai d'acceptation ou de refus de celle-ci.

C. consom., art. R. 613-1

Le médiateur de la consommation informe sans délai les parties de la survenance de toute circonstance susceptible d'affecter son indépendance, son impartialité ou de nature à créer un conflit d'intérêts ainsi que de leur droit de s'opposer à la poursuite de sa mission. Si l'une des parties refuse en conséquence de poursuivre la médiation, il est mis fin à la mission du médiateur. Lorsque le médiateur est une personne morale, il est pourvu au remplacement de la personne physique chargée d'accomplir la mission de médiation.

Le médiateur ne peut recevoir aucune instruction des parties.

C. consom., art. R. 616-1

En application de l'article L. 616-1, le professionnel communique au consommateur les coordonnées du ou des médiateurs de la consommation dont il relève, en inscrivant ces informations de manière visible et lisible sur son site internet, sur ses conditions générales de vente ou de service, sur ses bons de commande ou, en l'absence de tels supports, par tout autre moyen approprié. Il y mentionne également l'adresse du site internet du ou de ces médiateurs.

112.09 Code général des collectivités territoriales – art. L. 1112-24

CGCT., art. L. 1112-24

Sans préjudice des dispositifs de médiation existants, les communes, les départements, les régions et les établissements publics de coopération intercommunale à fiscalité propre peuvent instituer, par délibération de l'organe délibérant, un médiateur territorial, soumis aux dispositions du présent article.

La délibération qui institue le médiateur territorial définit le champ de ses compétences détermine les moyens mis à sa disposition pour l'exercice de ses fonctions et fixe la durée de son mandat.

Ne peut être nommée médiateur territorial par une collectivité territoriale ou un établissement public de coopération intercommunale à fiscalité propre :

1° La personne qui exerce une fonction publique élective ou est agent de cette collectivité territoriale ou de cet établissement ;

2° La personne qui exerce une fonction publique élective ou est agent au sein de l'un des groupements dont cette collectivité territoriale ou cet établissement est membre.

Les médiations conduites par le médiateur territorial sont soumises aux dispositions de la section 1 du chapitre III du titre Ier du livre II du code de justice administrative.

La saisine du médiateur territorial interrompt les délais de recours contentieux et suspend les prescriptions dans les conditions prévues à l'article L. 213-6 du code de justice administrative.

Par dérogation à l'article L. 411-2 du code des relations entre le public et l'administration, lorsque, en application du septième alinéa du présent article, le délai de recours contentieux a été interrompu par l'organisation d'une médiation, l'exercice d'un recours gracieux ou hiérarchique ne l'interrompt pas de nouveau, sauf si ce recours constitue un préalable obligatoire à l'exercice d'un recours contentieux.

Le médiateur territorial définit librement les modalités de déroulement des médiations qu'il conduit.

La saisine du médiateur territorial est gratuite.

Le médiateur territorial ne peut être saisi d'un différend dès lors que le litige est porté devant une juridiction ou a fait l'objet d'un jugement définitif, sauf dans les cas prévus par la loi.

Chaque année, le médiateur territorial transmet à l'organe délibérant de la collectivité territoriale ou de l'établissement public de coopération intercommunale à fiscalité propre qui l'a nommé et au Défenseur des droits un rapport d'activité rédigé dans le respect du principe de confidentialité de la médiation. Ce rapport peut contenir des propositions visant à améliorer le fonctionnement de la collectivité territoriale ou de l'établissement public de coopération intercommunale à fiscalité propre.

112.10 Code du commerce – art. L. 611-4 et L. 611-8

C. com., art. L. 611-4

Il est institué devant le tribunal de commerce une procédure de conciliation dont peuvent bénéficier les débiteurs exerçant une activité commerciale ou artisanale qui éprouvent une difficulté juridique, économique ou financière, avérée ou prévisible, et ne se trouvent pas en cessation des paiements depuis plus de quarante-cinq jours.

C. com., art. L. 611-8

I. – Le président du tribunal, sur la requête conjointe des parties, constate leur accord et donne à celui-ci force exécutoire. Il statue au vu d'une déclaration certifiée du débiteur attestant qu'il ne se trouvait pas en cessation des paiements lors de la conclusion de l'accord, ou que ce dernier y met fin. La décision constatant l'accord n'est pas soumise à publication et n'est pas susceptible de recours. Elle met fin à la procédure de conciliation.

II. – Toutefois, à la demande du débiteur, le tribunal homologue l'accord obtenu si les conditions suivantes sont réunies :

1° Le débiteur n'est pas en cessation des paiements ou l'accord conclu y met fin ;

2° Les termes de l'accord sont de nature à assurer la pérennité de l'activité de l'entreprise ;

3° L'accord ne porte pas atteinte aux intérêts des créanciers non signataires.

III. – Lorsque le président du tribunal constate l'accord ou que le tribunal homologue celui-ci, il peut, à la demande du débiteur, désigner le conciliateur en tant que mandataire à l'exécution de l'accord pendant la durée de cette exécution. En cas de difficultés faisant obstacle à l'exécution de sa mission, le mandataire désigné présente sans délai un rapport, selon le cas, au président du tribunal ou au tribunal, qui peut alors mettre fin à sa mission par décision notifiée au débiteur. Ce dernier peut également, à tout moment, solliciter la fin de cette mission.

Principales abréviations utilisées

AJ	Aide juridictionnelle
al.	Alinéa
AMF	Autorité des marchés financiers
anc.	Ancien
ann.	Annexe
arr.	Arrêté
art.	Article
AUM	Acte uniforme relatif à la médiation
C.	Code
CAA	Cour administrative d'appel
Cass.	Cour de cassation
CCC	*Contrats-concurrence-consommation*
C. civ.	Code civil
C. com.	Code de commerce
C. consom.	Code de la consommation
CECMC	Commission d'évaluation et de contrôle de la médiation de la consommation
CEDH	Cour européenne des droits de l'homme
ch.	Chambre
ch. mixte	Chambre mixte
chron.	Chronique
circ.	Circulaire
Civ. 1re	Cour de cassation, 1re chambre civile
Civ. 2e	Cour de cassation, 2e chambre civile
Civ. 3e	Cour de cassation, 3e chambre civile
CJUE	Cour de justice de l'Union européenne
C. just. adm.	Code de justice administrative

CMAP Centre de médiation et d'arbitrage de Paris
CMATravail Centre de médiation et d'arbitrage du travail
CMFI Cellule de médiation familiale internationale
CNB Conseil national des barreaux
CNMA Centre national de médiation des avocats
Com. Chambre commerciale de la Cour de cassation
comm. Commentaires
C. pén. Code pénal
C. pr. civ. Code de procédure civile
C. pr. exéc. Code des procédures civiles d'exécution
C. pr. pén. Code de procédure pénale
Crim. Chambre criminelle de la Cour de cassation

D. *Recueil Dalloz*
D. actu. *Dalloz actualités* sur *dalloz.fr*
Décr. Décret
Dir. Directive
dir. Sous la direction de

éd. Édition(s)
ég. également
ét. étude
ex. Exemple

Gaz. Pal. *Gazette du Palais*

IEAM Institut d'expertise, d'arbitrage, et de médiation

JCP G *Juris-classeur périodique - La semaine juridique - Édition générale*
JCP E *Juris-classeur périodique - La semaine juridique - Entreprise et affaires*
JO *Journal officiel*

L. Loi

MARD Mode alternatif de règlement des différends
Med-arb Médiation-arbitrage
mod. Modifié
MPO Médiation préalable obligatoire
NOR Système normalisé de numérotation des textes officiels
n$^{o(s)}$ Numéro(s)
NP Arrêt non publié au *Bulletin des arrêts de la Cour de cassation*

obs. Observations
OHADA Organisation pour l'harmonisation en Afrique du droit des affaires
OMPI Organisation mondiale de la propriété intellectuelle
ord. Ordonnance

P Arrêt publié au *Bulletin des arrêts de la Cour de cassation*
p. Page
pr. Précité

Rapp. Rapport
Règl. Règlement
Rép. Réponse
RG Répertoire général des affaires de la juridiction
RIN Règlement intérieur national de la profession d'avocat
RLDA *Revue Lamy droit des affaires*

s. Suivant(e)(s)
spéc. Spécifiquement
s^s Sous

t. Tome
TJ Tribunal judiciaire
TMFPO Tentative de médiation familiale préalable obligatoire

v. Voir
vol. Volume

Index thématique alphabétique

* Les chiffres renvoient aux numéros des paragraphes.

A

Absence d'autorité de la chose jugée
- actes du juge constatant l'accord, 106.21

Accord de médiation
> *Homologation*

Accord de médiation administrative
- caractère exécutoire, 59.44
- distinction avec la transaction, 59.44
- formalisme, 59.43
- homologation, 59.44

Accord de médiation internationale
- annulation, 61.09

Accord de médiation transactionnel
- effets, 106.13
- nature juridique, 106.13

Accord de règlement
- principe de reconnaissance, 61.08
- principe d'exécution, 61.08

Accord partiel de médiation
- confidentialité, 102.02, 105.02
- contenu, 102.01
- fonctionnement, 102.02
- homologation, 102.02
- médiation judiciaire, 102.02
- nouvelle demande, 102.02
- opposabilité, 102.02
- remise en cause, 102.02
- terme de la médiation, 105.02

Acte dématérialisé
- accord de médiation, 73.25
- acte d'avocat électronique, 73.25
- archivage, 73.13
- engagement de confidentialité, 73.23
- engagement de médiation, 73.24
- feuille de présence, 73.22
- intégrité et valeur probante des actes, 73.13
- pouvoir de représentation, 73.21
- preuve électronique, 73.11
- signature électronique, 73.12

Actes du juge constatant l'accord
- absence d'autorité de la chose jugée, 106.21

Aide juridictionnelle
- conditions d'octroi, 25.11
- médiation, 25.21
- moment de la demande, 25.22
- rémunération de l'avocat, 25.24

- rémunération du médiateur, 25.23
- retrait du bénéfice, 25.11

Aparté
- confidences, 83.31
- confidentialité, 83.31

Arbitrage
- médiation, 41.22
- médiation internationale, 61.08

Arbitre
- distinction avec le médiateur, 21.34, 41.22

Avocat
- accompagnement du client, 31.15
- clause de médiation, 31.13
- développement de l'activité, 31.21
- écoute, 33.01
- emploi des outils de la médiation, 33.02
- formation, 31.21
- gestion de l'issue de la médiation, 31.16
- MARD, 31.12
- méthodologie, 33.03
- obligations déontologiques, 31.12
- outils de la médiation, 33.01, 33.02
- pouvoir de représentation, 32.01 s.
- préconisation de la médiation, 31.14
- premier rendez-vous, 33.01
- rôle, 31.12, 31.13, 31.15, 31.16, 31.21, 32.01 s., 33.02
- stratégie de l'amiable, 31.21

C

CECMC
- composition, 54.51
- contrôle des médiateurs référencés, 54.33
- garantie de recours effectif, 54.43
- médiateur de la consommation, 54.33
- perspectives d'amélioration, 54.51
- rôle, 54.51
- sanction des médiateurs référencés, 54.33

Centre de médiation
- désignation du médiateur, 82.11 s.
- règlement, 82.15
- saisine, 82.11
- terme de la médiation, 108.05

Clause de médiation
- appréciation souveraine du juge, 12.14
- caractère préalable, 12.12
- fin de non-recevoir, 12.14
- médiation obligatoire, 11.11
- modèles de clauses, 12.14
- opposabilité (au juge et aux parties), 12.13
- rédaction claire et précise, 12.14
- validité, 12.14

Clause de médiation (non-respect)
- fin de non-recevoir, 12.13
- irrecevabilité, 12.13

Co-médiation
- alliance biaisée entre médiateurs, 26.72
- allongement des délais, 26.74
- appel à un expert, 26.42
- coût, 26.73
- critère de principe, 26.11
- éviter les partis-pris, 26.81
- inconvénients, 26.71 s.

- intérêt, 26.31, 26.41 s., 26.51, 26.61
- liberté des parties, 26.31
- médiation OHADA, 64.32
- médiés géographiquement éloignés, 26.43
- mésentente entre médiateurs, 26.71
- multiculturalité, 26.61
- partialité, 26.72, 26.81
- pluralité de médiés, 26.41
- pratique en Amérique du Nord, 26.103
- pratique en Asie, 26.104
- pratique en Europe, 26.102
- pratiques préparatoires, 26.82
- principe de complémentarité, 26.13
- principe d'égalité, 26.12
- récusation ou empêchement du médiateur, 26.91
- rééquilibrage entre les parties, 26.51
- risques, 26.81, 26.82, 26.91

Co-médiation (« presque »)
- médiateur assisté, 26.23
- médiateur formateur, 26.22
- protagoniste différent, 26.21

Commission de contrôle et d'évaluation de la consommation (CECMC)
> *V. CECMC*

Computation des délais
- délais de prescription, 81.22
- versement de la rémunération du médiateur, 81.22

Conciliateur de justice
- proposition de solutions, 43.21

Conciliation
- déroulement, 84.23
- litige, 22.04
- médiation (distinction avec), 22.01, 22.02, 22.03, 22.04
- notions, 21.22
- tiers, 22.03

Confidentialité
- accord des parties, 85.31, 85.41, 85.52
- accord partiel de médiation, 102.02, 105.02
- avocat, 85.31, 85.53
- cadre juridique, 85.11
- champ d'application, 85.21, 85.23, 85.31, 85.41
- clause pénale, 85.42
- Conseil national de la médiation, 85.54
- convention d'engagement de médiation, 85.42
- déclarations des parties, 85.23
- déontologie, 85.53
- détournement du principe de confidentialité, 85.22, 85.23
- éléments de preuve, 85.23, 85.41
- engagement de médiation, 85.52
- entrée en médiation, 87.11
- entretien en aparté, 85.32
- expert, 85.31
- faute, 85.51
- indemnisation du préjudice, 85.51
- injonction du juge, 92.07
- opérations de médiation, 85.23
- preuve, 85.21
- production en justice des éléments couverts, 85.21 s.
- professionnalisation, 85.54
- réparation, 85.51

- responsabilité civile contractuelle, 85.52
- responsabilité civile délictuelle, 85.51
- responsabilité du médiateur, 85.54
- risque d'instrumentalisation, 85.22, 85.23
- rôle du médiateur, 85.22, 85.41
- saisine du juge, 87.22
- sanctions ordinales, 85.53
- secret professionnel, 85.53
- terme de la médiation, 108.04, 108.05
- tiers sachant, 85.31

Conflits sociaux
- médiateur des entreprises, 23.01
- médiation préventive, 51.02

> *V. aussi Médiation préventive*

Conseil national de la médiation
- perspectives d'amélioration de la médiation, 87.41

Convention de médiation
- désignation du médiateur, 82.22

> *V. aussi Confidentialité, Désignation du médiateur, Rémunération médiateur*

D

Défenseur des droits
- médiateur, 42.41
- MPO (médiation préalable obligatoire), 42.42
- réseau territorial, 42.42

Désignation du médiateur
- centre de médiation, 82.11, 82.12, 82.13
- commun accord des parties, 41.21
- convention de médiation, 82.22
- formalités, 82.12, 82.22
- formation, 82.12
- mentions obligatoires, 41.13
- ordonnance « 2 en 1 », 92.09
- par le juge, 82.31
- par les parties, 82.13, 82.21

Difficultés
- saisine du juge, 87.21

Droit administratif
- médiation obligatoire, 12.61

Droit collaboratif
- notions, 21.24

Droit de la consommation
- médiation obligatoire, 12.51

E

Échec de la médiation
- constat, 105.03

Entrée en médiation
- confidentialité, 87.11
- démarches préalables, 87.11
- initiative du juge, 91.01, 91.02
- injonction du juge, 91.03
- liberté de choix des parties, 91.03
- médiation post-sentencielle, 91.02
- moment de la procédure, 91.02
- refus des parties, 91.03

Entreprise en difficulté
- administrateur judiciaire, 84.26
- conciliation, 84.21, 84.23

- liquidation judiciaire, 84.27
- mandat *ad hoc*, 84.21 s.
- mandataire judiciaire, 84.24, 84.28, 84.29
- procédure de sauvegarde, 84.25
- recours à un tiers, 84.21, 84.24 s.
- redressement judiciaire, 84.26

Entretien en aparté
- comparaison avec une séance plénière, 83.31
- confidentialité, 83.11, 85.32
- origines, 83.11
- spécificités, 83.11

F

Force exécutoire de l'accord de médiation
- accord déposé au greffe, 105.01
- contreseing des avocats, 101.11
- greffe, 101.11
- homologation judiciaire, 101.11
- terme de la médiation, 101.11

G

Gestion des conflits internes
> *V. Médiation préventive*

H

Homologation
- accord de médiation, 107.01, 107.02
- accord de médiation transactionnel, 106.11
- accord écrit, 101.13
- accord verbal, 101.13
- acte d'avocat électronique, 106.15
- acte dématérialisé, 73.25
- caractère exécutoire, 107.01, 107.02
- caractère obligatoire, 58.31
- collégialité, 59.44, 106.14
- concessions réciproques, 106.12
- conséquences fiscales, 106.41
- contreseing de l'avocat, 105.01, 106.15, 107.01 s.
- délai d'appel, 107.02
- désistement, 93.01
- distinction avec la transaction, 106.31 s.
- efficacité internationale, 61.08
- exécution, 106.14, 107.03
- force exécutoire, 105.01
- formalisme, 101.13
- homologation judiciaire, 93.01, 105.01, 106.11, 106.14, 107.01 s.
- jugement d'homologation, 106.14
- médiation pénale, 58.31
- nature juridique, 106.11
- non-respect, 58.32
- obligation distincte d'une condamnation pénale, 58.31
- prescription, 58.31
- processus structuré, 106.31
- refus, 107.02
- rôle du juge, 93.01
- sanction en cas de non-respect, 107.03
- signature électronique, 73.25

- terme de la médiation, 101.11, 101.13, 105.01
- transaction, 58.31, 106.13

I

Injonction du juge de rencontrer un médiateur
- caractère volontaire de la médiation, 92.08
- computation des délais, 103.01
- confidentialité, 92.07
- délai d'exécution, 92.04
- durée de la médiation, 92.04
- entrée en médiation, 91.03
- gratuité de l'information, 92.05
- médiation judiciaire, 11.11
- mesure d'administration judiciaire, 92.03
- moment de la procédure, 92.01
- saisine du juge (difficultés), 92.07
- sanction en cas de non-respect (non), 92.08

Intérêt de la médiation
- avocat, 31.13, 33.03

M

Mandat *ad hoc*
- déroulement, 84.23

MARD
- avocat, 31.12
- catégories, 21.21

Med-arb
- avantages, 21.32
- déroulement, 21.33
- notions, 21.31
- typologie, 21.33

Médiateur
- arbitre (distinction avec), 21.34
- association d'avocats médiateurs, 42.11
- Bercy, 42.51
- Centre national de médiation des avocats (CNMA), 42.12
- choix par les parties, 24.12
- communication, 42.11
- confiance, 41.14
- confidentialité, 108.05
- défenseur des droits, 42.41, 59.53
- déontologie, 54.21, 82.13
- désignation par le juge, 41.11, 41.13
- distinction avec l'arbitre, 41.22
- formation, 26.22, 26.23, 31.11
- Groupement national des commissaires médiateurs, 42.13
- intervention, 21.13
- libre choix, 41.21
- médiateur de la consommation, 42.81
- médiateur des entreprises, 42.51
- médiateur des relations commerciales agricoles, 42.71
- médiateur du crédit, 42.61
- médiateur européen, 42.91
- médiateur institutionnel, 42.31
- médiateur interne, 42.21
- médiateur national de la consommation de la profession d'avocat, 42.82
- médiateur régional de Pôle emploi, 59.53
- médiation administrative, 59.22

- médiation administrative préalable obligatoire (MPO), 59.53
- médiation en ligne, 71.34
- médiation familiale, 57.41
- médiation internationale, 61.04
- médiation OHADA, 64.32
- mission, 54.21
- personne morale, 41.12
- personne physique, 41.12
- profil, 41.14
- qualités, 21.13
- rapport d'activité, 59.53
- rémunération, 25.23, 82.32
- responsabilité, 86.11, 86.12, 86.21, 86.31
- témoignage (non), 108.05
- tiers indépendants, 42.11

Médiateur administratif
- conditions, 59.41
- coût, 59.22
- déontologie, 59.41
- rémunération, 59.22, 59.34
- saisine, 59.41

Médiateur aviseur
- médiateur facilitateur (distinction), 43.11

Médiateur conventionnel
- conditions d'exercice de sa mission, 45.11
- décompte des frais et honoraires, 44.21
- honoraires « de satisfaction », 44.21
- principe d'indépendance, 45.11
- provisions sur frais et honoraires, 44.21
- récusation, 45.11, 45.21, 45.31
- répartition de la charge des honoraires, 44.21

Médiateur de la consommation
- Commission de contrôle et d'évaluation de la consommation (CECMC), 54.33
- convention-cadre, 54.33
- notification de la saisine, 54.43
- qualités, 54.33
- référencement par la CECMC, 54.33
- saisine, 54.42

Médiateur de projet
- deal mediation, 53.01
- médiation de projet, 53.01, 53.02
- mission, 53.02 s.

Médiateur des entreprises
- dialogue social, 23.01
- entre professionnels, 23.01

Médiateur distanciel
- avantages, 72.01
- essor, 72.03
- inconvénients, 72.02
- rôle, 72.04

Médiateur du crédit
- entre professionnels, 23.01
- financement des entreprises, 23.01

Médiateur en ligne
- audit, 71.42
- certification, 71.41, 71.42, 71.44
- certification facultative, 71.43
- Comité français d'accréditation (Cofrac), 71.41
- conflit d'intérêts, 71.34
- déontologie, 71.34
- organisme certificateur, 71.41

- prestation de serment, 71.45
- responsabilité civile, 71.34
- responsabilité pénale, 71.34

Médiateur européen
- candidature, 63.11
- CJUE, 63.25
- contrôle des décisions, 63.25
- défense des droits fondamentaux, 63.22
- demande de réexamen des décisions, 63.24
- déontologie, 63.13
- destitution, 63.13
- élection, 63.12, 63.13
- enquêtes, 63.21
- exemple de mission, 63.26
- instruction des plaintes, 63.22
- limites de son champ d'intervention, 63.23
- missions, 63.21
- parlement européen, 63.25
- plaintes, 63.22
- rapport annuel, 63.21
- rapport spécial, 63.22
- recommandations, 63.22

Médiateur facilitateur
- médiateur aviseur (distinction), 43.11

Médiateur familial
- acte contresigné par avocats, 57.51
- comparaison avec le médiateur de droit commun, 57.41
- déontologie, 57.41
- désignation, 57.12
- divulgation de l'accord de médiation, 57.41
- homologation, 57.51
- injonction du juge aux parties, 57.13
- rapport avec le juge, 57.41

Médiateur institutionnel
- gratuité, 44.31
- proposition de solutions, 43.21
- rémunération concertée, 44.31

Médiateur intra-entreprise
- mission, 52.05

Médiateur judiciaire
- aide juridictionnelle, 44.11
- récusation, 45.21, 45.31
- rémunération sous contrôle du juge, 44.11
- répartition de la charge des honoraires, 44.11

Médiateur OHADA
- absence de pouvoir juridictionnel, 64.51
- déontologie, 64.41
- rémunération, 64.32
- rôle, 64.51

Médiateur pénal
- conditions, 58.21
- déontologie, 58.21
- habilitation, 58.21
- médiation pénale, 58.21
- rémunération, 58.22
- rôle, 58.23
- secret, 58.23

Médiateur séquestre
- responsabilité, 86.41

Médiation
- accompagnement, 31.11
- accord partiel, 101.11
- alternative au contentieux, 21.12

- arbitrage, 41.22
- caractère volontaire, 21.12
- CNB, 31.12
- computation des délais, 81.21, 81.22
- conciliation (confusion), 22.02
- conciliation (distinction avec), 21.22, 22.01 s.
- conciliation (gratuité), 22.04
- conciliation (similitudes), 22.03
- conflit, 22.04
- définitions, 21.11
- déroulement, 82.14, 82.15
- droit collaboratif (distinction avec), 21.24
- med-arb (distinction avec), 21.32
- médiation de groupe, 55.12
- négociation assistée par avocat (distinction avec), 21.23
- négociation raisonnée, 21.13
- point de départ, 81.21, 81.22
- prescription, 31.11, 54.21, 56.22
- principes, 54.21
- procédure participative (distinction avec), 21.25
- processus structuré, 21.13
- RIN, 31.12
- rôle de l'avocat, 31.11
- rôle du juge, 91.01
- rôle préventif de l'avocat, 31.12
- solution construite par les parties, 43.21
- spécificité, 43.21
- suspension de la prescription, 56.22
- tiers, 22.03

> *V. aussi Médiateur institutionnel, Médiation préalable obligatoire (MPO)*

Médiation administrative
- cas de recours, 59.11
- confidentialité, 59.42
- homologation en collégialité, 106.14
- médiateur, 59.22
- médiation conventionnelle, 59.21
- médiation judiciaire, 59.31
- médiation préalable obligatoire (MPO), 59.51
- prescription, 59.45

> *V. aussi Médiation préalable obligatoire (MPO)*

Médiation administrative conventionnelle
- organisation par le juge, 59.21, 59.22

Médiation administrative judiciaire
- fin, 59.34
- initiative du juge, 59.31
- médiation préalable obligatoire (MPO), 59.32
- rôle du juge, 59.34
- tiers, 59.34

Médiation administrative préalable obligatoire

> *V. Médiation préalable obligatoire (MPO)*

Médiation collective conventionnelle
- sur mesure, 55.21

Médiation contractuelle
- caractère préalable obligatoire en présence de clause de médiation, 12.12
- force obligatoire du contrat, 12.13
- médiation conventionnelle, 12.13
- obligation contractuelle, 12.12
- obligation de moyen, 12.12

- refus d'une partie, 12.13
- sanction (non), 12.13
- tentative, 12.13
- volonté des parties, 12.12
  > *V. aussi Médiation conventionnelle*

Médiation conventionnelle
- accord des parties, 11.21
- aide juridictionnelle (par exception si homologation), 25.21
- champ d'application, 23.03
- conflits commerciaux, 23.01
- durée, 88.01
- engagement de médiation, 73.24
- entre particuliers, 23.02
- entre particuliers et professionnels, 23.02
- entre professionnels, 23.01
- extension du périmètre du litige, 87.23
- libre choix des parties, 11.21
- matières prohibées, 23.03
- médiation administrative, 59.21
- médiation contractuelle, 12.13
- médiation familiale, 57.21
- médiation OHADA, 64.31
- médiation prud'homale, 56.11
- moment, 11.21
- rémunération concertée, 44.21
- suspension de la prescription, 81.11
- terme de la médiation, 101.11
  > *V. aussi Médiateur des entreprises, Médiateur du crédit*

Médiation de groupe
- déroulement, 55.12
- déroulement de l'instance, 55.11
- déroulement de la médiation 55.12
- homologation, 55.12
- médiation de groupe conventionnelle, 55.21
- publicité, 55.12
- rôle du juge, 55.12
  > *V. aussi Médiation de groupe conventionnelle*

Médiation de groupe conventionnelle
- avantages, 55.21
- illustration, 55.21

Médiation de la consommation
- accès gratuit, 54.32
- assistance du consommateur, 54.41
- centre de médiation agréé, 54.11
- champ d'application, 54.11
- clôture, 54.44
- Commission européenne de règlement en ligne des litiges, 54.33
- comparaison avec la médiation de droit commun, 54.21, 54.43
- conclusion d'un accord, 54.44
- conditions générales, 54.11
- conditions préalables, 54.31
- confidentialité, 54.43
- convention-cadre, 54.11
- délai de traitement du dossier, 54.43
- demande de médiation en ligne, 54.33
- déroulement, 54.41, 54.42
- désaccord persistant, 54.44
- deuxième étape, 54.43
- financement par le professionnel, 54.32
- garantie de recours effectif (CECMC), 54.43

- indépendance, 54.51
- information du consommateur, 54.32, 54.33
- notification de la proposition du médiateur, 54.44
- prescription, 54.21
- proposition du médiateur, 54.44
- recevabilité de la saisine, 54.42
- refus, 54.43
- représentation par un avocat, 54.41
- retrait, 54.43
- silence des parties, 54.44
- suspension du délai de prescription, 54.44

Médiation de projet
- médiateur de projet, 53.01, 53.02
- processus innovant, 53.01
- réussite de projet complexe, 53.01

> *V. aussi Médiateur de projet*

Médiation en ligne
- certification, 71.11
- confidentialité, 71.32
- conflit de voisinage, 71.11
- garanties de sécurisation, 71.21
- information des parties, 71.32
- médiateur, 71.34
- procédure du contrôle, 71.42
- protection des données à caractère personnel, 71.32
- respect du périmètre du droit, 71.33
- traitement algorithmique, 71.31, 86.31
- traitement automatisé de données à caractère personnel, 71.31

Médiation familiale
- accord contresigné par avocats, 57.11
- déroulement, 57.12 s.
- droit des enfants, 57.31
- échec, 57.11
- homologation, 57.11, 106.14
- médiateur, 57.41
- médiation conventionnelle, 57.21
- médiation post-sentencielle, 57.15
- mesure d'assistance éducative, 57.32
- position de la Défenseure des droits, 57.31
- protection de l'enfance, 57.32
- rôle de l'avocat, 57.51
- rôle du médiateur familial, 57.41
- rôle incitatif du juge, 57.11
- violences (non), 57.12, 57.13, 57.32

> *V. aussi Tentative de médiation familiale préalable obligatoire (TMFPO)*

Médiation familiale conventionnelle
- convention de procédure participative de mise en état, 57.21
- préparation de la procédure, 57.21

Médiation familiale internationale
- autorité parentale, 62.01
- bureau du droit de l'Union, du droit international privé et de l'entraide civile, 62.01
- cellule de médiation familiale internationale (CMFI), 62.01
- démarche volontaire, 62.02
- enlèvements internationaux d'enfant, 62.01
- rôle de l'Autorité centrale, 62.03
- saisine de l'Autorité centrale, 62.02

Médiation internationale
- acte d'avocat, 61.08
- arbitrage, 61.08

- centres agréés, 61.02
- choix de la langue, 61.06
- choix du lieu, 61.05
- choix du médiateur, 61.04
- clause de médiation, 61.02
- co-médiation, 61.04
- confidentialité, 61.07
- déroulement, 61.02
- force exécutoire, 61.08
- homologation, 61.08
- libre choix des parties, 61.02
- loi applicable, 61.03
- médiateur, 61.04
- visioconférence, 61.05, 61.06

Médiation intra-entreprise

- avantages, 52.02
- déroulement, 52.03
- dialogue social, 52.02
- différends, 52.04
- obligation de sécurité de l'employeur, 52.01
- prévention, 52.03
- régulation des relations sociales, 52.01

Médiation judiciaire

- accord partiel de médiation, 102.02
- caractéristiques, 24.11
- cas de recours, 24.12
- champ d'application, 24.12
- contrôle du juge, 24.11
- conversion en médiation conventionnelle, 87.23, 88.03
- date de fin de médiation, 108.03
- délai, 88.02, 88.03
- durée, 88.01
- échec, 11.11
- extension du périmètre du litige, 87.23
- gratuité, 44.12
- initiative, 24.12
- injonction, 11.11
- libre choix des parties, 11.11
- médiation administrative, 59.31
- médiation prud'homale, 56.11
- moment, 11.11
- obligatoire, 11.11
- prescription, 88.02, 88.03
- refus, 11.11
- rémunération adaptée, 44.12
- saisine du juge, 87.21
- terme de la médiation, 88.02, 101.11, 108.03

Médiation obligatoire

- bornage, 12.31
- cas prévus par la loi, 12.31, 12.41
- présence d'une clause de médiation, 11.11, 12.11, 12.21, 12.31, 12.51, 12.61, 13.01
- sur proposition du juge, 12.21
- tentative préalable de règlement amiable, 12.31
- trouble anormal de voisinage, 12.31
- voisinage, 12.31

Médiation obligatoire (droit de la consommation)

- préalable nécessaire à la saisine du juge, 12.51

Médiation obligatoire (non-respect)

- irrecevabilité, 12.31

Médiation OHADA

- acte uniforme relatif à la médiation (AUM), 64.11
- caractère obligatoire, 64.53

- champ d'application matériel de l'AUM, 64.21
- champ d'application territorial, 64.22
- co-médiation, 64.32
- confidentialité, 64.42
- dépôt au rang des minutes d'un notaire, 64.53
- déroulement, 64.31
- désignation du médiateur, 64.32
- exequatur, 64.53
- homologation, 64.53
- initiative, 64.31
- médiateur, 64.32
- médiation *ad hoc*, 64.31
- médiation conventionnelle, 64.31
- médiation institutionnelle, 64.31
- origines, 64.11
- prescription, 64.33, 64.52
- rapports juridiques entre personnes physiques ou morales, 64.23
- rémunération médiateur, 64.32
- saisine de la Cour commune de Justice et d'Arbitrage, 64.53
- terme de la médiation, 64.33

Médiation pénale
- absence d'accord, 58.33
- accord de médiation, 58.31
- cas de recours, 58.11
- conditions, 58.11
- consentement, 58.12
- déroulement, 58.23
- gratuité, 58.22
- honoraires d'avocat, 58.22
- initiative, 58.12
- liberté de choix, 58.23
- médiateur pénal, 58.21
- mineur, 58.23
- prescription, 58.12
- rôle de l'avocat, 58.24

Médiation préalable obligatoire (MPO)
- cas de recours, 59.51, 59.52
- délai, 59.52
- formalisme, 59.52
- initiative, 91.01
- médiateur, 59.53
- médiation administrative, 59.51
- médiation administrative judiciaire, 59.32
- rapport d'activité, 59.53
- saisine du juge, 12.14
- tentative de règlement amiable, 12.14

Médiation préventive
- conflits sociaux, 51.02
- gestion des conflits internes, 51.02
- intervenant interne ou externe, 51.04
- obligation de sécurité de l'employeur, 51.03
- outil de gestion pour l'entreprise, 51.01
- performance de l'entreprise, 51.01

Médiation prud'homale
- avantages, 56.53
- clause de médiation non obligatoire, 56.21
- confidentialité, 56.53
- déroulement, 56.53
- étapes, 56.53
- gestion des conflits, 56.52
- gestion des risques psychosociaux, 56.52
- harcèlement moral, 56.51, 56.52

- médiation conventionnelle, 56.11
- médiation judiciaire, 56.11
- non-obligatoire, 56.21
- obligation de sécurité de l'employeur, 56.51, 56.52

Médiation prud'homale conventionnelle
- bureau de conciliation et d'orientation, 56.31
- déroulement, 56.31
- échec, 56.32
- homologation, 56.31

Médiation prud'homale judiciaire
- accord contresigné par avocat, 56.42
- conclusion d'un accord, 56.42
- conditions, 56.41
- délai, 56.41
- échec, 56.42
- homologation, 56.42
- modification de l'accord par le juge, 56.42
- rôle du bureau de conciliation et d'orientation, 56.41
- rôle du bureau de jugement, 56.41

Médiation transfrontalière
- médiation familiale, 62.04

Mission du médiateur
- ordonnance « 2 en 1 », 92.09
- prorogation par le juge, 93.02

Modes alternatifs de règlement des différends (MARD)

> *V. MARD*

Modèles de clauses
- clause de médiation, 12.14

> *V. aussi Médiation préalable obligatoire*

N

Négociation assistée par avocat
- notions, 21.23

Neurosciences
- expression non verbale, 83.31

O

Ordonnance « 2 en 1 »
- accord des parties, 92.09
- désignation du médiateur, 92.09
- information des parties, 92.09
- mission du médiateur, 92.09
- refus des parties, 92.09

P

Position des parties
- confrontation, 83.21

Prescription
- computation des délais, 104.01
- délai de procédure d'appel, 104.01
- effet suspensif, 103.01, 104.01
- procédure d'appel, 103.01
- tentative préalable de règlement amiable, 12.32, 12.33
- terme de la médiation, 104.01, 105.03, 108.01, 108.04

Présence d'une clause de médiation
- médiation obligatoire, 12.11

Procédure participative
- notions, 21.25

R

Recours à tiers
- entreprise en difficulté, 84.24, 84.28, 84.29
- mandat *ad hoc*, 84.22

Recours à un tiers
- conciliation, 84.23
- confidentialité, 84.11
- désignation, 84.11
- entreprise en difficulté, 84.21, 84.23 s.
- huissier de justice, 84.12
- mandataire judiciaire, 84.28, 84.29
- procédure de sauvegarde, 84.25
- tiers expert, 84.11

Récusation
- conflit d'intérêts, 45.21
- médiateur conventionnel, 45.11, 45.21, 45.31
- médiateur judiciaire, 45.21, 45.31
- par les parties, 45.21
- par le médiateur lui-même, 45.21
- possibilité d'y mettre un terme, 45.31
- prescription, 45.31
- remplacement du médiateur, 45.31
- sort des provisions, 45.31

Refus des parties
- sanction, 91.03

Règlement amiable obligatoire préalable
- médiation préalable, 12.14

Rémunération du médiateur
- terme de la médiation, 108.04

Responsabilité du médiateur
- déontologie, 86.11, 86.12, 86.21, 86.31
- éthique, 86.12, 86.21, 86.31
- instance de régulation, 86.12, 86.21, 86.31
- médiateur séquestre, 86.41
- qualification, 86.11

  > *V. aussi Médiateur séquestre*

Réunion d'information
- libre arbitre, 92.02
- ordonnance « 2 en 1 », 92.02
- représentation de l'avocat, 92.06

Rôle du juge
- accord de médiation, 93.01
- prorogation de la médiation, 93.02
- terme de la médiation, 93.03

S

Saisine du juge
- confidentialité, 87.22
- fixation de la rémunération du médiateur, 87.31
- homologation, 87.31
- médiation judiciaire, 87.21
- rémunération du médiateur, 87.21

Séance plénière
- comparaison avec un entretien en aparté, 83.31
- spécificités, 83.21

Secret professionnel
- champ d'application, 85.54

Signature électronique
- accord de médiation, 73.25

T

Tentative de médiation familiale préalable obligatoire (TMFPO)
- contribution à l'entretien et à l'éducation de l'enfant, 57.14
- convention homologuée, 57.14
- exceptions, 57.14
- expérimentation, 57.14
- modalités d'exercice de l'autorité parentale, 57.14
- sanction, 57.14

Tentative préalable de règlement amiable
- caractère obligatoire (art. 750-1 C. pr. civ.), 12.31
- dérogations, 12.32
- diligences des parties, 12.32, 12.33
- interruption des délais, 12.33
- manifestation de volonté non équivoque, 12.33
- médiation obligatoire, 12.31
- motif légitime, 12.32
- pourparlers, 12.33
- prescription, 12.32, 12.33
- suspension des délais, 12.33

Terme de la médiation
- absence d'accord écrit, 101.12
- accord de médiation, 101.11, 101.13, 105.01
- accord écrit, 101.12
- accord partiel de médiation, 105.02
- centre de médiation, 108.05
- confidentialité, 108.04, 108.05
- contraintes spécifiques, 108.05
- date de fin de médiation, 108.01, 108.02
- déclaration de l'une des parties, 108.02
- déclaration du médiateur, 108.02
- échec de la médiation, 101.11, 105.03
- force exécutoire de l'accord de médiation, 101.11
- illustration, 101.12
- initiative du juge, 101.11
- médiation conventionnelle, 101.11
- médiation judiciaire, 101.11, 108.03
- poursuite de la procédure judiciaire, 108.01
- prescription, 104.01, 105.03, 108.01, 108.04
- preuve, 108.02
- rémunération du médiateur, 108.04
- reprise délai de prescription, 108.04
- restitution des documents échangés, 108.04
- rôle du juge, 93.03

Tiers indépendants
- médiateur, 42.11

TMFPO

> *V. Tentative de médiation familiale préalable obligatoire (TMFPO)*

FSC
www.fsc.org
MIXTE
Papier issu
de sources
responsables
FSC® C108412

PHOTOCOMPOSITION
SCM * Toulouse

721663 (II) – OSB – Pr 60 g – SCM (LC)

Achevé d'imprimer en septembre 2023 par CPI Bussière
18200 Saint-Amand-Montrond
N° d'impression : 2074043
Dépôt légal : juillet 2022

Imprimé en France